KB181308

윌리엄 셰익스피어(1564~1616)

《실수연발》 조난당한 에밀리아와 아기 안티폴루스·드로미오가 구조되는 모습 19세기 판화

연극 〈실수연발〉 시라쿠스의 안티폴루스와 시라쿠스의 드로미오, 창녀 글로브 극장. 2014.

연극 〈사랑의 헛수고〉 시작 퍼포먼스를 펼치고 있는 배우들 글로브 극장

연극 〈사랑의 헛수고〉 세 명의 귀족 베룬(데이비드 테넌트)·뒤멘·롱거빌 로열 셰익스피어 극단 공연. 2008.

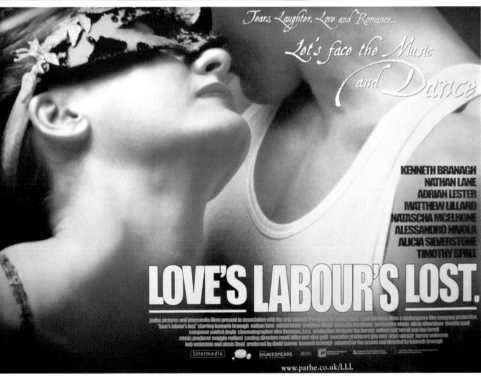

영화 〈사랑의 헛수고〉 케네스 브래너 감독·출연(베룬 역, 위 오른쪽에서 두 번째), 나타샤 맥켈론(로잘린 역, 오른쪽)·나단 레인이 출연한 영화 및 포스터(아래). 2000.

《윈저의 즐거운 아낙네들》 의사 카이우스·심플·퀴클리 부인 로버트 월터 위어. 1830.

《윈저의 즐거운 아낙네들》 포드의 집에서 쫓겨나는 폴스타프 제임스 더노. 1788.

《윈저의 즐거운 아낙네들》 포드 부인과 페이지 부인 엠마누엘 고틀립 로이체. 1865.

《윈저의 즐거운 아낙네들》 봉변당하는 빨래 광주리 속의 폴스타프 존 S. 클리프턴. 1849.

《윈저의 즐거운 아낙네들》참나무 아래에 사냥복 차림으로 등장한 폴스타프 제임스 스테파노프. 1832.

《헛소동》보라치오와 콘라드를 심문하는 도그베리 헨리 스테이시 막스. 1852.

《헛소동》 4막 1장, 돈 존에 속아서 헤로를 비난하는 클로디오, 실신하는 헤로 마커스 스톤. 1861.

영화 〈헛소동〉 케네스 브래너 감독, 맨 앞 베아트리체 역 엠마 톰슨. 1993.

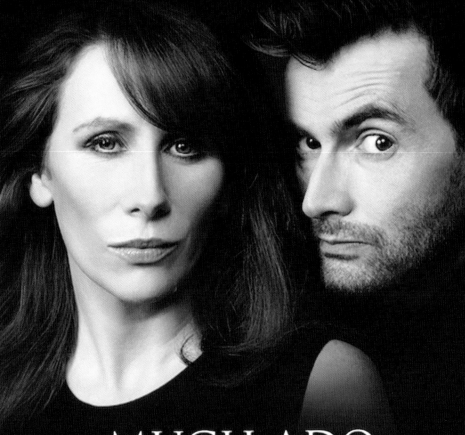

DAVID TENNANT   CATHERINE TATE

MUCH ADO
ABOUT
NOTHING

BY WILLIAM SHAKESPEARE

DIRECTED BY JOSIE ROURKE

연극 〈헛소동〉 포스터 데이비드 테넌트·캐서린 테이트 주연. 2011.

연극 〈트로일로스와 크레시다〉 그리스 병사들과 헬레네(마리안네 올덤) 런던 상연. 2008.

연극 〈트로일로스와 크레시다〉 페터 슈타인이 연출한 경사진 무대 전투 장면 2006.

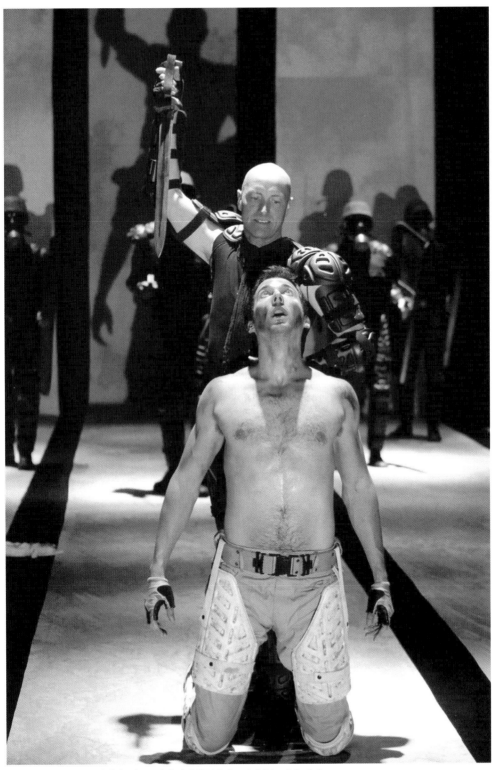

연극 〈트로일로스와 크레시다〉 헥토르에게 결정타를 날리는 아킬레스 런던 상연. 2008.

〈트로일로스와 크레시다〉 판다로스의 정원에서 트로일로스와 크레시다 에드워드 헨리 코보울드. 1873.

World Book 287

셰익스피어전집6 [희극Ⅱ]

William Shakespeare

THE COMEDY OF ERRORS/LOVE'S LABOUR'S LOST
THE MERRY WIVES OF WINDSOR
MUCH ADO ABOUT NOTHING/ALL'S WELL THAT ENDS WELL

실수 연발/사랑의 헛수고/윈저의 즐거운 아낙네들
헛소동/끝이 좋으면 다 좋아

셰익스피어/신상웅 옮김

동서문화사

디자인 : 동서랑 미술팀

셰익스피어전집 6 [희극Ⅱ]
실수 연발/사랑의 헛수고/윈저의 즐거운 아낙네들
헛소동/끝이 좋으면 다 좋아
차례

The Comedy of Errors
실수 연발

[등장인물]

솔리누스 공작   에페수스의 공작

에게온   시라쿠사의 상인

에페수스의 안티폴루스   에게온과 에밀리아의 쌍둥이 아들 가운데 형

시라쿠사의 안티폴루스   에페수스의 안티폴루스의 쌍둥이 동생

에페수스의 드로미오   안티폴루스 형제의 쌍둥이 하인 가운데 형

시라쿠사의 드로미오   에페수스의 드로미오의 쌍둥이 동생

발타자르   상인

안젤로   금(金)세공업자

상인 1   시라쿠사의 안티폴루스의 친구

상인 2   안젤로의 채권자

핀치   교사 겸 퇴마사

에밀리아   에게온의 아내, 에페수스의 수녀원장

아드리아나   에페수스의 안티폴루스의 아내

루시아나   아드리아나의 여동생

루스   아드리아나의 하녀

그 밖에 창녀, 교도관, 경찰, 관리들, 시종들, 하인들 등

[장소]

에페수스

실수 연발

솔리누스 공작 저택의 홀.
솔리누스 공작, 에게온, 교도관, 관리들, 시종들 등장.

에게온 솔리누스 나리, 어서 저의 죄를 판결해 주십시오. 그러면 이 세상 모든 슬픔과 고통도 곧 죽음이라는 운명의 힘에 의해 끝이 날 테니까요.

공작 시라쿠사의 상인, 더는 애원하지 말라. 법을 어기면서까지 사정을 봐줄 순 없다. 요즘 두 나라 사이에 갈등과 불화가 일어난 것은, 우리 선량한 상인들이 어쩌다 너희 땅에 발을 들여놓았을 때 생명을 건지기 위한 속죄금이 모자란다고 해서, 너희 공작이 나쁜 마음으로 가혹한 법을 적용해 피로써 대가를 치르게 했기 때문이야. 그러니 우리도 모든 동정심을 버리고 냉정하게 대할 수밖에 없다. 이 심각한 알력이 생긴 뒤로, 우리는 호전적인 너희 시라쿠사인들과 엄숙한 회의를 열었고, 그 결과 앞으로는 두 나라 사이의 무역 교류를 금지한다는 결의문이 공포되었다. 어디 그뿐인 줄 아느냐? 만일 에페수스 사람이 시라쿠사 거리나 시장에 나타나거나, 또는 시라쿠사 사람이 에페수스 항구에 오게 되면, 벌금 1천 마르크를 물지 않으면 사형에 처하며, 가지고 있던 재물은 공작이 마음대로 몰수하게 되어 있다. 너의 재물은 가장 높게 평가해도 1백 마르크도 되지 않으니, 법에 따라 사형에 처할 수밖에 없다.

에게온 하지만 사형은 오히려 저에게는 위안이 됩니다. 선고가 끝나면 저의 슬픔도 저녁노을처럼 사라지겠지요.

공작 자, 시라쿠사 상인, 왜 그대 나라를 떠나 에페수스로 오게 되었는지 간단히 말하라.

에게온 말로는 다할 수 없는 설움을 이야기하는 것보다 더 괴로운 일은 없을 것입니다. 그렇지만 제가 받게 될 사형은 사악한 범죄 때문이 아니라, 인정에 따른 결과임을 세상에 알리기 위해, 저의 슬픔이 허락하는 대로 말해 보겠습니다. 저는 시라쿠사에서 태어나고 자랐으며, 어느 여인과 결혼해 한때는 행복하게 살았습니다. 저와 결혼하지 않았거나, 저와 결혼했더라도 그런 불운만 만나지 않았더라면, 그녀는 행복하게 살았겠지요. 저는 에피담누스를 오가며 무역을 하면서 재산도 모았습니다. 하지만 저의 해외 대리인이 죽는 바람에 외국에 있던 상품들을 관리해 줄 사람이 없어지자, 저는 아내의 따뜻한 품을 떠나게 되었죠. 그렇게 떠난 지 6개월도 채 못 되어, 여자들이 겪어야 할 즐거운 형벌이나고나 할까요, 아내는 만삭의 몸으로 숨을 헐떡거리며, 곧 제가 있는 곳으로 무사히 도착해서, 얼마 지나지 않아 귀여운 두 아들의 어머니가 됐습니다. 그런데 참으로 놀랍게도, 두 아들은 너무나 똑같이 생겨서, 이름 말고는 달리 구별할 방법이 없었습니다. 그리고 바로 그때 같은 여관에서 어느 신분이 낮은 여자도, 생김새가 똑같은 사내 쌍둥이를 낳았는데, 아기들의 부모가 몹시 가난했기에 제가 이 쌍둥이를 사서 제 아들들의 몸종으로 길렀습니다. 제 아내는 두 아들을 자랑하고 싶어서, 날마다 고향으로 돌아가자며 졸라댔습니다. 저는 마음에 내키지 않으면서도 할 수 없이 동의했는데, 아, 너무 서둘러 배에 몸을 실었던 거지요. 에피담누스로부터 약 3마일까지는, 언제나처럼 바람이 고요하여 어떤 나쁜 징조도 없어 항해를 계속했는데, 곧 희망은 사라져 버리고 말았습니다. 하늘을 뒤덮은 먹구름 사이로 비추는 희미한 빛도 저희들의 두려운 마음에, 곧 다가올 죽음을 보증해 주는 것만 같았지요. 저 혼자라면 체념하고 그대로 이 죽음을 받아들였겠지만…… 다가올 운명 앞에서 하염없이 울기만 하는 저의 아내와, 아무것도 모르고 그저 어미를 따라 우는 귀여운 아이들의 가여운 울음소리를 듣자, 이들을 위해, 그리고 저 자신을 위해 조금이라도 더 살 수 있는 방법을 찾아보기로 했지요. 그런데 그 방법이란 오직 한 가지밖에 없었습니다. 선원들은 거의 가라앉다시피 한 배 위에 저희들만 남겨 놓은 채, 자기들만 작은 배를 타고 살기 위해 떠나버렸죠. 저의 아내는 나중에 태어난 아이에게 좀더 마음을 써서, 작은아이를 폭풍에 대비한 예비 보조 돛대에 하인 쌍둥이 하나와 함께 묶어 놓았고, 그러는 사이에 저는 큰

터키 에페수스 아르테미스 신전 유적(부분) 세계문화유산. 세계 7대 불가사의 가운데 하나

아이를 아내와 같은 방법으로 다른 하인 쌍둥이와 함께 묶어 놓았습니다. 저희 부부는 아이들을 지켜보면서, 그 돛대 양쪽 끝에 서로 몸을 묶었습니다. 그런 다음에는 물결을 따라 코린트 쪽이라고 짐작되는 방향으로 곧바로 떠내려갔습니다. 마침내 해가 나타나 세상을 굽어보자, 저희를 괴롭히던 안개구름도 흩어져 버렸습니다. 이 고마운 햇빛 덕분에 파도도 다시 고요해졌는데, 이때 멀리서 배 두 척이 우리 쪽으로 다가오는 게 보였습니다. 한쪽은 코린트의 배이고, 또 한쪽은 에피다우루스의 배였습니다. 그렇지만 그 배들은 우리 곁으로 오기 전에—아, 더는 말할 수 없습니다! 그 결과는 마음대로 추측해 주십시오.

공작 그럼 안 돼, 노인, 계속하게. 이야기를 멈추지 말라. 그대를 용서할 수는 없어도 동정은 해줄 테니.

에게온 오, 신들께서 그때 저희들을 불쌍히 여기셨다면, 오늘 이렇게 신들을 자비심이 없다고 원망하지는 않았을 텐데! 그 배들이 15마일만 더 오면 만나게 될 바로 그즈음, 저희들이 매달려 있던 배가 큰 바위에 부딪쳐 한가운데가 부서지면서 서로 생이별을 하게 되었습니다. 그래서 운명은 기쁘건 슬프건 저희들에게 똑같이 아이들을 둘씩 떠맡겼습니다. 아내는 무게는 가벼우나 슬픔은 절대로 가볍지 않은 짐을 떠맡은 채, 바람에 밀려 빠른 속도로 떠내려가더니, 눈앞에서 코린트의 것으로 보이는 배의 어부들 덕분에 세 사람 모두 구조되었습니다. 마침내 다른 배도 나머지 사람들을 구조하였는데, 그들은 저희들이 누구인지 알고서는 뜨겁게 환영해 주었습니다. 속도가 그렇게 느리지만 않았다면 앞서 간 어부들을 따라갈 수 있었을 텐데…… 그러나 그 뱃사람들은 본국으로 항로를 돌려버리고 말았습니다. 저는 행복을 잃고 이제까지 불행하게 목숨을 이어 오다가 오늘 이렇게 가엾고 처량한 신세를 털어놓게 된 것입니다.

공작 자네가 안타깝게 생각하는 사람들을 위해 하는 말인데, 그 뒤로 오늘날까지 그들과 자네가 겪은 이야기를 상세히 들려주게.

에게온 작은아들이기는 하나 큰아들처럼 저의 사랑을 받으며 자라 온 아이는 열여덟 살이 되자 자기 형에 대해 자꾸 캐묻더니, 자신처럼 형에 대해 아는 것이라고는 이름밖에 없는 자기 하인을 데리고 형을 찾으러 떠나겠다고 졸라대더군요. 저도 큰아이를 보고 싶은 마음이 너무나 간절해 위험을 무릅쓰고 작은아이까지 떠나보냈으니, 그만 자식 둘을 모두 놓치고 만 셈이지요. 저는 저 머나먼 그리스에서 다섯 번이나 여름을 보내며 아시아의 국경 지대들을 샅샅이 헤집고 다닌 뒤에 고향에 돌아갈 생각으로 해안을 따라가다가 이곳 에페수스까지 오게 되었습니다. 찾을 희망은 보이지 않아도, 사람이 사는 곳이라면 어디라도 찾아보지 않고서는 그냥 지나칠 수가 없었습니다. 제가 살아온 이야기는 여기서 끝을 맺겠습니다. 이렇게 찾으러 다니다 죽음을 맞이한다 해도, 아이들이 살아 있다는 소식만 들을 수 있다면 얼마나 좋을까요.

공작 불쌍한 에게온, 운명의 신이 그대에게 죽을 때까지 무서운 불행의 짐을 짊어지게 했군. 자, 나를 믿어 보게. 만약 국법과 왕권과 나의 서약, 나의 명예에 어긋나지만 않는다면 이 선고를 무효로 하고 싶지만, 공작인 나로서는

1막 1장, 에게온과 그의 가족 헨리 코트니 셀루스

그렇게 할 수 없다네. 이미 사형 선고를 내렸으므로 내 명예를 크게 손상하기 전에는 이 선고를 취소할 수 없으나, 자네에게 편의를 봐주겠네. 그러니 상인, 오늘 하루 자네에게 죽음을 면하게 해줄 테니, 도움받을 만한 사람을 찾아 돈을 구해 보게. 자네가 에페수스에서 알고 있는 모든 친구들을 찾아, 애원을 하든 돈을 빌리든 모자란 금액을 채워서, 자네 목숨을 구하도록 하게. 그렇게 하지 못하면 그대는 죽음을 맞을 수밖에 없네. 교도관, 이 사람을 잘 감시하라.

교도관 분부대로 따르겠습니다, 공작님.

에게온 희망도 없고 도움도 받지 못할 이 몸은, 죽은 거나 다름없는 이 목숨을 잠시 연장하기 위해 발걸음을 옮기는구나. (모두 퇴장)

시장(市場).
시라쿠사의 안티폴루스와 시라쿠사의 드로미오, 그리고 상인 1 등장.

상인 1　그러니 에피담누스 출신이라고 말해요. 그렇지 않으면 당신 물건도 몰수될 거요. 바로 오늘도 시라쿠사 상인 한 사람이 이곳에 왔다가 체포되었소. 생명을 구할 속죄금이 없다 해서, 이 도시의 법에 따라 저 지친 태양이 서쪽으로 지기 전에 처형된답니다. 자, 당신이 맡겨 둔 돈은 여기 있소.

안티폴루스(동생)　드로미오, 이 돈을 가지고 우리가 묵고 있는 센토 여관으로 가서 기다리고 있거라. 한 시간 뒤면 점심시간이다. 나는 그때까지 거리 풍속들을 구경하고, 장사꾼들을 살피며, 건물들도 들여다보다가 여관으로 돌아가서 잠이나 푹 자야겠다. 긴 여행을 하고 나니, 온몸이 피곤하구나. 자, 어서 가거라.

드로미오(동생)　이런 돈뭉치를 쥐어 주고 가라시니, 보통 사람이라면 정말 가 버릴지도 모르죠. (퇴장)

안티폴루스(동생)　믿을 만한 놈입니다. 내가 걱정거리로 우울해하고 싫증을 내기라도 하면, 저놈이 재미난 농담을 해서 내 기분을 풀어 주지요. 그럼 우리는 거리를 돌아다니다가 내가 묵고 있는 여관으로 가서 함께 식사나 합시다.

상인 1　미안하지만 나에게 큰 도움을 줄 것 같은 상인들의 초청을 받아서 가봐야 합니다. 좀 있다가 다섯 시에 시장에서 보도록 하죠. 그때부터 잠자리에 들 때까지 함께 있겠습니다. 그럼, 할 일이 있어 먼저 가겠습니다.

안티폴루스(동생)　그럼 그때 만나기로 하지요. 나는 혼자서 이리저리 거리 구경이나 하며 돌아다니겠습니다.

상인 1　그럼, 마음껏 즐기세요. (퇴장)

안티폴루스(동생)　마음껏 즐기라니, 내겐 있을 수 없는 일이지. 이 세상에서 나라는 존재는, 하나의 물방울이 드넓은 바다에 떨어져, 자기의 동료 물방울 하나를 찾으려는 것과 같아. 찾을 수 없는 것을 물어 가며 찾다가 내 존재마저 잃어버린, 물방울 같은 존재가 바로 나야. 어머니와 형을 찾아 여기

거대한 암초에 부딪쳐 박살난 난파선 루이스 레드. 1918.

저기 헤매다가, 불행히도 나 자신을 망치게 될지도 몰라.

에페수스의 드로미오 등장.

안티폴루스(동생) 생년월일이 나와 꼭 같은 친구가 오는군. 어떻게 된 거지, 왜 그리 일찍 돌아오느냐?

드로미오(형) 일찍 돌아왔다고요? 오히려 너무 늦게 나타났겠죠! 닭고기는 타 버리고, 돼지고기는 꼬챙이에서 떨어지고, 시계가 12시를 알리는 종을 치자, 아씨는 제 뺨에 한 시를 쾅 치셨죠! 구운 고기가 식는다고, 아씨께서 야단이십니다. 구운 고기가 식은 건 나리께서 돌아오지 않으셨기 때문이고, 나리께서 돌아오지 않으신 건 배가 덜 고프셨기 때문이며, 배가 덜 고프신 건 아침밥을 너무 많이 드셨기 때문이겠죠. 그렇지만 단식 기도를 드려야 한다는 걸 아는 저희는 나리의 오늘 실수 때문에 큰 곤욕을 치렀습니다.

안티폴루스(동생) 자, 허풍은 그만 떨어. 그건 그렇고, 내가 아까 준 돈은 어디에 뒀지?

드로미오(형) 아, 요전 수요일에 아씨의 말 안장 값으로 주신 6펜스 말씀인가요? 그건 벌써 마구장이에게 줬고, 저에게는 없어요.

안티폴루스(동생) 지금 네 농담을 듣자는 게 아냐. 어서 말해, 그 돈은 어디 있지? 우린 여기서 아는 사람이라곤 없는데, 그렇게 많은 돈을 도대체 누구한테 맡겼느냐 말이다.

드로미오(형) 나리, 제발 농담은 진지나 드시면서 하세요. 아씨께서 어서 가라고 해서 왔어요. 저 혼자 돌아가면, 아씨에게 혼찌검을 당하게 될걸요. 아씨는 제 머리통에 대고 나리의 실수에 대해 분풀이하실 거예요. 나리의 배꼽시계도 때가 되면 저의 것처럼 종을 치듯이, 심부름꾼이 오지 않아도 집으로 돌아오셔야지요.

안티폴루스(동생) 자, 드로미오, 농담은 그만둬. 그런 농담일랑 좀더 기분 좋을 때 하자고. 내가 맡긴 돈은 어디 있지?

드로미오(형) 저한테요? 저한테 돈을 주신 적은 없는데요.

안티폴루스(동생) 아, 이 장난꾸러기, 바보짓 좀 그만해, 너에게 시킨 일을 어떻게 했는지 말해 봐.

1막 2장, 시라쿠사의 안티폴루스와 시라쿠사의 드로미오 H.C. 셀루스

드로미오(형) 제가 맡은 일은 나리를 이 시장에서 나리 댁의 피닉스홀로 모시고 가 식사를 하게 해드리는 것뿐이지요.

안티폴루스(동생)　이놈아, 돈을 어떤 안전한 장소에 맡겨 두었는지 말을 하란 말이야. 그렇잖으면, 그러고 싶진 않지만 농담만 지껄이는 네놈 머리통을 부숴 버리겠다. 나한테 받아 간 1천 마르크는 어디에 있지?

드로미오(형)　나리가 저의 머리에 남겨 놓은 마크(상처, mark)와 아씨가 제 어깨에 박아 놓은 마르크(돈, mark)가 좀 있기는 하지만, 양쪽을 다 합쳐도 1천 마르크는 못 됩니다. 이것을 두 분께 돌려드리고 싶지만, 아마 두 분은 너그럽게 받아들이지 않으시겠지요.

안티폴루스(동생)　아씨가 준 마르크라고? 이놈아, 어떤 아씨 말이냐?

드로미오(형)　나리의 아내, 즉 피닉스홀의 아씨, 그러니까 나리가 돌아오실 때까지 굶으시며 어서 식사하러 오시기만을 기도하고 계시는 아씨 말입니다.

안티폴루스(동생)　내 얼굴에다 대고 아직도 그런 헛소리를 지껄일래? 그렇다면 이렇게 본때를 보여주지.

드로미오(형)　왜 그러세요, 나리? 제발 그 손 좀 내려놓으세요! 그렇지 않으시면, 저는 본때 있게 줄행랑이나 치렵니다. (퇴장)

안티폴루스(동생)　분명 어떤 속임수에 걸려들어, 저놈이 내 돈을 몽땅 뺏겼나봐. 이 거리에는 사기꾼이 들끓는다지. 눈 깜짝할 사이에 두 눈을 속이는 날쌘 사기꾼들, 마음을 홀리는 어둠의 마법사들, 육체를 무력하게 만들고 영혼을 빼앗아가는 마녀들, 변장한 야바위꾼들, 입만 나불거리는 협잡꾼들, 이런 수많은 악당들이 들끓고 있다던데. 사실이 그렇다면 어서 이곳을 떠나야겠어. 내 하인 놈을 찾아 센토 여관으로 가야겠다. 내 돈이 사라졌을까봐 걱정이군. (퇴장)

〔제2막 제1장〕

에페수스 안티폴루스의 집.
아드리아나와 루시아나 등장.

아드리아나　그이도 하인도 돌아오질 않네. 주인을 어서 찾아오라고 보냈건

2막 1장, 아드리아나와 루시아나, 시라쿠사의 드로미오   H.C. 셀루스

만! 루시아나, 벌써 두 시가 됐지?

루시아나   형부는 어떤 상인의 초청을 받아, 시장에서 곧바로 어디 식사하러
　　가셨나봐. 언니, 화내지 말고 우리끼리 먹자. 남자란 자유로운 영혼들인걸.
　　하지만 남자의 주인은 시간이야. 시간이 되면, 오든가 말든가 하겠지. 그러
　　니 언니, 인내심을 가져.

아드리아나   어째서 남자들은 우리보다 더 많은 자유를 누리지?

루시아나   남자란 늘 집 밖에서 일을 하다 보니 그렇지.

아드리아나   이렇게 뒷바라지를 해주는데, 그이는 늘 불만이라니까.

루시아나   형부는 언니의 의지를 통제하는 고삐라는 걸 알아야 해.

아드리아나   멍청한 당나귀가 아니고서야, 누가 그렇게 고삐에 끌려다니려 하
　　겠어.

루시아나 언니도 참! 마음대로 하려다가는 서러움만 겪게 될걸. 하늘 아래 모든 것은 저마다 자기 분수를 지키며 살고 있어. 땅 위를 걸어다니는 짐승이나 물속에서 헤엄치는 물고기나 하늘을 날아다니는 새들 모두, 수놈이 주인 행세를 하며 통제하고 있잖아. 신에 좀더 가까운 존재인 인간은 만물의 영장으로서, 이 드넓은 세계와 거친 바다의 주인이지. 그리고 지혜와 정신이라는 측면에서는 물고기나 새들보다 훨씬 뛰어나지만, 이 인간 세계에서도 남자는 여자의 주인이며 군주야. 그러니 남자의 뜻을 따라야 해.

아드리아나 그런 노예근성을 가지고 있으니, 아직도 홀몸이지.

루시아나 노예근성 때문이 아니라, 부부 관계가 귀찮아서 그래.

아드리아나 너도 결혼하고 나면 남자한테 억눌려 살고 싶진 않을걸.

루시아나 사랑하기 전에 복종하는 법을 먼저 배우겠어.

아드리아나 네 남편이 다른 곳에 드나들기 시작하면 어떡할래?

루시아나 집에 돌아올 때까지 참고 기다리겠어.

아드리아나 그래, 잘도 참겠다! 네가 그렇게 담담하게 말하는 것도 이상할 건 없지. 이렇다 할 이유가 없으니 다소곳이 기다릴 수도 있겠지. 상처 입어 울부짖는 불행한 영혼을 보고, 사람들은 달래며 타이를 수밖에 없어. 하지만 자신이 그러한 고통을 짊어지게 되면 어쩔 수 없이 우리도 그만큼, 또는 그보다 더 심하게 불평을 늘어놓게 되는 법이야. 너도 지금은 너 자신을 괴롭히는 남자가 없으니까, 내게 조금도 도움이 안 되는 인내심 어쩌고 하면서 나를 위로하려는 거야. 그렇지만 내가 겪는 상실감을 몸소 느끼게 되면, 그때는 비로소 그 알량한 인내심을 내동댕이칠 테지.

루시아나 그럼 어서 결혼을 해서, 실험해 봐야지. 저기 하인이 와. 언니 남편도 곧 오시겠네.

에페수스의 드로미오 등장.

아드리아나 그래, 느림보 주인 나리도 곧 오시느냐?

드로미오(형) 아뇨. 느림보 나리가 두 손은 어찌 빠르신지, 보시다시피 이 두 귀가 증명하지요.

아드리아나 그래, 주인을 만나 말씀을 전했느냐? 대답은 들었어?

드로미오(형) 들고말고요. 이 귀에다 대고 따끔히 말씀하셨는걸요. 그 손바닥이 어찌나 매운지 견뎌낼 수가 있어야죠.

루시아나 그럼 너무 모호하게 말씀하셔서 무슨 뜻인지 모르겠다는 거냐?

드로미오(형) 천만에요, 그렇게 세게 치시니 눈에서 불꽃이 번쩍했죠. 그런데도 무슨 말씀을 하시는지 도무지 알 수가 있어야죠.

아드리아나 그럼, 곧 돌아오신다는 거겠지? 나를 즐겁게 해주려고 무척 마음을 쓰고 계시겠구나.

드로미오(형) 천만에요, 아씨. 나리는 화가 단단히 나셨어요.

아드리아나 화가 단단히 났다고? 이 나쁜 놈!

드로미오(형) 아씨가 바람이 나서 나리가 화가 나셨다는 뜻으로 말씀드린 것은 아니지만 정말로 화가 나신 것은 분명합니다. 식사하러 댁으로 돌아오시기를 바란다고 말씀드렸더니, 금화 1천 마르크에 관해 물으시더군요. "식사 시간입니다." "내 금화는!" "고기가 탑니다." "내 금화는!" "오시겠습니까?" "내 금화는, 내가 너에게 준 1천 마르크는 어디에 있느냐, 이 나쁜 놈아?" "돼지고기가 타고 있습니다." "내 금화는!" "주인마님을 생각하십시오." "뭔 말라비틀어진 주인마님이냐! 난 너의 주인마님이 누군지 모른다. 꺼져버리라고 해!"라고 말씀하시더군요.

루시아나 누가 그런 말을 했어?

드로미오(형) 주인 나리께서 말입니다! "나는 집도 아내도 애인도 없다!" 이렇게 말씀하셨다고요. 그래서 말로 전해야 할 심부름을 고맙게도 이 어깨로 받아왔습니다요. 결론을 말씀드리면 나리께서 여기를 때리셨습니다.

아드리아나 야, 이 멍청아, 다시 가서 모시고 와.

드로미오(형) 다시 가서 얻어터지고 오라고요? 제발 다른 놈을 보내십시오.

아드리아나 어서 가라니까! 그렇지 않으면 네놈 머리통을 부숴 버릴 테다.

드로미오(형) 그럼 나리께 다시 얻어맞고 오겠습니다. 이렇게 두 분 사이를 오가면서 제 머리에는 온통 십자가의 축복이 새겨지겠군요.

아드리아나 그만 지껄이고, 주인이나 끌고 와라.

드로미오(형) 아씨께서 말씀하시는 걸 보니, 제가 무슨 축구공이라도 되는 것 같군요. 아씨께서 이리 차고, 나리께서 저리 차서 서로 돌려보내시다, 저는 마침내 가죽 부대 속에 처박히게 되겠습니다. (퇴장)

루시아나 젠장, 네 얼굴에는 짜증이 덕지덕지 붙어 있구나!

아드리아나 나는 집에서 그이가 즐거워하는 모습을 보고 싶어 애가 타는데, 그는 밖에서 천한 계집들과 놀이를 즐기고 있겠지. 나이가 들어 내 두 볼에서 아름다움이 시들어 버렸단 말인가? 아름다움을 시들게 한 건 바로 그이라고. 아, 내 말투가 지루해서? 나의 지혜가 메말라서? 아니야, 나의 매끄럽고 발랄한 말씨도 그가 귀 기울이지 않으니, 단단한 대리석보다 더 통하지 않는 거라고. 그 여자들의 화려한 옷 때문에 그이가 넋을 빼앗겼을까? 그건 내 실수가 아니야. 그쯤이라면 내게도 해줄 수 있었을 거라고. 나에게 잘못이 있다면, 그건 다 그이 탓이야. 내 몸이 시든 것도 따지고 보면 그 사람 행실 탓이라고. 시들어 버린 내 표정도 그가 밝은 얼굴로 대해 주면 되살아날 수 있어. 하지만 그는 방종한 사슴처럼 울타리를 부수고 나가 남의 집 풀만 먹고 있으니, 나는 허수아비에 불과한 존재야.

루시아나 질투는 자신에게 좋지 않아! 그런 생각은 떨쳐 버리라고!

아드리아나 속도 없는 바보가 아니고서야, 누가 이런 일을 그대로 넘어갈 수 있겠어? 나는 알아, 그이는 지금 다른 여자한테 눈이 팔려 있어. 그렇지 않고서야 이렇게 집으로 돌아오지 않을 리가 없지. 애, 있잖아, 그가 나와의 사랑을 맹세한 그 목걸이, 그것만은 갖고 있었으면 좋겠어. 그래서 나와의 아름다운 순간들을 간직할 수 있도록 말이야! 가장 훌륭하게 장식된 에나멜 보석도, 때가 되면 그 아름다움이 흐려지지. 하지만 금은 아무리 사람들 손때가 묻더라도 결코 그 빛을 잃는 법이 없거든. 사람 또한 명예를 지킬 줄 안다면 잘못이나 타락으로 더럽혀질 수는 없는 거야. 나의 아름다움이 그이 눈을 즐겁게 할 수가 없으니, 나는 홀로 남겨진 것을 서러워하며 울다가 죽어가겠지.

루시아나 질투로 몸부림치는, 사랑에 빠진 바보들이 세상에는 참 많기도 하지! (모두 퇴장)

〔제2막 제2장〕

광장.
시라쿠사의 안티폴루스 등장.

안티폴루스(동생) 드로미오한테 맡긴 돈은 센토 여관 측에서 안전하게 보관하고 있었어. 조심스런 놈이라 나를 찾느라고 여기저기 돌아다니나 보군. 여관 주인 말을 듣고 시간을 따져 보면, 처음 시장에서 헤어진 뒤로 내가 이놈과 다시 만나 이야기할 여유가 있었을 리가 없는데 말이야. 아, 저기 오는군.

시라쿠사의 드로미오 등장.

안티폴루스(동생) 그래, 이젠 장난할 기분이 아니지? 얻어맞고 싶거든 다시한 번 농담을 걸어 보든가. 센토 여관을 모른다고? 돈은 받은 적이 없고? 아씨께서 점심 먹으러 모시고 오랬다고? 내 집이 피닉스에 있어? 네놈이 잠시 머리가 돌아서 그런 터무니없는 대답을 했느냐?

드로미오(동생) 무슨 대답 말씀입니까, 나리? 제가 언제 그런 이야기를 했다는 거죠?

안티폴루스(동생) 조금 전 바로 이 자리에서 말이다. 반 시간도 채 안 됐어.

드로미오(동생) 저는 나리께서 주신 돈을 맡기러 센토 여관에 다녀오는 길인데다, 지금 처음 뵙는데요.

안티폴루스(동생) 이놈아, 돈을 받은 적이 없다고 잡아떼면서 아씨가 어떻고 점심이 어떻고 말하지 않았느냐. 그래서 내가 화를 냈다는 걸 알면서도 그래?

드로미오(동생) 나리께서 기분이 좋으신 것을 보니 저도 기쁩니다만, 대체 무슨 농담을 하시는 거죠? 제발 말씀 좀 해주세요.

안티폴루스(동생) 이놈, 이젠 대놓고 나를 희롱할 작정이냐? 내가 농담을 한다고? 거기 있어. 자, 이거나 받아라! 이것도 받고. (때린다)

드로미오(동생) 잠깐만요, 나리, 제발 좀 참으세요! 농담인 줄 알았는데 진담이시군요. 대체 저에게 왜 이러시는 거죠?

안티폴루스(동생) 가끔 허물없이 농담을 받아주었더니, 버릇없이 굴면서 내가 진지할 때에도 멋대로 장난을 친단 말이야. 어리석은 각다귀도 햇빛이 비칠 동안만 날아다니고, 햇빛이 사라지면 구멍 속으로 기어들어가는 법이다. 나한테 농담을 하려거든 내 얼굴빛을 잘 살펴서 내가 어떤 기분인지 알아 보고 하거라. 그렇지 않으면 또 이렇게 네놈의 머리통을 두들겨 주겠다.

드로미오(동생) 머리통이라고요? 때리기를 멈추시면 이 머리통을 그대로 두 겠지만, 계속 때리신다면 저는 머리에 통이라도 뒤집어쓰든가, 머리통이 두 어깨 사이로 쑥 기어들어가 버리든가 해야겠습니다. 그런데 나리, 저는 왜 매를 맞은 거죠?

안티폴루스(동생) 그걸 몰라?

드로미오(동생) 제가 맞았다는 사실 말고는 아무것도 모릅니다.

안티폴루스(동생) 왜 맞는지 말해 줄까?

드로미오(동생) 네, 나리, 왜죠? 까닭을 모르면 늘 왜요라는 말이 붙어다니기 마련이죠.

안티폴루스(동생) 왜냐하면 첫째로, (한 대 친다) 나를 모욕했기 때문이다. 둘째로, (또 한 대 친다) 또다시 나한테 농지거리를 해서다.

드로미오(동생) 세상에 이렇게 터무니없이 두들겨 맞다니요! 왜 그러는지, 도대체 뭣 때문인지 까닭도 없이 말이에요. 아무튼 나리, 고맙습니다.

안티폴루스(동생) 고맙다고? 뭐가 고맙다는 거야?

드로미오(동생) 아무것도 안 했는데 이렇게 푸짐한 주먹 세례를 선물로 주셨 으니까요.

안티폴루스(동생) 그럼 다음번 보상으로 쳐서, 다음에는 무슨 일을 해도 아무것도 안 줄 테다. 그건 그렇고, 이제 저녁 시간이 되었느냐?

드로미오(동생) 아뇨, 나리. 제가 겪은 일을 그 고기는 겪지 않았는데요.

안티폴루스(동생) 뭐라고, 그건 또 무슨 소리지?

드로미오(동생) 두드리지 않아서 날고기 그대로인 걸요.

안티폴루스(동생) 그러면 뻣뻣해져.

드로미오(동생) 그렇게 되면 제발 드시지 마세요.

안티폴루스(동생) 왜?

드로미오(동생) 그런 날고기를 드시면 나리께서 화가 나서 또다시 저를 사정 없이 두드려 패실 테니까요.

안티폴루스(동생) 농담도 때를 봐가며 하라고 했겠다. 모든 일에는 때가 있는 거야.

드로미오(동생) 나리께서 그렇게 화나지 않으셨다면, 감히 '그렇지 않습니다'

2막 2장, 아드리아나와 시라쿠사의 안티폴루스 H.C. 셀루스

라고 말할 수 있었을 텐데요.

안티폴루스(동생) 이놈아, 무슨 이유로 그렇지?

드로미오(동생) 그야 '시간'이라는 영감의 그 훤한 대머리처럼 분명한 이유가 있죠.

안티폴루스(동생) 어디 들어보자.

드로미오(동생) 자연히 벗겨지는 대머리의 머리털을 회복할 '시간'이란 없는 거지요.

안티폴루스(동생) 부과금이나 권리금으로도 안 될까?

드로미오(동생) 부과금을 가발 사는 데 쓰면 다른 사람의 잃어버린 머리털로 회복할 수 있겠죠.

안티폴루스(동생) '시간'이라는 놈은 어째서 그렇게 털에 인색할까? 털은 얼마든지 날 수 있을 텐데.

드로미오(동생) 왜냐하면 털은 짐승에게 내려진 축복이니까요. 인간에게는 털 대신 지혜를 주셨죠.

안티폴루스(동생) 그렇지만 지혜보다 털이 더 많은 인간도 꽤 많지.

드로미오(동생) 그런 사람일수록, 머리털이 빠지듯 지혜를 낭비하게 되지요.

안티폴루스(동생) 그렇다면 털이 많은 사람일수록 지혜가 모자라는 멍청이라는 거냐?

드로미오(동생) 지혜가 없는 사람일수록 털이 빨리 빠지는 법이지만, 털이 빠지는 게 편리한 점도 있겠지요!

안티폴루스(동생) 무슨 이유로?

드로미오(동생) 두 가지 이유죠. 그리고 아주 건강에 좋은 이유입니다.

안티폴루스(동생) 털이 빠지는데 건강할 리 없지.

드로미오(동생) 분명히 있습니다.

안티폴루스(동생) 머리가 벗겨지는데 그럴 리는 없다.

드로미오(동생) 하지만 그럴듯한 이유들이 있고말고요.

안티폴루스(동생) 어디 말해 봐.

드로미오(동생) 첫째 이발비가 들지 않고, 둘째 식사할 때 죽 속에 머리카락이 떨어질 염려가 없거든요.

안티폴루스(동생) 너는 모든 일에 때가 있는 것이 아님을 증명해 보이기로 했으면서, 그게 무슨 뚱딴지같은 소리냐?

드로미오(동생) 증명했잖아요, 나리. 다시 말해서, 자연히 빠지는 머리털은 회

연극 〈실수 연발〉 2막 2장 당황한 시라쿠사의 안티폴루스가 아드리아나의 말에 귀를 기울이는 장면. 런던 글로브 극장 공연. 2006.

복할 시간이 없다고 말이에요.

안티폴루스(동생) 그렇지만 너의 이유는 충분한 것이 못 돼. 왜 회복할 시간이 없다는 거지?

드로미오(동생) 그럼 이렇게 고쳐 보죠. '시간'이란 본디 대머리 노인이다. 그래서 세상 끝날 때까지 대머리 노인들이 따를 것이다.

안티폴루스(동생) 그런 엉뚱한 대머리 같은 결론이 나올 줄 알았다. 가만있자, 저기서 누가 우리를 보고 손짓을 하는데?

아드리아나와 루시아나 등장.

아드리아나 아, 여보, 낯선 얼굴로 이맛살을 찌푸리고 계시는군요. 당신의 부드러운 눈빛을 어떤 여자에게 주었을 테니까요. 나는 이제 아드리아나도 당신의 아내도 아니에요. 예전에는 내가 아무 말 하지 않아도 당신 스스로 나에게 맹세를 하셨죠. 내가 말하거나 보거나 만지거나 손을 대지 않으면, 그 어떤 말도 당신의 귀에 달콤한 음악처럼 들리지 않고, 어떤 것도 당신 눈을 즐겁게 해주지 못하며, 어떠한 손길도 반갑지 않고, 그 어떤 맛있는 고기도 입에 맞지 않는다고 말하셨죠. 그런데 여보, 이제는 어떻게 된 거죠? 당신은 왜 이토록 당신 자신에게서 멀어지게 됐나요? 나로서는 낯설지만 내가 당신 자신이라고 부르겠어요. 다시 말해서, 둘로 나눌 수 없는 한 몸, 당신의 가장 소중한 부분보다 더 소중한 사람이에요. 아, 제발 나로부터 당신을 떼어내지 마세요! 당신 자신도 알다시피, 파도가 휘몰아치는 바닷가에 떨어뜨린 물 한 방울을 다시 늘지도 줄지도 않게 건져 올릴 수는 없어요. 이렇듯이 당신 자신도 나에게서 그렇게 쉽게 멀어질 수는 없어요. 내가 음탕한 짓을 하여 당신에게 바친 이 몸이 욕정으로 더럽혀졌다는 말을 당신이 들었다면, 내게 얼마나 화를 내시겠어요! 내 얼굴에 침을 뱉고 발길질하며, 남편의 명예를 욕되게 한 화냥년이라고 욕설을 퍼부을 거예요. 또 내 얼굴의 살갗을 상처내고 내 더러운 손에서 결혼반지를 빼서 부숴 버리며 반드시 이혼을 하겠다고 맹세하시겠죠? 당신은 그렇게 할 수 있을 거예요. 그렇다면 이제 해보세요. 나는 지금 음탕한 짓을 하고 있어요. 내 피는 음란한 욕정으로 들끓고 있어요. 우리 두 사람은 한 몸이니, 당신이 음란한 행위를 하면 당신 살 속에 스며든 그 독소가 내 몸에도 퍼져서 나도 논다니가 되는 게 아닌가요? 그러니 진심으로 약속을 지켜, 당신의 올바른 잠자리와 화해하세요. 당신만 부끄러운 행동을 하지 않으면 나는 결백하니까요.

안티폴루스(동생) 부인께서는 저한테 하시는 말씀인가요? 저는 부인을 알지 못하는데요. 에페수스에 온 지 두 시간밖에 안 되었으니, 이 거리가 제게는 낯설기만 하지요. 마찬가지로 부인의 말씀 또한 저의 온갖 지혜를 다 짜내어도, 단 한마디도 알아듣지 못하겠습니다.

루시아나 어머나, 형부, 세상에 어쩌면 그렇게도 달라지실 수가 있죠? 이제까지 언니를 이렇게 대하신 적은 없었는데요. 언니가 점심을 드시라고 드로미오를 보냈어요.

안티폴루스(동생) 드로미오를?

드로미오(동생) 저를요?

아드리아나 너 말이다. 그런데 돌아와서는 나리께서 너를 때렸다느니, 화를 내시면서 자신은 집도 없고 아내도 없다고 했다면서 호들갑을 떨지 않았느냐?

안티폴루스(동생)　이놈아, 이 부인의 말씀대로 나한테 그런 이야기를 하지 않았느냐?

드로미오(동생)　제가요? 이 아씨는 오늘 처음 뵙는데요.

안티폴루스(동생)　이놈, 거짓말을 하고 있구나. 이 부인의 말씀대로 시장에서 나한테 이야기하지 않았느냐?

드로미오(동생)　저는 전에 이 부인과 이야기한 적이 없는데요.

안티폴루스(동생)　그렇다면 이분이 어떻게 우리 이름까지 알 수 있단 말이냐, 영감(靈感)이 있지 않고서야 말이다.

아드리아나　점잖은 분이 자기 하인과 한통속이 되어 상심하고 있는 나를 속이시다니! 당신이 내게서 멀어진 것이 나의 잘못이라고 해도, 그 잘못을 비웃으며 더 크게 만들지는 말아주세요. 자, 당신 옷소매에 이렇게 매달리겠어요. 남편인 당신은 느릅나무이고, 나는 덩굴입니다. 나처럼 연약한 사람도 강한 당신과 결혼하여 당신의 힘이 나에게로 통하니, 나로부터 이렇게 소중한 당신을 빼앗아 가려는 무리가 있다면, 그건 쓰레기 같은 인간들이죠. 도둑 같은 잡초 덩굴, 찔레, 또는 쓸모없는 이끼 같은 존재들일 거예요. 제때에 뽑아내지 못했더니, 제멋대로 기어들어 당신의 피를 빨아먹고, 파멸로 이끄는 무리들이요.

안티폴루스(동생)　(혼잣말로) 나한테 이야기하고 있구나. 지금 내게 호소하고 있어. 나는 꿈속에서 이 여자와 결혼한 것일까? 아니면 지금 꿈을 꾸는 걸까? 우리의 눈과 귀가 이렇게도 엇갈릴 수가 있을까? 이 알 수 없는 사건들의 뚜렷한 실체가 드러날 때까지 주어진 오류들을 그대로 따라가 보자.

루시아나　드로미오, 가서 식사 준비를 하라고 전해라.

드로미오(동생)　(작은 소리로) 오, 하느님! 저의 죄를 용서해 주시옵소서. (가슴에 십자가를 긋는다) 여긴 마법의 나라로구나. 정신을 바짝 차려야지! 우린 악귀와 부엉이, 요정들과 이야기하고 있어. 놈들 말을 따르지 않으면 우리의 숨통을 빨아들여 말라 죽이거나, 온몸이 멍투성이가 될 때까지 쉬지 않고 우릴 꼬집어 비틀거야.

루시아나　어째서 혼자 지껄이기만 하고, 대꾸를 안 하는 거지? 드로미오, 이 주정뱅이, 달팽이, 번데기, 멍청아!

드로미오(동생) 나리, 저는 변했어요, 그렇죠?

안티폴루스(동생) 너는 마음이 변한 것 같아 나도 마찬가지고.

드로미오(동생) 아닙니다. 마음도 모습도 몽땅 변해 버렸어요.

안티폴루스(동생) 몸은 그대로야.

드로미오(동생) 아니에요, 저는 원숭이가 됐어요.

루시아나 네 모습이 바뀐다면 너는 당나귀가 될 거야.

드로미오(동생) 그런가 보네요. 이 아씨가 저를 몰고 다니고, 저는 먹을 풀을 찾고 있어요. 정말 저는 당나귀예요. 그렇지 않고서야, 아씨가 저를 알고 계신데도 제가 어찌 아씨를 모르겠어요?

아드리아나 자, 갑시다. 나는 주인과 하인 놈이 내 슬픔을 조롱한다고 해서, 눈을 가리고 울면서 바보 대접만 받을 수는 없어요. 자, 식사하러 갑시다. 드로미오, 너는 문을 지켜라. 여보, 오늘은 2층에서 식사하기로 해요. 그리고 그럴듯한 거짓말들을 1천 번이라도 들어 고백을 받아내야겠어요. 너는 누가 나리를 찾아와도, 초대를 받아 나가셨다고 하고, 아무도 들여보내지 말아라. 자, 애야, 너도 가자. 드로미오, 대문을 잘 지켜라.

안티폴루스(동생) (혼잣말로) 나는 땅에 있는 걸까, 천국에 있는 걸까, 아니면 지옥에 있는 걸까? 자고 있는 걸까, 깨어 있는 걸까? 미쳤을까, 제정신일까? 저 사람들은 나를 잘 알면서도 속이고 있는 게 아닐까? 저들이 말하는 대로, 한동안 따라해 보자. 안개 속에서 모험을 해보는 거야.

드로미오(동생) 나리, 저는 문을 지키고 있을까요?

아드리아나 그래, 아무도 들어오지 못하게 해. 제대로 안 하면 머리통을 부숴 줄 테다.

루시아나 자, 어서 가세요, 형부. 식사가 너무 늦었어요. (모두 퇴장)

〔제3막 제1장〕

에페수스의 안티폴루스가 사는 집 앞.
에페수스의 안티폴루스, 에페수스의 드로미오, 금세공업자 안젤로와 상인 발타자르 등장.

안티폴루스(형) 안젤로 선생, 우리를 위해 변명을 좀 해주시오. 내 아내는 시간을 지키지 않으면 바가지를 너무 심하게 긁어요. 아내의 보석 목걸이 만드는 걸 보느라 선생의 가게에서 시간을 끌었다고 말해 주세요. 또 내일 선생이 그걸 집으로 가지고 온다고요. 그런데 문제는 이 못된 놈이 나를 시장에서 만났다느니, 내가 자기를 때렸다느니, 또 금화 1천 마르크를 자기한테 맡겼다느니, 심지어 내가 아내도 집도 없다고 말을 했다느니, 헛소리를 한다는 거죠. 이 술주정뱅이야, 도대체 그게 다 무슨 소리냐?

드로미오(형) 마음대로 말씀하세요. 저는 제가 알고 있는 것을 안다고 말씀드릴 뿐이니까요. 시장에서 저를 때리신 건 나리의 손이 증거입니다. 제 살갗이 양피지이고, 나리께서 때린 손이 먹물이라면 나리의 손자국이 그대로 남아서 말해 주겠지요.

안티폴루스(형) 네놈은 얼뜨기 당나귀야.

드로미오(형) 그런가 보죠. 그렇게 창피를 당하고 얻어맞았으니까요. 눈에는 눈이라고, 그 말대로라면 발길질을 당했으니 발길질로 갚아야겠죠. 제 발꿈치를 멀리하시고 이 당나귀도 조심하셔야겠습니다.

안티폴루스(형) 발타자르 선생, 기분이 좋지 않으신가 본데, 괜찮다면 차린 것은 없지만 집으로 모시고 싶습니다.

발타자르 좋은 음식보다는 좋은 마음 씀씀이가 더 고맙군요.

안티폴루스(형) 환영의 마음은 넉넉하지만, 고기든 생선이든 입에 맞으실지 모르겠습니다.

발타자르 맛있는 음식들은 흔합니다. 시골 사람들도 내놓을 수 있죠.

안티폴루스(형) 환영은 더 흔한 거랍니다. 말만으로 되니까요.

발타자르 음식이 많지 않아도 호의만 푸짐하다면, 그게 바로 훌륭한 대접이지요.

안티폴루스(형) 그렇겠지요, 구두쇠 주인이나 인색한 손님에게는 말입니다. 초라한 음식이라도 좋게 받아들여 주십시오. 좋은 음식으로 자주 환대를 받으시겠지만, 정성 어린 마음은 쉽게 찾아볼 수 있는 게 아니니까요. 아니, 이런! 문이 닫혀 있군. 자, 어서 문을 열라고 해라.

드로미오(형) 모드, 브리짓, 마리안, 시셀, 길리안, 긴!

드로미오(동생) (안에서) 바보, 멍청이, 수탉, 엉터리, 머저리, 광대! 문에서 꺼지든가 쪽문 앞에 죽치고 있어. 하녀들을 꼬셔내겠다는 건가? 그렇다면 하나도 많지, 그렇게 무더기로 불러내? 어서 꺼져.

드로미오(형) 어떤 놈이 집 문을 지키지? 주인 나리를 거리 한가운데 서 계시게 하고 말야.

드로미오(동생) (안에서) 왔던 쪽으로 그대로 꺼지라고 해. 다리에 감기 걸릴라.

드로미오(형) 안에서 말하는 게 누구냐? 어서 문 열어!

드로미오(동생) (안에서 비웃으며) 예, 나리, 때를 봐서요. 무슨 이유로 오셨는지 말씀부터 하시지요.

안티폴루스(형) 이유를 말하라고? 밥 먹으러 왔다. 오늘은 아직 밥을 안 먹었단 말야.

드로미오(동생) (안에서) 오늘은 여기서 드실 수 없습니다. 때를 봐서 다시 오시지요.

안티폴루스(형) 내 집에 나를 못 들어가게 하는 놈은 누구냐?

드로미오(동생) (안에서) 지금은 문지기입니다. 이름은 드로미오이죠.

드로미오(형) 아니, 이 뻔뻔스런 놈이! 네놈이 내 이름도 일자리도 다 훔쳐 갔구나. 하기야 내 이름이라는 게 뭐 그리 대단할 것도 없고, 일이라고 해봐야 욕만 실컷 얻어먹기 일쑤지. 네놈이 오늘 나 대신 드로미오가 되었다면 잘됐다, 그 이름 때문에 네 얼굴 모양이 달라지거나 네 이름이 얼뜨기 당나귀가 되거나 할걸.

안에서 하녀 루스 등장.

루스 (안에서) 왜들 야단법석이야? 드로미오, 대문 밖에 누가 왔지?

드로미오(형) 루스, 내 주인 나리를 들어가시게 해.

루스 (안에서) 안 됩니다. 너무 늦게 오셨다고 전해요.

드로미오(형) 아니, 기가 막혀서! 그렇다면 격식을 차려 다시 말하지, 나리께서 돌아오셨다.

루스 (안에서) 또 다른 나리라니, 그렇다면 다시 대답해 주지. 언제 오셨는지 말해 보아라.

연극 〈실수 연발〉 쌍둥이 드로미오 캐럴 셰익스피어 극단, 캘리포니아 포레스트 극장. 2008.

드로미오(동생) (안에서) 네 이름이 루스인가 보구나. 대꾸 한번 잘했다.

안티폴루스(형) 이 버릇없는 것, 내 말이 안 들리느냐? 들어가게 해줘야지!

루스 (안에서 동생 드로미오에게) 마침 내가 물어보려던 참이었는데…….

드로미오(동생) (안에서) 아까 안 된다고 했잖아!

드로미오(형) 좀 도와주세요. 열릴 때까지 두드려 봐야겠어요! 무슨 반응이 있겠죠.

안티폴루스(형) 이 말괄량이야, 문 열어라.

루스 (안에서) 누구를 위해서 말인가요?

드로미오(형) 나리, 더 세게 두드리세요.

루스 (안에서) 대문이 아프다고 할 때까지 두드려 보시지.

안티폴루스(형) 이 못된 것, 문짝만 떨어져 나가면 그때는 울면서 용서를 빌어도 소용없다.

루스 (안에서) 그때는 거리에 교수대 두 개가 필요할 뿐이겠지.

아드리아나 등장.

아드리아나 (안에서) 누가 문간에서 그렇게 소란을 피우느냐?

드로미오(동생) (안에서) 확실히 이 거리는 불량배들 때문에 골치를 앓고 있군요.

안티폴루스(형) (아드리아나의 목소리를 듣고) 여보, 당신이오? 좀더 일찍 나와 보지 않고 뭐했소.

아드리아나 (문에서) 여보라고? 이 나쁜 놈! 썩 꺼져 버려. (루스와 함께 안으로 들어가 버린다)

드로미오(형) 나리, 이렇게 고생해서 안으로 들어가게 되면 이 악당 놈은 혼쭐이 나겠네요.

안젤로 이곳에는 좋은 음식도 환영 인사도 없을 것 같군요. 그중 하나쯤은 바랐는데 말이죠.

발타자르 좋은 음식과 호의 가운데 어느 쪽이 좋은가 토론하다가, 둘 다 놓쳐 버렸군요.

드로미오(형) 나리, 모두들 문앞에 와 있습니다. 어서 나와서 모시라고 명령하세요.

안티폴루스(형) 뭔가 이상한 바람이 부는구나. 아무래도 들어갈 수 없을 것 같다.

드로미오(형) 나리께서는 홑옷을 입으신 것도 아니면서 무슨 바람 걱정을 하시죠? 안에는 따뜻한 식사가 준비되어 있는데, 나리께서는 이렇게 추위에 떨고 계시다니요. 그러니 발정 나서 팔려 가는 수사슴처럼 미칠 지경일 수밖에요.

안티폴루스(형) 가서 연장을 좀 구해 와. 대문을 부숴 버려야지!

드로미오(동생) (안에서) 어디 부숴만 봐라. 악당 같은 네놈의 머리통을 부숴 버릴 테다!

드로미오(형) 말로야 부수기 쉬울 테죠. 말은 입김에 불과하니까요. 문제는, 정면으로 부수느냐, 뒷구멍으로 부수느냐 하는 거죠.

드로미오(동생) (안에서) 정말 머리통이 깨지고 싶어 근질근질한가 보군. 어서 물러가지 못해!

드로미오(형)   어서 물러가라니 너무하군. 제발 들여보내 줘.

드로미오(동생)   (안에서) 좋아, 깃털 없는 새나 지느러미 없는 물고기가 나타나면 그렇게 하지.

안티폴루스(형)   그렇다면 내가 부수고 들어가겠다. 가서 쇠지레(crow, 무거운 물건을 들어올리는 연장)를 좀 빌려 와.

드로미오(형)   깃털 없는 쇠지레(crow, 까마귀) 말씀인가요? 참말로 깃털 없는 쇠지레니, 지레마저 빼면 깃털 없는 새[*1]가 되네요. 지느러미 없는 물고기는 없어도, 깃털 없는 새는 있단 말이네요. 그 쇠지레만 도움이 된다면 어디 두고 보자. 그 깃털을 몽땅 뽑아주마.

안티폴루스(형)   어서 가서 쇠지레를 가져와.

발타자르   참으시오. 그렇게 해서는 안 되오! 그렇게 하면 자신의 체면을 구기고, 부인의 깨끗한 명예에도 숱한 의혹을 불러일으킬 겁니다. 선생의 오랜 경험으로, 부인의 지혜와 부덕, 연륜, 그리고 정숙함을 잘 아실 텐데요. 그런 부인이 이렇게 하는 데는, 선생께선 알 수 없는, 무슨 까닭이 있을 겁니다. 틀림없이 그럴 겁니다. 지금 이 시간에 들어오지 못하게 한 까닭에 대해서는, 부인이 나중에 잘 설명해 주겠지요. 그러니 내 말대로 참고 이곳을 벗어나, 타이거 여관에 가서 식사를 합시다. 그리고 저녁에 혼자 돌아오셔서 이 이상한 일에 대해 알아보도록 하십시오. 거리에 사람들이 북적거리는 이 시간에 강제로 문을 부수어 버리신다면, 틀림없이 좋지 못한 소문이 퍼져 나가 아직 더럽혀지지 않은 선생의 명예를 아무것도 모르는 대중이 헐뜯을 테니까요. 또 그 소문은 선생이 세상을 떠나신 뒤에도 무덤 속에까지 염치없이 따라 들어갈 것입니다. 비방(誹謗)이란 놈은 쉬지 않고 새끼를 치다가 마침내 영원히 자리를 잡게 되는 법이라오.

안티폴루스(형)   옳은 말씀입니다. 조용히 이 자리를 물러나, 불쾌하기는 하지만 즐거워지도록 노력하겠습니다. 내가 입심 센 계집을 하나 알고 있는데, 예쁘고 눈치가 빠른 데다, 앙칼지면서도 상냥하답니다. 거기 가서 식사를 합시다. 이 여자 때문에 내 아내는 이렇다 할 이유도 없이 가끔 나를 나무란답니다. 그 여자 집에서 함께 식사를 하시지요. (안젤로에게) 가서 목걸이

[*1] '쇠지레'에서 '지레'를 빼면 '쇠'만 남게 됨.

를 가지고 와요. 지금쯤 다 만들어 놓았을 테니 그 목걸이를 포펜타인으로 가져다주시오. 우리가 가는 집이 그곳이오. 내 아내에게 약 좀 올려줘야겠소. 그 목걸이를 그 여자한테 줄 거요. 자, 어서 다녀와요. 내 집에서 날 반기지 않으니, 다른 집 문을 두드릴 수밖에요. 거기서도 날 멸시하는지 보겠습니다.

안젤로　나중에 그 집에서 뵙겠습니다.

안티폴루스(형)　그렇게 합시다. (혼잣말로) 이 놀음에는 돈이 좀 들겠는걸. (모두 퇴장)

〔제3막 제2장〕

에페수스의 안티폴루스가 사는 집 앞.
루시아나, 시라쿠사의 안티폴루스 등장.

루시아나　그래, 형부는 남편의 의무를 모두 잊으셨단 말인가요? 사랑의 봄이라는 이때에, 벌써 사랑의 어린싹이 썩어 버렸나요? 사랑의 집을 짓고 있는 한창때에 부수어 버리고 말 건가요? 형부가 언니 재산 때문에 결혼하셨다면, 그 재산을 위해서라도 언니에게 좀더 다정하게 대해 주셔야죠. 만일 다른 곳에 좋아하는 여자가 있더라도 언니 모르게 바람을 피우세요. 장님 같은 눈가림으로 잘못된 사랑을 가리세요. 언니가 형부의 눈을 보아도 눈치채지 못하게 바람을 피우세요. 자기의 부끄러움을 스스로 입 밖에 내지 마세요. 다정한 표정으로 상냥하게 말하면서 능청을 부리세요. 악덕에게 미덕을 갖춘 성인군자의 옷을 입혀, 그 마음이 아무리 더럽더라도 얼굴에만은 순결한 미소를 머금으셔야 합니다. 죄악에게 성자(聖者)의 행동을 하도록 가르쳐야죠. 바람은 몰래 피우는 거랍니다. 언니에게 그런 걸 알릴 필요가 어디 있어요? 자기가 훔친 것을 떠벌리고 다니는 도둑처럼 어리석은 자가 어디 있나요? 밖에서 외도를 하고, 집에 와서 언니에게 표정을 들키는 것은 이중의 죄악입니다. 불미스런 일도 잘만 처리되면 정상적인 방법이 아니더라도 명예가 될 수 있지만, 나쁜 말들이 뒤따르게 되면 악행이 곱절로 늘어나지요. 아, 불쌍한 건 여자예요! 무턱대고 믿어 버리는 게 여자이니, 제발,

3막 2장, 시라쿠사의 안티폴루스와 루시아나 H.C. 셀루스

우리 여자들이 사랑받고 있다고 믿게 해주세요. 그 팔은 다른 여자에게 주었더라도, 옷소매라도 언니에게 보여주세요. 남자가 하자는 대로 따르는 게 여자들이랍니다. 그러니 형부, 다시 안으로 들어가세요. 언니를 위로하고 용기를 주세요. '내 사랑'이라고 불러 보세요. 조금 허풍을 떠는 것은 신성한 즐거움이 되지요. 싸움을 누그러뜨리는 것은 달콤한 아첨의 말이니까요.

안티폴루스(동생) 귀여운 아가씨, 이름을 모르니 이렇게 부르겠소. 내 이름을 어떻게 알고 있는지 참으로 놀랍군요. 그대의 지식과 아름다움은 이 땅의 기적이라고 말하겠습니다. 그대는 여신과도 같이 신성합니다. 사랑스러운 아가씨, 어떻게 생각하고 어떻게 말해야 하는지, 부디 나에게 그 방법을 가르쳐 주시오. 둔하고 천박하기 그지없어 숱한 착오로 질식할 것 같은 나의 얕은 이해력으로 하여금, 그대의 거짓 속에 감춰진 참뜻을 알아듣게 털어놓아 주시오. 왜 이 거짓 없는 순수한 영혼을 뒤흔들어, 알 수 없는 세계에서 방황케 하려 합니까? 그대는 신인가요? 그래서 나를 새로 창조할 생각인가요? 그렇다면 나를 새로 만들어 봐요. 그대의 힘에 복종하겠습니다. 그러나 이 내가 바로 나 자신이라면, 안에서 울고 있는 그대의 언니는 나의 아내가 아니며 그녀와 잠자리를 같이할 의무도 없습니다. 오히려 내 마음은 그대에게 더욱더 기울고 있습니다. 귀여운 인어 아가씨, 그대의 노래로 나를 끌어당겨 내가 그대 언니의 눈물바다 속에 빠져 죽게 하지 않기를 바라오. 바다의 요정이여, 그대 자신을 위해 노래 불러요. 그러면 나는 그 노래 속에 빠질 것입니다. 은빛 물결 위에 그대의 황금빛 머리카락을 펼쳐요. 나는 그것을 침대 삼아 눕겠습니다. 거기서 그대와의 눈부신 환상에 잠겨 그대로 죽을 수 있다면 차라리 좋겠습니다. 사랑은 가벼운 것이라고들 말하지만, 가라앉을 수만 있다면 나를 빠져 죽게 해주시오!

루시아나 어머, 형부, 미치셨어요? 어떻게 그런 말을…….

안티폴루스(동생) 미치지 않았습니다. 어리둥절한 것뿐이죠. 어떻게 된 건지 나도 모르겠소.

루시아나 눈이 잘못되셨나 봐요.

안티폴루스(동생) 아름다운 태양이여, 그대 곁에서 찬란한 빛을 보고 있기 때문입니다.

루시아나 봐야 할 것들만 똑똑히 보세요. 그럼 제대로 보일 거예요.

안티폴루스(동생) 사랑스런 아가씨, 캄캄한 밤을 보니 차라리 눈을 감겠소.

루시아나 왜 저를 사랑스럽다고 하시죠? 언니한테 그렇게 부르세요.

안티폴루스(동생) 언니의 동생을 그렇게 부르겠소.

루시아나 언니한테 하시라고요.

안티폴루스(동생) 안 됩니다, 내게는 당신뿐입니다. 나의 더 좋은 반쪽, 더 깨끗한 눈, 더 소중한 심장, 내 영혼의 양식, 행운의 여신, 달콤한 희망, 이 땅에 하나밖에 없는 천국, 나의 천국에서 필요한 오직 하나, 바로 그대 말입니다.

루시아나 그건 모두 언니를 두고 하는 말씀이겠죠. 또 그래야 하고요.

안티폴루스(동생) 그럼, 그대 자신을 언니라고 불러요. 내게는 그대뿐이니. 나는 그대를 사랑하겠소. 그대와 함께 살겠습니다. 그대는 처녀이고, 나는 총

연극 〈실수 연발〉 블랑쉬 매킨타이어 연출, 시몬 해리슨(시라쿠사의 안티폴루스 역)·해티 래드버리(아드리아나 역) 출연. 런던 셰익스피어 글로브 시어터 상연. 2014.

각이오. 그 손을 내게 주시오.

루시아나 아, 잠깐만요! 여기 가만히 계세요. 언니에게 물어봐야겠어요. (퇴장)

시라쿠사의 드로미오 등장.

안티폴루스(동생) 아, 드로미오! 어디를 그렇게 서둘러 가는 거지?

드로미오(동생) 저를 아시나요, 나리? 제가 드로미오인가요? 제가 나리의 하인이에요? 제가 바로 저인 거 맞나요?

안티폴루스(동생) 너는 드로미오야, 내 하인이지. 물론 너 자신이기도 하고.

드로미오(동생) 저는 얼뜨기 당나귀입니다. 저는 여자한테 붙잡힌 사내예요. 그만 넋이 나가 버렸거든요.

안티폴루스(동생) 어떤 여자한테 붙잡혔지? 넋이 나갔다고? 대체 무슨 소리냐?

드로미오(동생) 글쎄, 나리, 저는 넋이 나가 버렸어요. 여자한테 걸려들었다니까요. 저를 자기 거라 우겨대지 뭐예요. 저를 죽어라 쫓아다니면서, 기어이 자기 것으로 만들고 말겠대요.

안티폴루스(동생) 여자가 너한테 요구하는 게 뭐지?

드로미오(동생) 글쎄요, 그 여자는 주인 나리께서 나리의 말(馬)에게 하듯이 저를 자기 마음대로 하려 드는 걸요. 그 여자는 저를 짐승 다루듯 하는데, 그건 제가 짐승이라서 그런 건 아니죠. 그 여자가 짐승 같은 여자라서 저를 짐승처럼 소유하겠다는 거죠.

안티폴루스(동생) 어떤 여자인데?

드로미오(동생) 몸집이 대단한 여자죠. 남자가 보기만 해도 찍소리 못 하고 기어들어갈 만큼 우람하죠. 일대일로 맞붙으면 이쪽이 불리하겠지만, 아내로서는 아주 푸짐한 결혼 상대죠.

안티폴루스(동생) 푸짐한 결혼 상대라니 무슨 말이지?

드로미오(동생) 그야, 부엌데기에 딱 맞는 뚱뚱보라 이거죠. 그 비곗덩어리를 태워 그 불빛으로 등불 삼아 제가 달아나는 것 말고는 아무 짝에도 쓸모없는 여자죠. 입고 있는 누더기 옷이 양초처럼 번들거려서 그 옷에 불을 붙이면 폴란드에서도 한겨울 내내 켤 수가 있을걸요. 최후의 심판 날까지 그 여자가 살게 된다면, 아마 한 주일은 더 탈 겁니다.

안티폴루스(동생) 얼굴 빛깔은 어떠냐?

드로미오(동생) 제 신발처럼 거무튀튀하고, 얼굴은 씻지 않아서 제 신발만큼도 깨끗하지 않아요. 왜냐고요? 땀을 지독하게 흘리거든요. 때와 땀으로 흥건해서 신발도 빠져 버릴 지경이죠.

안티폴루스(동생) 그런 것은 물로 씻어내면 되지 않느냐?

드로미오(동생) 모르시는 말씀, 땟국물이 들어서 노아의 홍수라도 그 때를 씻어낼 수는 없을걸요.

안티폴루스(동생) 그 여자 이름이 뭐지?

드로미오(동생) 넬이래요. 그 허리 둘레가 그 이름*² 하고도 그 4분의 3이나 되는 여자랍니다.

안티폴루스(동생) 그럼 폭이 상당한 여자로군.

---

*² 45인치를 뜻하는 길이 단위 '엘(ell)'과 그녀 이름 '넬(Nell)'을 비유적으로 사용함.

드로미오(동생) 머리에서 발끝까지 길이가 엉덩이 둘레만큼도 안 되죠. 글쎄 몸이 지구 같이 둥글어서, 그 몸에서 온갖 나라들을 찾을 수 있다니까요.

안티폴루스(동생) 그럼 아일랜드는 그 여자 몸 어디쯤 되느냐?

드로미오(동생) 아, 그야 엉덩이에 있죠. 늪이 있는 걸 보면 알 수 있으니까요.

안티폴루스(동생) 스코틀랜드는?

드로미오(동생) 그곳은 불모지이니 딱딱한 그녀 손바닥이죠.

안티폴루스(동생) 프랑스는?

드로미오(동생) 그 여자의 이마에 있죠. 프랑스 내란에서 신교도가 왕위 계승권을 반대하듯 빳빳하게 곤두선 머리털을 단호히 뒤로 밀어 올리고 있거든요.

안티폴루스(동생) 잉글랜드는?

드로미오(동생) 하얀 절벽을 찾아봤는데 어디서도 보이질 않아요. 아마 턱에 있을 거예요. 프랑스와 턱 사이에 찝질한 콧물이 흐르니까요.

안티폴루스(동생) 스페인은?

드로미오(동생) 맹세컨대 보지는 못했어도, 아마 그 여자의 뜨거운 입김 속에 있을 겁니다.

안티폴루스(동생) 미국과 서인도 섬들은?

드로미오(동생) 아, 그건 코 위에 있죠. 루비, 석류석, 사파이어들[3]을 박아 놓았는데, 뜨거운 입김을 뿜어내는 스페인이 눈독을 들여 큰 상선들을 보내 많은 재물들을 먹어 치우려고 하니까요.

안티폴루스(동생) 벨기에와 네덜란드는?

드로미오(동생) 그렇게 낮은 곳까지는 살펴보지 않았습니다. 결론적으로 말씀드리면 그 하녀는, 아니 그 마녀는 제가 자기 거라고 우겨대면서 저를 드로미오라고 부르며 제가 자기와 결혼을 약속했다고 말하지 않겠어요? 또 남들은 모르는 내 몸의 흔적들, 그러니까 어깨에 생긴 흉터, 목에 있는 사마귀, 왼쪽 팔에 있는 큰 쥐젖까지 다 알고 있지 않겠어요? 그래서 너무 놀라고 두려운 나머지, 그 마녀로부터 줄행랑쳤습니다. 그런데 제 생각에는 이 가슴이 믿음으로 무장되지 않고 이 심장이 강철로 돼 있지 않았다면, 그

---

*3 주근깨, 여드름, 점들을 일컬음.

여자는 저를 꼬리 잘린 강아지로 둔갑시켜, 고기 굽는 수레바퀴나 돌리게 했을 겁니다.

안티폴루스(동생) 자, 너는 지금 곧 부둣가로 나가 보아라. 바람이 불어주기만 하면, 나는 오늘 밤 이 거리에 머물러 있지 않겠다. 어떤 배든지 출항할 기미가 보이면, 너는 내가 머무르는 이곳으로 돌아오너라. 네가 올 때까지 나는 산책을 하면서 기다리겠다. 너나 할 것 없이 모두 우리를 아는 척하는데 우리는 아무도 모르고 있으니, 슬며시 짐을 꾸려 사라지는 게 상책이지.

드로미오(동생) 목숨을 걸고 곰에게서 도망치듯, 저도 아내가 되겠다는 여자에게서 줄행랑치겠습니다. (퇴장)

안티폴루스(동생) 이곳은 온통 마녀들로 득실거리나 보다. 그러니 서둘러 이곳을 떠나자. 나를 남편이라고 부르는 그 여자를 아내로 맞아야 한다는 생각만으로도 끔찍하다. 하지만 그녀의 귀여운 여동생은 그토록 착하고 품위 있는 아름다움, 그토록 매혹시키는 용모와 말씨에 나도 모르게 빨려들어갈 뻔했어. 그러다가 스스로 신세를 망치게 되면 안 되지. 그 인어의 노래가 들리지 않도록 귀를 막아 버리자.

안젤로, 목걸이를 들고 등장.

안젤로 안티폴루스 선생!

안티폴루스(동생) 네, 내 이름이 안티폴루스입니다.

안젤로 나도 물론 잘 알고 있죠. 자, 여기 목걸이를 가지고 왔습니다. 포펜타인으로 가져갈까 했지만, 목걸이가 완성이 안 돼서 이렇게 늦어졌습니다.

안티폴루스(동생) 이걸 가지고 나더러 어떡하라는 말씀이죠?

안젤로 마음대로 하십시오. 당신의 주문을 받고 만든 거니까요.

안티폴루스(동생) 내가 주문을 했다고요? 그런 적이 없는데요.

안젤로 그것도 어디 한두 번인가요, 스무 번은 재촉하셨을 겁니다. 댁에 가서 이걸로 부인을 기쁘게 해드리셔야죠. 저녁 식사때쯤 댁으로 가서 목걸이 값을 받도록 하지요.

안티폴루스(동생) 그럼, 지금 바로 돈을 받아 가시오. 이 목걸이도 돈도 못 받게 될지 모르니까요.

안젤로 (웃으면서) 농담을 꽤나 좋아하시는군요. 그럼 안녕히 계십시오. (퇴장)

안티폴루스(동생) 이 일을 어떻게 받아들여야 할지 모르겠군. 하지만 이렇게 예쁜 목걸이를 받았는데, 매정하게 거절한다는 것도 좀 그래. 이곳 사람들은 거리에서 사람을 만나면 이런 황금도 선물로 준단 말이야. 시장으로 가야겠다. 거기서 드로미오가 오기를 기다리자. 출항하는 배만 있으면 곧바로 떠나 버려야지. (퇴장)

〔제4막 제1장〕

광장.
상인 2, 안젤로, 경찰 한 사람 등장.

상인 2 오순절까지는 그 금액을 치러야 한다는 사실을 아실 텐데요. 나는 그리 독촉한 적도 없지 않습니까? 지금도 그럴 생각은 없지만, 페르시아로 여행을 가게 되어 갑자기 돈이 필요해졌습니다. 그러니 지금 돈을 돌려주시오. 그러지 않으면 이 경찰관에게 당신을 구속하라고 하겠소.

안젤로 당신한테 진 빚과 같은 금액을 안티폴루스 씨한테 받을 예정입니다. 내가 당신을 만나기 바로 전에, 그분에게 목걸이를 전했습니다. 다섯 시에 같은 금액을 그분한테 받기로 했지요. 나와 함께 그분 댁까지 가시면 돈을 드리고, 더불어 감사도 드리겠습니다.

에페수스의 안티폴루스와 드로미오가 점심 식사를 마치고, 창녀의 집에서 나온다.

경찰 수고스럽게 가시지 않아도 되겠군요. 저기 오십니다.

안티폴루스(형) 내가 보석상에 다녀오는 동안, 너는 가서 밧줄을 사 오너라. 내 아내와 그 패거리들에게, 낮에 나를 대문 밖에 세워 놓은 대가를 톡톡히 치르게 해주지. 저기 보석상 주인이 오는군! 너는 밧줄을 사 가지고 집으로 오너라.

드로미오(형) 1년에 1천 파운드짜리 밧줄이라, 내가 1년에 1천 번은 두드려 맞을 밧줄을 사러 가자! 밧줄을 사러 가! (퇴장)

안티폴루스(형) 당신은 믿을 만한 사람이 못 되는군요. 목걸이를 가지고 오기로 약속해 놓고서, 목걸이는커녕 직공조차 나타나질 않으니 말이오. 우리의 우정이 그 목걸이로 묶어 놓으면 너무 오래 갈까봐 그랬나 보군요.

안젤로 즐거운 농담은 다음에 하시지요. 자, 여기 청구서가 있습니다. 목걸이 무게도 한 푼어치 빠지지 않았으며, 금의 질도 최고급이고, 세공에도 하나하나 정성을 들였습니다. 값은 내가 이분에게 진 빚보다, 세 돈쯤 더 넘었습니다. 그러니 제발 이 자리에서 값을 치러 주십시오. 이분은 곧 뱃길에 올라야 하는데 돈 때문에 이렇게 머물러 계시니까요.

안티폴루스(형) 지금은 돈을 갖고 있지 않소. 또 이 거리에서 볼일도 좀 있습니다. 그러니 그분을 내 집까지 모시고 가시지요. 그 목걸이를 가지고 가셔서, 내 아내에게 청구서에 적힌 금액을 달라고 하십시오. 나도 곧 뒤따라가지요.

안젤로 그럼 그 목걸이는 당신이 직접 가지고 가시겠습니까?

안티폴루스(형) 아니오, 선생이 가지고 가십시오. 나는 제시간에 못 들어갈지 모르니까요.

안젤로 그럼 좋습니다. 목걸이는 가지고 계시죠?

안티폴루스(형) 내가 안 가지고 있다면 선생이 갖고 계시겠죠. 그렇잖으면 돈을 받지 못할 테니까요.

안젤로 자, 그러지 말고 어서 목걸이를 주십시오. 바람도 파도도 이분을 기다리고 있습니다. 이렇게 오래 지체하시게 해서 죄송스럽군요.

안티폴루스(형) 아니! 포펜타인으로 오기로 해놓고 약속을 깬 건 당신인데, 변명을 늘어놓으려고 이런 농담을 합니까? 가지고 오시지 않았다면 내가 할 말이 있는 건데, 오히려 그쪽에서 성질 더러운 여자처럼 먼저 시비를 걸어오는군요.

상인 2 시간이 급합니다. 어서 해주시오.

안젤로 자, 이분이 나를 얼마나 독촉하는지 보셨지요? 어서 목걸이를 주세요!

안티폴루스(형) 아니, 그걸 내 아내한테 주고 돈을 받으라니까요.

안젤로 이것 보세요, 내가 조금 전에 드리지 않았습니까? 목걸이가 아니면 그 증표가 되는 거라도 주십시오.

4막 1장, 에페수스의 안티폴루스, 경찰, 에페수스의 드로미오   J. 코글란. 1816.

안티폴루스(형)   이런, 농담이 지나치시군요. 목걸이는 어디 있죠? 제발 좀 보여주시오.

상인 2   일이 바빠서 이렇게 지체할 수가 없습니다. 여보시오, 돈을 내겠소

못 내겠소? 어서 대답하시오. 못 내겠다면 이 사람을 경찰에게 넘기겠소.

안티폴루스(형) 대답하라니! 도대체 무슨 말을 하라는 거요?

안젤로 당신이 목걸이 값으로 내게 빚지고 있는 돈 말이오.

안티폴루스(형) 목걸이를 받기 전에는 빚도 없소.

안젤로 반 시간 전에 드리지 않았습니까?

안티폴루스(형) 당신은 나한테 아무것도 준 게 없잖소. 괜히 생사람 잡지 말아요.

안젤로 받은 적이 없다고 하시니, 당신이야말로 생사람 잡지 마십시오. 이것은 내 신용에 관계된 문제입니다.

상인 2 그럼 경찰관, 나의 고발에 따라 이 사람을 체포해 주시오.

경찰 좋습니다. 공작님의 이름으로 당신을 체포하겠으니, 따르시오.

안젤로 이건 내 명예에 관계된 일입니다. 목걸이 값을 치르는 데 동의하지 않으시면, 경찰관에게 당신을 체포하도록 요청하겠소.

안티폴루스(형) 받지도 않은 것을 지급하는 데 동의하라고! 멍청한 놈, 어디 체포해 보라지.

안젤로 자, 수수료입니다. 이 사람을 체포해 주세요. 이런 경우에는 내 형제라도 용서 못 하겠소. 이렇게 대놓고 모욕을 준다면 말이오.

경찰 당신을 체포합니다. 고소 내용은 이미 들었겠지요.

안티폴루스(형) 보석금을 낼 때까지는 당신 하라는 대로 하지. 하지만 이봐, 이 장난의 대가는 크게 치러야 할 거다. 당신 가게에 있는 금 부스러기들을 몽땅 내주고도 모자랄걸.

안젤로 이봐요, 에페수스에는 법률이 있소. 어디 두고 보시오. 그 얼굴에 먹칠을 하게 될 테니.

시라쿠사의 드로미오가 항구에서 돌아온다.

드로미오(동생) 나리, 에피담누스에 배편이 와 있는데, 배 주인만 타면 바로 떠나겠답니다. 우리 짐들도 실어 놓았습니다. 기름과 향유와 술도 샀고요. 배 뜰 준비는 다 되었습니다. 바람도 육지에서 알맞게 불어옵니다. 모두들 배 주인과 나리가 오시기만 기다리고 있어요.

안티폴루스(형) 뭐라고! 이런 미친 놈! 이 멍청아, 에피담누스에서 무슨 배가 나를 기다린다는 거냐?

드로미오(동생) 나리께서 알아보라고 하신 배편 말입니다.

안티폴루스(형) 이 술주정뱅이 놈아, 나는 밧줄을 사 오라고 했다. 그리고 어디에 쓸 건지도 알려 줬지 않느냐.

드로미오(동생) 밧줄을 사 오라고도 하셨지만, 이번에는 항구로 가서 배편을 알아보라고 하셨는데요.

안티폴루스(형) 이 문제는 집에 가서 좀더 시간을 내서 이야기하자. 네놈이 내 말을 똑바로 알아듣도록 가르쳐야겠어. 이놈아, 지금 바로 아씨한테 가서 이 열쇠를 건네주고, 터키 융단으로 덮은 책상 서랍에 돈주머니가 있으니, 그걸 보내라고 전해라. 내가 길에서 체포되었다고 해. 그 돈이면 풀려날 거야. 자, 어서 가! 경찰관, 감옥으로 가서 돈이 올 때까지 기다립시다. (상인 2, 안젤로, 경찰과 함께 퇴장)

드로미오(동생) 아씨한테! 그곳은 우리가 점심을 먹은 곳이군. 그 시골뜨기가 나를 자기 남편이라고 우기던 곳이야. 그 계집은 너무 뚱뚱해서 안을 수도 없다고. 내키진 않지만 안 갈 수도 없군. 하인이란 그저 주인이 시키는 대로 따라야 하니까. (퇴장)

〔제4막 제2장〕

에페수스의 안티폴루스가 사는 집.
아드리아나와 루시아나 등장.

아드리아나 아, 루시아나, 그이가 너를 그렇게 유혹했단 말이지? 그가 너에게 호소할 때 그 눈빛은 진심이었니? 그래, 안 그래? 그런 거 있잖아! 얼굴이 빨개졌다거나 창백해졌다거나, 아니면 슬퍼 보였다거나 즐거워 보였다거나 말이야! 그의 얼굴 표정이 어땠지?

루시아나 처음에는 언니가 자기한테 남편이라고 부를 권리가 없다고 했어.

아드리아나 자기가 나한테 아무것도 해준 게 없다는 뜻이겠지. 그 말을 들으니 더 서럽구나.

루시아나 그러더니 자기는 여기선 낯선 사람이라는 거야.

아드리아나 모처럼 옳은 말을 했군. 늘 거짓말만 하는 사람이 말이야.

루시아나 그래서 내가 언니를 대신해 변명해 줬지.

아드리아나 그랬더니 뭐라고 하더냐?

루시아나 언니를 사랑해 달라고 했더니, 형부는 나한테 자기를 사랑해 달라고 했어.

아드리아나 그래, 그이가 뭐라고 너를 유혹했니?

루시아나 진실한 사랑의 고백처럼 나를 감동시키는 말들이었어. 처음에는 나더러 아름답다고 말하더니, 다음에는 내가 말을 잘한다고 칭찬했어.

아드리아나 네가 나긋나긋하게 대해 줬나 보구나?

루시아나 제발 참아.

아드리아나 참을 수도 없고 참지도 않겠어. 내 마음이 참으려고 해도, 내 혀가 가만히 있지 않을 거야. 병신, 꼽추, 늙고 시들어 빠졌어. 못생겨 가지고는, 몸매도 형편없지! 어찌나 못되 처먹었는지 신사다운 구석은 찾아볼 수 없는 데다, 멍청하고, 퉁명스럽고, 무뚝뚝하기만 하지. 몸매도 엉망이지만 마음씨는 더 엉망이지.

루시아나 그렇다면 왜 질투하지? 그런 인간이 보이지 않는다고 슬퍼할 사람이 있을까?

아드리아나 아, 하지만 그이는 내가 말하는 것만큼 나쁜 사람 같지는 않아. 다른 사람들 눈에 그렇게 나쁘게 보였으면 좋겠어. 푸른 도요새는 자기 보금자리에서 멀리 떨어져서 운다지? 나도 입으로는 욕을 퍼붓지만 마음속으로는 그이를 위해 기도한단다.

시라쿠사의 드로미오 등장.

드로미오(동생) 아, 드디어 왔다! 궤짝과 돈주머니요! 아씨, 어서요!

루시아나 왜 그렇게 숨을 헐떡거리며 야단이지?

드로미오(동생) 급히 달려왔으니까요.

아드리아나 네 주인 나리는 어디 계시느냐, 드로미오? 별일 없으시지?

드로미오(동생) 천만에요. 나리는 감옥에 갇히셨어요. 지옥보다 더한 곳이죠. 질긴 가죽옷을 입은 악마 놈에게 붙들려 가셨죠. 돌처럼 딱딱한 심장을 강

4막 2장, 아드리아나와 루시아나 H.C. 셀루스

철 단추로 채운 인정머리 없고 거친 악마, 원한 맺힌 귀신 놈이죠. 아니, 늑
대 같은 놈, 물소 가죽을 뒤집어쓴 놈이죠. 뒤로 살그머니 다가와 어깨를
톡톡 다독거리면서 인간의 간을 빼먹는 놈이죠. 골목길, 굽잇길, 좁은 길에
서 앞을 가로막는 놈, 잘못된 방향으로 가면서도 발자국 냄새를 잘도 맡는
사냥개 놈, 재판도 하기 전에 불쌍한 사람을 지옥으로 보내는 그런 놈한테
붙들리셨단 말입니다.

아드리아나 이놈아, 그게 대체 무슨 소리냐?

드로미오(동생) 저도 뭐가 뭔지 통 모르겠지만, 나리께서 고소를 당해 체포
되셨습니다.

아드리아나 뭐라고? 체포됐다고? 누가 고소를 했다는 거지?

드로미오(동생) 누가 고소했는지 잘 모르겠어요. 그렇지만 물소 가죽옷을 입

은 놈에게 체포되신 것만은 사실이지요. 나리께서 보석금을 보내달라고 하십니다. 나리의 책상 안에 있대요.

아드리아나 (루시아나에게) 가서 돈을 가져와라. (루시아나 퇴장) 정말 이상한 일이군. 나도 모르게 빚을 지고 있다니. 말해 보아라, 무슨 증거에 걸려 체포됐다더냐?

드로미오(동생) 증거에 걸린 게 아니라, 좀더 강한 것에 걸려드셨죠. 목걸이, 목걸이(a chain) 때문이에요! 그 쇳소리 울리는 소리(ring)가 들리시나요?

아드리아나 무슨 쇠줄(the chain)?

드로미오(동생) 아뇨, 종소리(the bell) 말입니다. 돌아갈 시간이 지나버렸는데. 나리와 헤어졌을 때는 두 시였는데 이제는 시계가 한 시를 치는군요.

아드리아나 시간이 되돌아온다고! 그런 소리는 생전 처음 들어보는구나.

드로미오(동생) 오, 그럼요. 시간도 경찰을 만나면 겁에 질려 되돌아오지요.

아드리아나 '시간'이 빚이라도 진다더냐? 바보 같은 놈, 엉뚱한 소리 그만해!

드로미오(동생) '시간'이야말로 파산한 놈입니다. 기회를 주어야 할 때 주지 않으니 말이에요. 게다가 도둑이라고도 말할 수 있죠. 사람들이 하는 이야기를 못 들으셨어요? '시간'은 밤이나 낮이나 쉼 없이 야금야금 다가온다고요! 그러니 '시간'이 빚을 졌거나 도둑이라면, 도중에 경찰을 만났을 때 하루 한 시간쯤 거꾸로 갈 만도 하지 않나요?

루시아나, 돈주머니를 가지고 다시 등장.

아드리아나 어서 가라, 드로미오. 여기 돈이 있으니, 가서 주인 나리를 곧바로 모셔 오너라. 아, 루시아나, 상상에 사로잡혀 숨이 막힐 것 같다. 상상이란 위안도 주고 고통도 주는구나. (모두 퇴장)

〔제4막 제3장〕

광장.
시라쿠사의 안티폴루스 등장.

안티폴루스(동생) 만나는 사람마다 내게 인사를 건네는군. 나를 잘 알고 있는 친구들처럼 말야. 내 이름을 불러주며, 돈을 주기도 하고, 자기 집에 초대도 했지. 내가 친절히 해주어 고맙다고 인사하는 이도 있고, 물건을 사라고 권하는 이도 있었어. 조금 전에는 재봉사가 나를 자기 상점으로 불러들이더니, 내가 주문했다며 비단을 보여주고 내 몸 치수까지 쟀단 말이야. 이건 모두 환상을 일으키게 하는 마법의 장난이 틀림없어. 이곳에는 지옥의 마술사들이 살고 있을 거야.

시라쿠사의 드로미오 등장.

드로미오(동생) 나리, 가져오라 하신 돈입니다. 이런, 늙은 아담같이 생긴 번쩍거리는 새 옷을 입은 경찰은 보내 버리셨나요?
안티폴루스(동생) 이건 무슨 돈이지? 아담이라니 무슨 말이냐?
드로미오(동생) 그 낙원을 지키던 아담 말고, 감옥을 지키는 아담 말씀입니다. 방탕한 놈팡이를 먹이려고 죽인 송아지 가죽을 뒤집어쓰고는, 악한 요정처럼 살그머니 뒤로 다가와서 나리의 자유를 빼앗아간 놈 말입니다.
안티폴루스(동생) 도대체 무슨 소린지 모르겠다.
드로미오(동생) 모르시겠다니요? 아주 분명한 일인걸요. 가죽 주머니에 들어 있는 첼로처럼 이리저리 다니면서, 지친 사람에게는 위로하는 척 쉬어 가라 하고, 흐느껴 우는 사람에게는 동정을 베풀 듯이 감옥의 옷을 입혀 주며, 공적을 세울 때에는 자기 안위를 꾀하여 창보다는 장식용 지팡이를 흔들어 대는 사람 말이죠.
안티폴루스(동생) 경찰 말이냐?
드로미오(동생) 네, 경찰을 말하는 겁니다. 계약을 어기기만 하면 누구든지 끌어다가, 사람은 늘 잠만 자고 싶어한다고 생각하는지 "편히 쉬게 해주지" 이렇게 말하는 사람 말입니다.
안티폴루스(동생) 자, 헛소리는 그만 집어치워! 오늘 밤 떠나는 배가 있느냐?
드로미오(동생) 참, 나리도, '탐험'호가 오늘 밤 떠난다고 벌써 한 시간 전에 말씀드리지 않았나요? 그러다 경찰이 나리를 가로막았기 때문에, 작은 '지체'호로 가게 됐는걸요. 나리가 부르러 보내신 천사들(돈)이 바로 여기 도착해 있습니다.

안티폴루스(동생) 이놈은 정신이 오락가락하나 보군. 사실 나도 좀 이상해. 우리는 환상 속을 헤매고 있어. 자비로운 신이 우리를 어서 이곳에서 구해 주었으면!

창녀 등장.

창녀 잘 만났네요, 안티폴루스 나리. 금세공업자를 만났나 보군요. 그 목걸이가 오늘 제게 주시기로 약속한 건가요?

안티폴루스(동생) 못된 마귀야, 어서 꺼져 버려! 나를 유혹하지 말라고.

드로미오(동생) 나리, 이 부인이 마귀인가요?

안티폴루스(동생) 그렇다, 마귀다.

드로미오(동생) 아뇨, 훨씬 더 나쁘죠. 악마의 어미뻘쯤 될 걸요. 그래서 바람난 계집으로 둔갑하고 여기에 나타난 거죠. 그런 계집들이 "나는 신의 저주를 받을 년이야" 이렇게 흔히 떠벌리는 말은 신이 나를 바람난 계집으로 만들었다는 말과도 같죠. 책에도 씌어 있는 것처럼 이 계집들은 빛의 요정처럼 남자에게 다가갑니다. 빛은 불이 타오르고 있음을 말해 주지요. 그리고 불은 타는 거고요. 그래서 바람난 계집들은 불타오르는 거라 이 말입니다. 저 여자 가까이 가지 마세요.

창녀 나리와 나리의 하인, 둘 다 참 재미있군요. 저와 함께 가실 거죠? 여기서 좀더 식사를 하고 가세요.

드로미오(동생) 나리, 함께 드시려면 기다란 숟가락을 달라고 하세요. 틀림없이 국물이 나올 테니까요.

안티폴루스(동생) 어째서지, 드로미오?

드로미오(동생) 참, 악마와 함께 식사하는 사람은 긴 숟가락을 가져야 한다잖아요.

안티폴루스(동생) 어서 꺼져, 이 마귀야! 함께 식사를 하자고? 너도 다른 놈들과 똑같이 마법을 쓰지? 어서 내 앞에서 꺼져 버려!

창녀 점심때 가져가신 제 반지를 내놓으세요. 그렇잖으면 제 다이아몬드 반지 대신 당신이 약속한 그 목걸이를 주시던가요. 그러면 가겠어요. 당신을 귀찮게 하지 않을게요.

드로미오(동생) 다른 마귀들은 보통 손톱 부스러기나 폐품, 머리카락 한 가 닥, 피 한 방울, 핀 한 개, 호두 한 알, 버찌 씨 하나를 달라고 한다는데, 이 마귀는 목걸이를 달라고 하니 대단한 욕심꾸러기군. 나리, 조심하세요. 그 목걸이를 주면 이 마귀는 그걸 흔들어대며 우리를 놀라게 할 겁니다.

창녀 제발 제 반지를 돌려주든가 목걸이를 주든가 하세요. 설마 이렇게 해서 저를 속이시려는 건 아니겠지요.

안티폴루스(동생) 꺼져, 이 마녀야! 자, 드로미오, 가자.

드로미오(동생) "허영심일랑 날려 보내라"고 겉치레꾼 공작새가 말했지. 너도 잘 알 텐데. (시라쿠사의 안티폴루스와 함께 퇴장)

창녀 틀림없이 안티폴루스 나리는 머리가 돌았어. 그렇잖고서야 어떻게 저 런 행동을 할 수가 있겠어. 나리가 가져간 내 반지는 40더컷짜리인데, 그 대 가로 목걸이를 주겠다고 해놓고서, 왜 이제 와서 아무것도 안 주겠다는 거 야. 미친 게 틀림없는 것은, 조금 전에 난폭하게 행동한 것 말고도, 오늘 점 심때 말한 미친 이야기들로 알 수 있어. 집에 들어가려니까 대문을 열어주 지 않았다고 했지. 그 부인도 나리의 발작 증세를 알고 있기 때문에 일부러 문을 열어주지 않았을 거야. 내가 앞으로 할 일은, 나리 댁으로 가서 저 사 람이 미쳐 날뛰며 내 집으로 들어와서는 반지를 빼앗아갔다고 그 부인한테 말하는 거야. 나로서는 이게 가장 좋은 방법이야. 40더컷은 잃어버리기에는 너무나 아까운 액수거든. (퇴장)

〔제4막 제4장〕

어느 거리.
에페수스의 안티폴루스, 경찰 등장.

안티폴루스(형) 도망치지 않을 테니 걱정 마시오. 어쨌든 체포된 몸이니 풀려 나기 전에 충분한 보석금을 내겠소. 집사람은 오늘 변덕을 부려서, 하인 놈 말을 쉽게 귀담아들을 것 같지가 않군요. 내가 에페수스에서 체포되었다는 사실이 곧이들리지 않을 수도 있으니까요.

에페수스의 드로미오가 밧줄을 들고 등장.

안티폴루스(형) 아, 저기, 하인 놈이 오는군요. 돈을 가지고 왔을 겁니다. 자, 어떻게 됐느냐? 내가 하라는 대로 돈을 가지고 왔느냐?

드로미오(형) 여기 있습니다. 이 정도면 당한 만큼 충분히 갚아줄 수 있을 겁니다.

안티폴루스(형) 그런데 돈은 어디 있지?

드로미오(형) 돈은 이 밧줄 값으로 줬는데요.

안티폴루스(형) 이놈아, 500더컷을 몽땅 그 밧줄 값으로 줬단 말이냐?

드로미오(형) 그 액수라면 제가 밧줄 500개 몫은 해드릴 수 있죠.

안티폴루스(형) 내가 뭣 때문에 너를 보냈었지?

드로미오(형) 밧줄을 사 오라고 하셨죠. 그래서 이렇게 사 가지고 돌아왔습니다.

안티폴루스(형) 그러니 나도 이렇게 환영해 주겠다. (드로미오를 때린다)

경찰 자, 참으세요.

드로미오(형) 참아야 할 사람은 이쪽이죠. 두들겨 맞은 건 바로 저잖아요.

경찰 너는 입 놀리지 말고 가만히 있어.

드로미오(형) 저분한테나 손 놀리지 말라고 해주세요.

안티폴루스(형) 이 사생아 놈, 아무것도 모르는 아둔한 녀석아!

드로미오(형) 그러면 나리가 때려도 몰라야죠.

안티폴루스(형) 너는 얻어맞을 때만 아는 놈이니 얼뜨기 당나귀다.

드로미오(형) 아무렴요, 저는 당나귀 팔자죠. 이 긴 귀가 증명해 준다니까요. 저는 태어나는 순간부터 이 시간까지 나리를 위해 일해 왔습니다. 제 헌신의 대가로, 저분은 때리는 것으로 보수를 주셨을 뿐이죠. 추위할 때는 때려서 덥게 해주셨고, 더울 때는 때려서 시원하게 해주셨답니다. 자고 있으면 때려 깨우고, 앉아 있으면 때려 일으키고, 집에서 나갈 때도 때리고, 집에 돌아올 때도 때리고, 그렇죠, 거지가 어린애를 늘 엎고 다니듯 이 어깨에는 매맞은 자국이 늘 붙어 다닙니다. 이분이 저를 절름발이로 만들면, 저는 이 집 문, 저집 문을 두드리며 구걸하게 될 겁니다.

4막 4장, 에페수스의 안티폴루스와 에페수스의 드로미오 H.C. 셀루스

아드리아나, 루시아나, 창녀, 그리고 핀치 등장.

안티폴루스(형) 자, 내 아내가 저쪽에서 오고 있습니다.
드로미오(형) 아씨, 조심하세요. 정신 차리세요. 앵무새가 예언하듯이 '밧줄

을 조심하세요.'

안티폴루스(형) 아직도 지껄이는 거냐? (드로미오를 때린다)

창녀 자, 보세요! 이런데도 당신 남편이 미치지 않았다고요?.

아드리아나 저런 횡포를 보니 그런 것 같군. 핀치 선생님, 선생님은 주술사이시니 저분이 제정신으로 돌아오도록 해주세요. 사례는 얼마든지 해드릴 테니까요.

루시아나 가엾게도 어쩌면 저렇게 매섭고 날카로운 표정을 지으실까!

창녀 미쳐서 저렇게 떨고 있는 걸 보세요!

핀치 손을 이리 내시오. 맥을 좀 짚어 봐야겠소.

안티폴루스(형) 이게 내 손이오. 어디 당신 귀를 좀 만져 봅시다. (핀치를 때린다)

핀치 이 사람 안에 들어 있는 사탄아, 내 신성한 기도의 힘으로 당장 암흑의 구덩이로 떨어져라. 하늘에 계신 모든 성자의 이름으로 네놈을 쫓을지어다.

안티폴루스(형) 가만히 있어, 이 노망한 요술쟁이야. 나는 미치지 않았어.

아드리아나 오, 그랬으면 얼마나 좋을까, 정신이 어지러운 가엾은 분!

안티폴루스(형) 이 바보, 이것들이 당신의 손님들이었나? 이 누런 얼굴을 한 친구가 내 집에서 술을 처먹고 떠들썩했나? 그래서 이꼴을 들킬까 무서워 대문을 닫아 버리고 내가 집에 들어가지 못하게 했군.

아드리아나 여보, 당신은 집에서 나와 함께 식사를 했잖아요? 만일 당신 말씀대로 내가 당신을 비방하고 창피를 주었다면 지금까지 어디 계셨던 거죠?

안티폴루스(형) 집에서 식사를 했다고! 이놈아, 너는 어찌 생각하느냐?

드로미오(형) 참말이지, 나리는 댁에서 식사하지 않으셨어요.

안티폴루스(형) 문이 닫혀서 나는 쫓겨났지?

드로미오(형) 그럼요, 문이 잠겨서 쫓겨나셨지요.

안티폴루스(형) 내 아내가 나한테 욕지거리도 했지?

드로미오(형) 보태지 않고 말해, 욕을 했습니다.

안티폴루스(형) 부엌데기마저 나한테 소리 지르고 욕하고 모욕을 했지?

드로미오(형) 물론이죠. 그렇습니다. 부엌데기가 나리를 모욕했습니다.

안티폴루스(형) 그래서 나는 화를 내며 집을 떠났지?

드로미오(형) 참말로 그렇습니다. 나리의 엄청난 분노를 직접 느낀 이 뼈들이 증인이 될 수 있죠.

아드리아나 (핀치에게) 이렇게 엉뚱한 이야기에도 동의하는 게 좋을까요?

핀치 괜찮습니다. 이 친구는 정신이 멀쩡합니다. 그래서 주인 나리에게 양보해서, 그의 광기를 적당히 받아넘기고 있습니다.

안티폴루스(형) (아드리아나에게) 당신은 보석상 주인을 매수해서, 나를 체포하게 했어.

아드리아나 아이고 답답해라! 당신을 꺼내기 위해 돈도 보냈는걸요. 여기 있는 드로미오에게 주었어요. 숨이 넘어갈듯이 찾아왔기에 말이에요.

드로미오(형) 저한테 돈을요? 그렇게 훌륭하신 일을 제게 하실 수 있다면야. 그렇지만 나리, 저는 돈이란 것을 한 푼도 못 봤습니다.

안티폴루스(형) 집에 돈주머니를 가지러 간 게 아니었나?

아드리아나 왔기에 내가 주었어요.

루시아나 제가 증인입니다. 주었습니다.

드로미오(형) 하느님과 밧줄 상인이 증인이 될 겁니다. 저는 밧줄을 사러 갔을 뿐입니다!

핀치 부인, 주인도 하인도 귀신에 홀려 있습니다. 창백하고 죽은 사람 같은 표정으로 알 수 있습니다. 꽁꽁 묶어서 어두운 방에 가둬야겠습니다.

안티폴루스(형) 이봐, 어째서 오늘 나를 쫓아냈지? 그리고 왜 돈주머니를 안 주는 거요?

아드리아나 여보, 당신을 내쫓은 일은 없어요.

드로미오(형) 근데, 나리, 저는 돈을 받은 일이 없습니다. 하지만 우리가 쫓겨난 것만은 사실입니다.

아드리아나 이 시치미를 떼는 놈아! 두 사람 모두 거짓말을 하고 있어.

안티폴루스(형) 이 거짓말쟁이 여자야! 네 말은 다 거짓말이야. 이 빌어먹을 한패들하고 흉계를 꾸미며, 나한테 끝까지 창피를 주려는 거냐? 나의 이 창피한 꼴을 즐기려는 너의 거짓에 찬 눈알을, 이 손톱으로 후벼낼 테다. (그녀에게 달려든다)

3, 4명이 등장하여 안티폴루스(형)를 묶으려고 하지만 그는 묶이지 않으려고 발버

둥친다.

아드리아나 어서 묶어요! 내 가까이 오지 못하게 해요.

핀치 사람을 더 불러요! 이분 몸속에 있는 마귀가 보통 힘이 센 게 아니군요.

루시아나 아, 가련한 분. 너무나 창백하고 야위셨군요!

안티폴루스(형) (묶여서) 이런, 나를 죽일 작정인가? 이봐요, 경찰관, 나는 죄
　　수요. 나를 구할 생각은 안 하고 이렇게 고통받게 내버려 둘 거요?

경찰 여러분, 놓아주시오. 이 사람은 내 죄수이니, 당신들이 데리고 갈 수는
　　없습니다.

핀치 (드로미오를 가리키며) 이 사람도 묶으시오. 똑같이 미쳤으니까. (그들은 에
　　페수스의 드로미오도 묶는다)

아드리아나 아니, 경찰 나리, 어떻게 하려는 거죠? 이 불쌍한 사람이 화를 내
　　고 발광하는 것을 그저 보고 즐기겠다는 겁니까?

경찰 그 사람은 내 죄수입니다. 그를 놓아주면 내가 대신 그 빚을 갚아야
　　하오.

아드리아나 당신과 헤어지기 전에 그 돈은 제가 갚겠어요. 이분의 빚쟁이한
　　테 저를 데려가 주세요. 그 빚이 어떻게 생긴 건지 알게 되면 제가 갚겠어
　　요. 핀치 선생님, 남편을 저의 집까지 무사히 데려다주세요. 아, 어떻게 이런
　　일이!

안티폴루스(형) 뭐라고, 이 나쁜 년아!

드로미오(형) (묶여서) 나리 덕분에 저도 이렇게 올가미를 쓰게 됐습니다.

안티폴루스(형) 저리 꺼져, 이 나쁜 놈, 네놈 때문에 내 머리가 돌겠다.

드로미오(형) 아무것도 해보지 않고 이렇게 순순히 묶이실 겁니까? 나리, 미
　　쳐서 "이 악마야!" 소리라도 질러 보세요.

루시아나 아, 가엾기도 해라. 아직도 헛소리만 하고 계시네!

아드리아나 자, 어서 그분을 데리고 가세요. (핀치 일행이 에페수스의 안티폴루스
　　와 드로미오를 끌고 퇴장) 루시아나, 너는 나와 함께 가자. (경찰에게) 그런데 도
　　대체 누가 제 남편을 고소한 거죠?

경찰 보석상 주인 안젤로라는 사람이죠. 그 사람을 아시나요?

아드리아나 알고말고요. 빚은 얼마나 되죠?

경찰   200더컷입니다.

아드리아나   어떻게 그 빚을 지게 된 거죠?

경찰   그 사람한테 주문해서 받은 목걸이 값이죠.

아드리아나   그 목걸이 이야기는 들었지만, 저는 아직 받지 못했어요.

창녀   나리께서 오늘 화가 머리끝까지 난 채로 저의 집에 와서는 제 반지를 가져가 버렸죠. 지금 그분이 끼고 계신 반지가 바로 제 거예요. 그러고 나서 곧 그분을 만났는데, 목걸이를 하고 계셨어요.

아드리아나   그럴지도 모르지. 하지만 나는 본 적이 없는걸. 자, 경찰 나리, 어서 보석상 주인이 있는 곳으로 저를 데려가 주세요. 진실을 알아야겠어요.

시라쿠사의 안티폴루스가 칼을 뽑아 든 채, 시라쿠사의 드로미오를 데리고 등장.

루시아나   어머나 맙소사! 두 사람이 도망쳐 나왔나봐.

아드리아나   칼을 들고 오고 있어. 어서 사람들을 불러 다시 묶으라고 하자.

경찰   피하시오! 당신을 죽일지도 몰라요. (세 사람 겁에 질려 달아난다)

안티폴루스(동생)   마녀들도 칼은 무서운가 보군.

드로미오(동생)   나리의 부인이라고 하던 그 여자도 도망쳤어요.

안티폴루스(동생)   센토 여관으로 가서 짐을 가져오너라. 부디 별 탈 없이 배를 타야 할 텐데.

드로미오(동생)   제발 오늘 밤은 여기서 묵으시죠. 우리한테 절대로 해를 끼치지는 않을 겁니다. 우리에게 친절히 말도 걸어주고, 돈도 주었잖아요. 이곳 사람들은 정말 착해서, 저를 보고 남편이라고 우겨댄 저 미친 살덩어리만 아니라면 여기에 살면서 마법사가 되고 싶은걸요.

안티폴루스(동생)   이 도시를 모두 준다고 해도 나는 오늘 밤 이곳에서 묵지 않겠다. 그러니 어서 가서 우리 짐을 배에 실어라. (모두 퇴장)

〔제5막 제1장〕

수녀원 앞 거리.

상인 2와 보석상 주인 안젤로 등장.

안젤로 갈 길을 방해해서 죄송합니다만, 그 사람에게 틀림없이 목걸이를 주었습니다. 그런데도 받지 않았다고 저렇게 잡아떼니, 어처구니가 없군요.

상인 2 이곳에서는 그에 대한 평판이 어떻죠?

안젤로 매우 좋죠. 신용도 뛰어나서 대단히 존경받고 있어요. 그런 점에서는 이곳에서 그 누구도 그를 따를 사람은 없을 겁니다. 언제라도 내 재산을 맡길 수 있을 만한 인물이었죠.

상인 2 쉿, 저기 그 사람이 오고 있어요.

시라쿠사의 안티폴루스와 드로미오 등장.

안젤로 아, 저것 보십시오. 그렇게도 받지 않았다고 우겨대던 목걸이를 목에 걸고 있지 않습니까. 자, 이리 가까이 오시지요. 저 사람한테 말 좀 걸어봐야겠습니다. 안티폴루스 씨, 나한테 왜 그렇게 창피를 주면서 괴롭히는 건지 알 수가 없군요. 당신 자신에게도 좋지 않은 소문만 일으킬 텐데 말입니다. 받지 않았다고 억지를 부리더니, 지금 이렇게 버젓이 목걸이를 걸고 있지 않습니까. 나는 돈도 못 받고 창피만 당하다가 감옥에 갇히게 되었죠. 어디 그뿐입니까, 당신은 선량한 분에게 폐를 끼치고 말았습니다. 이런 일만 일어나지 않았어도 이분은 오늘 벌써 출항하셨을 겁니다. 지금 그 목걸이는 바로 나에게 받은 거죠? 또 잡아뗄 겁니까?

안티폴루스(동생) 당신 말이 맞소. 나는 아니라고 말한 적이 없습니다.

상인 2 그렇지 않습니다. 아니라고 부정했죠, 거짓 맹세까지 하면서요.

안티폴루스(동생) 내가 잡아떼고 거짓 맹세하는 걸 누가 듣기라고 했단 말이오?

상인 2 내 귀가 똑똑히 들었소, 이 나쁜 사람! 정직한 사람들이 사는 곳에 당신 같은 인간이 걸어다니고 있다니, 참으로 안타깝군.

안티폴루스(동생) 나를 이런 식으로 비난하는 당신이야말로 참으로 나쁜 사람이군! 감히 맞서겠다면 네놈을 상대로 바로 이 자리에서 내 명예와 정직함을 증명해 보이겠다!

상인 2 좋아, 얼마든지 상대해 주지, 이 나쁜 놈.

두 사람이 칼집에서 칼을 뽑는 순간에 아드리아나, 루시아나, 창녀, 그 밖에 사람들 등장.

아드리아나 멈추세요, 그분을 해치지 말아요, 제발! 그분은 미쳤어요! 누구든 그분에게 달려들어 칼을 빼앗아 주세요. 드로미오 놈도 묶어요. 그리고 두 사람 모두 제 집으로 데려가 주세요.

드로미오(동생) 뛰세요, 나리, 어서요! 아무 집에나 들어가세요! 여기 수녀원이 있어요. 들어가세요. 잡혔다간 끝입니다. (시라쿠사의 안티폴루스와 함께 수녀원으로 급히 들어간다)

수녀원장 아멜리아 등장.

수녀원장 여러분, 조용히 하세요. 무슨 일로 여기에 오셨나요?

아드리아나 제 정신 나간 남편을 데리고 나오려고요. 들어가게 해주세요. 꽁꽁 묶어서 집에 데려가 치료해야겠습니다.

안젤로 어쩐지 그분은 온전해 보이지 않더군요.

상인 2 그것도 모르고 칼을 들이대서 미안합니다.

수녀원장 남편분에게 마귀가 씐 지 얼마나 됐죠?

아드리아나 일주일쯤 됐습니다. 이번 주일 내내 그분은 아주 의기소침해져 있었죠. 뭔가 언짢은 듯 표정도 밝지 못했어요. 보통 때와는 아주 딴사람 같았죠. 하지만 그이가 미쳐 날뛰게 된 것은, 오늘 오후부터였습니다.

수녀원장 바다에서 배가 난파해서 재산에 큰 손실을 본 것은 아닐까요? 친한 친구가 죽지는 않았나요? 아니면 그의 눈이 옳지 못한 사랑에 빠져 어찌할 바를 모르고 있는 것은 아닌가요? 젊은 사람들은 한눈을 팔고 죄악을 저지르는 수가 있지요. 이 가운데 어떤 것이 괴로움의 원인이 됐을까요?

아드리아나 아무것도 해당되지 않지만, 맨 마지막 게 문제랍니다. 실제로 그분을 집 밖으로 자꾸 끌어내는 여자가 있거든요.

수녀원장 그런 일은 부인이 호되게 단속을 하셔야 합니다.

아드리아나 물론 그렇게 했죠.

수녀원장 아, 그래도 허술한 데가 있었나 보죠.

아드리아나 아내로서 할 수 있는 한 따끔하게 말했습니다.

수녀원장 둘이서 있을 때만 그랬겠죠.

아드리아나 사람들 앞에서도 그렇게 했어요.

수녀원장 아, 그래도 충분치 못했나 보군요.

아드리아나 둘이서 주고받은 대화라고는 그런 이야기가 전부였는걸요. 이부자리에서도 그 일을 들추어 내며 못 자게 했으니까요. 식탁에서도 그 일을 들먹거리며 못 먹게 했어요. 단둘이 있을 때도 화젯거리는 늘 그거였죠. 사람들 앞에서도 이따금 그 이야기로 면박을 주었고요. 늘 부도덕하고 나쁜 남자라고 긁어 왔는걸요.

수녀원장 이제 보니 당신 남편의 머리가 돈 게 다 당신 탓이로군요. 질투하는 여인의 독기 서린 푸념은, 미친개의 이빨보다도 더 무섭지요. 당신의 앙칼진 말들 때문에 남편은 제대로 잠도 못 잤으니, 머리가 어지러울 수밖에요. 남편이 먹는 고기는 당신의 잔소리로 양념을 했군요. 불편한 마음으로 하는 식사는 소화가 안 돼서, 마침내 분노의 불꽃을 일으키지요. 이 열이 바로 광증을 일으키는 발작이 아니고 뭐겠습니까? 부인의 투정으로 남편은 즐겁게 지낼 수도 없었다고 했지요? 마음이 즐겁지 못하면 시무룩해지고 침울해져서 아주 처절하고 절망적인 자포자기 상태로 빠지게 된답니다. 그 뒤에는 창백한 얼굴을 한 무수한 병마의 적군들이 쳐들어와 몸도 마음도 마구 흩뜨려 놓고 삶을 망가뜨리려 하지요. 식사 때, 여가를 보낼 때, 생명을 이어주는 달콤한 잠을 청할 때 방해를 받게 되면, 인간이나 짐승이나 모두 미쳐 버리는 겁니다. 그러니 부인의 질투심으로 남편은 지혜를 잃고 끝내 발작을 일으키게 된 거지요.

루시아나 형부가 거칠고 험한 말을 하거나 난폭하게 굴었을 때도, 언니는 부드럽게 책망했을 뿐이에요. 언니는 왜 이런 비난을 참기만 하고 대꾸 한마디 안 하는 거야?

아드리아나 원장 수녀님 말씀을 들어보니, 나를 나무라고 싶구나. 여러분, 들어가서 제 남편을 붙들어 오세요.

수녀원장 안 됩니다, 한 사람도 이 안에 들어갈 수 없습니다.

수녀원

아드리아나 그럼, 다른 수녀님들을 시켜 제 남편을 내보내 주세요.

수녀원장 그것도 안 됩니다. 그는 당신들을 피해 이 성스러운 곳으로 들어왔어요. 그의 정신을 내 힘으로 되돌릴 수 있는지 없는지를 몸소 시험해 보기전까지는 여러분에게 넘겨줄 수 없습니다.

아드리아나 제 남편이니, 제가 보살피고 병도 고치겠어요. 제가 할 일이니까요. 저 자신 말고는 아무도 대신할 수 없어요. 그러니 그를 집으로 데리고가게 해주세요.

수녀원장 진정해요. 내가 오랫동안 경험한 온갖 효험 있는 약물들과 환약과성스러운 기도로 그를 정상으로 되돌릴 수 있는지 시험해 볼 때까지는, 그를 내보내지 않겠습니다. 이것은 나의 맹세의 일부이며, 우리 종단의 자비로운 의무이기도 하지요. 자, 그는 내게 맡기고 어서 돌아들 가세요.

아드리아나 여기에 제 남편을 두고 떠날 수는 없어요. 남편과 아내를 떼어놓으려 하시다니, 원장 수녀님 성직에 어울리지 않는 행동을 하시는군요.

수녀원장 조용히 돌아가세요. 그를 데리고 갈 수는 없습니다. (안으로 들어가문을 닫아건다)

루시아나 오늘 당한 모욕을 공작님께 호소해 봐.

아드리아나 그래, 가자. 공작님 발아래 무릎을 꿇고, 내 눈물 어린 호소로 공작님이 직접 오셔서 남편을 이 수녀원에서 빼내 주겠다고 하실 때까지 절대로 일어나지 않겠어.

상인 2 벌써 시계가 다섯 시를 가리키는군. 곧 공작님이 이 길을 지나, 수녀원 개울 뒤 그 음침한 계곡, 슬픔의 사형장으로 가시겠군요.

안젤로 무슨 일이죠?

상인 2 어떤 시라쿠사 상인이 공개 처형되는 것을 지켜보시기 위해서지요. 운 나쁘게도 이 항구에 들어오는 바람에 새로 개정된 이 나라의 법과 규정을 어기게 된 겁니다.

안젤로 사람들이 오는군요. 사형 집행을 구경하러 갑시다.

루시아나 (아드리아나에게) 공작님이 수녀원을 지나시기 전에 어서 무릎을 꿇어.

솔리누스 공작, 그 뒤로 머리에 아무것도 쓰지 않고 밧줄에 묶인 에게온이 사형집행인, 경찰들과 함께 등장.

공작 (시종에게) 다시 한 번 선포한다. 누군가 그를 대신해서 속죄금을 낸다면 자비를 베풀어 이 사람을 살려주겠다.

아드리아나 존경하는 공작님, 정의로써 이 수녀원장을 재판해 주십시오!

공작 원장 수녀님은 덕망 있고 존경받는 분이시다. 그런 분이 그대에게 나쁜 짓을 할 리가 없어.

아드리아나 제발 들어주세요. 저의 남편이며 주인 되는 안티폴루스는—공작님의 명을 받들어 저와 저의 재산의 주인으로 맞았습니다만—이 불행한 날에 가장 광기 어린 발작을 일으키고 있습니다. 그는 거리로 달려나가 미친 듯이 헤집고 다니며—그의 하인도 똑같이 미쳐 날뛰고 있어요—시민들을 불쾌하게 하더니 남의 집에 뛰어들어가서는 반지, 보석 등 닥치는 대로 물건을 가지고 나와 버렸습니다. 한번은 겨우 남편을 붙잡아 집에 보내 놓고는, 그동안 그의 광기가 저지른 잘못을 뒤처리하러 다니는데, 어떻게 그런 무시무시한 힘이 솟구쳐 나왔는지 모르겠으나, 지키고 있던 사람들을 밀

5막 1장, 뒤죽박죽 꼬여 버린 정체성   H.C. 셀루스

쳐내고, 미친 하인과 둘이서 눈에 핏발을 세운 채 칼을 들고 다시 나타나
미친 듯이 달려들어 저희를 쫓아냈습니다. 그래서 좀더 많은 사람들의 손

을 빌려 다시 그를 붙잡으려고 왔습니다. 그러자 둘은 이 수녀원 안으로 도 망쳤습니다. 그런데 수녀원장은 문을 닫아 버리고는, 그를 붙잡아 내지도 못하게 하고 저희에게 넘겨주지도 않겠다고 막무가내입니다. 그러니 너그 러우신 공작님, 제발 남편을 풀어 주십시오. 제가 데리고 가서 치료하겠습 니다.

공작 오래전이기는 하나 그대의 남편은 전쟁에서 큰 공을 세웠네. 그래서 나 는 그대에게, 그를 그대 침실의 주인으로 맞아들인다면 내 힘이 닿는 데까 지 모든 은혜와 도움을 그에게 주겠다고 영주로서 약속한 적이 있었지. 자, 누구든지 수녀원 문을 두드려서 원장 수녀에게 나오시라고 전해라. 이 일을 먼저 해결하고 가겠다.

하인 등장.

하인 어서 몸을 피하세요, 아씨! 목숨이 위험합니다! 주인 나리와 그 하인 이 밧줄을 풀고 빠져나와서는 하녀들을 혼찌검 내더니, 핀치 선생을 묶고 는 타다 남은 장작불로 그분 수염을 지졌어요. 어디 그뿐인가요, 수염에 불 티가 일자 불을 끈다며 흙탕물을 한 통 끼얹어 버렸죠. 주인 나리께서 핀치 선생한테 참으라며 으름장을 놓는 동안 그 하인은 가위로 선생의 머리털을 싹뚝싹뚝 잘라 버리지 않겠어요. 곧바로 사람을 보내서 구하지 않으면, 주 술사 선생은 틀림없이 목숨을 잃고 말 거예요.

아드리아나 쉿! 조용히 해, 이 바보야. 너의 주인 나리와 그 하인은 이 안에 있어. 말도 안 되는 소리만 하는구나.

하인 참말입니다요, 아씨. 그 꼴을 보고 나서 저는 아직 숨도 제대로 쉴 수 가 없는걸요. 주인 나리는 큰 소리로 아씨 이름을 부르며 찾고 계세요. 잡 히기만 하면 얼굴을 지져서 흉측한 몰골로 만들어 버리시겠대요. (고함 소 리) 들어보세요, 주인 나리 목소리예요. 아씨, 빨리 도망치세요!

공작 자, 내 곁으로 오게. 두려워하지 말고. 창으로 막아라!

아드리아나 아, 제 남편이에요! 이제 아시겠죠, 동에 번쩍 서에 번쩍 한다니 까요! 틀림없이 조금 전에 수녀원으로 들어갔는데, 벌써 저기에 또 나타나 다니 귀신이 곡할 노릇입니다.

5막 1장, 아드리아나와 공작 H.C. 셀루스

에페수스의 안티폴루스, 드로미오 등장.

안티폴루스(형) (무릎을 꿇고) 존경하는 공작님, 재판을 해주십시오! 수년 전
저는 전투에서 공작님을 구하다 큰 상처를 입었습니다. 그때 흘린 피를 가
상히 여기시어 부디 정의로운 판결을 내려 주십시오.

에게온 (에페수스의 안티폴루스를 시라쿠사의 안티폴루스로 착각하여) (혼잣말로) 사
형이 두려운 나머지 노망든 게 아니라면, 내 아들 안티폴루스와 드로미오
가 틀림없어.

안티폴루스(형) 공작님, 저 여자를 재판해 주십시오. 공작님께서 저에게 아내
로 주신 저 여자는 저를 비방하고 명예를 더럽혔으며, 야멸차고 몰인정하게

모욕을 주었습니다! 오늘 저 여자가 한 염치 없는 행동은 상상을 뛰어넘는 것입니다.

공작 무슨 일인지 말해 보아라. 공정하게 재판을 해주겠다.

안티폴루스(형) 공작님, 오늘 이 여자는 집 안에서 음탕한 놈들과 먹고 마시고 놀아나면서, 저에게는 문도 열어주지 않았습니다.

공작 아, 불미스런 일이로다! 부인이 정말로 그랬는가?

아드리아나 절대로 아닙니다, 공작님. 저, 그리고 저이와 제 동생 이렇게 셋이서 오늘 함께 점심 식사를 했습니다. 저이가 제게 뒤집어씌우는 말들이 거짓이 아니라면, 제 영혼이 천벌을 받아도 좋습니다!

루시아나 언니가 하는 말은 모두 사실입니다! 만일 제 말이 거짓이라면, 낮에는 해를 보지 않고 밤에는 뜬눈으로 지새겠습니다.

안젤로 오, 거짓말을 밥 먹듯이 하는 여인들이여! 둘 다 거짓 맹세를 하고 있습니다. 이번에는 이 미치광이 말이 맞습니다.

안티폴루스(형) 공작님, 저는 충분히 숙고한 뒤 말씀 올리는 겁니다. 술김에 횡설수설하는 것도, 홧김에 아무렇게나 떠들어대는 것도 아닙니다. 아무리 현명한 사람도 저처럼 모욕을 받으면 바로 돌아버릴 겁니다. 이 여자는 오늘 점심때 문을 걸어 잠그고 저를 문전박대했습니다. 저기 보석상 주인이 저 여자와 한통속이 아니라면 증인이 되어줄 겁니다. 그때 저와 함께 있었으니까요. 저 사람은 저와 헤어진 뒤 목걸이를 가지러 갔습니다. 발타자르와 제가 함께 포펜타인에서 식사를 하는 동안 목걸이를 가지고 오기로 약속을 했거든요. 식사를 끝냈는데도 저 보석상 주인이 나타나지 않아서, 저는 직접 찾아 나서기로 했죠. 마침 거리에서 저 사람을 만났는데, 저 상인과 함께 있었답니다. 그런데 저 거짓말장이 보석상 주인은, 본 적도 없는 목걸이를 저에게 주었다고 생사람을 잡지 뭡니까. 맹세코 저는 목걸이를 본 적도 없습니다. 그러고 나서 경찰을 부르더니 저를 체포했습니다. 저는 순순히 따랐습니다. 그리고 하인을 집으로 보내 돈을 가져오게 시켰는데, 이놈이 맨손으로 돌아왔기에, 경찰에게 간청해서 저의 집으로 함께 가기로 했지요. 가는 길에 저희는 제 아내와 처제, 그리고 못된 무리들을 만났습니다. 그 가운데는 핀치라는, 굶주리고 얼굴이 말라빠진 작자도 있었는데, 해골바가지 같은 사기꾼에다가 케케묵은 주술사이며 점쟁이로서, 가난에 찌들어

연극 〈실수 연발〉 포스터 스튜어트 롭슨과 윌리엄 크레인 출연, 브로드웨이 제작 포스터. 1879.

눈은 움푹 꺼져 있고, 무엇이든 부러운 듯 게걸스럽게 쳐다보는 산송장 같
은 인간입니다. 이 해충 같은 놈이 자신을 주술사라고 하면서 제 눈을 들여
다보고 맥박을 짚어 보는 등, 그 볼썽사나운 꼴로 저에게 귀신이 붙었다고
소리를 지르며 망신을 주었습니다. 그러자 그 패거리들이 모두 한꺼번에 달
려들어 저를 묶어서는 집으로 데리고 가더니, 어둡고 습기 찬 지하실에 저

와 하인을 함께 처박아 두었습니다. 저는 그 밧줄을 이로 물어뜯고 자유로운 몸이 되자마자 공작님 계신 이곳으로 달려왔습니다. 이토록 지독한 수치와 큰 모욕을 헤아리시어, 적절한 판단을 내려 주시기를 간청합니다.

안젤로 공작님, 그가 집에서 식사를 하지 않았고, 문이 잠겨 있던 사실만은 저도 증언할 수 있습니다.

공작 그런데 저 사람에게 목걸이를 주었느냐?

안젤로 틀림없이 주었습니다. 저 사람이 뛰어왔을 때 목에 목걸이가 걸려 있는 것을 이 사람들도 보았습니다.

상인 2 (에페수스의 안티폴루스에게) 나 또한 이분에게서 목걸이를 받았다고 당신 스스로 하는 말을 이 귀가 들었다고 맹세합니다. 그런데 저잣거리에서는 받지 않았다고 잡아떼더군요. 그래서 나도 칼을 빼 들게 된 거죠. 그러자 당신은 이 수녀원으로 도망쳐 들어가지 않았습니까? 그런데 어떻게 또 빠져나왔는지, 참으로 기적 같은 일이군요.

안티폴루스(형) 저 수녀원 안에는 들어간 적도 없고, 당신이 나한테 칼을 들이대는 것을 본 적도 없습니다. 나는 목걸이도 본 적이 없어요. 오, 하느님, 도와주소서! 제발 그런 거짓말로 생사람 잡지 말아요.

공작 참으로 복잡한 소송이로다! 모두들 마녀의 독주를 마신 것 같군. 이 사람이 수녀원으로 피신했다면 이 안에 있어야 하고, 이 사람이 머리가 돌았다면 이처럼 사리에 밝게 호소할 수도 없을 텐데 말이야. 부인은 이 사람이 집에서 함께 식사를 했다고 말했고, 보석상 주인은 그렇지 않다고 말했지. (드로미오에게) 자, 네 생각은 어떤지 말해 보아라.

드로미오(형) 공작님, 주인 나리는 저기 저 여자와 포펜타인에서 식사를 했습니다.

창녀 그렇습니다. 그리고 제 손가락에서 저 반지도 빼 갔습니다.

안티폴루스(형) 그렇습니다. 이 반지는 이 여자한테 받았습니다.

공작 이 사람이 수녀원에 들어가는 걸 보았느냐?

창녀 지금 제가 나리를 바라보듯이 이 두 눈으로 똑똑히 봤습니다.

공작 그것참 이상하구나. 수녀원장을 이리로 불러라. 모두들 눈이 잘못됐거나 머리가 어떻게 된 건가. (한 사람이 수녀원으로 들어간다)

에게온 존경하는 공작님, 한 말씀 드리게 허락해 주십시오. 어쩌면 저를 위해 속죄금을 내고 목숨을 구해 줄 사람이 있을지도 모릅니다.

공작 시라쿠사인, 어서 말해 보아라.

에게온 그대 이름은 안티폴루스가 아니오? 그리고 그대의 하인(bondman)은 드로미오고?

드로미오(형) 바로 전까지만 해도 묶여 있던 사람(bondman)이지만, 고맙게도 저의 주인께서 밧줄을 끊어 주셔서 지금은 자유로운(unbound) 드로미오입니다.

에게온 두 사람 다 나를 기억하겠지.

드로미오(형) 당신을 보니 우리 자신의 기억이 되살아나는군요. 조금 전까지만 해도 우리 또한 당신처럼 묶여 있었죠. 당신은 핀치의 환자가 아닌가요?

에게온 왜 나를 몰라보는 거지? 나를 잘 알 텐데.

안티폴루스(형) 오늘 처음 뵙습니다.

에게온 오, 우리가 헤어진 뒤로 설움이 나를 이처럼 바꾸어 놓았나. 한 맺힌 세월이 지나는 동안 무자비한 시간의 손길은 어김없이 내 얼굴을 아주 딴판으로 만들어 놓았나 보다. 하지만 내 목소리마저 모르겠느냐?

안티폴루스(형) 모르겠습니다.

에게온 드로미오, 너는?

드로미오(형) 저도 모르겠는데요.

에게온 그럴 리가 없어!

드로미오(형) 아, 정말 모른다니까요. 당사자가 모른다면 그런 줄 알고 믿으셔야죠.

에게온 내 목소리도 모른다고! 오, 잔인한 시간이여, 너는 겨우 7년이라는 짧은 세월에 나의 가련한 혀를 이처럼 갈라지고 터지게 했구나. 여기 하나밖에 없는 나의 아들마저, 힘을 잃고 고르지 못한 이 목소리를 알아듣지 못한다고? 이 주름진 얼굴이 생명을 거두어 가는 한겨울 눈 속에 파묻혀 내 모든 핏줄이 얼어붙는다 해도, 저물어 가는 삶 가운데서도 아직 기억을 더듬을 수는 있지. 꺼져 가는 등불 같은 눈에도 희미하나마 불빛이 남아 있고, 이 가는귀먹은 둔한 귀로도 어렴풋이 들을 수는 있다. 이 모든 낯익은 증인들이, 그대가 나의 아들 안티폴루스라고 말해 준다. 틀림없어.

안티폴루스(형) 저는 아버지를 뵌 적이 없습니다.

에게온 하지만 애야, 우리는 7년 전에 시라쿠사에서 헤어지지 않았느냐? 아마도 초라한 몰골로 변해 버린 아비를 아는 체하기가 부끄러운가 보구나.

안티폴루스(형) 공작님을 비롯해서 이 거리에서 저를 아는 모든 사람들이 증인입니다. 저는 시라쿠사에 가본 적도 없습니다.

공작 시라쿠사인, 나는 20년 동안이나 이 안티폴루스를 돌봐주고 있지. 그동안 이 안티폴루스는 한 번도 시라쿠사에 간 적이 없네. 나이가 들면서 죽음의 공포 때문에 그대는 노망이 들었나 보구려.

수녀원장, 시라쿠사의 안티폴루스와 드로미오를 데리고 다시 등장.

수녀원장 존경하는 공작님, 크게 곤욕을 치른 이 사람을 살펴주십시오. (모두 크게 놀라서 이들을 바라본다)

아드리아나 어머나, 내 남편이 둘이라니, 아니면 이 눈에 허깨비가 씌었나.

공작 둘 중 하나는 수호신이겠지. 저들 가운데 누가 진짜 사람이고 누가 수호신인지 가려낼 사람은 없느냐?

드로미오(동생) 나리, 제가 드로미오입니다. 제발 저놈 좀 쫓아 주십시오.

드로미오(형) 나리, 제가 드로미오입니다. 제발 여기 있게 해주십시오.

안티폴루스(동생) (에게온을 보고 매우 놀라며) 당신은 에게온이라는 분이 아니신지요? 아니면 그분의 망령인가요?

드로미오(동생) (에게온을 보고 놀라며) 아, 어르신! 도대체 어느 놈이 이렇게 묶었습니까?

수녀원장 누가 묶었든 제가 그 밧줄을 풀어 저의 남편을 자유롭게 해드리겠어요. 에게온, 당신에게 한때 훌륭한 아들 둘을 낳아 준 에밀리아라는 아내가 있었다면 대답해 주세요. 오, 당신이 바로 그 에게온이라면, 그렇다고 이 에밀리아에게 말해 주세요!

에게온 이게 꿈이 아니라면 당신은 틀림없이 에밀리아야. 당신이 바로 내 아내라면 그 운명의 돛대에 묶여 당신과 함께 떠내려간 그 아들은 지금 어디 있소?

수녀원장 그 아이와 저, 그리고 쌍둥이 드로미오는 에피담누스 선원들이 구해 주었습니다. 그런데 얼마 뒤 코린트의 난폭한 어부들이 드로미오와 아들을 빼앗아 가고, 저 혼자 에피담누스 사람들 속에 남게 되었습니다. 아이들

5막 1장, 드로미오 "이렇게 손잡고 나란히 들어가세."
1890년판 《실수 연발》 권두화 삽화

소식은 저도 모릅니다. 저는 지금 당신이 보시다시피 이렇게 살고 있지요.

공작 (혼잣말로) 이 노인이 아침에 한 이야기가 바로 여기서부터 시작한 거로군. 꼭 빼닮은 두 사람의 안티폴루스와 두 사람의 드로미오라. 그녀도 바다에서 배가 난파했다고 말했겠다. 그렇다면 이 사람들은 우연히 만난 쌍둥이의 부모가 틀림없군. 안티폴루스, 그대는 처음에 코린트에서 왔다고 말했지?

안티폴루스(동생) 아닙니다, 저는 시라쿠사에서 왔습니다.

공작 서로 떨어져서 서 있거라. 누가 누군지 도무지 알 수가 없으니 말이다.

안티폴루스(형) 존경하는 공작님, 제가 코린트에서 온 안티폴루스입니다.

드로미오(형) 저도 코린트에서 왔습니다.

안티폴루스(형) 공작님의 이름난 숙부이시며, 용감한 전사이신 메나폰 공을 따라 이 고장에 왔지요.

아드리아나 오늘 저와 같이 식사하신 분은 어느 쪽인가요?

안티폴루스(동생) 상냥하신 부인, 부인과 함께 식사한 사람은 바로 저입니다.

아드리아나 어머나, 그럼 당신은 내 남편이 아니었군요?

안티폴루스(형) 물론이지, 아니고말고.

안티폴루스(동생) 그렇습니다. 그런데도 저분은 나를 남편이라고 부르셨지요. 그리고 동생이신 이 아름다운 분은 나를 형부라고 불렀고요. (루시아나에게) 그때 내가 이야기했던 것을 앞으로 꼭 증명해 보이겠습니다. 지금 이렇게 듣고 보는 모든 것들이 꿈이 아니라면요.

안젤로 (시라쿠사의 안티폴루스에게) 그 목걸이는 내가 드린 거죠?

안티폴루스(동생) 그렇습니다, 부정하지 않겠소.

안티폴루스(형) 그런데도 당신은 그 목걸이 때문에 나를 고발했지요.

안젤로 그렇게 됐군요, 부정하지 않겠습니다.

아드리아나 (에페수스의 안티폴루스에게) 당신의 보석금으로 드로미오에게 돈을 보냈는데, 갖다주지 않았군요.

드로미오(형) 아뇨, 저는 가져가지 않았습니다.

안티폴루스(동생) 그 돈주머니는 제가 받았습니다. 제 하인인 드로미오가 가져왔지요. 알고 보니 우리는 서로 다른 하인을 만나고 있었네요. 그리고 모두들 우리 둘을 잘못 보았던 거고요. 그래서 이런 실수가 되풀이된 거로군요.

안티폴루스(형) (공작에게) 이 주머니의 돈을 아버지의 속죄금으로 내겠습니다.

공작 그럴 필요 없다. 너의 아버지를 사면하겠다.

창녀 저는 그 다이아 반지를 돌려받겠어요.

안티폴루스(형) 자, 여기 있소. 그리고 오늘 훌륭하게 식사 대접을 해주어서 고맙소.

수녀원장 훌륭하신 공작님, 황송하지만 저희와 함께 수녀원으로 들어가셔서 그동안 저희가 겪은 이야기들을 들어주셨으면 합니다. 그리고 오늘의 실수 연발로 많은 곤욕을 치르신 여러분도 저희와 함께 안으로 들어갑시다. 충분히 보답해 드리지요. 아들들아, 이 순간이 오기까지 삼십삼 년 동안 이 어미는 너희들을 낳을 때와 똑같은 고통을 느끼며 살아왔단다. 그런데 이제 그 아픔은 사라졌다. 공작님, 저의 남편인 당신, 나의 두 아들, 그리고 이 아이들과 똑같은 날 태어난 하인들아, 오랜 슬픔 뒤에 행복을 되찾고 새 출발을 하게 되었으니, 모두들 함께 가서 축하하기로 해요. (시라쿠사의 안티폴루스와 드로미오, 에페수스의 안티폴루스와 드로미오만 남고, 모두 퇴장)

드로미오(동생) 나리, 배에 가서 짐을 가져올까요?

안티폴루스(형) 드로미오, 무슨 짐이냐?

드로미오(동생) 센토 여관 주인한테 맡겨 놓은 짐 말입니다.

안티폴루스(동생) (혼잣말로) 나한테 말하는 거로군. 드로미오, 네 주인은 바로 나야. 지금 우리와 함께 가자. 그런 일은 뒤로 미루기로 하고, 먼저 너의 형을 끌어안고 기쁨이나 나누어라. (자기 형과 함께 퇴장)

드로미오(동생) 형 주인댁에 뚱보 색시 말야, 오늘 점심때 나를 형인 줄 알고 잘 대해 주던데. 그 여자는 이젠 내 아내가 아니라 형수가 됐군.

드로미오(형) 너는 내 거울이지, 동생이 아니야. 너를 통해 보니 나도 꽤 멋진 남자인걸. 우리, 축하연을 보러 들어갈까?

드로미오(동생) 먼저 들어가, 형이니까.

드로미오(형) 그게 문제라고, 그걸 어떻게 정하지?

드로미오(동생) 제비뽑기를 하자, 그때까지는 형이 먼저야.

드로미오(형) 아니, 이렇게 하는 게 좋겠어. (손을 잡는다) 우리는 똑같이 이 세상에 떨어졌으니, 이렇게 손을 잡고 나란히 들어가자. (모두 퇴장)

Love's Labour's Lost
사랑의 헛수고

[등장인물]

페르디난드 나바르의 왕

비론
롱거빌 ┃ 쾌락을 버리고 학문에 정진하기로 맹세한 귀족들
뒤멘

돈 아드리아노 데 아르마도 스페인의 기인

나다니엘 경 시골 신부

홀로페르네스 교사

앤소니 덜 경찰관

코스타드 시골 사나이

모스 아르마도의 시중을 드는 아이

산지기

프랑스 공주

보이예 프랑스 공주의 시중을 드는 귀족

로잘린
마리아 ┃ 프랑스 공주의 시녀들
카트린

메르카드 프랑스 사신(使臣)

자크네타 시골 처녀

그 밖에 귀족들, 시종들

[장소]

나바르 왕국

사랑의 헛수고

〔제1막 제1장〕

나바르 왕궁 정원.
나바르의 왕 페르디난드가 비론, 롱거빌, 뒤멘을 거느리고 등장.

왕 모든 이들이 바라듯이, 우리도 놋쇠 묘비 위에 기록된 우리의 명성이 살아 숨 쉬게 합시다. 그리하면 죽음이라는 불명예 가운데서도 우리는 명예를 얻게 될 것이오. 가마우지처럼 게걸스런 시간이라 할지라도 살면서 피나는 노력 끝에 얻은 명예는 모든 것을 거침없이 베어버리는 시간의 날카로운 칼날을 무디게 하여, 마침내 우리의 이름을 영원히 남길 거요. 그러니 용감한 정복자들이여, 여러분은 자신의 감정과 세속적 욕망이라는 거대한 군단을 상대로 싸우고 있어 그토록 용감하다 말하는 거라오. 나는 지난번에 내린 법령을 강력하게 실행하기로 했소. 그리하면 온 세상이 우리 나바르 왕국을 보고 감탄할 것이며, 이 궁궐은 영원한 삶의 진리를 끊임없이 탐구하는 학문의 전당이 될 것이오. 비론, 뒤멘, 롱거빌, 세 사람은 앞으로 3년 동안 나와 함께 학문을 닦고, 여기 정해 놓은 규칙을 지키겠노라 맹세했소. 그러니 여기에 서명해 주오. 서명한 뒤에 서약을 조금이라도 어기면 스스로 명예를 깨뜨리는 것이니, 맹세를 따르겠다면 서명을 하고 그대로 지키시오.

롱거빌 저는 이미 각오가 되어 있습니다. 겨우 3년 동안의 정진(精進)일 뿐입니다. 비록 이 몸은 야위어져도 저의 정신만은 향연을 즐기게 될 것입니다. 배가 부르면 머릿속은 메마르게 됩니다. 산해진미는 갈빗대를 살찌우지만, 지혜를 깎아먹고 말지요.

뒤멘 전하, 뒤멘은 이미 이 세상을 등진 거나 다름없습니다. 속세의 하찮은 쾌락은 이 몸에서 이미 떨어져 나가 저 멀리 내던져졌습니다. 저는 자신을 죽은 목숨이라 여기고 사랑과 부귀와 영화를 등진 채 뜻을 나란히 하는 이 사람들과 함께 학문의 길을 걷기로 마음먹었습니다.

비론　저 또한 두 사람의 엄숙한 맹세를 되풀이하겠습니다. 저는 앞으로 3년 동안 이곳에 머물면서 학문을 닦겠노라 맹세했습니다. 하지만 이 밖에도 엄격한 규칙들이 너무나 많습니다. 이 기간 동안 여자를 만나서는 안 된다, 일주일에 하루는 단식을 해야 한다, 그 밖의 다른 날에는 반드시 하루에 한 끼만 먹어야 한다는 내용이 저로서는 정말이지 내키지 않습니다. 그리고 밤에는 세 시간만 잠을 잔다, 낮에는 눈을 붙여서는 안 된다는 내용도 있습니다만, 저는 밤에는 오랫동안 깊이 잠들고 낮에도 반나절을 한밤처럼 자고 늦게 일어나도 나쁠 것은 없다고 생각합니다. 아, 이것들은 모두 지키기 어려운 공허한 약속들입니다. 여자를 만나지 마라, 공부만 하라, 단식을 하라, 잠을 자지 마라!

왕　경들은 그걸 지키겠다고 나에게 맹세하지 않았나.

비론　전하, 황공하오나 저는 이것들을 모두 지키겠다고 맹세하지는 않았습니다. 이 궁정에 3년 동안 머물면서 전하와 함께 학문을 닦겠다고 맹세했을 따름입니다.

롱거빌　비론, 그것 말고 다른 것도 맹세를 했소.

비론　그야 했다면, 그때는 장난삼아 맹세한 것이지요…… (왕에게) 저희들이 정진할 학문의 목적이 무엇인지 말씀해 주십시오, 전하.

왕　학문이 아니면 배우지 못하는 것들을 배우려는 데 있지 않겠소.

비론　그러하시면 상식으로서는 알 수 없는 것들을 알아내기 위해서겠지요?

왕　맞소, 그것이 학문의 존귀한 보상이 아니겠소.

비론　알겠습니다, 전하. 그런 학문을 닦기로 맹세합니다. 보통은 알지 못하게 금지되어 있는 일을 알 수 있게 말입니다. 이를테면 마음껏 드러내 놓고 식사하지 못하도록 엄격히 규제당할 때 어디를 가면 배불리 먹을 수 있는지, 또는 흔히 볼 수 없는 미인을 어디를 가면 만날 수 있는지, 맹세를 지킨다는 약속을 하고 나서 어떻게 하면 그것을 깨뜨리고도 신의를 땅에 떨어뜨리지 않게 되는지를 연구하겠습니다. 학문을 하여 얻어지는 이익이 이와 같다면, 학문에는 아직 모르는 영역이 존재하므로 그 이치를 배우기 위해 서약하라 하신다면 저도 기꺼이 맹세하겠습니다.

나바르 왕궁 유적

왕 그렇지 않아. 그런 것들은 모두가 학문을 방해하는 독소들이고, 우리의
슬기를 헛된 향락의 수렁으로 빠져들게 하는 것들이오.

비론 모름지기 쾌락이란 어떤 것이든 모두 헛된 일이라 생각됩니다. 그 가
운데에서도 고생해서 애써 얻은 쾌락 때문에 고통만 받게 될 때가 가장 헛
되지요. 다시 말씀드리면 진리의 빛을 찾으려고 정신을 기울여 책을 읽는
동안 그 진리 탐구에 속아 넘어가 부당하게도 눈이 피로해져서 마침내 보
이지도 않게 되는 거지요. 그러니 빛이 빛을 구하다 빛에 속아 넘어가 빛
을 빼앗기는 꼴이 되고 맙니다. 어둠 속에서 빛을 찾아다니다가 빛을 찾지
도 못하고 그만 보는 눈을 잃으니 슬기의 빛은 깜깜절벽이 되고 말지요. 그
보다는 차라리 아름다운 눈을 바라보며 자기 눈을 즐겁게 하는 법을 배우
는 편이 낫지 않을까 생각합니다. 아름다운 눈은 사람의 눈을 잠시 현혹시
키지만 마침내 눈을 지켜주며 잃었던 빛을 되찾아 줍니다. 학문은 하늘에
서 눈부시게 빛나는 해와 같습니다. 아무리 눈을 부릅뜨고 보려 애써도 똑

바로 볼 수가 없습니다. 끈기 있게 학문을 닦아봤자 얻는 게 별로 없습니다. 기껏 남의 책에서 꺼내온 천박한 지식의 찌꺼기일 뿐입니다. 이 땅의 대부를 자청하여 하늘의 빛나는 별들 하나하나에 이름을 붙여주는 천문학자들이나, 별들의 이름도 모르고 걸어 다니는 사람들이나, 밤하늘에 반짝이는 별들의 혜택을 누리는 것은 마찬가지입니다. 지식이 많이 쌓였다는 것은 공허한 이름 하나를 얻는 것이라 생각됩니다. 별들의 이름이야 누구라도 대부가 되어 붙일 수 있지 않습니까.

왕 (뒤멘에게) 비론은 도대체 어떻게 책을 읽었기에 저토록 독서를 반대한단 말이오?

뒤멘 학위반대론을 발표해서 학위까지 받았습니다!

롱거빌 이 사람은 곡식을 뽑아내고, 잡풀을 심어서 가꾸는 그런 사람입니다.

비론 봄이 머지않으니 새끼 거위('바보')들이 잘도 울어대겠소.

뒤멘 그다음 말을 계속해 보오.

비론 장소와 때가 꼭 알맞지요.

뒤멘 이치에 맞지 않소.

비론 그러나 운(韻)에는 맞지요.

롱거빌 비론은 시샘 많고 심술궂은 늦서리 같군요. 이른 봄에 돋아나는 새싹을 잘라 버리는.

비론 글쎄, 새들이 아직 노래를 하지도 않는데 여름이 먼저 뽐낼 까닭이 어디 있겠습니까? 제철도 아닌데 기형아의 탄생을 보고 좋아할 까닭이 어디 있겠습니까? 저는 크리스마스 때 장미꽃 보기를 원치 않습니다. 또한 즐거운 5월 꽃 잔치에 눈이 내리기를 바라지도 않습니다. 저는 그 계절에 어울리는 것을 좋아합니다. 이제 와서 학문을 하려 함은 너무 늦은 감이 있으니 작은 문을 열려고 지붕 위로 올라가는 것과 다름없습니다.

왕 그럼 그만두고 집으로 돌아가시게. 잘 가오, 비론.

비론 돌아갈 수는 없습니다, 전하. 전하께 맹세한 이상 여기에 머물러 있겠습니다. 학문을 지나치게, 마치 천사와도 같이 치켜세우시니 그만 무지한 인간처럼 터무니없는 변명을 했지만 한번 맹세한 일은 꼭 지키면서 앞으로 3년 동안 고행을 견디어 내겠습니다. 그 서약서를 보여주시고 읽도록 허락해 주십시오. 아무리 엄격한 서약이라도 서명하겠습니다.

왕 이렇게 순종하는 걸 보니 경은 망신은 피할 수 있겠소!

비론 (읽는다)

서약 1. 여자는 궁궐로부터 1마일 이내에 접근하지 말라.

이걸 벌써 공표하셨습니까?

롱거빌 나흘 전에요.

비론 벌칙을 살펴보겠습니다. (계속 읽는다)

위반한 여자는 혓바닥이 잘린다.

이 벌칙은 누가 만들어 냈습니까?

롱거빌 실은 바로 나요.

비론 그런가요, 그 까닭은 뭐죠?

롱거빌 그건 엄한 벌로 압박하여 여자들을 쫓아버리기 위해서지요.

비론 이는 고상하지 못한 위험한 법이로군요! (읽는다)

앞으로 3년 동안 여자와 이야기하다 발각된 자는, 궁중 사람들이 주는 그 어떤 모욕도 받아들여야 한다.

전하, 이 서약은 먼저 전하 자신이 깨뜨리시게 됩니다. 전하께서도 아시다시피 프랑스 왕의 공주께서—그 우아하고 아름다운 공주께서—노환으로 누워 계신 부왕을 대신해 곧 이 나라에 오셔서 아키텐 지방 양도 문제로 전하와 담판짓게 되어 있지 않습니까? 그러므로 이 서약은 의미가 없습니다. 그렇지 않으면 아름다운 공주께서 헛된 발걸음을 하시게 됩니다.

왕 경들, 이를 어찌하면 좋겠소? 아, 공주 일을 그만 깜박했군.

비론 학문이란 언제나 이렇게 빗나가게 마련입니다. 하고 싶은 일을 이루기 위해 애쓰는 동안에 꼭 해야 할 일을 잊게 됩니다. 가장 갖고 싶어하던 것도 손에 넣고 나면 바로 잃게 마련이지요. 불을 질러 차지한 도시는 비록 함락은 시켰지만 아무런 소득이 없는 것처럼 학문 또한 마찬가지 이치입니다.

왕 어쩔 수 없이 이 서약은 삭제할 수밖에 없소. 공주는 여기에 머물러야 하니까.

비론 어쩔 수 없는 이유들로 우리는 3년 동안 3천 번은 맹세를 깨뜨리게 될 것입니다. 사람은 누구나 태어날 때부터 욕망을 갖게 마련이고, 그건 인간의 힘으로 어쩔 도리가 없습니다. 신의 은총이라도 있다면 모르겠지만요. 만약 제가 맹세를 어기게 되면 '어쩔 수 없는 사정 때문이었다'고 한마디로 변명할 수 있지 않을까요? 어쨌든 이 서약 전문에 서명하겠습니다. (서명 뒤에 읽는다)

이 서약을 조금이라도 어기는 자는 영원한 치욕을 당한다.

유혹을 받는 건 저뿐만 아니라 누구나 같을 것입니다. 저는 비록 이 서약을 못마땅하게 여겼습니다만 마지막까지 이 서약을 굳게 지킬 사람은 바로 저입니다. 그런데 뭐 좀 즐거운 위로거리는 없는지요?

왕 아, 있고말고. 궁중에 스페인에서 온 멋쟁이 나그네가 있지 않나. 세상의 유행이란 유행은 한 몸에 다 지니고서, 머릿속에는 신조어를 마음대로 만들어 내는 공장을 가진 그 사람 말이오. 별것도 아닌 자기 말에 신묘한 음악을 듣는 듯 황홀해하고 예의범절이 바르며 옳고 그름을 능숙하게 가리는 심판관 역할을 하는 그런 사람이지. 아르마도라는 기인을 두고 하는 말인데, 우리가 학문을 연구하는 틈틈이 전쟁에서 죽은 검은 스페인 용사들의 무용담을 그 낭랑한 목청으로 이야기해 줄 거요. 경들 마음에 들지는 모르겠으나, 나는 허풍을 떠는 그 모습이 재미있더군. 그래서 음유시인 역할을 하게 하는 것이오.

비론 아르마도는 재주가 뛰어난 사람입니다. 그는 그 자리에서 새로운 말을 톡톡 쏘아대는 유행의 총아이지요.

롱거빌 촌뜨기 코스타드와 그 사람을 위안 삼아 공부하면, 3년쯤은 눈 깜짝할 사이에 지나가게 될 겁니다.

덜이라는 이름의 경찰관이 편지를 들고 등장. 코스타드가 뒤따른다.

1막 1장, 왕에게 편지를 전달하는 덜   헨리 코트니 셀루스 1864.

덜　어느 분이 전하이십니까?

비론　이분이네. 왜 그러나?

덜　저는 치안업무를 맡아보는 일선(一線) 경찰관이온데, 전하를 뵙고서 아뢰고자 하옵니다.

비론　이분이 전하이시네.

덜　아르므—아르므—라고 하는 분이 전하께 문후를 여쭈옵니다. 그런데 불상사가 생겼답니다. 이 편지에 그대로 적혀 있습니다.

코스타드　나리, 그 편지의 모욕죄는 저에 대한 것일 겁니다.

왕　멋쟁이 아르마도의 편지로군.

비론　(롱거빌 등에게) 내용이 저급하더라도 문장만은 굉장할 거요.

롱거빌　저속한 천국에 꽤나 희망을 품으시는군. 신이시여, 우리에게 인내심을 주소서!

비론　듣기 위해서입니까? 웃음을 참기 위해서입니까?

롱거빌　조용히 듣고 적당히 웃기 위해서죠. 아니면 둘 다 참기 위해서고.

비론　글쎄, 재미가 있느냐 없느냐는 문장의 솜씨에 달려 있지 않을까요?

코스타드　나리, 그 사건이라는 게 저와 자크네타에 관한 거랍니다. 바로 현장에서 들통나 버렸습죠.

비론　어떤 식으로?

코스타드　네, 그건 다음과 같은 방법과 형식에 의해서죠. 세 가지가 있는데요. 제가 그녀를 만난 건 전하의 저택에서였고, 그때 그녀는 벤치에 앉아 있었습죠. 그리고 그녀를 따라 숲에 들어갔다가 그만 붙잡혔습니다. 그래서 이를 종합해 보면 조금 전에 말씀드린 그런 방법과 형식이 나오는 것입죠. 그런데 나리, 그 방법 말씀이온데—그게 사내가 여자에게 말을 거는 방법입니다. 그리고 그 방법은 이러했습죠.

비론　그래서 다음에는 어떻게 됐단 말인가?

코스타드　그다음에는 아마 저에 대한 처벌이 있을 것입니다. 신이시여, 정의의 편에 서 주소서!

왕　(비론 등에게) 이 편지를 읽을 테니 귀담아들어 보겠소?

비론　신탁을 듣는 것처럼 경건히 듣겠습니다.

코스타드　인간이란 정욕에는 오금을 못 펴니 참으로 어리석죠.

왕 (읽는다)

위대하신 신의 대리인이시고 통치자이시며, 나바르 왕국의 유일한 절대 군주이시고 제 영혼에게는 이 땅의 신이시며, 제 육신을 살찌우고 보살펴 주시는 전하께 아뢰옵니다.

코스타드 아직 코스타드에 대해서는 한마디도 없구먼……

왕 (읽는다)

실은 이러하옵니다……

코스타드 그야 그럴 겁니다. 그분 말은 팥으로 메주를 쑨대도 믿을 수 있습죠.

왕 조용히 하라!

코스타드 예, 조용히 하겠습니다. 아귀다툼은 누구나 싫어하니까요!

왕 잠자코 있으렸다!

코스타드 남의 비밀도요, 부탁합니다.

왕 (읽는다)

실은 이러하옵니다. 저는 그날 먹구름 같은 우울증에 사로잡혀 있었기에 시커멓게 가슴을 억누르는 기분을 건강에 가장 좋은 처방인 맑고 상쾌한 공기를 마셔서 고쳐보려고, 신사답게 산책을 했습니다. 그때는 대략 여섯시로, 짐승들이 게걸스럽게 풀을 뜯고, 새들이 분주히 모이를 쪼아대며, 인간이 저녁 식사를 할 무렵이었습니다. 시간에 대해서는 이 정도로 마치고 장소를 말씀드리면 비밀의 정원이라는 곳입니다. 현장에 대해 말씀드리면 전하께서 친히 보고 관찰하시며 음미하고 계시다시피, 저의 이 하얀 눈송이 같은 거위 깃펜에서 흑단색 잉크를 뽑아내게 하는 추잡하고 법도에 어긋난 사건을 목격한 것이 바로 그곳이지요. 절묘하게 얽혀 꾸며진 꽃밭이 깔린 비밀의 정원 서쪽 모퉁이에서 북북동쪽보다 동쪽으로 조금 치우친 곳이었습니다. 그곳에서 미천한 촌뜨기, 전하의 야비한 광대를 보았습니다.

코스타드 내 이야기인가?

왕 (읽는다)

그 천하의 무지한 인간이,

코스타드 아, 나겠지?

왕 (읽는다)

아주 천박한 상놈이,

코스타드 여전히 내 이야기겠지?

왕 (읽는다)

제가 기억하는 바로는 코스타드란 자가,

코스타드 맙소사, 내 이야기다!

왕 (읽는다)

이미 포고된 칙령과 법규를 어기고—그걸 아뢰옵기는 아—너무나도 가슴 아픈 일이옵니다만.

코스타드 계집애와 씨부렁댔습죠.

왕 (읽는다)

그 상대야말로 우리 인간의 조상 할머니 되시는 하와의 자식인 한 여성, 좀 더 다정한 이해를 돕자면 어떤 여자였습니다. 저는 지니고 있던 의무감이 명하는 대로, 이 죄인이 마땅히 징벌의 보답을 받도록 전하의 다정한 경관 앤소니 덜, 명예나 세간의 평이나 태도, 품행 등이 나무랄 데 없는 이 사람 편으로 보내오니 친히 다스려 주시길 바라옵니다.

덜 황공합니다만 제가 바로 앤소니 덜이옵니다.

왕 (읽는다)

자크네타에 대해 말씀을 드리자면—즉 이미 말씀드린 이 촌뜨기와 함께 체포된 바 있는 연약한 그릇입니다. 이 여자가 바로 법의 노여움을 산 자로서, 제가 잠시 맡고 있습니다. 그러나 어명만 내려주시면 곧장 재판에 부치고자 합니다. 전하께 경의를 표하며 충성심에 불타 삼가 아뢰옵니다.

돈 아드리아노 데 아르마도 올림.

비론 (왕에게) 기대한 것보다는 빼어난 문장은 못됩니다만 이제까지 들은 것 가운데서는 가장 빼어납니다.

왕 이 사건이야말로 최악으로 치자면 가장 좋은 본보기로군. (코스타드에게) 여봐라, 너는 이 일에 대해 더 할 말이 있느냐?

코스타드 실은 그런 계집애가 있었습죠.

왕 너는 포고문이 널리 알려진 것을 알고 있었느냐?

코스타드 듣긴 종종 들었습니다만, 관심은 그다지 두지 않았습죠.

왕 계집아이와 함께 있다 잡히면 징역 1년형에 처한다는 포고문인데도?

코스타드 계집아이가 아니라 젊은 아씨와 함께 있다가 체포됐습죠.

왕 젊은 아씨도 마찬가지니라.

코스타드 그냥 젊은 아씨가 아니라 숫처녀입죠.

왕 바꿔서 말해도 마찬가지다. 숫처녀도 포고령에 걸린다.

코스타드 그러면 숫처녀란 말은 취소하겠습니다. 저는 소녀와 함께 있다가 잡혔습죠.

왕 소녀라 해도 소용없다.

코스타드 이 소녀는 제게는 소용이 있사옵니다.

왕 여봐라, 너에게 판결을 선고하겠다. 앞으로 1주일 동안 겨죽과 물 말고는 먹는 것을 금한다.

코스타드 한 달 동안 기도를 드리겠사오니, 제발 양고기죽을 먹게 해주십쇼.

왕 그리고 돈 아르마도에게 너를 맡기겠다. 비론, 그대는 저자를 넘겨주고 오도록 하오. 자, 여러분, 우리가 굳게 맹세한 일을 실행토록 합시다. (롱거빌, 뒤

멘과 함께 퇴장)

비론 (혼잣말로) 내 모가지에 걸고 맹세하지만, 이따위 서약이나 법령은 끝내 부질없는 웃음거리가 되고 말 거야. (코스타드에게) 이봐, 가자고.

코스타드 나리, 저는 진실 때문에 이 고생을 하고 있습죠. 제가 자크네타와 함께 있다가 붙잡힌 건 진실입니다만 그 아이도 진실하다고요. 그러니까 영광의 쓴 잔을 기꺼이 받을 수밖엔 없지 뭡니까! 언젠가는 이 어려움도 웃음으로 바뀔 날이 있을 테죠. 슬픔이여, 그때까지 꾹 참아다오! (모두 퇴장)

〔제1막 제2장〕

같은 장소.
아르마도와 시동 모스 등장.

아르마도 애야, 위대한 인물이 우울해지는 건 무슨 징후이겠느냐?

모스 그야, 그 인물이 슬픈 얼굴을 할 것이란 뚜렷한 징후겠죠.

아르마도 요놈 봐라, 슬픔과 우울증은 본디 한통속이다.

모스 아니, 천만의 말씀입니다. 확실히 다르다고요!

아르마도 슬픔과 우울증이 어떻게 다르단 말이냐, 요 풋내기야?

모스 나타나는 꼴을 보면 바로 알잖아요, 옹고집쟁이 나리.

아르마도 뭐, 옹고집쟁이라고? 어째서 옹고집쟁이란 말이냐?

모스 그럼, 왜 풋내기라고 하셨죠? 어째서 풋내기죠?

아르마도 그건 말이다, 풋내기야. 풋내기란 너처럼 젖비린내 나는 아이에게 꼭 알맞은 말이란다.

모스 저도 그렇거든요, 옹고집쟁이 나리. 나리같이 나이가 많은 데다 억지를 부리고 자기 생각만 내세워 우기는 분들에게 꼭 알맞은 말이지 뭐예요.

아르마도 조그마한 게 재치가 있군그래.

모스 무슨 말씀이시죠? 제가 몸은 작지만 말이 재치가 있다는 겁니까, 아니면 재치 있어 보이고 하는 말이 귀엽다는 건가요?

아르마도 너는 작아서(little) 귀엽다(pretty)는 말이다.

모스 작아서(little) '조금만 귀엽다(little pretty)'는 말씀이군요. 그럼 왜 재치가

영화 〈사랑의 헛수고〉 케네스 브래너 연출·출연. 2000.
낭만적인 1930년대풍의 할리우드 뮤지컬 형식 영화. 젊은 귀족들이 곧 도착할 숙녀들을 즐겁게 기다리고 있는 장면

　있죠?

아르마도　너는 재빠르니까 재치가 있단 말이다.

모스　나리, 저를 칭찬하는 말씀인가요?

아르마도　물론, 알맞게 칭찬하는 거지.

모스　그런 칭찬은 장어에게도 할 수 있겠네요.

아르마도　그럼, 장어가 재치가 있다는 말이냐?

모스　장어는 재빠르니까요.

아르마도　내 말은, 네 대답이 너무나 재빠르단 뜻이야. 네 말 때문에 점점 부아가 돋는구나.

모스　예, 알겠어요.

아르마도　내 말을 가로막으며 부아를 돋우지 말아라.

모스　(혼잣말로) 말을 거꾸로 하는군. 사랑을 하지 못해서 부아가 돋았으면서.

아르마도　나는 말이다, 전하와 함께 3년 동안 학문 연구에 힘쓰기로 약속했단다.

모스　그까짓 것쯤이야 한 시간이면 해치울 수 있잖아요.

아르마도　어림도 없는 소리 작작해라.

모스 하나를 세 번 세면 몇이 되죠?

아르마도 나는 셈은 서툴러. 그런 건 선술집 하인에게나 어울리지.

모스 나리는 신사이시면서 투전꾼이시죠.

아르마도 그래, 맞다. 이 두 가지는 완전한 인간에게 꼭 알맞은 장식이지.

모스 그러시면 주사위 한 눈에다가 두 눈을 보태면 얼마가 되는 것쯤은 아실 텐데요.

아르마도 그건 두 개보다 하나가 더 많지.

모스 그걸 흔히 비천한 사람들은 셋이라고 말해요.

아르마도 그렇지.

모스 나리, 그런 게 학문이라는 건가요? 세 번 눈 깜박할 사이에 셋이라는 걸 배웠지 뭡니까. 그 석 삼(three) 자에다 연(year) 자를 갖다 붙이면 삼 년(three years)이라는 두 말(word)을 배우게 되니 얼마나 쉬워요. 이따위 것쯤이야, 저 계산 잘하기로 소문난 곡마단의 말(horse)도 알고 있어요.

아르마도 흥, 그럴듯한 비유네!

모스 (혼잣말로) 당신은 그럴듯한 축에도 못 낀다는 거지.

아르마도 솔직히 털어놓으면 나는 지금 사랑에 빠져 있다. 군인이 사랑을 한다는 건 천한 짓이지만 글쎄, 내가 좋아하는 계집애도 천한 출신이니까. 이 사랑이라는 고뇌에 대항해 칼을 빼어 들고 그 불순한 생각에서 벗어날 수만 있다면, 나는 정욕이란 놈을 사로잡아 최신식 예법으로 한번 인사치레를 하고 나서 그 대가로 어떤 이든 구애하는 프랑스인에게 넘겨주고 싶단 말이다. 한숨만 짓는 것은 아주 한심한 짓이지. 큐피드에게 실컷 욕이나 해주면 속이 시원하겠다. 얘야, 날 좀 위로해 줘. 영웅호걸들 가운데 사랑에 빠진 이들의 이름이라도 대보려무나.

모스 예, 헤라클레스가 그러합니다.

아르마도 아! 세상에서 가장 멋진 헤라클레스! 권위 있는 이름을 더 대봐라. 알겠느냐, 사랑스러운 아이야? 쟁쟁한 명성을 가진 몸가짐이 훌륭한 영웅호걸들 말이다.

모스 참, 삼손이 있습니다. 엄청난 명성을 떨친 분이었죠. 그분은 수문장처럼 성문을 등에 지고 들어 올렸거든요. 그분도 사랑에 빠졌어요.

아르마도 오, 무서운 힘을 지닌 삼손! 무쇠와 같은 삼손! 그대처럼 나는 성문

2막 1장, 공주를 맞이하는 나바르 왕 토마스 스토서드

을 옮길 수는 없지만 나의 칼 솜씨는 그대보다 뛰어나지. 그런데 나 또한 그
대처럼 사랑에 빠졌다오. 얘, 모스야, 삼손의 연인은 누구였지?

모스 여자였죠.

아르마도 낯빛(complexion)이 어떤 여자였느냐 말이다.

모스 글쎄요, 모두 네 가지 기질을 지녔는데 그것을 모두 말씀 드릴까요, 아
니면 그 가운데서 세 가지나 두 가지, 아니면 한 가지만 말씀드릴까요?

아르마도 낯빛이 어떤 여자인지만 정확히 말해 봐.

모스 바다처럼 푸르른 녹색이지요.

아르마도 그것도 네 가지 기질(complexion)*1 가운데 하나란 말이냐?

모스 책에 그렇다고 씌어 있는걸요. 그 빛깔이 가장 좋다는데요.

＊1 complexion이라는 낱말에 '낯빛'과 '기질'이라는 두 가지 뜻이 있음을 이용한 말장난.

아르마도 옳거니, 녹색이야말로 사랑에 번뇌하는 연인들의 빛깔이렷다. 하지
만 삼손이 그런 빛깔의 여자를 사랑했다는 건 어딘가 믿어지지 않아. 아마
그 여자의 재치에 넋을 잃은 거겠지.

모스 예, 옳습니다. 그녀의 재치에는 풋내기답게 서투른*2 면이 있었죠.

아르마도 내 사랑하는 이의 얼굴빛은 참으로 오점 하나 없이 새하얗고 붉은
빛깔이지.

모스 나리, 가장 오염된 생각을 그런 빛깔로 감춘다는데요.

아르마도 어! 이 유식한 꼬마야, 그 이유를 말해 보아라, 어서.

모스 아, 아버지의 슬기와 어머니의 혓바닥이여, 저를 좀 도와주세요!

아르마도 좋아, 어린아이다운 주문이구나. 귀엽기도 하고 가엾기도 해라!

모스 (소리에 절을 붙여 노래하듯이)

분 바르고 연지 찍어 단장을 하면
부정을 저지른다 한들 누가 알까.
부정을 저지르면 낯이 붉어지고
양심에 찔리면 낯이 파리해지지만
죄짓고 가책받을 일 있어도
그 마음속을 누가 알까.
낯이 붉어지고 파리해져도
분 바른 얼굴은 늘 같은 빛깔이라네.

나리, 연지와 분을 매섭게 꼬집은 노래입죠.

아르마도 꼬마야, 저 〈왕과 거지 소녀〉란 민요가 있지 않니?

모스 3세기쯤 전에는 그런 하찮은 노래가 유행했었던 것 같아요. 하지만 이
제는 찾아볼 수가 없지요. 만약 있다 해도 가사나 곡조 모두 어디 써먹을
데가 있어야죠.

아르마도 누가 그 노래를 다시 고쳐 써 주었으면 좋겠다. 그러면 천한 여자
를 사랑하는 내 탈선행위도 좋은 본보기가 되어줄 수 있을 테니까. 얘야,

---

*2 green이라는 낱말에 '녹색'과 '서투른'이라는 두 가지 뜻이 있음을 이용한 말장난.

1막 2장, 아르마도와 자크네타 H.C. 셀루스

난 말이다, 요전에 약삭빠른 촌뜨기 코스타드 녀석과 함께 비밀의 정원에 있다가 내게 붙잡힌 그 시골 처녀한테 반해 버린 거라고. 그 아가씨는 정말 그만한 가치가 있는 여자야.

모스 (혼잣말로) 곤장을 맞을 만한 여자군. 어쨌든 내 주인에게는 과분한 연인이지만.

아르마도 애야, 노래 좀 불러라. 사랑에 빠진 내 마음은 무겁고 답답하기만 하구나.

모스 (혼잣말로) 그것참 알다가도 모를 일이네. 품행이 좋지 않은(light) 계집에게 빠져서 가슴이 무거워(heavy)지다니.

아르마도 노래를 불러 달라니까.

모스 저 사람들이 지나갈 때까지 기다려 주세요.

덜, 코스타드, 자크네타 등장.

덜 나리, 전하께서 이 코스타드를 단단히 가둬 두라고 말씀하셨습니다. 물론 어떤 오락거리나 징벌도 주어서는 안 되고, 또 일주일에 사흘은 단식을 시키라고 말씀하셨답니다. 여기 이 처녀는 이 사람이 맡아서 숲에서 소젖 짜는 일을 시키게 되었습니다. 그럼, 실례합니다.

아르마도 (혼잣말로) 내 얼굴이 붉어져서 속이 다 들여다보이겠는걸. (자크네타에게) 아가씨!

자크네타 왜요, 아저씨!

아르마도 오두막으로 찾아가리다.

자크네타 좋으실 대로 하세요.

아르마도 장소는 알고 있다고.

자크네타 아유, 아저씨는 머리가 좋으십니다!

아르마도 너에게 놀라운 이야기를 해줄게.

자크네타 (혼잣말로) 그 얼굴로?

아르마도 나는 아가씨를 사랑하고 있어.

자크네타 어디서 들어본 소리 같네요!

아르마도 그럼 잘 있게.

자크네타 안녕히 가세요!

덜 자, 가자, 자크네타! (자크네타와 함께 퇴장)

아르마도 (코스타드에게) 이놈, 죗값으로 단식을 해야만 풀어 주겠다.

코스타드 네, 나리. 단식 처벌을 용감하게 받겠습니다.

아르마도 네놈은 벌을 크게 받아야 해.

코스타드 그럼, 얄팍한 보수밖에 받지 않는 나리 하인들보다 제가 더 나리 신세를 지는 셈이네요.

아르마도 (모스에게) 이놈을 끌고 가서 단단히 가둬라.

모스 가자, 이 파렴치한 죄인아, 따라와.

코스타드 가두지는 마. 이렇게 놔둬도 단식은 할 테니까.

모스 그건 안 되지, 그런 속임수는 안되고말고. 어서 감옥으로 가자.

코스타드 흥, 어디 두고 보자. 내가 다시 이전처럼 즐거운 날들을 맞이하게 되면 어떤 놈을 속 시원히 손 좀 봐줘야지. 그때 보자고.

모스 뭘 보겠단 말이지?

코스타드 아니, 아무것도 아니야, 모스 도련님. 하지만 어렴풋이 내일을 믿는 것은 아니지. 죄인이 입을 나불대는 건 어쨌든 좋지 않다니까. 그러니까 나도 입을 꼭 다물겠어. 나는 하느님 덕분에 다른 사람만큼의 참을성을 지녔으니 잠자코 있을 수 있다고. (모스와 함께 퇴장)

아르마도 왜 이 땅이 이다지도 정겨울까, 천한 땅인데 말야. 이 땅보다 더 천한 그녀의 구둣발, 가장 천한 그녀의 발길이 안내하여 밟고 간 이 땅이 아니냐. 맹세컨대 내가 사랑에 빠졌다면 그건 분명 맹세를 깨뜨리고 부정을 저지르는 뚜렷한 증거일 거다. 불의로 이루어진 사랑이 어떻게 참다운 사랑이 될 수 있으랴? 사랑은 스스럼없는 악마다. 사람에게 붙어 다니는 타락한 천사는 사랑 말고는 없어. 그렇지만 저 천하장사 삼손도 사랑에 농락당하지 않았던가. 또 두뇌가 명철한 솔로몬조차도 사랑에 빠져 넋을 잃지 않았던가. 큐피드가 쏜 사랑의 화살에는 헤라클레스의 몽둥이도 맥을 추지 못했지 뭔가. 그러니까 내 스페인 긴 칼로는 어림도 없는 일이지. 한 가지 두 가지 아무리 주워섬긴다 해도 다 소용이 없어. 아무리 칼을 잘 쓰고 날쌔더라도 상대는 끄떡도 안 한단 말이야. 풋내기라고 불리는 것을 놈은 치욕으로 여기겠지만, 뭇 사내를 굴복시키는 게 그놈의 자랑 아닌가. 용기여, 잘 있거라. 칼이여, 녹슬어라. 북이여, 소리를 그쳐라. 그대들의 주인은 사랑, 사랑에 빠져 있다. 즉흥적 시신(詩神)이여, 나를 좀 도와주오. 나는 사랑의 시를 써야만 하오. 지혜여, 생각해라. 펜이여, 글을 써다오. 부피가 두꺼운 시집을 몇 권이라도 써야 하리니. (퇴장)

〔제2막 제1장〕

같은 장소.
프랑스 공주, 로잘린. 마리아, 카트린. 보이예와 두 귀족 등장.

보이예 공주님, 모든 슬기를 모아 부왕께서 어느 분을, 어느 분에게, 어떤 임무를 주어 사신으로 보내시는지를 마음에 새겨 두십시오. 사신으로서는 온 세상이 우러러보는 공주님이시며, 상대는 인간으로서는 가장 뛰어난 재주와 덕을 갖추신 천하에 둘도 없는 나바르 왕이십니다. 회담 목적은 여왕에게 합당한 지참 영토로서도 손색없는 아키텐에 관한 문제를 다루기 위해서입니다. 이때야말로 자연의 여신이 다른 여성들에게는 아주 인색하고 갈증나게 하면서도 공주님에게만은 포실하게 안겨준 그 아름다움을 마음껏 드러내십시오.

공주 보이예 경, 나의 아름다움은 별것 아니니 그렇게 넘치는 찬사로 꾸며댈 필요는 없어요. 아름다움이란 눈으로 보고 판단할 것이지, 장사꾼들의 혀처럼 속되게 거래되는 것은 아닙니다. 나는 그대가 내 용모를 칭찬해 주는 말을 들어도 그다지 자랑스럽지는 않아요, 경이 나를 칭찬하려고 머리를 짜서 그 지혜를 인정받으려고 하는 만큼 말입니다. 그보다는 나에게 일을 당부한 사람에게 이번에는 내가 일을 맡겨보죠. 보이예 경, 그대도 알고 있겠지만 세간에 떠도는 소문에는 나바르 왕께서 앞으로 3년 동안 학문에 정진하고자 어떤 여자도 그 조용한 궁궐 안으로 절대로 들어오지 못하게 하겠노라 맹세를 하셨다는군요. 그러니 금단의 문 안으로 들어서기 전에 먼저 전하의 뜻을 알아보는 게 옳을 듯해요. 그 일은 설득력이 강하고 말재주가 좋은 경이 가장 잘 해내리라고 생각해요. 그러니 프랑스 왕국의 공주가 다급하고 중대한 문제로 전하와 친히 말씀 나누기를 바라고 있다고, 어서 가서 전해 주세요. 우리는 다른 청원자들처럼 겸허하게 전하의 뜻을 기다리고 있겠어요.

보이예 공주님의 분부를 명예롭게 받들어 기꺼이 다녀오겠습니다.

공주 명예란 기쁜 것이니, 경도 그렇게 해줘요. (보이예 퇴장) 여러 귀족들이 국왕과 함께 맹세를 했다는데 어떤 분들인가요?

귀족 1 롱거빌 경이 그 가운데 한 사람입니다.

공주 (마리아에게) 그분을 아느냐?

마리아 예, 알고 있습니다, 공주님. 자크 팰컨브리지 가문의 상속자인 아름다운 외동따님과 페리고르 경의 결혼식이 노르망디에서 있었는데, 그 자리에서 롱거빌 경을 뵈었습니다. 재주가 매우 뛰어나서 예술에도 조예가 깊고 무술도 뛰어나며 무슨 일이든 모두 잘 해내는 분이라고 합니다. 그분의 훌륭한 점에 한 가지 흠이 있다면, 그 빛남이 흐려질 수 있다면 말입니다, 재치는 날카로운데 남의 기분은 아랑곳하지 않고 그 예리한 독설의 칼날로 누구든지 사정없이 베어낸다지 뭡니까.

공주 독설을 하더라도 익살스럽게 하는 모양이구나, 그렇지?

마리아 네, 그분의 성품을 잘 아는 분들은 한결같이 그렇게들 말씀합니다.

공주 그렇게 번쩍이는 재치는 오래 못 가서, 싹트자마자 곧 시들고 말거든. 그리고 또 누가 있지?

카트린 젊은이로서 기량이 뛰어난 뒤엔 경이라는 분이 있는데, 그분의 가장 뛰어난 덕은 바로 덕을 사랑하는 사람들의 사랑을 받고 있다는 점입니다. 그에게는 형편없는 모양새도 보기 좋게 만드는 재치가 있다 보니 사람들은 자신들에게 해(害)가 되는지도 모르고 넘어가는 경우가 대부분이죠. 또한 그분은 지혜가 없어도 선하게 보이는 자태를 지니고 있습니다. 알랑송 공작님 댁에서 한번 뵌 적이 있습니다만 오늘 말씀드린 그분의 장점은 제가 본 것 가운데 일부분일 뿐입니다.

로잘린 그때 함께 계셨던 또 한 분은, 제 기억이 틀림없다면 비론 경이었습니다. 저속한 농담은 입에 담지도 않았지만 그토록 재미있는 분과 한 시간 가까이 이야기해 본 적은 처음이었어요. 그분의 눈에는 언제나 기지가 번뜩이고 있었죠. 무엇이든 꼬투리만 잡으면 곧장 우스꽝스런 농담으로 만들어 버리고 생각의 변사인 유창한 혀가 품위 있는 말로 너스레를 떠는 바람에 노인들은 일손을 놓고 귀를 기울이며, 젊은 사람들은 듣다가 황홀경에 빠져든다 합니다. 그분의 말재주는 그렇게 즐겁고 유창하답니다.

공주 (혼잣말로) 어머나, 큰일이네! 모두들 사랑에 빠져 있어. 저마다 자기가 아는 상대를 입이 닳도록 칭찬을 하고 있으니 말야.

귀족 1 저기 보이예 경이 돌아옵니다.

보이예 다시 등장.

공주 (보이예에게) 뭐라고 하시던가요?

보이예 나바르 왕께서는 제가 도착하기 전에 이미 공주께서 오신다는 통보를 받으시고는, 맹세를 같이한 사람들과 함께 공주님을 맞이할 준비를 하고 계셨습니다. 전하께서는 시중드는 시종들도 없는 궁궐에 공주님을 맞이해 맹세를 깨뜨리기보다는, 궁궐을 포위 공격하려고 나타난 적장을 대하듯 들판에 공주님을 머무르게 하시려는 것 같습니다.

왕, 롱거빌, 뒤멘, 비론, 그리고 시종들 등장.

저기 나바르 전하께서 오십니다.

왕 아름다운 공주님, 나바르 왕국에 오신 것을 진심으로 환영합니다.

공주 '아름답다'는 그 말씀은 거둬 주십시오. '환영'한다고 하셨지만, 저희는 아직 그 영광을 받지 못했습니다. 이 궁궐의 지붕은 하늘만큼 높고, 이 넓은 들판은 저의 숙소로서는 좀 초라하군요.

왕 내가 머무는 궁궐로 모실까 합니다, 공주님.

공주 그러면 환영받는 것이 되니 그리로 안내해 주세요.

왕 공주님, 먼저 한 말씀만 들어주십시오. 맹세를 한 바가 있어서 그렇습니다.

공주 아, 성모 마리아님, 제발 전하를 도와주소서! 전하께서 맹세를 깨뜨리시게요.

왕 아름다운 공주님, 절대로 맹세를 깨지는 않습니다. 그것이 나의 의지입니다.

공주 틀림없이 그 의지가, 다른 것이 아닌 의지가 맹세를 깨뜨리실 거예요.

왕 공주님은 나의 맹세가 어떤 것인지 잘 모르시는 것 같습니다.

공주 전하께서도 그 맹세가 무엇인지 모르신다면 그게 훨씬 지혜롭지요. 조금 아는 것은 오히려 모르는 게 될 수 있으니까요. 풍문에 따르면 전하께서는 손님 접대를 하지 않겠다고 맹세하셨다지요. 전하, 그런 맹세를 지키시는 것도 무거운 죄악이 됩니다. 하기야 그것을 깨뜨리시는 것도 죄가 되지요. 어머나, 용서하십시오. 너무 갑자기 당돌하게 말씀드렸나 봅니다. 윗분에게 지시를 했으니 주제넘었습니다. 이 편지에 제가 이곳에 온 취지가 적혀 있으니, 읽으시고 되도록 빨리 회답해 주시기 바랍니다. (편지를 내민다)

왕 되도록 빠른 시일 안에 답변해 드리겠습니다, 공주님.

공주 빠를수록 좋겠습니다. 그래야만 제가 빨리 이곳을 떠나게 될 테니까요. 제가 머물게 되면, 전하께서 맹세를 깨뜨리시게 될지도 모릅니다.

비론 (가까이 가서 로잘린에게) 언젠가 브라반트에서 함께 춤춘 적이 있지 않습니까?

로잘린 언젠가 브라반트에서 함께 춤춘 적이 있지 않느냐고요?

비론 틀림없이 함께 추었습니다.

로잘린 그렇다면 물으실 필요가 없잖아요!

비론 그렇게 매섭게 쏘아붙일 필요도 없잖습니까.

로잘린 그런 질문으로 몰아세우시니 그렇죠.

비론 성격이 급하군요. 그렇게 사나운 말처럼 마구 달리면 곧 지쳐 버릴걸요.

로잘린 지치기 전에 기수를 진창 속에 처박고 말 거예요.

비론 (말이 막혀) 지금 몇 시죠?

로잘린 멍청이가 물어볼 시간이군요.

비론 아름다운 가면에 행운이 있기를!

로잘린 가면 아래 얼굴에도 행운이 있기를!

비론 그리고 부디 많은 분들이 당신을 사모하게 되기를!

로잘린 아멘, 당신만 말고요.

비론 알았어요, 이만 가보겠습니다.

왕 공주님, 이 편지에는 부왕께서 10만 크라운을 이미 지급하셨다고 씌어 있는데, 그것은 나의 아버님께서 군자금 명목으로 부담하신 금액의 절반밖에 되지 않습니다. 그러나 실은 아버님도 나도 그 돈을 받지 못했습니다. 만일 그 금액을 받았다 치더라도 여전히 10만 크라운은 아직 받지 못한 채 남아 있습니다. 물론 그 담보로 받은 아키텐 일부는 그만한 가치가 있는 것은 아니지요. 부왕께서 아직 지급하지 않은 금액만 돌려주신다면, 나는 아키텐에 대한 권리를 포기하고, 프랑스 왕과 두터운 우정을 맺고자 합니다. 그런데 부왕께서는 그럴 생각이 없으신 것 같습니다. 이 편지에는 10만 크라운을 이미 지급했다고만 적혀 있을 뿐, 10만 크라운을 내고 아키텐에 대한 권리를 되찾겠다는 말씀은 없으니까요. 나로서는 아버님께서 빌려드린 금액만 받으면 아키텐처럼 메마른 땅은 기꺼이 돌려드릴 생각입니다. 공주님, 부왕의 요구가 이처럼 사리에 어긋나지만 않았더라면 공주님이 모처럼 오셨으니 조금은 양보를 해서라도 흡족한 마음으로 프랑스로 돌아갈 수 있도록 해드리고 싶은 마음 간절합니다.

공주 전하의 그 말씀은 제 아버지인 프랑스 왕에 대한 지나친 모욕일 뿐만 아니라, 전하 자신의 명예도 모욕하시는 겁니다. 틀림없이 지급한 금액을 받지 않았다고 딴전을 부리시니 말이에요.

왕 그런 말은 처음 듣습니다. 증거만 보여주시면 그 금액을 다시 돌려드리든지, 아키텐을 포기하든지 하겠습니다.

공주 그 말씀은 똑똑히 새겨두겠습니다. 보이예 경, 부왕이신 샤를 전하의 재정관에게 받은 10만 크라운 영수증을 이리 가지고 오세요.

왕 어디 봅시다.

보이예 황송하오나 전하, 아직 짐이 도착하지 않았습니다. 그 속에 영수증과 서류들이 함께 들어 있습니다. 내일은 보실 수 있을 겁니다.

왕 그렇게 하시오. 그걸 보고 난 다음에 이해가 되면 어떤 요구에도 응하리다. 어쨌든 그사이에 명예가 손상되지 않도록 성심성의껏 환대해 드리겠소. 그리고 아름다운 공주님, 비록 당신을 궁궐 안으로는 맞아들일 수 없어 밖에서 머무르셔야 하나, 나의 가슴속에 머무시는 것처럼 정성껏 모시겠습니다. 궁궐 안으로 모시지 못하여 죄송합니다만 널리 헤아려주시기 바랍니다. 그럼, 실례합니다. 내일 다시 찾아뵙겠습니다.

공주 몸도 마음도 모두 건강하시기를 빕니다, 전하!

왕 공주께서도 어느 곳에 계시든 소원 성취하시기를 빌겠습니다. (시종들을 거느리고 퇴장)

비론 (로잘린에게) 당신의 말을 이 가슴속에 간직하고자 합니다.

로잘린 제발 그러시지요. 저도 그 가슴속을 들여다보고 싶네요.

비론 가슴의 신음 소리를 들려주고 싶습니다.

로잘린 가엾게도 앓고 계신가요?

비론 가슴이 아프답니다.

로잘린 이를 어쩐담, 그럼 수술을 하셔야겠군요.

비론 그렇게 하면 나을까요?

로잘린 제가 아는 의학 상식으로는 그렇답니다.

비론 그럼, 그대의 눈빛으로 구멍을 내어 피를 흘리게 해주시오.

로잘린 천만에요, 수술은 날카로운 칼로 하는 거죠.

비론 (말이 막혀) 그럼, 신의 가호를 입어 오래 사시길!

로잘린 당신께서는 오래 아니 사시길!

비론 인사할 시간도 없군요, 실례합니다. (물러선다)

뒤멘 (보이예에게) 저, 한 마디 여쭙겠습니다. 저 여성은 누구시죠?

보이예 알랑송 공의 외동따님으로 이름은 카트린이라고 합니다.

뒤멘 멋진 여성이군요! 안녕히 계십시오. (퇴장)

롱거빌 (보이예에게) 한 마디 여쭙겠습니다. 흰 옷 입은 분은 누구시죠?

보이예 밝은 데서 꼼꼼히 뜯어보면 여자로 보일 때도 있습니다.

롱거빌 밝은(light) 데서 보면 자유분방한(light) 여자인지도 모르죠. 이 사람이 원하는 건 그분 이름이에요.

보이예 이름은 하나밖에 없는데, 그걸 갖겠다니 좀 지나치시군요.

롱거빌 아니, 어느 댁 아가씨냐 그 말이지요.

보이예 그분 어머님의 따님이라 하더군요.

롱거빌 제기랄, 그 턱수염 값이나 좀 하시오!

보이예 그렇게 화내지 마세요. 저분은 팰컨브리지 댁 외동따님입니다.

롱거빌 화는 가라앉았소. 아주 어여쁜 분이네요.

보이예 그럴지도 모르죠. (롱거빌 퇴장)

비론 (보이예에게) 저 모자 쓰신 분은 누구인가요?

보이예 운 좋게도 로잘린이라고 합니다.

비론 결혼은 하셨는지요?

보이예 자기 의지대로 남편은 있기도 하고 없기도 하지요.

비론 고맙습니다, 그럼 안녕히!

보이예 가신다니 반갑소. (비론 퇴장)

마리아 맨 나중 분이 비론 님이에요. 정말 괴짜시죠. 농담이 아니면 아예 한 마디도 안 하시거든요.

보이예 농담도 말은 말이죠.

공주 어쨌든 말꼬리를 잡는 솜씨는 정말 대단했어요.

보이예 그야 그쪽에서 먼저 걸어왔으니까 맞붙어 볼 수밖에요.

마리아 두 마리 양(sheep)이 싸우는 것 같았어요!

보이예 왜 배(ship)라고는 하지 않죠? 당신이 그 붉은 입술로 우리를 홀리지 않은 한은 양도 아니고 어린 양도 아니죠.

마리아 당신이 양이라면 나는 목장이란 말이군요! 이것도 익살인가요?

보이예 그럼, 나의 목장이 되어주오. (그녀에게 키스하려고 한다)

마리아 이러지 마세요, 엉뚱한 잔소리꾼이여. 제 입술은 아무나 다 가질 수 있는 건 아니에요.

보이예 그럼, 누구 것이란 말이오?

마리아 어딘가에 있을 저의 운명과 바로 저 자신이죠.

공주 재치가 많으면 입씨름을 하게 마련이지. 자, 두 사람 모두 그만둬요. 집 안끼리 하는 싸움에다 그 재치를 헛되이 쓰지 말고, 나바르 왕과 그의 책벌 레들을 공박하는 데 요긴하게 쓰도록 해요.

보이예 절대로 잘못 짚은 적이 없는 제 관찰력이 나바르 왕의 눈에 드러난 그 마음의 소리를 잘못 짚지만 않았다면, 전하는 분명히 병을 앓고 계십니다.

공주 무슨 병이지요?

보이예 연인들이 잘 걸리는 상사병입니다.

공주 그렇게 생각하는 이유는요?

보이예 이유인즉, 전하의 모든 기능이 눈이라는 법정으로 불려와서 그분의 절실한 애원을 엿보고 있기 때문이지요. 그분의 심장이 마노 반지처럼 공 주님 모습을 아로새겨 자랑하는 모습이 그 눈길에 뚜렷이 나타나고 있습니다. 혀는 말을 할 수 있어도 보지 못하는 것이 안타까운 듯, 서둘러 눈 속으로 뛰어들어간 것 같습니다. 모든 감각은 오직 눈에만 집중되어 아름다운 연인을 보려고 버둥거렸습니다. 이렇게 모든 감각이 눈 속에 자리잡고 있으니, 왕께서는 누군가가 사주기를 기다리는 수정 장신구처럼 빛을 반짝거리며 스스로 가치를 드러내면서, 공주님이 지나가다 사주시기만을 간절히 바라시는 듯 보였습니다. 전하의 얼굴 한 곳에 뚜렷이 최고의 찬사가 씌어 있음을, 그 황홀한 눈길을 보면 누구나 알아볼 수 있습니다. 황공하오나 만약 제 말을 듣고 공주님께서 전하께 사랑의 키스를 한 번만 하신다면 아키텐

뿐만 아니라 온 나라 땅을 공주님께 몽땅 바치실 겁니다.

공주 자, 천막으로 가요. 보이예 경이 별소리를 다 하는군요.

보이예 전하의 눈에 비친 것을 그저 말로 옮겨 놓았을 뿐입니다. 눈빛을 입으로 바꿔 거기에 거짓 없는 혀를 더한 것뿐이지요.

로잘린 보이예. 당신은 연애 장사꾼인 데다 말재주도 좋군요.

마리아 저분은 큐피드의 할아버지입니다. 큐피드에게서 새로운 소식들을 얻지요.

로잘린 그럼, 아버지가 험상궂게 생긴 걸 보니 어머니는 베누스를 닮으셨나 보군요.

보이예 이봐요, 왈가닥 아가씨들, 내 말이 들려요?

마리아 아니요.

보이예 그럼 도대체 뭘 보고 있는 거요?

로잘린 우리가 갈 길을 보고 있는걸요.

보이예 정말 당할 수가 없군요. (모두 퇴장)

〔제3막 제1장〕

같은 장소.
아르마도와 모스 등장.

아르마도 애야, 노래를 불러줘. 애절한 노래로 내 귀를 슬픔에 잠기게 해라.

모스 콩콜리넬. (노래한다)

아르마도 아름다운 노래군! 자, 이 열쇠를 가지고 가서, 그 촌놈을 풀어서 바로 이리로 데리고 오너라. 내 연인에게 쓴 편지를 전해 주라고 해야겠다.

모스 나리, 프랑스 말로 싸워서 사랑을 쟁취할 생각이시군요.

아르마도 무슨 말이냐? 나더러 프랑스 말로 싸우라고?

모스 그런 뜻이 아니에요, 비범하신 나리. 혀끝으로 즐겁게 노래 부르고, 거기에 발맞춰 경쾌한 스페인 춤을 추면서 눈을 하늘로 치뜬 채 한껏 기분을 내어보세요. 한숨 한번 내쉬고(sigh) 노래 한 소절 불러보세요(sing). 목청으로 부르짖듯 사랑을 노래하며 사랑을 삼키듯 가슴에 담으세요. 콧노래로 사랑의 향기를 맡으며 사랑을 느껴보세요. 가게의 차양처럼 두 눈 위 모자를 꾹 눌러쓰고, 꼬챙이에 꿴 토끼처럼 얇은 뱃가죽 위에 손을 얹거나, 낡은 그림 속 인물처럼 양손을 호주머니에 찔러 넣은 채, 노래도 계속해서 길게 부르지만 말고 부르다가 끊기도 하세요. 이런 것은 멋스럽고 재미있기도 하지만 바람둥이 계집을 꼬드기는 수단이 되기도 하거든요. 뭐 이렇게까지 안 해도 넘어갈 계집애들인데요. 참, 그런 짓을 자주 하면 유명 인사가 되어 이름이 널리 알려진다던데, 정말 그런가요?

아르마도 아니, 너는 어디서 그따위 걸 다 배웠느냐?

모스 그야 조금씩 보고 배운 덕이죠 뭐.

아르마도 하지만 이 가슴은 오⋯⋯.

모드 "옛날 노리개말(馬)은 잊으셔야죠."

아르마도 뭐, 내 연인이 '노리개말'이라고?

모스 아니에요, 노리개말은 망아지만 연인은 피둥피둥한 삯말이니 누구나 탈 수 있거든요. 나리는 자기 연인을 잊으셨나요?

아르마도 아닌 게 아니라 잊을 뻔했다.

모스 게으른 전문가이시군요! 그녀를 외워(by heart) 두셔야죠.

아르마도 내 사랑을 가슴 가까이뿐(by heart) 아니라 가슴속에도(in heart) 간직하고 있단다.

모스 그리고 가슴 밖으로도요. 그 세 가지를 다 증명해 드릴까요?

아르마도 뭘 증명한다는 거지?

모스 제가 크면 어른이 되겠죠. 그건 그렇고, 왜 가슴 가까이에, 가슴속에, 가슴 밖에 사랑이 있는가를 바로 증명해 드리죠. 가슴 가까이에서 사랑한다는 건 연인 가까이에는 가지도 못하면서 가슴으로만 사랑한다는 뜻이고, 가슴속으로 사랑한다는 건 사랑에 흠뻑 빠져서 넋을 잃었다는 뜻이지요. 가슴 밖으로 사랑한다는 건 그녀와 즐거운 시간을 보낼 수 없으니 외사랑을 한다는 뜻이고요.

아르마도 그렇다면 그 세 가지가 다 내 것이다.

모스 (혼잣말로) 세 가지뿐일까, 그 세 배는 더할걸. 그래 봐야 헛물만 켜는 것이겠지만.

연극 〈사랑의 헛수고〉 데이비드 테넌트(비론 역) 출연, 로열 셰익스피어 극단 공연. 2008.

아르마도   그 촌놈을 이리 데리고 오너라. 편지 심부름을 시켜야겠다.

모스   죽이 잘 맞는군─당나귀를 보내야 할 심부름에 말을 보내니.

아르마도   허허, 너 뭐라고 했느냐?

모스   아무것도 아니에요. 저 멍청이는 너무 느려 터져서 말이라도 태워 보내
　　　야 한다는 이야기였어요.

아르마도   멀지 않으니 성큼 다녀오너라.

모스   납덩이처럼 잽싸게 다녀오겠어요.

아르마도   뭐라고 꼬마 학자야? 납덩이는 무겁고 둔하며 느린 게 아니냐?

모스   절대로 그렇지 않습니다, 그렇지 않아요, 나리.

아르마도   납은 느리다고 말했다.

모스   판단력이 너무 빠르시네요. 총구멍에서 나오는 납알이 느리다는 말씀
　　　이에요?

아르마도   녀석, 잘도 둘러대는군! 나를 대포에, 녀석을 탄환에 비유하는구먼.
　　　자, 그럼 너를 촌놈에게 쏜다.

모스 꽝, 저는 날아갑니다요. (퇴장)

아르마도 아주 영특한 녀석이야, 꾀가 이만저만한 놈이 아니구나! 아, 하늘이여, 그대 얼굴에 이처럼 한숨을 크게 내쉽니다. 이 냉혹한 우울증이여, 용기도 그대 앞에서는 오금을 못 펴는구나. 내 사자(使者)가 돌아오는군.

모스, 코스타드를 데리고 다시 등장.

모스 나리, 괴상한 일이 생겼어요! 머리 정강이에 탈이 났어요.

아르마도 또 무슨 수수께끼 같은, 알 수 없는 소리를 해대느냐. 자, 다음 맺음말(envoy)을 붙여 봐라.

코스타드 수수께끼도 알 수 없는 말도 아니에요. 이 우편행낭 속에는 맺음말(envoy)*³도 연고(salve, 軟膏/인사말)*⁴도 없다고요. 오, 바나나는 있어요. 바나나만 있으면 맺음말은 필요 없지. 맺음말도 연고도 필요 없고, 바나나가 필요하지!

아르마도 정말 네 덕분에, 너의 그 어리숙한 생각 덕분에 웃지 않을 수가 없구나. 그 어리숙함 때문에 울화가 치밀기도 하지만 허파를 들썩거리게 하니 실컷 웃을 수밖에. 오, 죄송합니다, 별들이시여! 이 덜떨어진 녀석은 연고(인사말)를 맺음말로, 맺음말을 연고(인사말)로 착각하고 있습니다.

모스 유식한 사람이라 해도 그 두 가지를 조금은 같다고 생각하지 않을까요? 맺음말과 인사말은 뜻이 같지 않을까요?

아르마도 아니다, 이건 앞서 한 말이 아리송할 때 그걸 설명해서 뚜렷하게 밝히는 맺음말을 일컫는 거다. 예를 들어보자.

여우와 원숭이와 땅벌이 있는데
시비가 그칠 날이 없다, 셋이 함께 있으니.
이것이 처음 명제인데, 여기에다 맺음말을 붙이는 경우와 같단다.

모스 제가 한번 붙여 보지요. 명제를 한번 더 일러 주세요.

---

*3 envoy는 '맺음말'과 '사절(使節)'이라는 뜻이 있다.

*4 salve는 '행복이 있으라', '만세'라는 인사말 외에 피부 질환 치료에 쓰이는, 피부에 직접 바르는 약을 총칭하는 '연고'라는 뜻이 있다. 이 두 단어는 이 극의 결말을 암시해 준다.

아르마도 여우와 원숭이와 땅벌이 있는데
　시비가 그칠 날이 없다, 셋이 함께 있으니.
모스 거위가 끼어 넷이 되면
　시비가 가라앉는다.

　그럼 제가 명제를 말할 테니, 지금의 맺음말을 붙여 보세요.

　여우와 원숭이와 땅벌이 있는데
　시비가 그칠 날이 없다, 셋이 있으니.

아르마도 거위가 끼어 넷이 되면
　시비가 가라앉는다.

모스 좋은 맺음말입니다, **얼치기** 거위가 나타나 모든 일이 해결되니 말입니다. 한번 더 해보시겠어요?
코스타드 (빙그레 웃으며 혼잣말로) 저 꼬마가 틀림없이 거위를 주인네에게 팔아넘긴 게로군. 나리, 잘 사셨습니다. 살이 통통하게 오른 거위인뎁쇼. 물건 팔아 치우기는 야바위*5 같아서 쉽지가 않거든요. 어디 볼까요, 맺음말도 좋고, 암거위도 살졌습니다.
아르마도 애야, 이리 온, 이리 온. 이런 의논이 어떻게 해서 시작됐더라?
모스 머리와 정강이가 탈이 났다고 했더니만, 나리께서 맺음말이란 걸 말씀하셨죠.
코스타드 옳습니다. 제가 바나나라고 말했더니 나리께서 의논을 시작하셨죠. 그다음에 저 꼬마가 살진 맺음말을 내놓았고, 나리가 산 그 거위가 나왔습니다. 그래서 거래가 이루어졌습죠.
아르마도 말해 보아라, 코스타드의 정강이는 왜 다쳤느냐?
모스 상세히 말씀드리죠.
코스타드 다친 사람은 네가 아니고 나니까 모스, 내가 맺음말을 말씀드리지.

──────────

*5 속임수로 돈을 버는 중국 노름.

제 이름은 코스타드입니다. 허둥지둥 밖으로 뛰쳐나오다 문턱에서 넘어지면서 정강이가 깨졌죠.

아르마도 이제 그 이야기는 그만두자.

코스타드 정강이 상처만 나으면요.

아르마도 여봐라 코스타드, 이제 너를 풀어주겠다.

코스타드 저를 매음굴로 풀어주신다고요! 이것 좀 이상한 노릇입니다. 맺음말도 있어야겠고 암거위도 있을 법한데요.

아르마도 내가 이 자비로운 마음으로 너를 풀어주어 자유의 몸으로 만들어주겠다는 거다. 너는 사로잡혀서 속박받고 억압당하던 처지가 아니었느냐.

코스타드 예 그렇습니다, 맞습니다. 나리께서 저의 무죄를 증명해 주시고 저를 풀어주겠단 말씀이시죠?

아르마도 너를 감옥살이에서 풀어주겠다. 그 대신 네가 해야 할 일이 하나 있다. (편지를 건네며) 다름이 아니고 이 편지를 시골 아가씨 자크네타에게 가져다주거라. 자, 이것은 그에 따른 보수다. 부하에게 이 정도 보수는 주는 게 내 명예를 유지하는 가장 훌륭한 방법이니까. 모스, 따라오너라. (퇴장)

모스 님 따라 천리 가니 따라가죠. 코스타드 씨, 안녕.

코스타드 오, 내 귀한 살! 내 귀여운 보석! (모스 퇴장) 어디, 보수를 살펴보아야겠다. 보수라! 어이구, 라틴 말로는 3파딩*[6]을 보수라고 하는가 보군. 3파딩이 보수라. "이 노끈 값은 얼마냐?" "한 푼(1페니)이요." "아니, 보수 명목의 금액을 주지" 모두 이렇게 하면 되겠다. 보수라! 흥, 프랑스의 크라운보다 듣기 좋은 이름이군. 앞으로 물건을 사고팔 때 나도 이 말을 써야겠다.

비론 등장.

비론 오, 코스타드가 아닌가. 마침 잘 만났네!

코스타드 예, 비론 님, 보수 하나로 분홍빛 리본을 얼마나 살 수 있습죠?

비론 보수 하나란 게 뭔가?

코스타드 반(半)페니 말입니다.

---

*6 farthing. 옛 페니의 4분의 1에 해당하는 영국의 옛 화폐. 아주 적은 액수.

비론 3파딩짜리 실크 리본을 살 수 있겠군.

코스타드 고맙습니다. 신의 가호가 함께하시기를 바랍니다!

비론 잠깐, 거기 있거라. 부탁이 있다. 나한테 잘 보이려거든 한 가지 일을 좀 해줘야겠다.

코스타드 언제 해야될깝쇼?

비론 오늘 오후에.

코스타드 예, 그렇게 합죠. 그럼 안녕히 계세요.

비론 이봐, 무슨 일을 해야 하는지 알지도 못하고 가는 거냐?

코스타드 일을 다 마치고 나면 알게 되겠지요.

비론 이놈 봐라, 모르고서야 일을 어떻게 해?

코스타드 그럼, 내일 아침에 물으러 오면 되죠.

비론 오늘 오후에 해야 한다니까. 잘 들어, 이놈아, 이런 일이다. 프랑스 공주 님께서 이 비밀스런 숲에 사냥하러 오시기로 돼 있어. 그 수행원들 가운데 시녀 한 분이 계시다. 사람들이 아름답게 말을 하고 싶을 때는 그분 이름을 입에 담는데, 로잘린이라고 부른단다. 그 여인을 찾아내서 그 아름다운 손에다 이 비밀 편지를 꼭 전하란 말이다. (1실링을 주며) 자, 이것은 너에게 주는 사례다, 부탁한다.

코스타드 사례라, 오, 훌륭한 사례금이다! 보수보다 낫구먼요. 열한 푼이나 넘게 많은뎁쇼. 아주 훌륭한 사례입니다. 나리, 틀림없이 멋지게 해내겠습니다. 사례금! 보수금! (퇴장)

비론 아, 이제 내가 정말 사랑에 빠졌구나! 사랑앓이로 고민하며 한숨짓는 자들을 혼내주던 관리인 내가! 그뿐이랴, 이를 비판, 아니, 야경꾼처럼 눈을 밝히고 감시하며 큐피드 선생을 엄하게 다스리는 훈장이었던 내가 말이다. 나보다 더 위엄 있고 무섭게 굴던 사람이 또 어디 있으랴! 저 눈먼 울보, 완전히 눈이 먼 변덕쟁이 꼬마, 아니 아이 어른, 힘은 거인이지만 난쟁이인 큐 피드 어른. 사랑의 노래를 부르는 섭정, 팔짱 낀 귀족, 한숨과 신음의 정통 을 이어받은 국왕, 모든 놈팡이들과 사랑 우울증을 앓는 자들의 지배자, 속 치마의 군주, 바지의 제왕, 뽐내며 죄인들을 데려가는 관헌들의 절대군주요 대장인 큐피드를 위해, 아, 내 작은 심장이여! 내가 그의 부관이 되어 곡예 사처럼 오색 띠를 두른 옷을 입어야 한단 말인! 뭐야, 그런 내가 사랑을 하고, 청혼을 하고, 장가를 간다고!—게다가 이 여자는 독일 시계처럼 늘 탈이 나서 고쳐야 하지. 바르게 가는 법이란 결코 없으니 스스로 자신을 지켜야 함에도 감시를 받아야 비로소 제대로 가니 말야! 아니다, 맹세를 깨뜨리는 건 가장 나쁜 일이다. 그래도 그렇지, 셋 가운데 가장 못난 여자에게 반하다니. 얼굴은 파리하고 송충이 같은 눈썹 밑에 눈이라곤 검은 구슬 두개가 박혀 있는 게 전부이지. 못생긴 낯짝인데도 바람기는 가득한 여자야. 백 개의 눈을 지닌 거인 아르고스가 눈에 불을 켜고 감시한다 해도 그 짓을 저지를 여자라고! 그따위 계집을 위해 내가 한숨짓고! 잠도 자지 않고! 기도까지 드리며 애태우다니! 아니다, 이건 큐피드가 내게 주는 벌일 거다. 그 꼬마의 작지만 무서운 전능의 힘을 무시했다고 말야. 그러나 할 수 없지. 나는 사랑하고 글도 쓰며, 한숨도 쉬고 기도도 드리며, 구혼도 하고 신음도 할 테다. 귀부인을 사랑하든 촌색시에게 반하든 그건 사람의 운명일 거다. (퇴장)

〔제4막 제1장〕

같은 장소.
프랑스 공주와 수행원들, 로잘린, 마리아, 카트린, 보이예 및 산지기 등장.

공주 저 가파른 언덕 위로 거칠게 말을 몰고 가시는 분은 전하 아니신가?

보이예 잘 모르겠습니다만 전하는 아니신 것 같습니다.

공주 누구든 세상일에 꽤나 성급한 분 같군요. 경들, 오늘은 일을 마무리 짓고 토요일에는 프랑스로 돌아갑시다. 산지기, 우리가 사냥감을 기다리면서 몸을 숨길 수 있는 잡목 숲은 어디가 좋을까?

산지기 바로 이 근처 잡목 숲 기슭은 어떻겠습니까? 거기 숨어서 예쁘게 쏘아댈 수 있습니다.

공주 어머나, 기쁘기도 해라. 내가 예쁘니까, 그래서 내가 활을 쏘면 쏘는 솜씨도 예쁘다는 말이군요.

산지기 황공하오나, 그런 뜻이 아니옵니다.

공주 어머나, 뭐라고? 칭찬을 해놓고서 바로 취소하다니? 피자마자 시들어
버린 명예로군! 그럼 내가 예쁘지 않단 말이지? 아유, 이를 어쩌지!

산지기 아닙니다, 공주님은 예쁘십니다.

공주 아니, 그렇게 입에 발린 소리는 하지 마. 예쁘지 않은 얼굴을 칭찬한다
고 해서 예뻐지는 게 아니니까. 거울처럼 정직하게 말한 대가로 이걸 주겠
어. (돈을 건네주며) 험담한 사람에게 상금을 주다니, 나도 마음씨 한번 후
하군.

산지기 공주님께서는 너무나 아름다우십니다.

공주 아, 이것 좀 봐, 돈 몇 푼으로 나의 아름다움이 구원받았어. 오, 요즈
음 세상에 꼭 알맞은 아름다움의 이단자로군! 못났어도 인심 좋으면 칭찬
을 받게 된다니까. 자, 활을 줘요. 이제 자비가 살생을 하러 가는 거예요. 너
무 잘 쏘면 비난을 받을 테니 명예를 지키기 위해서는 이렇게 말해야겠어
요. 상처를 입히지 못했을 때는 불쌍해서 바로 쏘질 않았다고, 상처를 입혔
을 때는 내 솜씨를 자랑하기 위해서지 죽일 생각은 없었고, 그저 칭찬받기
위해서였다고 말하겠어요. 사실 이런 건 흔히 있는 일이거든요. 명예를 얻
기 위해서 큰 죄를 짓는 수가 있어요. 명예니 칭찬이니 하는 겉치레에 사람
들이 얼마나 마음을 쏟고 있다고요. 나처럼 칭찬받으려고, 죽이고 싶지도
않은 가엾은 사슴의 피를 흘리게 하려는 것과 같아요.

보이예 왈가닥 여편네들이 남편을 억누르고 자기 주장을 하는 것도 칭찬받
고 싶어서 그런 겁니까?

공주 그렇고말고요, 칭찬받기 위해서죠. 남편의 오금을 못 펴게 하는 여자는
마땅히 칭찬받아야겠죠.

코스타드 등장.

보이예 공화국 국민의 한 사람이 저기 옵니다.

코스타드 안녕들 하십니까! 여기서 가장 우두머리 되는 분이 누구십니까?

공주 이봐, 우두머리가 없는 사람들부터 찾아보면 알게 될 텐데.

코스타드 어느 분이 가장 높은 분입니까요?

공주 가장 뚱뚱하고 키가 큰 분이겠지.

코스타드 가장 뚱뚱하고 키가 큰 분이라고요! 그래, 정말 그렇군요. 아가씨 허리통이 저의 재치만큼 가늘다 해도, 여기 있는 아가씨들의 띠를 가지고 는 맞을 것 같지 않은뎁쇼. 아가씨가 우두머리인 건 틀림없죠? 여기서 가장 뚱뚱하신 걸 보니 말예요.

공주 도대체 무슨 일이지? 무슨 일이냐고?

코스타드 로잘린 님이란 분께 비론 나리의 편지를 가지고 왔습죠.

공주 (로잘린을 돌아다보며) 얘, 네게 온 편지란다, 네 연애편지! 그 사람은 내 가 잘 아는 친구다. 이봐, 심부름 온 사람은 좀 비켜서. 보이예 경, 당신이 이 연애편지를 뜯어봐 줘요.

보이예 그렇게 하겠습니다. 이 편지는 잘못 온 겁니다. 여기 있는 분들과는 관계가 없습니다. 자크네타에게 보내는 겁니다.

공주 상관없으니 읽어봅시다. 어서 뜯어서 읽어봐요. 다 같이 들어봅시다.

보이예 (읽는다)

하늘에 맹세코 말씀드리오. 그대가 어여쁘고 아리땁다는 건 틀림없는 사실입니다. 그대가 아름답다는 것은 진실이며 사랑스럽다는 것은 진실 그 자체입니다. 어여쁨보다 더 어여쁘고, 아름다움보다 더 아름다우며 어느 진실보다 더 진실한 그대여, 그대의 용맹한 이 신하를 굽어 살피소서. 옛날 용감무쌍하고 공적이 눈부시게 빛나는 코페투아 왕은 누추하기 짝이 없는 거지 소녀 제넬로폰에게 마음을 두었지요. 그 왕이야말로 진정 '나는 왔노라, 나는 보았노라, 나는 정복했노라(Veni, vidi, vici)'고 말하기에 알맞은 분이었소. 이를 속된 말로 옮긴다면—아, 속되고도 천한 말이라—'그는 왔다, 보았다, 정복했다'라는 뜻이 되오. 왔다는 것이 첫 번째요, 보았다는 것이 두번째요, 정복했다는 것이 세 번째에 해당됩니다. 도대체 누가 왔단 말일까요?—왕이죠. 왜 왔을까요?—보기 위해서죠. 왜 보았을까요?—정복하기 위해서죠. 누구한테 왔을까요? 거지 소녀. 그는 무엇을 보았나요? 거지 소녀. 그는 누구를 정복했나요? 거지 소녀. 결론은 승리지요! 어느 편의 승리일까요? 왕의 승리이지요. 그리고 그 포로는 부자가 되었지요. 누가 부자가 되었다고요? 거지 소녀가 부자가 되었지요. 이 전쟁은 결혼으로 끝이 났다고요. 누구의 결혼을 말하죠? 왕의 결혼이지요. 아니, 두 몸은 한 몸이 되

4막 1장, 공주와 잘못 전달된 편지   H.C. 셀루스

고 한 몸은 둘이 되었죠. 이 이야기에 비유해 보니 나는 왕이고, 그대는 거지 소녀. 그대의 신분이 미천하니 하는 수 없소. 내가 그대에게 사랑을 명령하려면 할 수 있지요. 그대의 사랑을 강요하려면 할 수 있지요. 그대 사랑을 애원한다면 그렇게도 할 수 있지요. 그대는 그 누더기 옷을 바꾸어 입을 생각은 없소? 신분을 바꾸어 옷을 입어보는 것은? 그리고 그대 자신이 미천한 신분에서 높은 신분이 되는 것은 어떻소? 그대의 답장을 몹시 기다리면서 이 입술을 그대 발에, 이 눈을 그대 아름다운 얼굴에, 이 심장을 그대 온몸에 바치겠습니다. 그대를 자나 깨나 한없이 그리워하는 돈 아드리아노 데 아르마도 보냄.

그대는 듣는가, 네메아 사자왕의 울부짖음을.
너는 그의 먹이가 되는 새끼 양.
맹수의 왕인 사자 앞에 순하게 무릎 꿇으면
이글대는 노여움을 풀고 그대와 놀아주리.
가련한 양이여, 미련하게 거역하면 그대는 어찌 될까?
굴속으로 끌려가 노여운 이빨의 먹이가 되리.

공주 이 편지를 쓴 사람은 깃털깨나 꽂은 경박한 멋쟁이겠다. 기상천외한 사람인가? 변덕쟁이인가? 세상에 이런 연애편지가 또 있을까?
보이예 제 기억이 틀림없다면 이 문체를 본 적이 있는 것 같습니다.
공주 한번 본 걸 잊어버린다면 기억력이 어지간히 좋지 않은 거죠.
보이예 이 아르마도란 자는 이 궁궐에 머무르고 있는 스페인 사람으로서 왕과 왕의 학우들의 놀림감이 되는 과대망상증에 걸린 괴짜랍니다.
공주 (코스타드에게) 이 편지를 누가 주었지?
코스타드 아까 말씀드렸듯이, 저의 주인 나리죠.
공주 누구에게 주라고 했지?
코스타드 나리께서 좋아하시는 아가씨에게요.
공주 어떤 나리가 어느 아가씨에게 주라는 거지?
코스타드 저의 훌륭한 주인인 비론 나리께서 로잘린이라는 프랑스 아가씨에게요.

연극 〈사랑의 헛수고〉　도미닉 드롬굴 연출, 트리스탄 그라벨(비론 역)·미셸 테리(공주 역) 출연. 런던 셰익스피어 글로브 극장 공연. 2009.

공주　이 편지는 잘못 가지고 온 거라네. 경들, 가십시다. (로잘린에게) 이걸 잘 간직해 둬. 언젠가 쓸 때가 있을지 모르니. (수행인들을 이끌고 퇴장)

보이예　(로잘린 등에게) 누구예요, 사랑의 화살을 쏜 자가? 화살을 쏜 자가 누구냐고요?

로잘린　가르쳐 드릴까요?

보이예　오, 제발 그래 줘요, 아름다운 아가씨.

로잘린　그야 화살을 지닌 사람이겠죠. 어때요, 제대로 응수한 거죠!

보이예　나의 아가씨께서 사슴뿔을 사냥하러 오셨지만 당신이 결혼해서 그해에 뿔이 돋은 자가 한 사람 생겨나지 않으면 내 목을 쳐도 좋아요. 잘 놓치신 거죠!

로잘린　그럼, 제가 쏘는 사람이군요.

보이예　그럼, 사슴은 누구죠?

로잘린　사슴뿔로 고른다면 당신이죠. 그러니 가까이 오면 위험해요. 어때요, 이젠 한 방 제대로 얻어맞으셨죠!

마리아 (보이예에게) 당신은 로잘린과 입씨름하다가 늘 이마가 터지곤 하네요.

보이예 하지만 나는 늘 심장을 꿰뚫거든요. 오늘은 내가 이겼죠?

로잘린 자, 옛 노래로 한번 겨뤄 볼까요? 프랑스 카롤링거 왕조의 시조인 페팽 왕이 어린아이였을 때 일어났던 이야기인데, 당신은 그때 어엿한 성인이었죠. 그러니 그것으로 한번 겨뤄 볼 만해요.

보이예 그럼 나도 옛 노래로 응수하죠. 브리튼 사람 아서 왕의 아내인 귀네비어 왕비가 어렸을 때 있었던 이야기인데 당신이 다 큰 여인이 되었으니 쏘아 맞히는 건 당신입니다.

로잘린 (노래한다)

그대는 맞히지 못해요 못해요 못해,
그대는 맞히지 못해요 못해요 못해.

보이예 (노래한다)

내가 맞히지 못하면 못하면 못하면,
다른 사람이 맞힐 수도 있어요. (로잘린과 카트린 퇴장)

코스타드 정말 재미있군요! 두 분 모두 명사수인뎁쇼!

마리아 정말 멋들어지게 과녁을 맞혔어요. 두 분 다 명사수니까.

보이예 맞힌 거요! 과녁에 눈독만 들이면 누워서 떡 먹기죠! 공주님도 말씀하신 과녁! 될 수 있다면 과녁 복판에 어떤 표적이 있었으면 좋겠소.

마리아 아주 빗나갔어요. 겨냥이 잘못된 거죠.

코스타드 좀더 가까운 데서 쏘셔야겠습니다. 그렇지 않으면 정통으로 맞히지 못할 거예요.

보이예 내 손이 빗나갔으면 당신 손이 옳게 들어온 거로군.

코스타드 그렇다면 잘 맞혀서 한복판을 쪼개고 들어가지요.

마리아 이봐, 그런 상스런 소리를 하면 못써. 입 좀 조심해.

코스타드 (보이예에게) 나리 활쏘기 솜씨로는 저 아가씨에게 어림도 없는뎁쇼. 공굴리기 시합이나 해보시지요.

4막 2장, 홀로페르네스에게 편지를 읽어 달라고 건네는 자크네타

보이예　그것도 어떨지. 그럼 잘 있게, 올빼미. (마리아와 함께 퇴장)

코스타드　정말 촌놈이로군, 얼간이, 망둥이야! 아, 어떤가! 아까 그 여인들과 저이를 멋지게 골려 주었지 않나! 참으로 재미있군. 정말 고상하고 상스런 재치였어! 그렇게 술술 나오니, 그만하면 외설스러웠지, 꽤 적절했어. 그 작자에 비하면 아르마도 나리는 훨씬 멋진 분이야! 부채를 들고 귀부인 앞을 걸어가는 모습이라든가, 자기 손에 입을 갖다 대는 모습을 보면! 정말이지 맹세도 멋들어지게 한다니까! 거기에다가 재주로 똘똘 뭉친 그 꼬마 시동 녀석! 아, 그 녀석은 정말 눈여겨볼 만한 꼬마야! (안에서 외침 소리) 여보시오! 여보시오! (달음질쳐서 퇴장)

〔제4막 제2장〕

같은 장소.
시골 학자인 체하는 홀로페르네스, 신부 나다니엘, 경찰관 덜 등장.

나다니엘　참으로 찬탄할 만한 놀이입니다. 게다가 양심에 가책도 받지 않을

사랑의 헛수고 133

만한 일이고요.

홀로페르네스 사슴은 아시다시피 상귀스(혈기왕성)하답니다. 그리고 카일로(하늘)의 귀 아래서 보석처럼 매달렸다가 무르익은 능금처럼 테라(땅)의 바닥에 떨어집니다.

나다니엘 홀로페르네스 선생, 용어를 바꾸면서 멋지게 말하니 참으로 학자답습니다. 하지만 저 사슴은 틀림없이 다섯 살짜리 같군요.

홀로페르네스 나다니엘 신부님, 하우드 크레도(나는 그렇게 생각하지 않아요).

덜 그건 '나는 그렇게 생각하지 않아요'가 아니라 두 살짜리 수사슴이라고요.

홀로페르네스 무지몽매한 암시로군! 말하자면 설명을 하기 위해 내적인 실험을 드러내 보이는 꼴이지. 다시 말해 형식적으로는 암시의 하나라는 것, 말하자면 교양 없고 세련되지 못하며 무교육에 무훈련, 무학, 무식한 양식에 따라 그 본성을 파세레(표시) 또는 오스텐타레(과시)하는 것밖에 안 되는 것인데 내가 말한 '하우드 크레도'를 사슴인 줄 알고 입을 놀려대니.

덜 아니오. 내가 말한 것은, 그 사슴은 '하우드 크레도'가 아니라 두 살짜리라는 겁니다.

홀로페르네스 이거야 무지 덩어리로군그래! 오, 몽매하고 무지한 괴물 단지여! 볼썽사나운 몰골이여!

나다니엘 선생, 저 사람은 독서의 묘미를 간직한 적이 결코 없습니다. 말하자면 종이를 먹은 적도 없으며, 잉크를 마신 적도 없습니다. 그래서 지력이 연마되지 않았으니, 그저 우둔한 것에만 감각을 곤두세우는 동물과 같은 인간일 뿐입니다. 이처럼 꽃도 열매도 맺지 못하는 나무를 눈앞에 두고 있다는 것은 감사할 일이 아닐까요? 우리가 판단하고 느끼면서, 우리 안에 있는 꽃도 피우고 열매도 맺게 하면서 그 사람보다 더 많은 재능이 있음을 깨닫게 되는 것이죠. 우매하고 지각없는 바보라는 말이 나에게 어울리지 않은 건 사실이니까요. 그러니 학문하는 바보를 보고 싶거든 저 사람이 학원에 가 있는 걸 보면 됩니다. 하지만 옴네 베네(다 괜찮습니다). 옛날 성직자들이 말했지요, 바람을 싫어하는 사람들 가운데에도 나쁜 날씨는 참고 견디는 이가 많다고요. 나도 그런 심정입니다.

덜 참으로 두 분은 학식이 대단하십니다. 그래서 묻겠습니다만, 카인이 태

4막 2장, 편지를 읽어주는 홀로페르네스 잘못 전달된 편지임을 알게 된다. H.C. 셀루스

어났을 때 그보다 한 달 먼저, 그러니까 다섯 주 먼저 무슨 일이 일어났습
니까?

홀로페르네스 딕튄나*[7]겠지? 딕튄나야, 덜.

덜 딕튄나가 무엇입니까?

나다니엘 '포이베', '루나', 곧 '달'의 별명이지.

홀로페르네스 달은 아담이 한 달이 되기 전에 나이가 이미 한 달이었고, 아
담이 백 살이 되었을 때도 다섯 주일이 되지 않았네. 이 비유(allusion)는 아
담과 카인을 바꿔 놓아도 마찬가지라고.

───────

*7 Dictynna. 고대 크레타섬의 바다의 여신. '착한 처녀'란 뜻의 Britomartis와 사냥의 여신
  Artemis와 동일시하기도 함.

덜 그렇습니다. 공모(collusion)로 바꿔 볼 만도 하지요.

홀로페르네스 아 참, 기가 막히는군! 나는 그저 비유(allusion)를 바꿔 볼 만하다고 했을 뿐이네.

덜 나는 수음(pollution)과 바꿔 볼 만하다고 했고요. 달은 나이가 한 달 이상 되는 일이 없지 않습니까? 그러나 공주님이 잡으신 사슴은 두 살짜리라니까요.

홀로페르네스 나다니엘 신부님, 사슴의 죽음을 애도하는 즉흥시를 한 수 들어보시겠습니까? 이 무식꾼의 기분을 맞춰 주기 위해서 공주께서 사살한 사슴을 프리켓(두 살 난 숫사슴)이라 이름 붙였지요.

나다니엘 계속해요. 홀로페르네스 선생, 계속해요. 그건 상스럽고 무례한 말을 몰아내기 위해서도 좋은 일입니다.

홀로페르네스 두운을 좀 써 보겠습니다. 그렇게 하면 유창하게 들리거든요.

사냥하는 공주는 귀여운 프리켓을 쏘아댔네.
몰이꾼들은 소어(sore, 4년생 다마사슴 수컷)라고 하지만,
소어(sore, 상처)가 나기 전에 누가 알까나.
사냥개 짖어대니 소어에 엘(L) 자를 붙여 보면,
사냥개 짖어대니 소렐(sorel, 3년생 다마사슴 수컷)이 숲속에서 뛰어나오네.
아, 상처 난 소어인가, 3년생 사슴인가,
사냥꾼들은 환호성을 지르며 달려드네.
'소어'가 상처 났으면 '소어'에 엘(L) 자만 붙여라.
그러면 쉰 마리의 괴로운 존재가 생기네.
엘(L) 자 하나만 더 붙이면 한두 마리 소어에서
백 마리가 생겨나네.

나다니엘 보기 드문 훌륭한 재능입니다!

덜 (혼잣말로) 재능인지 무엇인지 모르겠으나 더럽게도 알랑방귀를 뀌는구먼.

홀로페르네스 뭐 보잘것없는 재주인걸요. 여러 형태, 모양, 구상(構想), 대상, 사고, 관념, 충동, 변혁 등으로 가득한 어리석고 엉뚱한 생각들이죠. 이들이 기억의 뇌실에서 태어나 피아 마테르(연질막)의 태내에서 양육되다가, 때가

되면 세상 밖으로 나오는 거죠. 이런 재간이란, 두뇌가 예민한 자에게는 쓸모가 적지 않답니다. 나 또한 고맙게도 그 덕을 보는 셈이죠.

나다니엘 선생을 이곳에 모시게 된 것을 나뿐만 아니라 교구민 모두가 하느님께 감사드리고 있습니다. 아들들이 선생의 가르침을 받고 있을 뿐만 아니라, 딸들도 선생의 가르침에 많은 덕을 보고 있으니까요. 정말 선생은 본 교구에서 아주 소중한 분입니다.

홀로페르네스 메헤르쿨레(신 앞에 맹세코)! 그들의 아들들이 지성이 있다면야 가르침에 부족함을 느끼진 않을 겁니다. 딸들도 총명하다면야 내가 지도할 수 있습니다. 그러나 비르 사핏 퀴 파우카 로퀴투르(적게 말하는 자가 현명하다)고 하지 않습니까. 저기 한 여인이 오는군요.

자크네타와 코스타드 등장.

자크네타 (나다니엘에게) 안녕하세요, 성직자 선생님.

홀로페르네스 성직자 선생이라, 그 말을 풀이하면 '신부는 인격이 있지만 한 사람을 꿰뚫는 이'라는 뜻인데, 누구를 꿰뚫는단 말인가요?

코스타드 아이고, 학교 선생님, 그 사람은 아마 머리가 꽉 막힌 큰 와인 통인가 보군요.

홀로페르네스 머리가 막힌 큰 와인 통을 꿰뚫는다! 흙덩이도 지성이 빛날 때가 있군. 부싯돌치고는 불꽃이 충분하지만 돼지 목에 진주 목걸이로군. 거 좋습니다!

자크네타 (나다니엘에게) 신부님, 이 편지를 좀 읽어 주세요. 코스타드가 가져 왔는데, 돈 아르마도가 저에게 보내온 거예요. 꼭 좀 읽어 주세요.

홀로페르네스 파우스테, 프레코르 겔리다 콴도 페쿠스 옴네 숩 움브라 루미낫(파우스트가 말하기를, 모든 소들이 시원한 그늘에서 풀을 뜯고 되새김질할 때)— 등등. 아, 훌륭한 만토바의 옛 시인이여! 여행자가 베네치아를 찬양하듯이 나는 그대를 찬양하리라. (노래한다)

베네티아, 베네티아(베네치아, 베네치아)

키 논 티 베데 논 티 프레티아(그대를 보지 않고서 그대를 찬양할 수는 없구나).

만토바의 옛 시인이여! 만토바의 옛 시인이여! 그대를 이해하지 못하는 자만이 그대를 사랑하지 않을 것이다. (노래한다)

도, 레, 솔, 라, 미, 파.
실례합니다만 무슨 내용입니까? 보다 정확하게 말하자면 호라티우스가……
그게 뭐더라…… 시(詩)에서 읊은 것이 아닙니까?

나다니엘 네, 그렇습니다. 선생, 학식이 정말 높습니다.

홀로페르네스 그럼 한 문단, 한 절, 한 연을 들어봅시다. 레게, 도미네(읽어주세요, 신부님).

나다니엘 (읽는다)

사랑의 서약을 스스로 깨뜨린다면 어찌 사랑을 맹세하랴?
아, 아름다운 사랑의 맹세 믿지 못한다면 이 세상에 믿을 신의 어디 있으리!
자신과의 서약은 깨뜨릴망정, 어찌 그대와의 맹세를 깨뜨릴까.
이런 생각이 나에게는 참나무와 같아도 그대 앞에서는 버들가지인 양 굽혀지리라.
이 몸은 배움의 뜻 버리고 그대의 두 눈을 책으로 삼으리.
그곳에 학문과 예술이 누릴 수 있는 모든 즐거움 있을지니.
아는 것이 학문의 목적이라면 그대를 아는 것으로 충분하리라.
그대를 찬미할 수 있는 혀는 이미 학문이 넉넉하고,
그대의 아름다움을 보고 경탄치 않는 자는 무지하며,
그대의 재능을 찬양할 수 있음은 나에게 크나큰 영광이라오.
그대의 눈은 유피테르 신의 번갯불, 그대의 목소리는 천둥소리.
노여움을 사지만 않으면 그것은 음악이며 아름다운 불꽃.
천사 같은 그대여, 오, 이 무례한 자의 사랑을 용서하소서,
속세의 혀끝으로 천상의 그대를 찬미하오니.

홀로페르네스 아포스트로피 에스('s)가 없는데 강음을 빼 버리시니 억양이 말이 아니군요. 내가 그 칸초네타를 살펴봐드리지요. 운율만은 맞군요. 하지만 시의 운치며, 유창함이며, 시구에 필요한 황금 같은 격조가 빠져 있어요. 이 사람의 시는 로마의 시인 '오비디우스 나소' 양식입니다. 상상 속의 꽃 냄새를 맡거나 멋진 경구를 드러내는 힘이 없단 말이죠. 모방이란 아무 소용 없는 것, 사냥개가 주인을, 원숭이가 사육사를, 피곤해서 지친 말이 기수가 시키는 대로 흉내 내는 것과 다름없어요. 이봐요 아가씨, 이 글은 그대에게 보내온 건가요?

자크네타 예, 프랑스 공주님을 따라오신 비론이란 귀족이 보낸 거예요.

홀로페르네스 그럼 겉봉을 좀 봐야겠소. "가장 아름다운 로잘린 양의 눈같이 흰 손에." 그런데 이 편지를 받는 이의 이름은 이렇게 되어 있고, "그대 위해 모든 것을 바치는 종 비론으로부터"라고 씌어 있네요. 나다니엘 신부님, 이 비론은 전하와 함께 학문을 닦기로 서약한 사람이지요. 그리고 이 편지는 프랑스 공주를 모시고 있는 시녀에게 보낸 것이고요. 이것은 아마도 우연이거나 잘못 전달된 것 같습니다. (자크네타에게) 아가씨, 어서 달려가 이 편지를 전하의 손에 직접 가져다 드려요. 중대한 편지인지도 모르니 인사는 안 해도 돼요, 어서 가봐요.

자크네타 코스타드 씨, 저랑 함께 가요. 안녕히들 계세요!

코스타드 그대와 함께 가지, 자크네타. (자크네타와 함께 퇴장)

나다니엘 선생, 하느님을 외경하는 마음으로 이 일을 참으로 경건하게 행했습니다. 어떤 신부의 말씀을 빌리면…….

홀로페르네스 신부 이야기는 하지 마세요. 보나마나 뚱딴지같은 소리가 분명할 테니까요. 아까 그 시 이야기나 합시다. 마음에 드십니까?

나다니엘 아주 훌륭한 솜씨라고 생각합니다.

홀로페르네스 오늘 나는 제자의 부모님 댁에 초대를 받았습니다. 만약 신부님이 식사하기 전에 감사 기도를 해주실 의향이 있으시면, 그 제자의 부모님이 내게 주신 특권으로서 신부님을 환영하겠습니다. 그 자리에서 이 시가 얼마나 교양 없고 시적인 멋도 없을 뿐만 아니라, 재치도 상상력도 없는지를 증명해 보일까 합니다. 함께 가주시면 고맙겠습니다.

나다니엘 나 또한 감사합니다. 성경 말씀에도 '교제는 인생의 행복'이라고 했지요.

홀로페르네스 그렇습니다, 곧잘 인용되는 구절입니다. (덜에게) 당신도 함께 가지. 사양하지 말고. 자, 어서 갑시다. 신사들은 사냥을 즐깁니다만 우리는 식사를 즐깁시다. (모두 퇴장)

〔제4막 제3장〕

같은 장소.
종이 한 장을 들고 비론 등장.

비론 전하께서는 사슴을 쫓고 계신데, 나는 나 자신을 좇고 있단 말이다. 사람들은 덫을 놓고 있는데, 나는 더러운 욕망에 사로잡혀 있으니…… 에이, 더러워! 고상하지 못한 말(word)이로다! "아, 슬픔이여, 좀 진정해 다오!" 그 바보 코스타드가 말한 것인데 나도 동감이다. 그러니 나도 바보란 말이지. 사실이 그렇지 뭔가. 정말 사랑이란 아이아스*8처럼 나를 미치게 하는구나. 그자가 미쳐 날뛰며 양을 마구 죽인 것처럼 사랑이 나를 죽이는구나…… 나는 불쌍한 양이야. 사실이 그런 걸! 아니, 나는 절대로 사랑은 하지 않을 테야. 사랑을 하거든 내 목을 매달아라. 정말 안 할 거야! 하지만 아, 그녀의 눈! 그렇다. 그 두 눈만 아니라면 사랑 같은 건 안 했을 거야—그래, 그 두 눈 때문이야. 아니, 나는 이 세상에서 하는 것이라고는 거짓말뿐인 거짓말쟁이. 새빨간 거짓말을 서슴지 않고 쑥쑥 내뱉으니 말이지. 실은 나는 사랑을 하고 있어. 그래서 시도 짓게 됐고 우울해하지 않았던가. 지금 여기에도 나의 시가 있고 나는 여전히 우울하다. 그렇다. 그녀는 이미 내 소네트를 한 수 가지고 있을 거야. 그 촌놈이 저 얼간이에게 심부름시켜 보냈을 테니. 그녀는 받아 봤을 거야! 정겨운 시골뜨기, 더 정겨운 어릿광대, 가장 정겨운 아가씨! 정말이지 세 사람도 사랑에 빠졌다면 털끝만큼도 나무랄 것이 없으련만. 저기 누가 종잇조각을 들고 오는군. 신이여, 저분도 사랑의 신음 속에 빠지게 해주소서! (비켜선다)

---

*8 그리스 신화에 나오는 트로이 전쟁의 영웅.

4막 3장, 시를 읊는 왕, 비론 H.C. 셀루스

왕, 종이를 한 장 들고 등장.

왕 아!

비론 (혼잣말로) 틀림없이 심장을 꿰뚫었나 보다! 잘했다, 귀여운 큐피드야, 네가 쏜 사랑의 화살이 전하의 왼쪽 가슴에 적중했나 보다. 저것 보게, 가슴 속에 숨겨둔 비밀일 텐데 말이야!

왕 (읽는다)

장미 꽃잎 위 싱그러운 아침 이슬에 입맞추는
황금빛 햇살도 그리 달콤하지 못하리,
그대 부드러운 눈빛이 나의 두 뺨 위로
흐르는 밤이슬을 비추어 주네.
깊은 바다의 투명한 가슴을 파고드는
은빛 달그림자도 그리 밝지는 못하리니,
내 눈물방울마다 그대 얼굴 빛나고
흐느낌 속 나의 눈물방울은 그대를 싣고 나르는 수레,
그대는 나의 슬픔을 타고 달리는 승리자라네.
슬픔으로 넘쳐흐르는 나의 눈물은
그대 영광 더욱 빛나게 하리.
그러나 그대 자신을 사랑하지 마오,
이 눈물을 거울인 양 나를 끊임없이 눈물짓게 하리니.
오! 여왕 중의 여왕이여! 그대는 참으로 아름다우니
그 모습 상상할 수 없고 말로 다할 수 없어라.

어떻게 하면 애타는 이 마음을 알릴 수 있을까? 이 종이를 여기 떨어뜨려 두자. 사랑스런 나뭇잎이여, 내 어리석은 생각을 감춰 다오. 누가 저기 온다. (비켜선다) 아니, 롱거빌 아닌가!

롱거빌, 종이를 한 장 들고 등장.

왕 뭘 읽고 있네! 어디 들어 봐야겠군.

비론 (혼잣말로) 똑같은 바보가 또 한 사람 나타났어!

롱거빌 어이구, 나는 기어코 맹세를 깨뜨리고 말았어!

비론 (혼잣말로) 종이쪽지를 들고 오는 꼴을 보니, 서약을 깨뜨린 것 같군.

왕 (혼잣말로) 아마 사랑에 빠졌나 보군. 수모를 함께 당할 동료가 또 생겼다!

비론 (혼잣말로) 술주정꾼들끼리는 사이가 좋게 마련이지.

롱거빌 서약을 깨뜨린 건 내가 처음일까?

비론 (혼잣말로) 이미 두 사람이 있다고 위로해 줄까? 네가 포함되면 3인 위원회가 생기는 거다. 성직자의 삼각모자도 될 거야. 멍청이를 처치하기 안성맞춤인 사랑의 교수대가 되겠지.

롱거빌 이따위 딱딱한 시구로는 감동시키기 힘들 거야. 오, 사랑하는 마리아, 내 사랑의 여왕이여! 이 시는 찢어버리고 산문으로 써야겠다.

비론 (혼잣말로) 시는 개구쟁이 큐피드에게 꼭 어울리는 바지 장식인걸. 그러다가 그 애 바지 꼴이 보기 싫게 될지 몰라.

롱거빌 그럼 이 시로 해볼까. (소네트를 읽는다)

내 마음을 구슬리며 맹세를 깨뜨리게 한 것은
온 세상이 거스르려 해도 거스를 수 없는
그대 눈의 거룩한 속삭임이 아니었던가?
그대 때문에 깨뜨렸다고 맹세가 어찌 죄가 될까!
나의 맹세는 여자를 멀리하는 것,
그대는 여신이니 어찌 여신을 멀리하리.
나의 맹세는 세속적인 것, 그대는 천상의 사랑,
그대의 은총 얻는다면 내 모든 치욕도 이슬처럼 사라지리.
맹세는 입김에 지나지 않으며 입김은 수증기와 같은 것,
그대는 지상에 빛을 내려주는 아름다운 해님,
그대 가슴속 수증기 같은 맹세를 내뿜어 주오.
이 몸이 깨뜨린들 맹세가 어찌 죄가 될까!
비록 맹세를 깨뜨리나 낙원을 얻는다면
맹세를 깨뜨리지 않을 바보 어디 있으리.

비론 (혼잣말로) 지독한 상사병에 걸렸어. 인간도 신이 될 수 있군. 평범한 아 가씨를 여신으로 모시니 말야. 우상 숭배가 따로 없군. 신이여, 저희들을 구 원해 주소서. 우리는 모두 정신이 돌아버린 모양이야!

뒤멘, 종이쪽지를 들고 등장.

롱거빌 이 편지를 누굴 시켜서 보내지? 누가 온다! 가만있자! (비켜선다)
비론 (혼잣말로) 꼭꼭 숨어라, 꼭꼭 숨어라. 이건 어린애 숨바꼭질이로군. 신처 럼 하늘 높이 앉아서 바보들의 비밀을 몽땅 조심조심 엿들어 보는 거야. 또 온다. 또 와. 이것도 내가 바라는 거지! 뒤멘 또한 마음이 변했나 보다! 이렇 게 되면 한 접시 위에 놓인 네 마리 바보 도요새로군!
뒤멘 오, 청순하고 성스러운 케이트!
비론 (혼잣말로) 이 형편없고 너절한 쑥맥아!
뒤멘 참으로 인간의 눈에 비치는 경이로움이라니!
비론 (혼잣말로) 거짓말이야. 경이가 다 뭐냐, 흔해 빠진 계집인걸!
뒤멘 그녀의 호박색 머리칼 앞에서는 진짜 호박도 못났다고 했잖은가.
비론 (혼잣말로) 호박색 까마귀라는 게 차라리 낫겠다.
뒤멘 삼나무처럼 쭉쭉 뻗은 몸매면 더 좋고.
비론 (혼잣말로) 새우등이다. 어깨에 어린이가 타고 있어.
뒤멘 대낮처럼 밝은 모습이로군.
비론 (혼잣말로) 그래, 낮은 낮인데, 구름이 가득하지.
뒤멘 오! 내 바람이 이루어졌으면!
롱거빌 (혼잣말로) 나도 그랬으면!
왕 (혼잣말로) 아, 나도 그랬으면, 신이시여!
비론 (혼잣말로) 아멘! 나도 그렇지! 그렇게 말해야 하는 것이 아닌가?
뒤멘 (탄식하며) 차라리 그녀를 잊어버렸으면 얼마나 좋겠는가. 그러나 그녀는 내 핏속을 차지하고 날뛰는 열병이니 잊으려 해도 잊을 수가 없구나.
비론 (혼잣말로) 핏속의 열병이라고? 그렇다면 수술이 필요하지. 여자를 뽑아 내어 접시 위에 홀로 남겨 놓으면 그럴듯하겠는걸!
뒤멘 내가 지은 이 사랑의 시를 다시 한 번 읽어보자.

비론 (혼잣말로) 사랑으로 바뀐 바보 놀음을 한 번 더 들어볼까?

뒤멘 (소네트를 읽는다)

어느 날…… 아, 슬픈 그날!
사랑, 사랑의 달 5월에
아름다운 한 송이 꽃이 있어
산들바람과 속삭이는 걸 보았네.
바람은 푸르른 잎새를 헤치고
남몰래 꽃에게 다가섰네.
사나이는 사랑에 애가 타서
차라리 산들바람이 되고 싶었다네.
그가 말하노니 "바람이 그대 뺨을 어루만지니
이 몸도 바람의 영광을 얻고 싶었다오!
아, 서약을 한 나의 손이
어이해 꽃 같은 그대를 꺾을 수 있으리오.
아, 맹세란 젊은이에게는 부당하기 그지없는 것
꽃을 꺾고 싶은 마음이 젊음이거늘.
맹세를 깨뜨렸음은 그대 위해 한 것이니
나만의 죄라 부르지 말아주오.
유피테르 신도 그대 때문이라면
유노를 추악한 여자라 맹세하며
그대 사랑 위하여 신의 자리를 박차고
하나의 인간이 되길 원하리."

이걸 보내야겠다. 참다운 사랑에 애타는 자의 괴로움을 좀더 절실하게 써서 함께 보내야지. 전하와 비론, 롱거빌도 모두 나처럼 사랑에 빠졌다면 얼마나 좋을까! 전례가 있다면 맹세를 깨뜨리는 죄 때문에 내 이마에 낙인찍히지는 않을 텐데. 모두가 사랑에 빠져 있다면 누구도 죄인이 될 수 없단 말이야.

롱거빌 (앞으로 걸어 나오며) 뒤멘, 그대의 사랑은 도저히 용서받을 수 없소. 상사병에 괴로워하는 동지를 구하다니 말이 되오? 얼굴이 새파랗게 질렸구려, 나 같으면 얼굴을 붉힐 일이건만. 말을 엿듣게 되어 이렇게 현장에서 꼬투리가 잡혔으니 말이오.

왕 (앞으로 걸어 나오며 롱거빌에게) 자, 얼굴을 붉혀야지. 경도 똑같은 죄인 아니오. 그런데 남을 꾸짖고 야단을 치다니, 그대야말로 죄를 두 배로 짓고 있소. 경은 마리아를 사랑하지 않는단 말이오! 여자 때문에 시를 짓고, 두근거리는 심장을 달래기 위해 가슴 위에 두 팔을 올려놓은 적이 결코 없다는 거요? 나는 저 숲속에 숨어서 모두 지켜보았소. 두 사람 때문에 민망해서 내 얼굴이 다 붉어졌다오. 나는 경들이 죄 많은 시를 읊조리는 것도 들었고, 거동도 낱낱이 봤으며, 한숨을 쉬고 신음하는 모습도 다 눈여겨보았소. 한쪽이 "아!" 하면 다른 한쪽은 "오, 유피테르 신이시여!" 외치고, 한쪽이 자기 연인의 머리가 금발이라 하면 다른 한쪽은 눈이 수정 같다고 했지. (롱거빌에게) 경은 사랑의 낙원을 위해서라면 맹세를 깨뜨리겠다 했고, (뒤멘에게) 경은 연인을 위해서라면 유피테르 신도 맹세를 깨뜨릴 거라고 말했어. 굳게 맺은 맹세를 이렇게 버렸는데 비론이 알면 뭐라 말하겠소? 얼마나 비웃겠나, 얼마나 놀려댈 거고! 승리에 들떠 날뛰고 덩실거리며 웃어댈 게 아니오! 나 같으면 천하의 모든 보화와 바꾼다 해도 이런 일만은 그에게 들키고 싶지 않소.

비론 (혼잣말로) 뛰어나가서 저 위선자들을 골탕먹여 줄까? (앞으로 걸어 나오며) 아, 전하, 황송하오나 전하께서는 이자들이 사랑을 한다고 나무라시는데 전하께서도 열렬한 사랑을 하고 계시다면 어찌 됩니까? 전하의 눈에서는 수레도 안 나오고, 전하의 눈물 속에는 어느 공주님 모습도 비친 일이 없으시겠죠. 물론 맹세를 깨뜨리는 건 아주 증오할 일이니까요. 그렇죠, 음유시인도 아니신데 시 따위는 지을 리도 없으시겠지요. 그러니 부끄럽지 않으십니까? 세 분이 모두 그렇게 잘못 나아가시니 말이죠. (롱거빌에게) 그대는 뒤멘의 흠을 발견했고, 전하께서는 그대의 흠을 목격하셨소. 그러나 저는 세 분의 약점을 이 눈으로 똑똑히 보았습니다. 참으로 딱한 일을 본 것입니다. 땅이 꺼지게 한숨짓고, 신음하며, 슬퍼하고, 괴로워하는 광경은 정말 볼만한 장면이었으니! 웃음을 참고 보느라 꽤나 고생했습니다. 전하께서 각다귀로 변하시는 모습이라니! 또 천하장사 헤라클레스는 팽이를 치고, 지혜로운 솔로몬 왕이 속된 유행가를 부르고, 늙은 네스토르 장군이 남자아이들을 데리고 바늘치기를 하고 독설가 티몬이 시시한 것을 보고 웃고 있는 걸 보았습니다. 뒤멘, 그대의 슬픔은 어디에 깃들어 있죠? 롱거빌, 그대의 고통은 어디에 있소? 전하께서는 아프신 곳이 어디입니까? 모두 가슴이 아프신가 보군요. 여봐라, 따끈한 술을 가져오너라!

왕 경의 장난은 지나치게 심하오. 우리는 그대에게 보기 좋게 당했소.

비론 아닙니다, 여러분이 아니라 제가 당한 겁니다. 본디 천성이 강직한지라 한번 한 맹세를 깨뜨리면 죄라고만 믿어 왔으니까요. 말씀드리기 황공하오나, 그런 제가 절조 없는 분들과 어울리다가 욕을 먹은 셈이지요. 제가 사랑 노래를 짓는 것을 보신 적이 있습니까? 촌뜨기 처녀 때문에 신음하거나, 몸단장을 한 적이 있습니까? 또 여자의 손이나 발, 얼굴이나 눈, 걸음걸이나 서 있는 모습, 표정이나 가슴, 허리나 다리, 또는 팔다리를 칭찬한 적이 있었던가요?

왕 기다려! 어디를 서둘러 가는 거요? 도둑이나 그렇게 뛰어가는 법일세.

비론 사랑으로부터 피해 달아나는 겁니다. 빨리 가렵니다.

자크네타와 코스타드 등장.

자크네타 전하, 문안드리옵니다.

왕 그 편지는 무엇인가?

코스타드 반역죄라는 겁니다.

왕 반역죄라니, 무슨 소리인가?

코스타드 예, 아무것도 아니옵니다.

왕 아무것도 아니라? 그럼 반역과 너는 사이좋게 물러가거라.

자크네타 전하, 제발 이 편지를 읽어 주십시오. 마을 신부님이 의문을 던지시며 이건 반역죄라고 말했습니다.

왕 비론 경, 읽어보오. (편지를 비론에게 건넨다) (자크네타에게) 누구한테서 이 편지를 받았느냐?

자크네타 코스타드한테서 받았습니다.

왕 너는 누구한테 받았지?

코스타드 돈 아드라마디오, 돈 아드라마디오한테서 받았습니다. (비론, 편지를 찢어버린다)

왕 허허, 왜 그러오! 왜 편지를 찢어버리오?

비론 하찮은 것이옵니다! 전하께서 심려하실 일이 아닙니다.

롱거빌 흥분하는 걸 보니 무슨 사연이 있는 듯합니다.

뒤멘 (찢어진 편지 조각을 긁어모으며) 이건 비론의 필체이며, 여기에 그의 서명도 있습니다.

비론 (코스타드에게) 야, 이 얼빠진 놈아, 너는 내 얼굴에 먹칠을 하려느냐! (왕에게) 전하, 용서해 주소서, 용서를! 자백을, 자백을 하겠습니다.

왕 뭐라고?

비론 제가 빠져 바보가 셋이 됐습니다만 이제 이 사람을 합치면 4인조가 됩니다…… 이 사람과 저 사람, 그리고 전하와 저까지 모두가 사랑의 소매치기요, 사형감들입니다. 저 구경꾼들을 물러가게 해주십시오. 모두 말씀드리겠습니다.

뒤멘 이젠 짝수가 맞는군요.

비론 그렇소. 정말 우린 4인조요. 산비둘기들(연인들)은 안 갈 건가?

왕 물러들 가거라!

코스타드 정직한 사람은 저리 가고, 거짓말쟁이들만 남으라는 거다. (자크네타와 함께 퇴장)

비론 사랑에 넋을 잃은 사나이들, 자, 우리 포옹합시다! 이래야만 살과 피로 된 진짜 인간이 아니겠습니까? 바닷물에는 썰물과 밀물이 있고, 하늘에는 청명한 날이 있듯이, 청춘의 피는 낡고 녹슨 규칙에 속박되지 않는 법. 인간이 어떻게 타고난 본능을 거스를 수 있겠습니까? 그러니 맹세를 깨뜨릴 수밖에 없습니다.

왕 그렇다면 찢어버린 종이에는 경이 쓴 사랑의 말들이 담겨 있단 말이오?

비론 사랑의 말들이 담겨 있냐고 물으셨습니까? 천사 같은 로잘린을 보았을 때, 동녘하늘 위로 눈부시게 떠오르는 아침 햇살을 보고 매혹된 인도인처럼, 경건히 머리 숙여 눈을 감고 순종하는 마음으로 땅바닥에 엎드리지 않을 사람이 이 세상 어디에 있겠습니까? 독수리처럼 이글거리는 눈을 가졌다 해도 그녀의 천사 같은 얼굴을 우러러보면, 그 위엄에 그만 눈이 부셔서 앞을 볼 수 없게 됩니다.

왕 저렇게 흥분하는 걸 보니 미쳐도 단단히 미쳤구려. 내 사랑하는 공주가 우아한 달님이라면, 경이 연모하는 그 여자는 달 언저리에서 흐릿하게 빛나는 별밖에 못 되오.

비론 그렇다면 제 눈은 눈이 아니고, 이 몸도 비론이 아닐 겁니다. 오, 저의 사랑이 없다면 밝은 낮도 캄캄한 밤이 되고 말 것입니다. 어여쁜 그녀의 뺨에는 이 세상의 온갖 빼어난 아름다움들이 전시장처럼 모여 있습니다. 그곳에는 모든 미덕이 어우러져 고아한 품위를 보여주고 있으니, 부족한 것이라고는 티끌만큼도 없습니다. 온갖 우아한 말을 빌려주신다면—아니, 그따위 분칠한 미사여구! 오, 그녀에게는 소용없지요! 파는 물건에는 장사꾼의 칭찬이 따르기가 일쑤이지만, 그녀는 이미 칭찬 같은 건 초월해 있습니다. 어설픈 칭송은 오히려 그녀에게 모욕이 됩니다. 속세를 버리고 백 년 세월을 살아온 쭉정이 몸의 수행자도, 그녀의 눈만 보면 오십 년은 젊어질 겁니다. 아름다움에는 젊어지게 하는 마력이, 지팡이를 던져 버릴 만큼 새로운 생명을 불어넣어 주는 마력이 있습니다. 오, 아름다움이야말로 만물을 빛나게 하는 해님입니다!

왕 하지만 경이 사랑하는 여인은 흑단처럼 새까맣지 않소.

비론 흑단 같다고요? 오, 흑단이야말로 신성한 나무입니다! 그런 신성한 나무를 닮은 아내를 갖는다는 건 다시없는 행복이라 말씀드리지요. 오, 누가 맹세를 주관해 줄 수 있습니까? 그곳에 성경이 있는지요? 그녀 같은 눈길을 갖고 있지 않으면, 또 얼굴이 그녀처럼 검지 않으면 아무도 미인이 될 수 없습니다.

왕 오, 역설도 이만저만이 아니군! 검은빛은 지옥의 표지이며, 토굴의 빛깔이며, 이른바 밤의 학파란 말이오. 가장 아름다운 것은 천상의 빛깔과 같은 법.

비론 빛을 내는 천사같이 보이는 여자는 악마입니다. 그 여자들이 사람을 유혹합니다. 오, 저의 연인이 얼굴빛이 검다는 것은 분이나 바르고 가발을 쓴 거짓된 얼굴 모습에 속아 넋을 잃게 됨을 안타깝게 여기기 때문입니다. 검은 빛깔이야말로 참으로 아름답다는 걸 보여주기 위해 그 여자는 이 세상에 태어났지요. 검은 얼굴이 이 세상의 유행을 바꿔 놓고 있습니다. 검은 빛깔도 지금은 분 바르고 화장한 것처럼 인정하게 되었습니다. 그래서 요즘에는 비난이 두렵다고 제 연인을 모방하여 분홍빛 얼굴조차 검게 화장하게 됐습니다.

뒤멘 그 여자를 닮으려면 굴뚝 청소를 하면 되겠군요.

롱거빌 그럼 석탄 캐는 광부도 미남이 되겠구려.

왕 그럼, 에티오피아 사람도 얼굴 빛깔을 자랑하게 되겠군.

뒤멘 검은 빛깔이니 촛불이 필요 없겠군요. 바로 어둠이 그 빛이 되니까.

비론 여러분의 연인은 비 오는 날에는 밖에 나다니지도 못할 것입니다.

왕 경의 여자가 비를 맞게 하는 게 좋겠소. 솔직히 말해서 나는 오늘 얼굴을 씻지 않아도 더 예쁜 미인을 만나게 될 것 같으니.

비론 그녀가 아름답다는 사실을 증명하겠습니다. 그렇게 안 되면 최후의 심판 날까지 계속 말하겠습니다.

왕 그날에 나타날 어떤 악마도 그녀만큼 추하지 않을 테니, 경이 놀라워할 일은 아닐 거요.

뒤멘 그런 추물 덩어리를 저렇게 애지중지하는 건 처음 보오.

롱거빌 (비론에게) 자, 보시오. 이것이 바로 그대의 연인이니까. (검은 구두를 보여준다) 이것이 내 발이고 동시에 그 여자 얼굴이라오.

비론 오, 당신 눈알로 거리의 포석(鋪石)을 대신해서 깔더라도, 그녀의 귀여운 발이 그 더러운 길을 밟고 가는 것이 안쓰럽소.

뒤멘 맙소사! 당신 연인이 길을 걸어간다면 그 거리가 밑에서 위를 쳐다봐야 하니, 그걸 어쩐담.

왕 뭣 때문에 이러는가? 우리 모두 사랑에 빠진 동지들이잖소.

비론 그것만은 사실입니다. 그러니까 모두 맹세를 깨뜨린 것입니다.

왕 그렇다면 쓸데없는 시비는 그만두고 비론 경, 우리의 사랑이 정당하니 맹세를 깨뜨린 게 아니라는 사실을 증명하도록 하오.

뒤멘 바로 그것입니다. 자, 부탁하오, 저지른 잘못을 감싸줄 그럴듯한 변명을 말이오.

롱거빌 오, 어떻게 처리를 해야 할지, 악마라도 속여 넘길 만한 묘책이나 핑곗거리 말이오!

뒤멘 깨뜨린 맹세에 바를 좋은 연고 말입니다.

비론   그거야 반드시 있어야 하는 것이니 없어서는 안 되는 거지요. 제 말 좀 들어보세요, 사랑의 용사 여러분! 먼저 여러분은 무엇을 맹세했는지 돌이켜 생각해 봅시다. 단식을 한다, 공부를 한다, 여자를 멀리한다…… 등이죠. 그 것은 훌륭한 청년의 형편과는 전혀 어울리지 않는 큰 반역입니다. 그래, 단식할 수 있습니까? 단식하기에는 여러분의 위가 너무나 젊습니다. 억지로 금욕하면 병이 생기는 법입니다. 학문을 닦겠다고 맹세한 것은 좋지만, 그렇게 함으로써 여러분은 학문 때문에 가장 중요한 교과서를 버렸습니다. 그래 가지고 어찌 관찰하고 사색할 수 있단 말입니까? 전하, 여자 얼굴의 아름다움을 제쳐 놓고 학문의 귀중한 근거를 언제 발견할 수 있겠습니까? 제가 여자의 눈에서 찾아낸 진리입니다만 여자의 눈이야말로 모든 학설의 논거요, 교과서요, 학교요, 인간에게 생명을 불어넣어 주는 프로메테우스의 불꽃입니다. 그러니 늘 학문에만 몰두하면, 동맥 속을 흐르는 활기찬 정신을 마비시키고 말지요. 아무리 건강한 여행가라도 쉬지 않고 계속 걷기만 하면 끝내 지쳐버리는 것처럼 말입니다. 지금 여러분은 여자의 얼굴을 보지 않음으로써 눈의 효용을, 다시 말해서 여러분 맹세의 주목적인 학문조차도 포기한 것입니다. 왜냐하면 여자의 눈처럼 아름다움을 가르치는 책은 이 세상에 또 없기 때문입니다. 학문이란 인간의 부수물에 지나지 않으며, 인간이 존재하는 곳에만 학문이 있을 수 있는 법입니다. 부인들 눈동자 속에서 우리의 모습을 발견한다면 거기에서 곧 우리의 학문도 찾게 된 거나 다름없습니다. 오, 여러분, 우리는 학문에 전념하겠다고 맹세했으나 그 맹세 때문에 우리는 삶이라는 책을 포기해 버린 것입니다. 그런데 전하께서나 그대들이 납처럼 무거운 명상 속에 잠겨 있었다면, 저 아름다움의 스승인 매혹적인 눈과, 가슴을 메어지게 하는 열렬한 시구가 떠오를 수 있었겠습니까? 다른 둔한 학문들은 줄곧 뇌 속에만 담겨 있을 뿐 실제로는 쓰이지도 않고, 많은 노력에 비하면 보람이 없다고 말할 수도 있지요. 그러나 사랑의 지식을 부인의 눈에서 배우게 되면, 뇌수 속에 머물러 있지 않고 바람과 같이 자유롭고 빠르게 신체의 모든 부분을 치달려, 모든 요소에 작용하여 힘을 배로 늘려서 그 본디 기능보다 훨씬 큰 역할을 하게 합니다. 사랑 덕분에 눈은 훨씬 밝고 예민해지게 됩니다. 그 바라보는 눈길에는 독수리도 눈이 멀고 말지요. 사랑하는 사람의 귀는 밝디 밝아서 도둑의 날카로운 귀에도 들리지 않는 모깃소리 같은 것도 놓치지 않습니다. 사랑의 감촉은 달팽이의 부드러운 촉각보다도 부드럽고 더 섬세하게 느껴집니다. 사랑의 미각은 술의 신 바쿠스가 자랑하는 맛의 감각도 오금을 못쓰게 할 정도입니다. 사랑의 용기로 말한다면, 헤스페리데스 과수원에서 용이 지킨다는 황금사과나무 위로 기어오르는 헤라클레스의 용맹과 비슷합니다. 지혜는 스핑크스처럼 슬기롭고, 목소리는 아폴로 신이 금발로 줄을 맨 비파 소리처럼 아름답습니다. 사랑이 입을 열면 천상의 신들이 소리 맞춰 합창하여, 온 우주가 황홀해진다고 합니다. 사랑의 한숨이 잉크에 불어넣어졌을 때 시인도 용기를 내어 펜을 들게 된다고 하지요. 아, 그때야말로 그의 시구는 야만인도 넋을 잃게 하며, 폭군 가슴에도 부드러운 마음을 심어주게 됩니다. 저는 여자의 눈에서 이런 교리를 배웠습니다. 여자의 눈에는 프로메테우스의 불길이 언제나 타고 있으며, 여자의 눈은 교과서이자 학문이고 학교이며, 온 세상 사람들에게 삶을 보여주고 함축하여 삶에 자양분을 더해 줍니다. 이것 말고 이 세상에 훌륭한 것이 또 어디 있겠습니까? 그러니 여자를 멀리하겠다고 맹세한 여러분은 바보였습니다. 그 맹세를 지키려고 하면 더욱더 바보가 되고 맙니다. 모든 사람이 좋아하는 말(word)인 지혜(wisdom)를 위해서, 또 모든 남자를 즐겁게 해주는 말인 사랑(love)을 위해서라도, 여자를 낳게 만든 남자를 위해서, 또 모든 남성들을 남자답게 만들어 주는 여성들을 위해서 자, 우리는 맹세를 버리고 우리 자신을 도로 찾읍시다. 그렇지 않으면 그 맹세를 지키는 대신 우리 자신을 잃게 되고 맙니다. 우리가 이런 맹세를 깨뜨린다 해도 그것은 종교에 어긋나지 않습니다. 왜냐하면 자비야말로 신의 율법이며, 사랑은 자비심과는 떼어놓을 수 없으니까요.

왕 그럼, 성 큐피드 이름으로! 우리 용사들아! 싸움터로 갑시다!

비론 군기를 앞세우고, 적을 향해 돌격합시다! 신나게 쳐들어갑시다! 그러나 전투할 때는 햇빛을 등지고 싸워야 합니다.

롱거빌 그렇게 빙빙 돌리지 말고 솔직히 말하오. 프랑스 아가씨들에게 사랑을 호소하자는 거지요?

왕 어찌 호소만 하겠는가, 승낙도 얻어야지. 그러니 그녀들의 천막 안에서 뭔가 재미있는 놀이를 할 수 있게 해야 하오.

비론 먼저 이 정원에서부터 모시도록 합시다. 저마다 아름다운 자기 연인의 손을 잡고요. 오후에는 짤막하게 할 수 있는 즐거운 여흥으로 그녀들을 위로합시다. 아름다운 사랑이 나설 때는 언제나 연희, 무용, 가면극 같은 즐거운 여흥을 갖고, 연인이 가는 길에는 꽃을 뿌리는 거라고 합니다.

왕　어서 빨리들 갑시다! 사랑을 위해서 쓸 수 있는 시간을 조금이라도 헛되이 놓쳐서는 아니 되오.

비론　갑시다! 어서요! 콩을 심어야 콩이 나오는 법. 인과의 수레바퀴는 정확하게 돌고 도는 법이니, 맹세를 깨뜨린 사내에게는 엉덩이 가벼운 계집이 알맞습니다. 그러니 싸구려 동전으로는 좋은 보석은 살 수 없는 법입니다.

(모두 퇴장)

〔제5막 제1장〕

같은 장소.
홀로페르네스, 나다니엘 신부, 덜 등장.

홀로페르네스　배부르게 먹을 만큼 푸짐한 대접이었습니다.

나다니엘　선생은 정말 훌륭했습니다. 오늘 오찬 석상에서 선생의 연설은 날카로웠고 교훈이 담겨 있었습니다. 속되지 않으면서도 흥미로웠으며 조금의 거짓된 꾸밈도 없이 재치가 있었고, 거만하지 않으면서도 대담했으며, 비판적이지 않으면서도 박식했고, 이단적이지는 않았으나 논조는 기발했습니다. 나는 어제 전하의 귀한 손님인, 칭호와 성명이 돈 아드리아노 데 아르마도라는 사람과 면담했답니다.

홀로페르네스　나도 신부님을 알고 있듯 그 사람을 잘 알고 있어요. 성품이 고상하고, 변론은 단정적이며, 용어는 세련되고, 눈은 야심에 불타며, 걷는 모양이 위풍당당하긴 한데 그의 태도 전체를 보면 허세로 가득해 거들먹거리니 오히려 우스꽝스럽더군요. 너무 깔끔 떠는 듯이 단정하고 말쑥한 데다 허풍이 있어 기이할 정도지요. 이름을 지어 준다면 떠돌이 길손이라고 지을 수 있겠지요.

나다니엘　참 독특하고 멋진 별칭이군요. (수첩을 꺼낸다)

홀로페르네스 그는 논의의 주제보다는 장황하게 미사여구를 짜내는 사람이 죠. 나는 그런 정신줄 놓은 괴짜는 딱 질색이에요. 사교와는 거리가 먼데 다 좀스럽고 철자법을 엉망으로 만드는 인간 따위는 말입니다. 예를 들면 마땅히 '다우트(doubt)'라고 해야 할 것을 단순히 '두트(dout)'라고 하고, '데트(debt)'―철자는 d,e,b,t지만 발음은 '데트'라고 해야 할 것을 '뎁트(debt)'라 하고, '카프(calf)'를 '코프(cauf)'로, '해프(half)'를 '호프(hauf)'로, '네이버(neighbor)'를 '네보(nebor)'로, '니이(neigh)'를 줄여서 '네(ne)'로 하는 따위 말입니다. 그런 것은 '애브호미너블(abhominable, 끔찍한)'인데 이를 '아보미너블(abbominable)'로 하지 뭐예요. 어쩌면 나도 정신이상이 되지 않았나 싶었습니다. 내 말 알아들으시겠어요? 정말 미칠 지경입니다.

나다니엘 라오스 데오, 베네 인텔리고(신을 찬미할지어다). 나는 잘 이해할 수 있습니다.

홀로페르네스 본, 본, 포르트 본(훌륭해요, 훌륭해요, 아주 훌륭해요)! 문법에는 좀 결점이 있었으나 그만하면 좋습니다.

아르마도, 모스, 코스타드 등장.

나다니엘 비데스네 퀴스 베니트(보세요, 누가 오고 있지 않습니까)?

홀로페르네스 비데오, 에트 가우데오(그렇군요, 고맙습니다).

아르마도 (모스에게) 키르라(여봐라)!

홀로페르네스 쿠아레 키르라(여봐라가 다 뭐야)? 시르라(이놈)가 아니고?

아르마도 평화의 사도들이여, 만나 뵈어 반갑습니다.

홀로페르네스 용맹하신 각하, 삼가 인사드리나이다.

모스 (코스타드에게만 들리게) 저분들은 성대한 말(languages) 잔치에 갔다가 잔치 찌꺼기를 훔쳐 온 모양이에요.

코스타드 (모스에게만 들리게) 오, 저 사람들은 자선 바구니의 날에 얻은 찌꺼기만을 먹고 이제까지 살아왔겠지. 네 주인이 너를 말(word)로 알고 잡아먹지 않은 게 천만다행이야. 네 키는 라틴 말 가운데 가장 긴 '호노리피카 빌리투디니타티부스(honorificabilitudinitatibus)'라는 글자에도 대가리만큼은 모자라니까. 그러니 술잔에 띄운 건포도보다 쉽게 삼켜버릴 수 있을 텐데.

5막 1장, 홀로페르네스와 나다니엘 경 H.C. 셀루스

모스 쉿! 소리가 터져 나와요.

아르마도 (홀로페르네스에게) 선생은 학문에 조예가 깊으시다죠?

모스 그럼요, 그럼. 아이들에게 글씨본을 가르치시거든요. a와 b의 순서를 바
꿔 놓고 머리에 뿔을 달면 무엇이 되죠?

홀로페르네스 꼬맹아, 그건 뿔이 돋친 '양(Ba)' 소리지, 뭐긴 뭐야.

모스 '바(Ba)'라고요, 뿔이 돋친 정말 어리석은 양이군요. 저분 학문을 들으면
그런 거라고요.

홀로페르네스 뭐가 어째? 요 자음 녀석아.

모스 선생님이 하시면 다섯 모음 가운데 세 번째고, 제가 하면 다섯 번째죠.

홀로페르네스 그럼 내가 해보지. a, e, i······.

모스 '내(I)'가 '양(바보)'이란 거죠. 다른 두 글자로 끝납니다. '오 당신(o, u)'은

양이지요.

아르마도 그래, 지중해 바닷물에 걸고 말하지만, 정말 훌륭한 솜씨야. 기발하고 날쌘 공격이란 말이다! 착! 하고 척! 하더니 급소 일격이라! 나의 지성을 즐겁게 해주니, 참으로 멋진 재치야!

모스 물론 멋지죠. 어린아이가 멋진 어르신에게 드리는 거니까요.

홀로페르네스 그건 또 무슨 비유냐? 무슨 비유냐니까?

모스 뿔이란 거예요!

홀로페르네스 풋내기가 고약한 소리를 하는구나. 너는 저리 가서 팽이나 치고 놀아.

모스 그 뿔 좀 빌려주세요. 그걸로 팽이를 만들어 자꾸 쳐서 그 창피함을 키르카 키르쿰(뱅뱅 돌리죠), 오쟁이진 서방 뿔팽이를요.

코스타드 (모스에게) 젠장! 내게 1페니 동전만 있어도 그것으로 생강빵을 사 먹으라고 줄 텐데. 야, 반 페니짜리 재치 주머니야, 약삭빠른 비둘기알 같은 꼬마 녀석, 이거나 받아둬라. 네 주인님한테 받은 돈이다. 오, 하느님 덕택으로 너 같은 사생아를 뒀다면 얼마나 좋았겠느냐! 너야말로 재치가 똥바가지까지 차 있단 말이다.

홀로페르네스 재치바가지를 똥바가지라니, 무식한 말이구먼.

아르마도 (홀로페르네스에게) 학자 선생, 저리로 옮깁시다. 먼저 이 무식한 패거리들을 비켜섭시다. 학자 선생은 저기 저 산꼭대기 학교에서 아이들을 가르치고 있지 않습니까?

홀로페르네스 아니면 산(mons, 불두덩)이랄까, 언덕에서죠.

아르마도 산이라면 그건 당신 좋을 대로 하세요.

홀로페르네스 물론 젊은이들을 가르치고 있습니다.

아르마도 실은 왕께서 "오늘의 후반", 대중들 말로는 "오후"를 말합니다만, 공주님 일행을 위해 그분들이 머무르고 계신 천막에서 환영 잔치를 베푸신다고 합니다.

홀로페르네스 귀공이 오후를 하루의 후반이라고 말한 것은 타당하고 합당하며 정당한 표현입니다. 내가 분명히 확신할 수 있습니다.

아르마도 그런데 왕께서는 참으로 고결하신 분입니다. 사실 나와는 더없이 가까운 사이며, 친한 친구죠. 이건 사사로운 일이니까 말하지 않기로 하지

홀로페르네스와 나다니엘 경, 아르마도와 모스 H.C. 셸루스

요. 그렇게 예의를 차리실 건 없습니다. 어서 모자를 쓰세요. 그러나저러나
중대하고 긴요한 계획들 가운데 아주 중대한 것이 있습니다만, 그것도 말하
지는 않겠습니다. 그렇지만 꼭 말해야 할 것은, 전하께서는 가끔 내 어깨에
기대시고 그 귀하신 손가락으로 이 긴 머리카락이나 이 콧수염을 만지작거
리시며 무척 즐거워하신다는 거지요. 뭐, 그런 이야기도 그만둡시다. 이건
꾸며낸 이야기가 아닙니다만 전하께서 특별한 영예를, 온 세상을 여행한 무
인이자 여행자인 이 아르마도에게 내리실 모양이에요. 이런 이야기도 그만
두죠. 무엇보다도 중요한 건—이것만은 비밀로 해주시기 바랍니다만—전
하께서는 자신이 귀여워하시는 공주님께 보여줄 뭔가 재미있는 구경거리를
준비하라는 겁니다. 재미있는 연극이나 전시회나 야외극, 광대놀이나 불꽃

놀이 같은 것을 마련하라는 분부시죠. 그런데 저 신부님과 당신 스스로 그런 여흥을 재빨리 꾸며내실 수 있다고 하니, 이렇게 두 분에게 사정을 이야기하고 그 일을 도와달라고 부탁드립니다.

홀로페르네스 그렇다면 공주님께 《아홉 명의 위인(偉人) 이야기》를 선물해 드리는 게 좋겠군요. 나다니엘 신부님, 늠름하고 고상하며 박식하신 이 신사분이 왕명을 받고 오늘 오후에 공주님이 보실 여흥을 마련해 달라고 도움을 청하러 오셨어요. 내 생각으로는 《아홉 명의 위인 이야기》가 가장 알맞은 것 같군요.

나다니엘 그걸 할 만한 멋진 배우들을 어디서 구할 건가요?

홀로페르네스 그럼 이렇게 하는 게 어떻습니까? 신부님은 여호수아 역할을 맡으시고, 나는 아니, 이 늠름하신 신사분에게는 유다스 마카바에우스 역할을, 저 촌뜨기에게는 팔과 다리가 굵으니까 대(大)폼페이우스 역할을, 이 꼬마에게는 헤라클레스 역할을 맡깁시다.

아르마도 실례입니다만 저 애는 안 됩니다, 저 작은 몸뚱이는 그 영웅의 엄지손가락 크기만도 못하지 않습니까. 그의 몽둥이 끝자락만큼도 못 되니까요.

홀로페르네스 한 말씀 드릴까요? 저 꼬마는 어릴 적 헤라클레스를 시키도록 합시다. 무대에 등장할 때마다 전설에 있는 것처럼 뱀을 한 마리씩 졸라 죽이도록 하면 되지 않겠어요. 그를 위한 변명은 내가 하리다.

모스 그것참 멋진 생각이에요! 만일 구경꾼이 못마땅해서 야유를 던지거든 이렇게 외치세요. "잘한다, 헤라클레스. 이제 마지막 뱀을 졸라 죽이는 거지!"라고요. 그러면 어색한 상황에서도 슬쩍 넘어갈 수 있지 않겠어요?

아르마도 그럼, 나머지 영웅들 역할은?

홀로페르네스 내가 혼자서 세 가지 역할을 맡죠.

모스 세 사람의 영웅이 되신단 말씀이군요!

아르마도 또 한 말씀 드려야겠군요.

홀로페르네스 귀 기울이겠습니다.

아르마도 이게 적당치 않으면 광대놀이를 합시다. 자, 모두들 나를 따라오시죠.

홀로페르네스 이봐, 덜 경찰관! 아까부터 왜 말이 없는 건가?

5막 2장, 공주·로잘린·카트린·마리아 H.C. 셀루스

덜 무슨 말씀을 하고 계신지 도무지 알 수가 없어서요.

홀로페르네스 자! 당신도 한몫 껴야겠네.

덜 춤이라면 저도 추겠습니다. 아니면 북이라도 치죠.《아홉 명의 위인 이야기》놀이 때 여러분께 시골 춤이라도 추게 해드리죠.

홀로페르네스 정말 우직한 사람이군그래! 자, 준비하러 갑시다! (모두 퇴장)

〔제5막 제2장〕

같은 장소.
공주, 마리아, 카트린, 로잘린 등장.

공주 그래, 이렇게 선물이 많이 들어오니 우리는 떠나기 전까지는 부자가 되겠어. 다이아몬드에 파묻힌 공주라니! 보라고, 저 다정하신 전하께서 보내오신 선물을.

로잘린 공주님, 선물 말고 온 것은 없습니까?

공주 이것뿐이냐고! 아니지, 글도 왔어. 사랑의 시를 종이 한 장 앞뒷면에 꽉 채워 잔뜩 써서 보내왔더라. 공간이 없어서 큐피드의 이름 위에까지 봉인을 했더군.

로잘린 그럼 큐피드도 오천 년 동안이나 소년으로 있었지만 철이 좀 들었겠네요.

카트린 그래요, 고약하기 짝이 없는 악당이라고요.

로잘린 너는 그 애와는 사이가 좋아질 수 없지. 네 동생의 적이니까.

카트린 내 동생은 그 애 때문에 우울증에 걸려서 슬퍼하다가 그만 죽어 버렸지 뭐야. 너처럼 명랑하고 민첩하며 활발했다면 손자를 볼 때까지 살았을 거야. 너는 오래 살 거다. 옛말에 마음이 가벼우면 장수한다잖아.

로잘린 이것 봐라, 무심한 말에 무슨 검은 뜻이 숨어 있지 않을까?

카트린 살갗이 검은 미인은 촐랑댄다는 거지.

로잘린 네가 말하고자 하는 뜻을 알아내려면 환한 불빛이 있어야겠어.

카트린 그렇게 성을 내면 그 입김으로 촛불이 꺼지니 이제 입씨름은 어두운 데 묻어 두지.

로잘린 그래, 네가 하는 짓은 무엇이든 어두운 데서만 하는구나.

카트린 너야 품행이 올바르지 못한 여자니까 그렇지 않지.

로잘린 그게 아니라, 나는 너만큼 무겁지는 않고, 그래서 가벼워.

카트린 네가 나만큼 무겁지 않다고? 이런, 네가 나를 업신여기는구나.

로잘린 "고칠 수 없는 건 마음 쓸 것도 없다"고 하잖아.

공주 입씨름이 대단하구나. 멋진 재치 겨루기 같다. 그런데 로잘린, 너도 선물을 받았어? 누가 보냈지? 뭐야?

로잘린 제 말을 들어보세요. 제 얼굴이 공주님처럼 어여쁘다면 제가 받은 선물도 훌륭했을 거예요. 그래도 이걸 보세요. (그녀가 선물을 보여준다) 비론 님 덕택으로 저도 시를 받았으니까요. 그 시의 형식은 맞습니다만, 그 내용에도 틀림이 없고 진심이라면 저는 이 세상에서 가장 아름다운 여신이 되는 거예요. 저를 미인 2만 명에 비교해서 칭찬하며 써 놓았어요. 아, 그리고 제 그림도 그려져 있답니다!

공주 또 무슨 이야기들을 썼지?

로잘린 많이 쓰긴 했습니다만 특별히 자랑할 건 없습니다.

공주 네가 검은 잉크 빛처럼 어여쁘다는 것이겠지. 멋진 말이야.

카트린 습자책의 B 자처럼 거무칙칙하게 예쁠 테지.

로잘린 연필 조심해. 그런 말 하다가는 나중에 꼭 당할걸! 이 앙갚음은 내 눈에 흙이 들어가기 전에 꼭 해준다고. 달력의 일요일 빨간 글씨, 유별난 계집아이야, 네 얼굴이나 곰보투성이가 되지 않도록 하려무나!

공주 그런 상스런 농담은 그만둬! 싫단 말이야! 그나저나 카트린, 뒤멘 씨는 뭘 보내왔지?

카트린 이 장갑이에요, 공주님. (장갑을 보여준다)

공주 두 짝을 보낸 게 아니고?

카트린 예, 공주님. 그리고 진실한 사랑의 시가 몇천 줄이나 쐬어 있어요. 엄청난 위선의 증거예요. 정말 멋없는 문체에 밋밋한 내용이에요.

마리아 저에게는 롱거빌 님이 이 편지와 진주 목걸이를 보내왔어요. (편지와 진주목걸이를 보여준다) 편지 길이가 반 마일이나 되는 것 같아요.

공주 정말 그렇군. 네 욕심 같아서는 목걸이가 편지보다 길었더라면 좋겠지?

마리아 그럼요. 안 그러면 이 손을 이렇게 꼭 붙이고 있겠어요.

공주 사랑하는 사람을 이렇게 놀리다니, 우리는 모두 영특한가 봐.

로잘린 그분들은 정말 바보들이에요. 이렇게 놀림을 당하고 있으니 말예요. 떠나기 전에 그 비론이라는 사람을 한바탕 골려줘야겠어요! 아, 그 사람이 제 손아귀에 들어올 기색만 보이면, 알랑수를 떨며 애원을 하고, 한없이 기다리며 시간을 보고, 하찮은 시를 짓느라 온갖 지혜를 짜내고, 무엇이든 저의 명령에 고분고분 따르면서, 익살을 부려 제 기분을 맞추는 걸 영광으로 생각하게 하겠어요! 칼자루는 제가 쥔 셈이죠. 그 사람은 저에게 광대, 저는 그 사람에게 운명의 여신이니까요.

공주 재능이 있는 사람들은 자신들이 속아 넘어가서 바보가 되었을 적에도 정말로 속아 넘어간 것인지 확신을 하지 못해. 어리석어도 지혜가 있고, 학교 교육을 받은 바보가 망신을 당하지 않는 경우가 많아.

로잘린 젊은이의 피가 아무리 들끓어도 근엄한 노인의 늦바람에는 당하지 못할 거예요.

마리아 바보가 저지르는 바보짓은 영리한 자가 눈이 멀어 저지르는 바보짓처럼 눈에 띄지는 않는답니다. 그러나 영리한 자는 모든 지혜를 동원하여 바보짓을 감추려고 버둥대니 더 우스꽝스러워지는 거지요.

보이예 등장.

공주 보이예 경이 오는군. 밝은 얼굴인 것을 보니 재미있는 일이 있나 보다.

보이예 오, 웃다가 배꼽이 빠지겠네! 공주님은 어디 계시나요?

공주 보이예, 무슨 일이에요?

보이예 공주님, 준비를, 싸울 준비를 하십시오! 다른 여성들도 단단히 무장하세요! 여러분, 평화를 깨뜨리려고 적이 쳐들어오고 있습니다. 사랑이 변장을 하고 오는 거지요. 논쟁으로 무장한 채 기습해 오고 있습니다. 지혜를 모두 모아 방어를 하세요. 그렇지 않으면 겁쟁이처럼 머리를 숨기고 빨리 달아나세요.

공주 성 큐피드여, 성 드니여, 우리를 보호해 주소서! 도대체 우리에게 입씨름을 걸어오는 적이 어떤 사람들이죠? 정찰한 결과를 상세히 말해 봐요.

보이예 실은 제가 시원한 단풍나무 그늘 아래서 반시간쯤 눈을 붙이려고 했을 때 잠을 방해하는 자들이 있어 바라보았습니다. 그런데 전하와 그 학우들이 그늘 쪽으로 오고 있더군요. 그래서 제가 슬그머니 옆에 있는 덤불 속에 몸을 숨겨 그들이 말하는 것을 엿들었습니다. 그 내용은 얼마 안 있어 그들이 변장을 하고 이리로 온다는 것입니다. 예쁜 장난꾸러기 꼬마 시동이 전령으로 올 겁니다. 그는 대사를 모두 암기하고 있었고 몸짓과 말의 억양 등 모든 것을 배우고 있었습니다. "말은 이렇게 해야 돼. 몸짓은 이렇게 해." 하는 식으로 하나하나 배우는 거죠. 공주님의 위엄 앞에 그 꼬마 녀석이 실수나 하지 않을까 걱정이 되어 전하께서는 이렇게 말씀하셨답니다. "얘, 너는 오늘 천사를 만나러 가는 거다. 그러니 조금도 두려워하지 말고 대담하게 말씀드려야 한다." 그러자 그 꼬마 녀석은 "천사라면 나쁘지 않아요. 그분이 악마 같으면 무섭지만요."라고 대답했습니다. 이 말을 듣자 모두 깔깔 웃으며 놈의 어깨를 쳐주니, 그 배짱 좋은 익살꾸러기가 차츰 더 으쓱대지 않겠어요. 그러자 어떤 이는 팔꿈치를 비비며 싱긋 웃고서는 "이렇게 멋진 말은 처음 들었다." 말했고, 다른 이는 손가락을 튀기며 "자! 올 테면 와봐라. 다 해치우고 만다." 외쳤지요. 또 어떤 이는 깡충 뛰며 "만사형통이다!" 외쳤고 어떤 이는 발끝으로 돌다가 그만 넘어지고 말았습니다. 모두 그 고약한 발작을 보고서는 땅 위에 쓰러져서 뒹굴며 얼마나 심하게 웃어댔던지 슬픔의 표시라고 할 눈물마저 비쳐 나왔답니다.

공주 그런데 정말 그분들이 이리로 오실까?

보이예 오시고말고요. 꼭 오십니다. 복장은 모스크바 사람, 그러니까 러시아 사람처럼 차리고 올 겁니다. 그분들의 목적은 여러분을 만나 즐겁게 해주면서 한바탕 춤을 추는 겁니다. 저마다 앞서 보낸 선물로 알 수 있듯이 자기 연인과 사랑의 담판을 지으려는 것입니다.

공주 그래요? 그렇다면 용감한 젊은이들을 실컷 시험해 봐야겠군요. 자, 우리 모두 가면을 쓰도록 하자. 아무리 애걸복걸하며 사정을 해도 절대로 얼굴을 보여주지 말아. 자, 로잘린, 너는 내게 보내온 이 선물을 몸에 지니거라. 그럼 전하께서는 너를 자기 연인인 줄 알고 구애할 거야. 자, 네가 이걸 갖고, 네 것을 내게 줘. 그러면 비론이 나를 로잘린으로 알 거야. (공주와 로잘린이 선물을 맞바꾼다) 너희들도 선물을 바꿔 가지거라. 이렇게 되면 연인들이 바뀐 줄 모르고 저마다 엉뚱한 사람에게 구애하겠지. (카트린과 마리아가

선물을 맞바꾼다)

로잘린 자, 그럼 서로 바꾼 선물들을 가장 눈에 잘 띄는 곳에 지니도록 해요.

카트린 이렇게 하시는 의도가 궁금한데요?

공주 상대의 구애 작전을 무산시키려고 그러는 거야. 저쪽에서 재미삼아 장난하는 것이니 이쪽에서도 장난으로 맞서자는 거지. 연인이 바뀐 줄도 모르고 모두들 마음속에 담아두었던 것들을 몽땅 털어놓겠지. 그럼 다음번에 만나서 진짜 얼굴을 보여주고 인사하면서 그 일에 대해 마음껏 놀리고 비웃어 주자는 거야.

로잘린 춤을 추자고 하면 어떻게 하죠?

공주 어떤 일이 있어도 춤은 절대로 안 돼. 그리고 달콤한 이야기를 아무리 늘어놓더라도, 귀를 기울이지 말고 고개를 돌리며 못 들은 체해라.

보이예 그렇게 쌀쌀한 대우를 받게 되면, 말하러 온 사람도 기가 죽고 주눅이 들어 외운 문구조차 잊어버리게 되지 않겠습니까?

공주 그래서 그렇게 하자는 거예요. 그렇게 한번 멍해지면 그다음에는 그분들의 말이 막혀 계획한 일이 보기 좋게 어그러질 게 아니오? 틀림없이 그렇게 될 거예요. 그들의 장난을 우리의 장난으로 만들어 버리는 건 신나는 일이거든요. 우리는 가만히 있다가 그쪽 계획을 헛수고로 만들어 버리면 그만이죠. 그러면 그들은 창피를 당하고 가버릴 거예요. (안에서 트럼펫 소리)

보이예 트럼펫 소리가 들려옵니다. 가면을 쓰십시오. 가면을 쓴 사람들이 옵니다. (공주와 세 시녀, 가면을 쓴다)

음악이 깔리면서 흑인들 등장.
러시아식 의복을 차려입고 가면을 쓴 모스, 비론, 왕(페르디난드), 롱거빌, 뒤멘 등장.

모스 안녕하십니까, 이 세상에서 가장 아름다운 분들이시여!

보이예 미인이라지만 화려하게 짠 호박단으로 만든 가면일 뿐.

모스 이 세상에서 가장 청순하고 아름다운 아가씨들께서는 사람들에게 등을 돌린 적이 없으셨답니다! (그녀들이 돌아선다)

비론 (모스에게만 들리게) "눈"이다 이 바보야, "눈"이라고!

모스 남의 눈에 그들의 눈을 돌린 일이 없었습니다! 그리고 절대로……

보이예 그래, 그리고 다 막혀버렸군.

모스 천사들이시여, 저희들의 소원을 자비롭게 보살피지 마시길……

비론 (모스에게만 들리게) "보살피지 마시길(Not to behold)"이 아니고 "한 번이라도 보살펴 주시길(Once to behold)"이야, 악당 같은 놈아.

모스 한 번이라도 햇빛처럼 빛나는 눈길로…… 햇빛 같은 눈길로……

보이예 그렇게 말해서야 쓰나. 달빛 같은 눈이라고 해야지.

모스 (비론에게) 제 말은 씨알도 먹히지 않습니다, 이젠 못하겠는걸요.

비론 그게 잘 외웠다는 것이냐? 꺼져버려, 이놈아. (모스 퇴장)

로잘린 보이예 경, 저 외국 분들이 오신 까닭을 물어보세요. 우리나라 말을 하거든 여기에 온 까닭을 솔직히 말해 보라고 하세요.

보이예 공주님께 무슨 볼일로 오셨는지요?

비론 그저 인사를 드리려고 왔습니다.

로잘린 무슨 볼일이라고 하시나요?

보이예 인사를 드리러 왔다고 하십니다.

로잘린 그럼, 이제 되었으니 그만 가시라고 해요.

보이예 (비론에게) 뵈었으면 그만 물러들 가라고 하십니다.

왕 우리는 이렇게 몇 마일이나 되는 먼 길을 이 잔디 위에서 함께 춤을 추기 위해서 왔다고 여쭈어 주시오.

보이예 (로잘린에게) 이렇게 몇 마일에 이르는 길을 찾아온 것은 이 잔디 위에서 함께 춤을 추기 위해서라고 합니다.

로잘린 그럴 순 없어요. 그러나 이렇게 몇 마일에 이르는 길을 오셨다는데, 그럼 1마일이 몇 인치인지 물어보세요. 몇 마일 거리나 되는 오랜 여행을 하셨다니 그 셈은 바로 할 수 있겠지요.

보이예 (왕을 비롯한 일행에게) 이곳으로 오시느라 몇 마일을 여행하셨다는데, 1마일이 몇 인치나 되는지 공주님께서 물으십니다.

비론 우리는 피곤한 발걸음으로 재었다고 말씀드려 주시오.

보이예 (비론 등에게) 공주님께서 직접 듣겠다고 하십니다.

로잘린 먼 거리를 피곤한 발걸음으로 오셨다 하니, 1마일을 걷는 데 몇 걸음을 옮기셨나요?

비론 우리는 여러분을 위해 소비하는 것은 무엇이든 헤아리지 않습니다. 우리의 충성은 끝없이 헌신적이어서 언제나 따지지 않고 바치는 것입니다. 부디 그 해님같이 빛나는 얼굴을 보여주십시오. 야만인들이 해를 우러러보듯 경배하겠습니다.

로잘린 내 얼굴은 겨우 달인 데다 구름까지 끼어 있어요.

왕 당신 얼굴을 감싸고 있는 구름은 얼마나 행복할까! 아, 빛나는 달님이여, 그리고 당신을 에워싼 별들이여, 구름을 거두고 이 눈물 어린 눈을 비춰주소서.

로잘린 아, 하찮은 것을 바라시는 분! 좀더 큰 것을 바라세요. 당신은 기껏해야 물 위에 비친 달빛을 원하시나요?

왕 그렇다면 단 한 번이라도 춤을 추어주십시오. 바람을 말하라고 하시니 말씀드립니다만, 이런 간청이 이상한 것은 아니라고 생각합니다.

로잘린 그럼 음악을 연주해요. 자, 바로 하셔야죠. 아직 준비가 안 되셨군요? 그럼 춤을 추지 않겠어요! 나는 달님처럼 마음이 변덕스러워요.

왕 춤을 추지 않겠단 말씀인가요? 어떻게 그토록 마음이 차가우십니까?

로잘린 아까는 보름달이었지만, 지금은 이지러졌어요.

왕 그렇지만 당신은 아직도 달님입니다. 나는 달님을 따르는 남자고요. (음악 소리) 음악이 있습니다. 저 음악에 맞춰 부디 춤을 추실까요?

로잘린 귀가 듣고 있습니다.

왕 다리로 허락해 주셔야죠.

로잘린 당신들은 외국인인 데다가 우연히 이곳에 오신 거죠. 더는 까탈을 부리지 않겠어요. 이 손을 잡으세요. 춤을 추는 것은 아니고요. (손을 내민다)

왕 그럼 손은 왜 잡게 하셨나요?

로잘린 친근하게 작별 인사를 하는 겁니다. 자, 여러분도 인사하시고, 이것으로 춤은 다 끝난 겁니다.

왕 부끄러워하지 마시고 조금만 더 춤을 추어주십시오.

로잘린 우리는 이따위 헐값으로는 응할 수 없어요.

왕 그럼, 값을 매겨 보십시오. 얼마면 되겠습니까?

로잘린 물러가 주시면 되겠습니다.

왕과 로잘린 H.C. 셀루스

왕 그럴 순 없습니다.

로잘린 그럼 어쩔 수 없군요. 안녕, 안녕히 가세요. 그 가면에 두 번인데, 그 반은 당신이 하실 인사예요!

왕 춤을 못 추시겠다면 이야기라도 합시다.

로잘린 단둘이서만요.

왕 대환영입니다. (로잘린과 떨어진 곳으로 가서 이야기를 한다)

비론 (공주를 로잘린으로 생각하여) 백옥같이 손이 하얀 아가씨, 달콤한 말씀을 한마디라도.

공주 (로잘린으로 행세하면서 말한다) 꿀, 우유, 설탕─이것이면 달콤한 세 마디 예요.

비론 그렇게 말씀하신다면, 3점짜리 주사위를 두 번 던져서 벌꿀술, 맥아즙, 백포도주, 어때요? 주사위 눈이 잘 나왔죠! 자, 이만하면 달콤한 것이 여섯 가지나 되네요.

공주 일곱 번째 달콤한 것은 안녕! 당신은 속임수를 쓰기 때문에 주사위 놀이는 함께하지 않을 거예요.

비론 한마디 조용히 드릴 말이 있어요.

공주 달콤한 건 싫어요.

비론 실은 당신 때문에 쓸개가 타고 있어요.

공주 쓸개요! 아이 써라.

비론 그러니까 만나자는 거예요. (공주와 떨어진 곳에서 이야기한다)

뒤멘 (마리아를 카트린으로 생각하여) 한 말씀 나누어도 될지 모르겠습니다.

마리아 (카트린으로 행세하면서 말한다) 말씀하시지요.

뒤멘 아름다운 아가씨…….

마리아 그렇게 말씀하시네요? 그럼 훌륭하신 전하! 이러면 "아름다운 아가씨"라는 당신의 말에 대한 대가는 받은 셈이지요.

뒤멘 그러지 마시고, 단둘이서 이야기하고 싶습니다. 그다음에 작별 인사를 드리겠습니다. (마리아와 떨어진 곳에서 이야기한다)

카트린 (마리아로 행세하면서 롱거빌에게 말한다) 어머나, 당신 가면에는 혀가 없잖아요?

롱거빌 그렇게 말씀하시는 아가씨의 의도를 알고 있습니다.

카트린 그러면 그 의도가 뭔지 말씀해 보세요! 어서요, 빨리 듣고 싶습니다.

롱거빌 아가씨는 그 가면 밑에 혀를 두 개나 가지고 계시니까, 말 못하는 내 가면에게 하나를 나눠 주며 말 좀 하자는 거죠.

카트린 네덜란드 사람은 "글쎄요"라고 한답니다. 그런데 '빌(veal)'은 영어로 '송아지(calf)'라고 하지 않나요?

롱거빌 그렇습니다, 아름다운 아가씨, 송아지죠!

카트린 아뇨, 멋진 전하, 송아지죠.

롱거빌 그 말을 둘로 나눕시다.

카트린 아니에요, 나는 당신의 반쪽이 되고 싶지 않군요. 다 가져가세요. 그리고 젖을 떼세요. 그럼 송아지가 당당한 황소가 되잖아요.

롱거빌 어이구, 어쩌면 뿔로 받아 젖히듯 그렇게 입이 거센가요! 정숙한 아가
씨에게 뿔이 있다니! 그래서는 못씁니다.

카트린 그럼 송아지로 죽어요. 당신의 뿔이 돋기 전에 말이에요.

롱거빌 죽기 전에 한 말씀 남몰래 꼭 드려야겠습니다.

카트린 그럼요, 나지막하게 "음매" 우세요. 백정이 듣지 못하게요. (롱거빌과 떨
어진 곳에 가서 속삭인다)

보이예 (혼잣말로) 익살꾼 여성들의 독설은 그야말로 면도날처럼 날카롭군.
눈에 보일까 말까 하는 솜털까지도 베어버리니 눈보다도 더 예민한 감각이
란 말이야. 게다가 말속에는 재치가 숨어 있고, 그들의 발상에는 날개가 돋
쳐 있어서 화살보다, 총알보다, 바람보다, 생각보다 날쌔지.

로잘린 이봐요 시녀들, 이젠 그만 이야기하자구요. 헤어져요, 헤어지자고요!
(여인들이 귀족들 곁에서 떨어져 다른 곳으로 간다)

비론 젠장, 조롱만 실컷 당하고 말았군!

왕 잘들 있어요, 미치광이 아가씨들. 당신들 지혜는 별것 아니오. (귀족들이 흑
인들과 함께 퇴장하고 나서 여인들이 가면을 벗는다)

공주 잘들 가세요, 지혜가 꽁꽁 얼어붙은 러시아 양반들. 맙소사, 저 사람들
이 재주 있다고 소문난 자들이에요?

보이예 여러분의 달콤한 입김으로 꺼져버린 양초에 지나지 않습니다.

로잘린 토실토실 살진 기지랄까요, 우둔하고 통통하게 살진 것이죠.

공주 그야말로 보잘것없이 빈약한 지혜라고! 왕 같은 빈약한 얼간이! 아마
오늘 밤에 모두들 목이나 매지 않을지 모르겠네? 이제는 가면을 쓰지 않고
얼굴을 보이지 않을걸. 그 건방진 비론도 코가 납작해졌어.

로잘린 모두들 꼴이 말이 아니었어요! 전하께서는 좋은 말이 생각나지 않아
울상이시더군요.

공주 비론은 체통을 잃고 입을 험하게 놀리더군.

마리아 뒤멘 님은 제 손아귀에 있었어요. 무엇이든 "안 돼요" 했더니, 기가
죽어 살진 붕어처럼 됐지 뭡니까.

카트린 롱거빌 님은 저 때문에 넋을 잃었다고 하면서 제게 뭐라고 말했는지
아시겠어요?

공주 "어지럽다"고 했겠지, 아마도.

카트린 네, 정말 그랬습니다.

공주 욕지기 나는 소리 그만하지!

로잘린 낫 놓고 기역 자도 모르는 사람이라도 그보다는 지혜가 있을 텐데. 그나저나 전하께서는 저에게 사랑의 맹세를 하셨어요.

공주 제법 활발한 비론도 내게 그랬어.

카트린 롱거빌 님은 저를 받들기 위해서 이 세상에 태어났대요.

마리아 뒤멘 님은 나무껍질처럼 제 곁에서 떨어지지 않겠다고 했어요.

보이예 공주님, 그리고 아름다운 아가씨들, 제 말 좀 들어보세요. 그분들은 이런 개망신을 당하고 참을 사람들이 아니기 때문에 가면을 벗고 곧장 다시 올 것입니다.

공주 정말 또 오실까요?

보이예 오시고말고요. 틀림없이 오실 겁니다. 얻어맞아 다리를 절망정 기뻐 날뛸 겁니다. 그러니 선물을 바꿔 달도록 하세요. 그리고 그분들이 되돌아오면, 여름 바람에 나부끼는 향기로운 장미꽃처럼 활짝 피어나십시오.

공주 피어나다뇨, 어떻게? 어떻게 피는 거지? 알아듣게끔 말해 봐요.

보이예 미인이 탈을 쓰면 아직 봉오리 상태의 장미꽃인 셈이거든요. 그러니 가면을 벗으시고, 분홍빛 얼굴을 보이십시오. 구름을 헤치고 나타난 천사들이여, 갓 피어난 장미꽃처럼 아름다우실 것입니다.

공주 어이구, 당혹스럽군! 그분들이 가면을 벗은 얼굴로 되돌아와서 사랑을 고백하면 어쩌지?

로잘린 공주님, 제 생각 같아서는 변장하고 왔을 때처럼 다시 한 번 실컷 조롱해 주면 좋겠어요. 아까 이곳에 러시아 사람같이 변장한 머저리들이 너절한 옷을 입고 왔더라고 불평을 늘어놓고 나서, 도대체 그들이 뭘 하는 자들이며, 왜 그런 볼썽사나운 꼴로 꼴같잖은 시를 지어 가지고 이 천막까지 와서는 그런 엉뚱한 행패를 부렸는지, 시치미를 떼고 물어보는 겁니다.

보이예 여러분, 어서들 들어가십시오. 멋쟁이 분들이 저기 오십니다.

공주 수노루가 초원을 달리듯 빨리 천막 안으로! (로잘린, 카트린, 마리아와 함께 퇴장)

왕, 비론, 롱거빌, 뒤멘, 복장을 제대로 갖추고 다시 등장.

왕과 공주, 비론과 로잘린 H.C. 셀루스

왕 (보이예에게) 보이예 경, 잘 있었소! 공주님은 어디 계신가?

보이예 공주님은 천막 안에 계십니다. 무슨 볼일이신지 말씀해 주시면 제가 곧바로 전하겠습니다.

왕 드릴 말이 있으니 만나 뵙고 싶다고 전해 주오.

보이예 분부대로 거행하겠습니다. 곧 뵙게 되실 겁니다. (퇴장)

비론 저 사나이는 비둘기가 콩을 쪼아 먹듯, 재치 있는 말을 주워 모았다가 기회가 오면 내뱉는답니다. 그야말로 재치의 도붓장수지요. 사람들이 모이는 마을 축제나 연회장에서, 집회에서나 장터에서 재치를 파는 소매상이란 말씀이에요. 도매상 격인 우리로서는 도저히 저자의 재주를 따를 수가 없단 말입니다. 저자는 아가씨들을 소맷자락에 꿰차고 다니는 위인입니다. 저자가 아담이었다면 아마도 하와를 구슬렸겠지요. 손을 조아리며 번지르르하게 입을 놀리고 알랑방귀도 능청맞게 떱니다. 인사한다고 어찌나 손에다 키스를 해댔던지 손이 닳아버렸다는 작자니까요. 격식에는 빈틈없고, 예절에는 신사이며, 노름판에서도 주사위에다 쌍욕을 하는데 그것도 점잖게 한답니다. 노래를 부르면 천한 테너 소리요, 길라잡이로서는 제법 그를 따를 사람이 없고, 여인들은 멋진 남자라고 그를 칭찬하며, 그가 계단을 오르내리면 계단이 그 발에 키스를 한답니다. 누구에게나 고래 뼈 같은 하얀 이를 드러내 보이며 상냥하게 웃어주는 꽃이랍니다. 정직한 사람은 누구나 가만있으면 도리가 아닌 듯싶어, "꿀처럼 달콤한 보이예"라며 탄복한답니다.

왕 그 달콤한 혓바닥을 혼내주어야겠다. 아르마도의 시동을 꼼짝 못하게 만들었겠지!

보이예의 안내를 받으며 공주, 로잘린, 마리아, 카트린 다시 등장.

비론 저기 옵니다. 저 몰골 좀 보십시오! 예의범절이여, 너도 저 미친놈에게 당하기 전에는 이렇지 않았을 텐데! 지금 꼴은 뭐란 말인가?

왕 (공주에게) 안녕하십니까, 공주님. 날씨가 매우 좋습니다!

공주 우박이 쏟아지는데 어떻게 날씨가 좋다는 건지 모르겠네요.

왕 내 말을 좋게 이해하시길 바랍니다.

공주 그럼, 솔직하게 말씀해 주세요. 허락해 드릴 테니까요.

왕 이렇게 찾아온 것은 공주님 일행을 궁중으로 모시기 위해서입니다. 허락 해 주십시오.

공주 저는 이곳을 떠나고 싶지 않습니다. 그리고 전하께서도 맹세를 깨뜨 리지 마십시오. 맹세를 깨뜨린 사람은, 하느님은 물론 저도 좋아하지 않습 니다.

왕 너무 나무라지 마십시오. 그것은 공주님 때문입니다. 공주님의 천사 같은 눈이 맹세를 깨뜨리게 했답니다.

공주 천사라고 좋게 불러주십니다만, 오히려 악마라고 해야 마땅할 겁니다. 천사는 결코 맹세를 깨뜨리게 하진 않습니다. 백합꽃처럼 깨끗하고 순결한 저의 처녀성에 걸고 말씀드립니다만, 온 세상이 어떤 고문을 할지라도 궁중 에 손님으로 들어갈 수는 없습니다. 저는 그렇게 정성을 다하여 신성하게 맺은 서약을 깨뜨리는 빌미를 주고 싶지는 않단 말입니다.

왕 그러나 이렇게 쓸쓸한 곳에 당신들을 묵게 한 채, 방문도 안 하고 홀대하 는 건 저희들에게는 부끄러운 일이지요.

공주 아니요, 전하, 그렇지 않습니다. 소일거리도 많았고, 재미있는 놀이도 있었습니다. 조금 전에는 러시아 사람 네 분이 왔다 가기도 했어요.

왕 아니, 뭐라고요? 공주님! 러시아 사람들!

공주 네, 정말이에요, 전하. 예의범절이 바르시고 기품이 있는 멋진 분들이었 습니다.

로잘린 공주님, 바른대로 말씀드리시지요. (왕에게) 전하, 실은 그렇지 않습니 다. 공주님께서는 평소 예절에 따라 본의 아니게 칭찬을 하신 겁니다. 저희 들은 아까 러시아 복장을 한 네 사람을 만나기는 했습니다. 그분들은 이곳 에 한 시간 동안이나 머물면서 이야기를 했습니다만, 건질 만한 것은 한마 디도 없었습니다. 바보는 아닐 텐데 말입니다. 바보라고 하더라도 목이 마르 면 물이라도 마셔야 하지 않습니까.

비론 (혼잣말로) 시시껄렁한 재담이군. (로잘린에게) 어여쁜 아가씨, 당신의 재 치는 영특한 사람까지도 숙맥으로 만드는군요. 창공에 빛나는 눈, 저 햇빛 을 쳐다보면, 아무리 잘 보이는 사람의 눈도 그 빛 때문에 빛을 잃듯이 당 신의 경우가 꼭 그래요. 재치가 너무 풍부하다 보니 똑똑한 사람도 바보로 보이고, 훌륭한 것도 하찮은 것으로 보이나 봅니다.

로잘린 그렇게 말씀하시는 걸 보니 당신은 똑똑하고 풍요롭단 뜻이군요. 그래요, 제 눈에는…….

비론 바보이고 보잘것없어 보이겠죠.

로잘린 자기 것을 자기가 말하니 도리가 없지만 그래도 남의 말을 가로채는 건 예의에 어긋나죠.

비론 오, 이 몸은 당신 것입니다. 이 몸이 가지고 있는 모든 것이요.

로잘린 그럼 바보 전체가 제 것이란 말인가요?

비론 있는 대로 몽땅 드리는 겁니다.

로잘린 이제 말씀하시지요. 당신이 쓰신 가면은 어느 것이었죠?

비론 어디서요? 언제? 어떤 가면이요? 그런 걸 왜 물으시는지?

로잘린 저기서, 그때 쓴 가면 말이에요. 못생긴 얼굴을 가리고 잘 보이려고 하던 별 볼 일 없는 탈바가지 말이에요.

왕 (비론에게만 들리게) 탄로가 났소. 이젠 대놓고 비웃음까지 받게 됐구려.

뒤멘 (왕에게만 들리게) 실토를 하고 장난으로 한 일로 돌리시지요.

공주 (왕에게) 왜 그러십니까, 전하? 얼굴빛이 좋지 않으십니다.

로잘린 모두들 이리로 오세요. 이마에 찬 수건을 얹어야겠어요! 졸도하실 것 같아요! 전하께서는 왜 그리 새파랗게 질리셨습니까? 러시아에서 오시느라 뱃멀미를 하셨군요.

비론 (혼잣말로) 맹세를 깨뜨린 죗값으로 이런 천벌을 받는군. 제아무리 낯짝이 두껍다고 해도 이보다 더 무안을 겪을 수가 있겠는가? 자, 아가씨, 이렇게 서 있겠으니 비웃음의 창을 마음껏 던지시오. 비웃음으로 사정없이 내리치고 짓이기시오. 당신의 날카로운 재치로 나의 무지를 힘껏 찌르시오. 당신의 신랄한 기지로 이 몸을 산산이 부서뜨리시오. 이젠 두 번 다시 춤을 추자고 간곡히 청하지 않을 것이오. 러시아 옷을 입고 오지도 않겠어요. 오, 이젠 죽어도 설익은 대사나, 초등학교 학생 같은 말재주를 부리지도 않으렵니다. 탈을 쓰고 온다거나 장님 장타령 같은 시구 따위에 얽매이지도 않으렵니다. 비단결 같은 문장, 비단실같이 매끄러운 낱말, 끝없는 과장, 터무니없는 겉치레, 아는 척하며 내뱉는 호언장담…… 이런 삼복더위의 쇠파리가 내 마음에 알을 까서 허례허식의 구더기 떼가 끓게 했습니다. 이젠 이것들을 모조리 쓸어버리겠습니다. 이 하얀 장갑에 걸고 맹세컨대—여기에 끼인

손이 얼마나 순백한가는 신께서 알고 계십니다! 이후로는 사랑을 고백할 때는 소박하며 솔직하고 구김살 없는 말로 털어놓겠습니다. 이제 시작하건대 아가씨—신이여, 원컨대 지켜주소서! 당신을 향한 나의 사랑은 흠 없고 티 없으며 아주 순수한 거라오.

로잘린 제발 '없고' '없으며' 좀 하지 마세요.

비론 깊게 뿌리내린 버릇이라오. 병폐가 남아 있죠. 용서하시오. 병이니까 차츰 고쳐 갈 생각이오. 잠깐만. 그럼, 돌림병을 피할 수 있게 부적을 써서 저 세 분에게 붙여 주시오. 저분들은 돌림병에 걸려 있답니다. 심장 속에 병마가 깃들어 있는 거죠. 그 병은 당신들 눈에서 옮겨진 것입니다. 그런데 당신들도 돌림병에 걸리셨나 보군요. 열병의 표시인 선물들을 몸에 꼭 지니고 계시니까요.

공주 그래요, 선물을 저희들에게 주셨으니 당신들은 병이 나은 거예요.

비론 저희들은 이미 알거지가 되었으니 제발 더 망하게 하지는 마십시오.

로잘린 천만에, 그럴 수가 없죠. 알거지가 되었다면서 무슨 구혼을 하고 있는 거죠?

비론 그만해요, 당신과는 이야기하지 않겠소.

로잘린 제 생각대로 한다면 하고 싶으셔도 안 될걸요.

비론 (다른 귀족들에게) 당신들 말은 당신들이 하시오. 나는 당해 낼 재주가 없으니까.

왕 (공주에게) 공주님, 저희들의 불손함을 어떻게 사과해야 좋을지 모르겠습니다.

공주 솔직하게 밝히는 거죠. 바로 전에 전하께서 변장하시고 여기에 오셨죠?

왕 네, 그렇습니다.

공주 제정신으로 그렇게 하셨나요?

왕 그랬습니다, 공주님.

공주 그때 상대 여인의 귀에 뭐라고 속삭이셨죠?

왕 온 세상보다 더 소중한 님이라고 했습니다.

공주 그 여자가 그렇게 하기를 요구한다면 전하께서는 거절하시겠군요.

왕 당치도 않은 말씀, 그렇지 않습니다.

공주 그만두시죠. 이미 한 번 맹세를 깨뜨리신 분인데, 두 번 깨뜨리는 거야 식은 죽 먹기죠.

왕 이번 맹세를 깨뜨리거든 마음대로 업신여기셔도 좋습니다.

공주 그렇게 하지요. 그러면 꼭 지켜주세요. 로잘린, 그 러시아 사람이 네 귀에 뭐라고 속삭였지?

로잘린 공주님, 저를 자기 눈보다도 더 아끼고, 온 세상보다도 소중히 여기겠다고 맹세하셨어요. 그리고 저와 결혼하겠다고 말씀하시고는, 만약 뜻을 이루지 못하면 그대로 죽어버리신다고요.

공주 신께서 그 행복을 네게 베풀어 주시기를! 전하께서는 명예를 걸고 그 약속을 지키실 거야.

왕 무슨 말씀이시오, 공주? 나는 이분에게 그런 맹세를 한 적이 절대로 없어요.

로잘린 어머나, 전하께서 분명히 하셨습니다. 그리고 맹세의 증표로 이 반지까지 주셨습니다. 자, 도로 가져가세요.

왕 나는 맹세의 증표로 공주님에게 반지를 드렸습니다. 옷소매에 단 보석을 보고 공주님인 줄 알았지요.

공주 죄송합니다만 이 보석은 저 아가씨가 달고 있었습니다. (로잘린을 가리킨다) 그리고 비론 경이 고맙게도 제 연인이었죠. (비론에게) 당신은 이 몸을 아내로 맞아주겠어요? 아니면 이 진주알을 돌려드릴까요? (증표를 보여준다)

비론 둘 다 필요 없습니다. 모두 포기하겠습니다. 저는 이제야 이것이 속임수였음을 깨달았습니다. 저희들의 놀이 계획을 알고서 여러분이 미리 말을 맞추시고 성탄절 광대극처럼 저희들을 박살내신 거죠. 뭐라고 할까, 어떤 고자질꾼이, 어떤 아첨꾼이, 어떤 삼류 광대가, 어떤 떠벌이가, 식탁에서 시중드는 어떤 하인이, 주름투성이 얼굴로 알랑거리며 귀부인들을 웃기는 어떤 꼬마 녀석이 저희들의 계획을 미리 폭로했음이 틀림없습니다. 그래서 여성들은 저희들이 보낸 선물을 바꿔치기하고, 그 사실을 몰랐던 저희들은 그것만 생각하고서 사랑을 고백했던 것입니다. 그래서 저희들은 엎친 데 덮친 격으로 다시 맹세를 깨뜨려서 죄를 더하게 됐죠. 첫 번째는 알고, 두 번째는 모르고서요. 이것이 그렇게 된 과정입니다. (보이예에게) 당신이 저희들의 놀이를 염탐해서 이렇게 저희들을 실없는 사람으로 만들었죠? 당신은 공주님 일이라면 발 치수도 정확히 알고, 눈동자 움직임을 보고 웃는 요령도 알고 있지 않소? 그리고 공주님 등 뒤와 난로 사이에서 나무 접시를 들고 서서, 조잘대며 우스갯소리를 늘어놓고 말이오. 저희들의 꼬마 시동이 일을 저지른 것도 이 시건방진 광대, 바로 당신 때문이었죠. 당신이야말로 죽을 때 입을 수의는 여자 속옷이오. 나를 흘겨보는군요. 그 눈초리는 납으로 만든 엉터리 칼만큼 조금도 겁날 게 없소.

보이예 당당하신 말씀이오나 그 태도는 참으로 즐거운 볼거리였습니다.

비론 이번에는 정면으로 공격하시는군요! 두 손 들었소.

광대 코스타드 등장.

비론 마침 잘 왔네. 지혜덩이가 왔구먼! 이제야 승부 없이 갈라지겠군.

코스타드 나리, 저 세 영웅이 지금 들어와도 좋은지 알아보고 오라는뎁쇼.

비론 뭐, 세 사람밖에 없단 말인가?

코스타드 그래도 썩 잘할 겁니다. 저마다 한 사람이 세 사람 몫을 하니까요.

비론 그럼 3×3=9란 말이지.

코스타드 아닙니다, 죄송합니다만 저는 그렇지 않고요. 부탁한다고 되는 것이 아니고, 제가 계산에 까막눈이 아니기에 3×3은…….

비론 9가 아니냐고.

코스타드 정확하게 말해서 얼마나 되는지는 알고 있습니다.

비론 맹세코 3의 세 곱절은 9잖아.

코스타드 어이구 맙소사, 불쌍하게도 나리는 직접 계산을 해야만 살 수 있단 말씀이시군요.

비론 몇이란 말이냐?

코스타드 그야, 극단 배우들이 나와 봐야 몇 명인지 알게 되시죠. 그런데 그 사람들 말로는 저는 하찮은 가난뱅이입니다만, 폼페이우스 장군 역할로 나온단 말입니다.

비론 너도 영웅들 가운데 한 사람이냐?

코스타드 모두들 저에게 폼페이우스 장군 역할에 안성맞춤이라고 말하더군요. 그가 얼마나 훌륭한 영웅인지는 모르지만, 어쨌든 잘 해볼까 합니다.

비론 그럼, 가서 준비하라고 말해.

코스타드 잘하도록 하겠습니다. 주의도 하고요. (퇴장)

왕 비론 경, 저자들 때문에 우리에게까지 망신살이 뻗칠 것 같구려. 이리로 못 오게 하오.

비론 전하, 망신으로 말하자면 이미 만신창이가 됐습니다. 국왕의 극단보다 더 서툰 연극을 보여주는 것도 한 가지 방법입니다.

왕 어쨌든 안 돼. 오지 못하게 하오.

공주 아닙니다, 전하. 이 일은 제게 맡겨 주십시오. 할 줄도 모르면서 해 보이는 연극도 즐거운 흥미거리랍니다. 그런 연극에서는 잘하려고 애를 쓰면 쓸수록 도리어 내용까지 그 열성에 녹아버려 엉망진창이 되거든요. 위대한 생각도 말이 되지 않고 그대로 사라지지요. 그런데 그런 엉터리가 오히려 더 우습고 재미가 있을 수 있는 법입니다.

비론 전하, 이 말씀은 우리들 장난에 대한 적절한 평입니다.

허풍쟁이 아르마도 등장.

아르마도 (왕에게) 거룩하신 전하, 전하의 향기로운 입김을 아끼지 마시고, 저를 위해 몇 말씀 해주시옵소서. (아르마도와 왕이 비켜서고, 아르마도가 왕에게 편지를 한 장 건넨다)

공주 (비론에게) 저 사람도 신을 섬기는가요?

비론 그건 왜 물으시죠?

공주 그의 말을 들으니 보통 사람 같지가 않아서요.

아르마도 (왕에게) 영명하시고 인자하시며 벌꿀 같으신 통치자여, 그런 염려는 안 하셔도 좋을 듯하옵니다. 저 선생은 그야말로 괴팍하고 허영심에 찌든 사람입니다만 승패는 오로지 운수에 달려 있다고 말하니, 한번 시험해 보게 해주십시오. 황공하오나 걱정하지 마십시오, 지존이신 두 분 전하! (퇴장)

왕 (편지를 읽으면서) 훌륭한 영웅들이 이곳에 나타날 것 같소. 지금 그자가 트로이의 헥토르가 되고, 아까 그 촌뜨기가 폼페이우스 장군이 되고, 마을 신부가 정복자 알렉산더, 아르마도의 시동이 헤라클레스, 학교 선생이 유다스 마카바에우스로 분장하니 말이오. 그리고 네 영웅이 처음 등장하여 홀

연극 〈사랑의 헛수고〉 도미닉 드롬굴 연출. 트리스탄 그라벨(비론 역)·미셸 테리(공주 역) 출연. 런던 셰익스피어 글로브 극장 공연. 2009.

룡하게 연기하게 되면, 곧 옷을 바꿔 입고 나머지 다섯 영웅으로 다시 나타나겠다고 했소.

비론 처음에 다섯 명이 나옵니다.

왕 천만에, 그렇지 않소.

비론 학교 선생에다 허풍선이, 무식한 신부와 바보, 그리고 꼬마 녀석입니다. 주사위 놀이에서 높게 치는 숫자인 데다 저마다 자신의 방식을 고집하는, 세상 어디에서도 찾을 수 없는 그런 다섯 명입니다.

왕 배가 항구를 떠났으니 곧바로 나타나겠지.

폼페이우스 장군으로 분장한 코스타드 등장.

코스타드 나는 폼페이우스⋯⋯.

보이예 거짓말, 너는 폼페이우스가 아니야.

코스타드 내가 폼페이우스⋯⋯.

보이예 무릎에 표범 대가리를 그렸군.

비론 그래그래, 멋지군. 늙다리 조롱꾼, 이젠 의좋게 지내야겠다.

코스타드 나야말로 폼페이우스다. 앞에 '큰' 자가 붙는…….

뒤멘 큰 대(大) 자.

코스타드 그렇죠, '대' 자가 붙는 폼페이우스올시다. 싸움터에 방패를 들고 나가면 적의 간담을 서늘하게 했소. 이번에 이 바닷가를 여행하다가 우연히 여기에 와서 어여쁜 프랑스 공주님 앞에 이렇게 무기를 놓고 인사 드립니다. (자신의 무기를 공주의 발치에 놓는다) 공주님께서 "수고했소, 폼페이우스!"라고 말씀해 주시면 제 역할은 끝납니다.

공주 폼페이우스 장군, 정말 수고했습니다.

코스타드 지나친 칭찬이십니다. 하지만 힘껏 해본 건 사실입니다. '큰 대(大) 자'는 아닙니다만.

비론 내 모자에 반 푼 걸어도 좋다. 폼페이우스야말로 최고의 영웅이다. (코스타드가 옆으로 비켜선다)

알렉산더로 분장한 나다니엘 신부 등장.

나다니엘 나는 생전에 온 세계를 정복했소. 동서남북, 내 정복의 발길이 닿지 않은 곳이 없었지. 이 방패 문장(紋章)을 보면 아실 터, 나는 알리산더요.

보이예 당신 코가 그렇지 않다고 하는구려. 콧대가 바로 서 있지 않아서요.

비론 당신 코가 그렇지 않다고 구린내를 풍기고 있지 뭐요. 향기로운 냄새를 풍겨야 할 기사에게서.

공주 정복자가 당황하는가 봅니다. 알렉산더, 어서 계속해요.

나다니엘 나는 전에 온 세계를 정복했소…….

보이예 그렇고말고, 옳은 말이오, 알리산더.

비론 (코스타드에게) 여보게, 폼페이우스 장군!

코스타드 네, 당신을 충심으로 받드는 코스타드입니다.

비론 저 정복자를 내쫓게. 알리산더를 내쫓으란 말이야.

코스타드 (나다니엘 신부에게) 어이구, 신부님이 정복자 알리산더를 엉망으로 만들고 말았어요! 이젠 벽걸이 그림에서 당신 얼굴이 떼어지게 되겠군요.

도끼를 들고 변기 위에 걸터앉아 있는 당신의 사자 문장은, 이제는 아이아스에게 물려줘야 되겠습니다. 이제는 그분이 아홉 번째 영웅이 될 겁니다. 정복자가 왜 말이 없죠! 더 망신당하지 말고 어서 줄행랑치세요, 알리산더. (나다니엘 퇴장) 자, 쫓아버렸습니다. 순하디 순한 데다 물러터졌지만 본성이 우직해서 주눅이 들지 뭡니까? 정말 좋은 이웃분이죠. 공굴리기에도 달인이랍니다. 하지만 알리산더 역할은—보시다시피 좀 지나쳤던 것 같습니다. 그러나 이제부터 등장하는 영웅들은 저마다 대사를 읊을 겁니다.

공주 폼페이우스 장군은 물러가 있어요.

유다로 분장한 홀로페르네스, 헤라클레스로 분장한 모스 등장.

홀로페르네스 머리가 셋 달린 사나운 개를 곤봉으로 때려죽이는 위대한 헤라클레스 역할은 이 꼬마가 맡습니다. 그가 일찍이 갓난아기이자 어린아이이고 꼬마였을 때, 독사를 맨손으로 목 졸라 죽였답니다. 왜냐하면 그가 어렸을 때였기 때문에, 그래서 제가 이렇게 헤아려 이해해 주실 것을 부탁드립니다. (모스에게) 퇴장할 때는 가슴을 펴고 위엄 있게 하는 거다. (모스 퇴장) 이 사람은 배신자…….

뒤멘 뭐, 배신자라고!

홀로페르네스 뒤멘 경, 이스가리옷은 아닙니다. 이 사람은 마카바에우스라고 불리는 유다입니다.

뒤멘 마카바에우스를 떼어버리면 그 유다(배신자)가 되잖소.

비론 입맞추고 배신한 반역자지. 그런데 어떻게 당신이 유다란 말이오?

홀로페르네스 이 사람이 바로 유다입니다.

뒤멘 아니, 창피하지도 않소, 유다!

홀로페르네스 어째서 말입니까?

보이예 유다는 목을 매달아 죽으니까 말이오.

홀로페르네스 그러면 어르신(elder) 먼저 하십시오.

비론 그 말 잘했구려. 유다는 딱총나무(elder)에 목매달아 죽었으니까.

홀로페르네스 이렇게 망신을 당했지만 얼굴(countenance)이 깎일 사람은 아닙니다.

비론 처음부터 얼굴(face)이 없었잖소!

홀로페르네스 그럼 이건 뭡니까? (자신의 얼굴을 가리킨다)

보이예 기타 통에 새긴 대갈통이죠.

뒤멘 부인용 머리핀에 새긴 대갈통이오.

비론 반지에 새긴 해골바가지.

롱거빌 겨우 보이는 옛 로마 동전에 새긴 얼굴.

보이예 카이사르의 칼자루 끝.

뒤멘 탄약통(彈藥筒)에 새긴 머리뼈.

비론 브로치를 꾸미기 위해 조작된 성 조지 옆얼굴.

뒤멘 그렇지, 납으로 만든 싸구려 브로치에 붙은.

비론 옳지, 치과의사가 쓰는 싸구려 모자에 붙은 거지. 자, 그럼 계속해요.
  이만하면 얼굴을 세워 주었잖소.

홀로페르네스 여러분들은 제 얼굴에 먹칠을 한 겁니다.

비론 거짓말이요. 우리는 당신에게 얼굴 여러 개를 만들어 준 거요.

홀로페르네스 그러니까 얼굴을 죄다 뭉개버렸단 말씀이시군요.

비론 당신이 사자일지라도 우리는 그렇게 했을 거요.

보이예 이제 보니 멍청한 당나귀로군그래. 저자더러 가라고 하시오. 그러면
  잘 가시오, 유다! 아니 왜 가지 않고 가만히 있는 거요?

뒤멘 아마 이름자 끝에 뭐라도 붙여달라는 눈치 같소.

비론 옳아, 유다에다 당나귀를 붙여달라는 거군. 그렇게 해요…… 당나귀 유
  다, 어서 꺼져버려!

홀로페르네스 이건 너무합니다. 관대하지도 않고 예의에도 어긋나며 겸손하
  지도 않습니다.

보이예 유다 선생님에게 등불을! 어두워졌으니, 넘어지면 안 되지요. (홀로페
  르네스 퇴장)

공주 아, 가엾어라, 마카바에우스가 뼈가 오그라지게 당했군요!

  헥토르로 꾸민 허풍쟁이 아르마도 등장.

비론 아킬레우스, 머리를 숨겨! 헥토르가 무장을 하고 온다.

뒤멘 너무 비웃다간 앙갚음을 당할지 모르니 웃고 즐길 수는 없겠구먼.

왕 (아르마도를 바라보며) 이렇게 보니 용맹한 헥토르도 결국 보통 트로이 사람일 뿐이로군.

보이예 그런데 저자가 헥토르예요?

뒤멘 헥토르가 저렇게 맵시 좋게 생기지는 않았을 텐데.

롱거빌 헥토르의 다리와 비교해도 너무 굵은데.

뒤멘 장딴지는 더하군.

보이예 아뇨, 그 밑이 잘생긴 거예요.

비론 어쨌든 헥토르는 아니지요.

뒤멘 저건 신이 아니면 그림 그리는 사람이 분명합니다. 얼굴을 저렇게 마구 만들고 있으니 말입니다.

아르마도 용감무쌍하시고 검술에 전능하신 군신 마르스께서 트로이 왕자 헥토르에게 선물로 주신…….

뒤멘 금색 육두구를 주셨겠지.

비론 레몬일 거야.

롱거빌 정향(丁香)을 채운 것이지.

뒤멘 아니, 쪼개져 있겠지.

아르마도 쉿, 조용히…… 용감무쌍하고 검술에 전능하신 군신 마르스께서 트로이 왕자 헥토르에게 천품(天稟)을 내려주셨으니, 밤낮을 가리지 않고 천막 밖으로 나아가 씩씩하게 싸우는 용맹스런 전사가 되리. 나야말로 용맹의 꽃이로다…….

뒤멘 박하꽃.

롱거빌 매발톱꽃.

아르마도 롱거빌 경, 그 혓바닥의 고삐를 당기시지요.

롱거빌 그러잖아도 고삐를 풀어줘야 할 처지요. 헥토르를 향해 질주해야 할 것이오.

뒤멘 참, 헥토르는 사냥개 이름이군요.

아르마도 그 늠름한 용사는 이미 시신이 되어 썩어가고 있겠지요. 여러분, 먼저 가신 분에게 매질은 하지 마십시오. 그분도 살아 계실 때는 빼어난 인물이었습니다. 어쨌든 저는 맡은 역할을 계속하겠습니다. (공주에게) 아름다운

공주님, 귀를 기울여 주시기 바랍니다. (비론, 앞으로 걸어나오며 코스타드에게 말한다)

공주 계속하세요, 용감한 헥토르, 무척 재미있어요.

아르마도 공주님 신발 앞에 엎드려 입을 맞추겠습니다.

보이예 (뒤멘에게만 들리게) 저 사람은 공주님 발에 반했나 보오.

뒤멘 (보이예에게만 들리게) 헛물만 켜는 거죠.

아르마도 이 헥토르는 한니발보다 훨씬 훌륭한 영웅이었으며, 그의 파란만장한 인생은 가고…….

코스타드 (아르마도에게) 헥토르 양반. 그 여자는 애를 가졌다고, 두 달이나 됐어요.

아르마도 무슨 뚱딴지같은 소리냐?

코스타드 어이구, 당신이 정직한 트로이 사람이 되어야지, 안 그러면 그 계집애는 신세 망친다고. 애를 가졌어. 애새끼가 벌써 배 속에서 놀고 있다지 뭔가…… 당신 애라고.

아르마도 어르신들 앞에서 나를 모욕할 셈인가? 이놈, 죽여버릴 테다.

코스타드 그럼 헥토르는 자크네타의 배를 부르게 했으니 곤장을 맞아야 하고, 폼페이우스를 죽인 죄로 교수형을 받게 될걸.

뒤멘 폼페이우스, 잘한다!

보이예 폼페이우스가 멋져!

비론 그냥 폼페이우스 장군이 아니지! 위대하고 위대하고 위대하신 폼페이우스 장군. 위대한 폼페이우스!

뒤멘 헥토르가 떨고 있군.

비론 폼페이우스가 화를 냈어. 장난꾸러기 여신들이여, 장난꾸러기 여신들이여! 화를 머리끝까지 돋우라! 화를 돋우라고!

뒤멘 헥토르가 폼페이우스에게 결투 신청을 할 테지.

비론 그야 물론이오. 만약 그의 배 속에 벼룩이 빨 만한 피가 한 방울이라도 있다면야.

아르마도 자, 한판 붙자. 북극성을 걸고 맹세한다.

코스타드 나는 북쪽 사람들처럼 몽둥이로 싸우지 않는다. 단칼에 베어버리겠다. 칼로 싸우자. 공주님, 아까 그 칼을 다시 빌려주십시오.

뒤멘 자, 비켜섭시다. 성난 영웅들의 결투요!

코스타드 셔츠 바람으로 싸워야겠네.

뒤멘 단호한 폼페이우스로군!

모스 (아르마도에게) 나리, 제가 옷을 벗겨드릴까요? 폼페이우스가 결투하겠다고 웃옷을 벗고 있어요. 어떻게 하시렵니까? 볼썽사나운 꼴을 당하시렵니까?

아르마도 신사 여러분, 용사 여러분, 용서하십시오. 저는 셔츠 바람으로 싸우고 싶지는 않습니다.

뒤멘 그렇다 해도 안 한다고는 못하겠지. 폼페이우스가 도전하고 있으니.

아르마도 훌륭하신 여러분, 그야 거절할 수도 있고, 실은 거절할 참입니다.

비론 어째서 그러는 거요?

아르마도 까놓고 말씀드리면, 저는 셔츠를 입고 있지 않습니다. 고행을 하고 있어서 털옷만 맨몸에 걸치고 있습니다.

보이예 옳거니, 로마에서는 아마포가 모자라서 입지 못하게 한 모양이군. 틀림없이 자크네타한테서 얻은 넝마 조각을 사랑의 증표로 삼아 몸에 걸치고 다녔겠지.

전령 메르카드 등장.

메르카드 (공주에게) 공주님, 삼가 문안드리옵니다!

공주 메르카드 경, 잘 오셨어요. 한창 재미있는 여흥이 경 때문에 끊어지고 말았지만 말입니다.

메르카드 공주님, 황공하옵니다만 매우 슬픈 소식을 아뢰러 왔습니다. 부왕께옵서…….

공주 결국 승하하셨군요!

메르카드 그렇사옵니다. 이제 제가 아뢰올 말은 모두 아뢰었습니다.

비론 (아르마도 등에게) 영웅들은 물러들 가오! 어두운 장면이 되어버리는구나.

아르마도 (혼잣말로) 나로 말한다면 마음대로 숨을 쉬게 됐다. 쥐구멍에도 볕들 날이 있다지. 이왕 건진 목숨이니 다시는 미욱한 짓은 삼가고 용사답게 곧게 살아가야겠다. (영웅들 퇴장)

왕 (공주에게) 무슨 일이십니까, 공주님?

공주 보이예 경, 출발 준비를 하세요. 오늘 밤에는 떠나야 합니다.

왕 그러지 마시고, 머물러 계십시오.

공주 (보이예에게) 준비하라니까요. (왕과 나머지 사람들에게) 여러분, 감사합니다. 여러분은 저희들을 위해 여러모로 애써 주셨습니다. 그리고 새로운 슬픔에 잠긴 제가 마음으로 간곡히 요청하니 저희들이 드린 말이 너무 불손하고 무엄했다 하더라도, 너그러운 마음으로 용서해 주시거나 잊어주시기 바랍니다. 모두 인자하심을 믿고 한 일입니다. 전하, 안녕히 계십시오. 마음이 비통하다 보니 혀조차 제대로 돌아가지 않습니다. 어려운 부탁을 쉽게 들어주신 은공에 대해 감사의 인사말을 충분히 드리지 못함을 용서하십시오.

왕 극단적일 만큼 절박한 순간에 처해 있을 때 모든 일이 가장 빠르게 해결될 수도 있습니다. 오랫동안 매듭짓지 못했던 일도 마지막 순간에 결정을 보는 수가 있기 때문입니다. 부왕의 서거를 애도하는 마음이시니, 사랑의 미소를 억누르고 그 확증이라 할 신성한 구애의 말도 삼가는 것이 마땅한 일일 것입니다. 그러나 사랑이 먼저라고 생각하신다면 그 뜻을 슬픔의 구름으로 밀어내지 마십시오. 돌아가신 분을 너무 슬퍼함은, 새로 얻은 사랑을 기뻐하는 것보다 슬기롭고 보람된 일이 못됩니다.

공주 무슨 말씀이신지 모르겠습니다. 그리고 저의 슬픔은 그 두 배나 됩니다.

비론 솔직한 말은 슬픔에 젖은 귀에 더 잘 들리는 법입니다. (공주에게) 제가 드리는 말로 전하의 진심을 헤아려 주십시오. 우리가 시간을 허비하고 맹세를 깨뜨린 것도, 모두가 아름다운 여러분 때문이었습니다. 우리가 여러분의 아름다움에 매혹되어 넋을 잃고는, 불미스럽게도 처음 뜻과는 정반대로 어리석은 꼴을 보인 것도 사실입니다. 사랑은 본디 어리석고 어린애처럼 제멋대로이고 철없으며 어리석지 않습니까. 우리가 저지른 우스꽝스런 행동은 모두 눈 때문에 일어난 일이며 눈동자의 움직임에 따라 여러 물체들이 눈에 들어오듯, 온갖 괴상한 몰골이나 꼬락서니를 보여드리게 된 것입니다. 우리가 주책없이 사랑의 때때옷을 입고 나타났기 때문에 천사 같은 여러분의 눈은 우리의 엄숙한 맹세를 의심의 눈초리로 보셨을 테지만, 실은 여러분의 눈 때문에 우리가 잘못을 저지르게 된 것입니다. 그러니 우리의 사랑이나

작별 H.C. 셀루스

그 사랑에서 비롯된 잘못도 여러분 때문이지요. 우리는 오로지 여러분에게 영원한 진실을 바치고자 우리의 맹세를 깨뜨리며, 우리 자신에게 진실하지 못했습니다. 이 모두가 여러분 때문이었습니다. 그러니 보통 때라면 죄가 될 맹세 파기도 이 경우는 정화되어 미덕이 되는 것입니다.

공주 사랑이 소복이 담긴 편지, 사랑의 사신이 되어준 선물 모두 잘 받았습니다만, 우리로서는 일시적인 사랑의 불장난, 즐거운 놀이라는 생각만 들었습니다. 그저 시간의 틈새를 메우기 위해 잔뜩 끼워 넣고 만지작거리는 식의 심심풀이로만 여겼습니다. 그래서 우리도 진실함 없이 여러분이 보여주신 방식으로 장난삼아 여러분을 대했던 것입니다.

뒤멘 우리가 보낸 편지를 보셨으니, 결코 장난이 아님을 아셨을 텐데요.

롱거빌 우리의 얼굴 표정으로도 아셨을 거고요.

로잘린 그렇게 보이지는 않았어요.

왕 오늘이 마지막 순간이니 우리의 사랑을 받아주십시오.

공주 그처럼 소중하고 영원한 일의 언약을 맺기에는 너무 시간이 짧은 듯합니다. 그렇습니다, 전하께서는 중요한 서약을 깨뜨려 죄를 지으셨습니다. 그러므로 제가 말씀드릴 수 있는 것은, 저를 사랑하신다면―저를 사랑하실 리 없으시겠지만 무슨 일이든 하시겠다면―이렇게 해주시면 좋겠습니다. 전하의 맹세는 믿을 수 없으니 서약은 하지 마시고 곧바로 속세의 쾌락과는 등진 쓸쓸한 암자에 찾아가셔서, 그곳에서 1년 열두 달을 채워 은둔 생활을 해주십시오. 전하의 굳은 맹세가 고독하고 엄격한 생활에서도 변치 않고, 추위와 단식과 딱딱한 잠자리와 얇은 옷에도 화려한 사랑의 꽃봉오리가 시들지 않고 시련을 견뎌내어 핀다면 1년이 지난 그때에 저를 찾아주십시오. 그리고 그 공로를 자랑삼아 당당히 사랑을 요구하세요. 그럼 지금 전하의 손과 마주친 이 처녀의 손에 걸고 그때는 꼭 전하의 사람이 될 것입니다. 그때까지는 부왕의 승하를 추모하며 슬픔에 잠긴 채 궁중 깊이 파묻혀 애도의 눈물로 세월을 보내겠습니다. 이렇게 하기를 원치 않으시면, 서로 헤어져 깨끗이 단념하는 것이 좋겠습니다.

왕 그 요구를, 아니 그 이상의 조건일지라도 거절하고 편안한 생활을 꾀한다면 죽음의 손이 즉시 이 눈을 영원히 감게 해도 좋습니다! 이제부터 내 마음은 언제나 그대 가슴속에 있습니다.

비론 (로잘린에게) 아가씨는 어떻습니까? 나에 대한 회답 말이오.

로잘린 당신도 몸과 마음이 깨끗해져야 해요. 무거운 죄를 지으셨으니까요. 많은 잘못을 저지르고 맹세도 깨뜨렸잖아요. 그러니 저의 마음을 가지시려면 1년 열두 달 동안 한시도 쉬지 않고 병들어 누워 있는 불행한 사람들을 일일이 찾아다니며 문병하셔야 해요.

뒤멘 (카트린에게) 아가씨는 어떠십니까? 저에 대한 대답 말이오. 아내가 되어 주겠어요?

카트린 턱수염, 건강, 정직. 이 세 가지를 원해요. 그러면 세 배나 더 사랑해 드리죠.

뒤멘 아, 고맙습니다. 그럼 아내라고 불러도 괜찮습니까?

카트린 우물에 가서 숭늉 찾는 격이군요. 너무 성급히 굴지 마세요. 열두 달이 지나기까지는 어떤 애교스런 말씀으로 구애하셔도 거들떠보지도 않겠습니다! 전하께서 공주님을 찾아오실 때 와보세요. 그때 정이 많이 남아돌아가면 좀 나눠 드릴게요.

뒤멘 그때까지 꼭 충실하게 약속을 지키리다.

카트린 맹세 따위는 하지 마세요. 또 어기시면 어쩌죠?

롱거빌 마리아, 당신 대답은?

마리아 열두 달이 지나면 이 검은 상복을 벗겠어요. 충실한 분을 위해서죠.

롱거빌 그때까지 참고 견디겠습니다. 하지만 너무 길군요.

마리아 꼭 어울려요. 당신 같은 젊은이 가운데 멀대같이 큰 키도 드무니까요.

비론 (로잘린에게) 여보세요, 뭘 그리 골똘히 생각하고 있죠? 나를 좀 봐요. 마음의 창문인 이 눈을 말입니다. 이렇게 경건하게 대답을 기다리고 있지 않습니까. 사랑을 위해서 뭘 해드려야 할지 말해 주세요.

로잘린 비론 경은 뵙기 전부터 소문이 심심치 않게 들려왔어요. 당신이 마냥 사람들을 놀리신다고 하더군요. 비꼬는 말이나 마음에 상처를 주는 험담을 입에 달고 살며, 아무에게나 아랑곳없이 재주를 부릴 수 있다면 마구 퍼붓는다는 소문이 널리 퍼져 있던데요. 그런 독초를 당신의 빼어난 머릿속에서 뿌리째 뽑아버리는 것과 동시에 저를 차지하려 하시면, 다음 일을 반드시 해주셔야만 해요. 그래도 좋다면 부디 이제부터 열두 달 동안 날마다 말조차 제대로 못하는 중환자들을 찾아다니며, 병고에 신음하는 그분들을 위로해 주세요. 그리고 당신의 재치로 고통에 시달리는 그분들을 웃게 해주세요.

비론 죽음의 문턱에 다다른 사람들의 목구멍에 폭소를 일으키란 말인가요? 그건 안 됩니다. 불가능해요. 아무리 우스운 이야기라도 병 때문에 신음하는 사람을 웃길 수는 없어요.

로잘린 글쎄, 그것이야말로 사람을 조롱하는 버릇을 고치는 방법이 되지요. 그런 버릇은 너절한 이야기도 재미있다고 깔깔 웃어대는 천박한 사람들이 있기 때문에 생겨나게 마련이거든요. 농담이 기승을 부리는 것도 그걸 들어주는 사람의 귀가 있기 때문이지, 농담을 지껄이는 사람의 혓바닥 때문은 아니지요. 그러니 심한 신음 소리로 귀머거리가 된 병든 사람들이 당신의 쓸데없는 농담에 귀를 기울이거든 그냥 계속하세요. 그러면 그런 단점을 지닌 당신을 남편으로 맞겠어요. 그러나 그들이 귀를 기울이지 않으면 그 버릇을 내버리세요. 그런 단점을 버리고 마음을 고쳐먹은 당신을 만나게 될 날을 손꼽아 기다리겠어요.

비론 열두 달! 좋아요, 좋습니다. 모든 걸 운명에 맡기고, 열두 달 동안 고스란히 병원에 틀어박혀 살면서 농담을 하리다.

공주 (왕에게) 전하, 이젠 작별 인사를 드려야겠습니다.

왕 아니 공주, 우리가 도중까지 모셔다드리겠습니다.

비론 우리의 사랑은 옛날 연극처럼 끝나는 게 아니군요. 선남선녀가 바로 인연을 맺지 못했으니까요. 이 여성들이 고분고분만 했다면, 우리의 연극은 멋진 희극으로 막을 내렸을 겁니다.

왕 (비론에게) 자, 열두 달만 참구려. 그러면 멋진 희극으로 끝이 날 테니까.

비론 연극 치고는 너무 깁니다.

허풍쟁이 아르마도 다시 등장.

아르마도 (무릎을 꿇고 공주에게) 공주님께 아뢰옵니다.

공주 (왕 쪽으로 돌아보며) 이분은 헥토르가 아니었던가요?

뒤멘 트로이의 용맹한 영웅이었습니다.

아르마도 (공주에게) 저는 공주님 손에 입맞추고 떠나고자 합니다. 저도 서약하였습니다. 자크네타의 사랑을 위해, 앞으로 3년 동안 쟁기를 잡고 농사짓기로 맹세했습니다. 공주님, 아까 그 유식한 두 선생이 올빼미와 뻐꾸기를 찬양한 문답식 노래를 준비했는데 들어보시겠습니까? 실은 이것으로 저희들 연극의 마지막을 장식할 계획이었습니다.

왕 어서 그들을 불러들이도록 하라. 들어보리다.

아르마도 자! 나오시오.

모든 사람들 다시 등장.

아르마도　이쪽이 히엠스, 즉 겨울입니다. 이쪽은 베르, 즉 봄이지요. 한쪽은
올빼미가 맡고, 다른 쪽은 뻐꾸기가 맡습니다. 자, 봄, 시작하시오.

노래

봄
알록달록한 들국화, 푸른빛 제비꽃
은빛같이 하얀 황새냉이
노랑 미나리아재비꽃이
초원에 흐드러지게 피면
나뭇가지마다 우는 뻐꾸기,
결혼한 남편들을 놀려대며 노래하네.
뻐꾹, 뻐꾹, 뻐꾹, 오, 이 노랫소리는
결혼한 남정네 귀를 언짢게 하네!
목동이 보리피리 불고
종달새 우지지며 일꾼에게 새벽 알리고
산비둘기, 떼까마귀, 갈가마귀는 짝을 찾고
계집아이가 속옷 빨아 말릴 때
나뭇가지마다 우는 뻐꾸기,
결혼한 남편들을 놀려대며 노래하네.
뻐꾹, 뻐꾹, 뻐꾹, 오, 이 노랫소리는
결혼한 남정네 귀를 언짢게 하네!

겨울
추녀 끝에 고드름 매달려 있네.
딕은 손이 시려 입김을 불고
톰은 집으로 장작을 나르는데
그가 나르는 통 속 우유는 꽁꽁 얼어붙었네.
몸은 얼고 길은 진창인데,
부엉이는 밤마다 뜬눈으로 노래하네.

부엉, 부엉, 부엉, 즐거운 가락에 맞춰
개기름 흐르는 조안이 그릇을 닦네.
찬바람은 사납게 휘몰아치고
기침 소리에 신부님 설교가 막혀버리네.
새들은 눈 위에서 알을 품고
마리안의 코끝은 빨갛게 터 있네.
구워진 시큼한 능금이 주발에서 쉭쉭거릴 때
부엉이는 밤마다 뜬눈으로 노래하네.
부엉, 부엉, 부엉, 즐거운 가락에 맞춰
개기름 흐르는 조안이 그릇을 닦네.

아르마도　아폴로가 노래한 다음에는 메르쿠리우스의 말도 잔소리처럼 들리지요. 그럼 여러분은 저쪽으로, 저희들은 이쪽으로 나가도록 하겠습니다.
(모두 퇴장)

The Merry Wives of Windsor
원저의 즐거운 아낙네들

[등장인물]

존 폴스타프 경

펜튼   젊은 신사

로버트 섈로우   지방 치안판사

에이브러햄 슬렌더   섈로우의 조카

프랭크 포드
조지 페이지   } 윈저에 살고 있는 두 신사

윌리엄 페이지   조지 페이지의 아들, 소년

휴 에반스   웨일스의 교구 주임 사제, 학교 선생

카이우스   프랑스인 의사

주인   여관 주인(가터)

바돌프, 피스톨, 님   폴스타프의 부하

로빈   폴스타프의 어린 하인

심플   슬렌더의 하인

존 럭비   의사 카이우스의 하인

존
로버트   } 포드의 하인

포드 부인

페이지 부인

앤 페이지   페이지의 딸, 펜튼의 연인

퀴클리 아주머니   의사 카이우스의 가정부

[장소]
윈저 성과 그 근처

윈저의 즐거운 아낙네들

〔제1막 제1장〕

윈저. 페이지의 집 앞.
샐로우, 슬렌더, 휴 에반스 등장.

샐로우 (흥분하여) 에반스 신부님, 더는 설득하려 들지 마십시오. 무슨 일이
있어도 꼭 재판정으로 불러내고 말 겁니다. 폴스타프 경 따위는 스무 명이
덤빈다 해도 이 향사 로버트 샐로우가 호락호락 당할 사람이 아니란 말씀
이오.

슬렌더 (고개를 끄덕이면서) 그럼요, 글로스터 지역의 판사이신데요.

샐로우 물론 그렇고말고, 수석 치안판사이지.

슬렌더 아, 어디 그뿐인가요. 재판관이기도 하시죠.*¹ 지체 높은 가문에서 태
어나셔서 이름 뒤에는 반드시 '향사'라고 붙일 수 있지요. 증서나, 소환장이
나, 영수증이나, 채무증서나 어디에나 그렇게 쓴답니다.

샐로우 그럼, 그렇게 쓰지. 지난 3백 년 동안 늘 그렇게 해왔지.

슬렌더 숙부님의 조상들도 다 그렇게 해왔고, 앞으로 그 자손들도 그렇게 할
겁니다. 웃옷의 문장(紋章)에는 하얀 창꼬치 열두 마리를 새길 수 있지요.

샐로우 (의기양양해서) 유서 깊은 낡은 웃옷이지.

에반스 이*²가 열두 마리면 낡은 웃옷에는 잘 어울리겠습니다. 걸어다니는
모습하며, 사람에게 아주 친숙한 존재인 데다 사랑을 뜻하거든요.

샐로우 (냉담하게) 그게 무슨 말씀이오? 지금 싱싱한 창꼬치 이야기를 하는
거요…… 절인 생선을 파는 상인의 웃옷이야 구질구질하겠지만 말이오.

---

*1 무식해서 같은 직책을 가리키는 말들을 가지고 이리저리 자랑하고 있다.
*2 창꼬치(luce)를 벌레 이(louse)로 잘못 듣고 대답한다.

슬렌더 저라면 문장을 넷으로 쪼개는 게 좋겠다 싶은데요.

섈로우 그야, 결혼(marry)하면 되겠지.

에반스 넷으로 쪼개면 그쪽은 손상을 입게(mar) 될 텐데요.

섈로우 그럴 리 없소.

에반스 왜 아니겠어요? 판사님 옷 4분의 1을 저 사람이 가지면, 판사님에게는 옷자락 세 벌만 남지 않습니까. 그건 그렇고 존 폴스타프 경이 판사님 명예를 훼손했다면 교회의 일꾼인 제가 두 분을 화해시키기 위해 기꺼이 나서겠습니다.

섈로우 법정으로 끌고 가고야 말겠소. 이건 폭동이요.

에반스 법정에 폭동을 고발하는 건 옳지 않습니다. 폭동은 하느님을 두려워하지 않는 마음에서 일어납니다. 그런데 법정은, 판사님만 보아도 그렇듯이, 하느님을 두려워하는 자라면 환영하겠지만 폭도를 좋아할 리 없죠. 그 점을 신(심)사숙고하십시오.

섈로우 허! 내 장담하는데, 내가 다시 젊은 시절로 돌아갈 수만 있다면 칼싸움으로 승부를 가렸을 거요.

에반스 친구라는 칼로 해결짓는 것이 바람직하지요. 저에게 좋은 생각이 있습니다. 아마 좋은 결과를 가져다줄 겁니다. 앤 페이지라고, 페이지 씨에게는 아주 어여쁜 딸이 하나 있지요.

슬렌더 앤 페이지? 갈색머리에, 목소리가 고운 그 아가씨 말인가요?

에반스 당신 마음에 꼭 들 아가씨지요. 그 아가씨의 할아버지가…… 하느님께서 그에게 구원을 내리시길! 그러니까 그 아가씨가 열일곱 살이 되면 7백 파운드에 금과 은을 받도록 유언을 남겼지요. 그러니 싸움은 잠시 덮어두고 에이브러햄 슬렌더 씨와 앤 페이지 양의 결혼을 주선해 보면 어떨까요?

슬렌더 그 아가씨의 할아버지가 유산을 7백 파운드나 남겼다고요?

에반스 그렇소. 게다가 아버지로부터도 적지 않은 재산을 물려받게 돼 있죠.

섈로우 그 아가씨라면 나도 알고 있어요. 훌륭한 아가씨지요.

에반스 7백 파운드의 유산은 훌륭한 게 틀림없지요.

섈로우 그럼, 페이지 씨를 만나봅시다. 폴스타프가 이 집에 와 있다고 하셨나요?

에반스 제가 거짓말하는 줄 아십니까? 저는 거짓말하는 사람과 진실하지 못

1막 1장, 에반스, 섈로우 및 슬렌더 헨리 코트니 셀루스

한 사람을 경멸합니다. 그 기사 폴스타프가 여기 있습니다. 마음씨가 올바른 사람의 말에 귀 기울여 주십시오. 페이지 씨가 집에 있는지 문을 두드려 보겠습니다. (문을 두드리며) 여보세요! 이 댁에 하느님의 은총이 내리시기를!

페이지 (안에서) 누구세요?

에반스 하느님의 은총을 가져온 당신의 친구가 섈로우 판사님과 슬렌더 씨를 모시고 왔습니다. 괜찮다면 드릴 말이 있습니다.

페이지, 문을 열고 나온다.

페이지 잘 오셨습니다, 판사님. 지난번에 보내주신 사슴고기 너무나 감사합니다.

샐로우 반갑습니다, 페이지 씨. 사슴고기가 변변치 않아서요. 서투르게 잡아
　　서 그런가 봅니다. 부인도 안녕하신지요? 언제나 감사하고 있습니다! 진심
　　입니다.

페이지 감사는 제가 드려야죠.

샐로우 정말 고맙습니다.

페이지 슬렌더 씨, 안녕하십니까?

슬렌더 이 댁의 누런 사냥개는 잘 있습니까? 지난번 콧솔 경주에서 졌다
　　지요.

페이지 승부를 가늠할 수 없었을 뿐입니다.

슬렌더 인정하지 못하시는군요.

샐로우 (슬렌더에게만 들리게) 물론 싫겠지. (페이지에게) 당신 탓입니다. 개한테
　　는 잘못이 없어요. 좋은 개인데.

페이지 똥개랍니다.

샐로우 좋은 개죠, 훌륭한 개예요. 두말하면 잔소리죠. 훌륭하고 좋은 개입
　　니다. 그런데 존 폴스타프 경이 댁에 와 계십니까?

페이지 네, 안에 계십니다. 두 분 사이의 일이라면 제가 힘이 되었으면 합
　　니다.

에반스 그리스도교인다운 말씀이십니다.

샐로우 페이지 씨, 그가 나를 모욕했단 말입니다.

페이지 그분도 그렇다고 하시더군요.

샐로우 자백한다고 죄가 없어지는 건 아니지요. 안 그렇습니까, 페이지 씨?
　　그 사람이 나를 모욕했답니다. 정말이에요, 정말이고말고요. 이 로버트 샐로
　　우 향사가 모욕을 당했다 이 말씀입니다.

페이지 폴스타프 경이 나오는군요.

존 폴스타프 경이 그의 부하 바돌프, 님, 피스톨과 함께 등장.

폴스타프 이보시오, 샐로우 씨, 나를 국왕한테 고발할 생각이라면서요?

샐로우 당신은 내 아랫사람들을 때리고 내 사슴을 죽이고 오두막집에 멋대
　　로 침입했소.

폴스타프 하지만 오두막집 딸과 입은 맞추지 않았어요!

섈로우 흥, 말 돌리지 말아요! 대답해 보시오.

폴스타프 지금 바로 하지요. 모두 내가 저지른 짓이오. 자, 이제 됐죠?

섈로우 법정에 고발하겠소.

폴스타프 고발해 봤자 괜히 웃음거리밖에 안 돼요.

에반스 잠깐 실례합니다. 존 경은 말을 좀 조심하시지요.

폴스타프 말조심하라고! 조심이고 뭐고 어림없는 소리요. 이봐 슬렌더, 내가 자네 머리를 쳤다. 그래서 그게 어쨌다는 거지? 나한테 할 말이 있나?

슬렌더 있고말고요. 당신한테 할 말이 아주 많습니다. 그리고 사기꾼 악당들인 당신 부하 바돌프, 님, 피스톨에게도 할 말이 있지요. 이자들이 저를 술집으로 끌고 가서 술이 떡이 되도록 먹이고는 제 지갑을 털어 갔단 말입니다.

바돌프 밴버리 치즈 같은 홀쭉이가! (칼을 뺀다)

슬렌더 (그 기세에 눌려서) 뭐, 대수롭지 않은 일이오.

피스톨 뭐가 어쩌고 어째! 이 메피스토펠레스*³야! (칼을 뺀다)

슬렌더 (더욱 위축되어) 뭐, 대수롭지 않은 일이오.

님 (칼끝으로 슬렌더를 쿡쿡 찌르면서) 찔러버릴까. 푸욱! 이게 내 기분이다.

슬렌더 (필사적으로) 내 하인 심플은 어디를 갔나? (섈로우에게) 숙부님, 모르십니까?

에반스 (가운데 끼어들면서) 자, 자, 조용히들 하세요. (세 사람 물러선다) 내 말 좀 들어보세요. (수첩을 꺼내 들고) 이 사건에는 중재자가 셋이나 있습니다. (적는다) 첫째는 페이지 씨, 그러니까 저 페이지 씨와, 나, 말하자면 나 자신과 그리고 마지막이자 끝으로 가터 여관 주인이 있지요.

페이지 그럼 우리 세 사람이 모두의 이야기를 들어보고, 이 사건을 마무리합시다.

에반스 그게 좋겠군요. 내가 수첩에 간추려 적어둘 테니 나중에 이 사건의 원인을 신중히 찾아내도록 합시다. (다시 적는다)

폴스타프 피스톨!

---

*3 16세기 파우스트 전설에 나오는 악마.

피스톨 네, 듣고 있습니다.

에반스 (얼굴을 들고 혼잣말로) 악마와 그 부하로군! 듣고 있습니다? 잘난 척하기는.

폴스타프 피스톨, 네가 슬렌더 씨의 지갑을 훔친 게 사실이냐?

슬렌더 아, 이 장갑에 두고 맹세합니다. 제 말이 거짓이라면 다시는 커다란 제 침실에 들어가지 않겠습니다. 저자가 훔친 돈은 주조공장에서 막 찍어 낸 동전 6펜스와 셔플보드 놀이에 쓰는 에드워드 금화 두 개예요. 이드 밀러에게 한 개에 2실링 2펜스나 주고 산 거죠. 이 장갑에 두고 맹세합니다만 정말입니다!

폴스타프 피스톨, 사실인가?

에반스 글쎄요, 거짓말이지요. 소매치기 이야기라면.

피스톨 뭐라고? 이 산도깨비가! (폴스타프에게) 폴스타프 나리, 저 비쩍 마른 꼬챙이 자식에게 결투를 신청하겠습니다. (슬렌더에게) 네놈의 입술에다 그렇지 않다는 말을 새겨놔야겠다. 그렇지 않다는 말을. 허황된 쓰레기 거짓말 쟁이야!

슬렌더 (님을 가리키며) 이 장갑에 두고 맹세하건대, 그러면 이 사람이 훔쳤나 봅니다.

님 잘 생각해서 기분 좋게 말해. 나한테 샌님같이 굴었다가는 실컷 두들겨 패줄 테니.

슬렌더 이 모자에 두고 맹세하건대, 그렇다면 저기 얼굴 빨간 사람이 훔쳐 갔을 겁니다. 그때 술에 취해서 기억은 잘 안 나지만, 나도 바보 천치는 아니거든요.

폴스타프 말해 봐, 홍당무야.

바돌프 제가 알기로는 저 신사가 술에 너무 취해서 다섯 문장(sentence)을 잊어버린 모양입니다.

에반스 (혼잣말로) 문장이 아니라 감각(sense)이겠지. 무식하기는!

바돌프 나리, 본디 술이 떡이 되면 돈을 잃는다는 말도 있지 않습니까······ 그러니 결과는 뻔하지요.

슬렌더 맞아, 그때도 당신은 라틴어로 이야기를 했었소. 그렇지만 그까짓 건 아무래도 좋소. 앞으로 다시는 취하지 않을 거요. 술을 마신다 해도 정직하고 예의 바르고 점잖은 사람들하고만 마실 겁니다. 취하더라도 하느님을 두려워할 줄 아는 사람들하고만 취하지, 주정뱅이 악당들과는 어울리지 않겠소.

에반스 (감탄하며) 하느님, 참으로 훌륭한 결심이 아니옵니까?

폴스타프 여러분, 들으신 대로입니다. 다 없었던 일이라는 사실을 이제 아셨죠?

페이지의 딸 앤이 포도주를 들고 집에서 나온다. 페이지 부인과 포드 부인도 뒤따라 등장.

페이지 (앤에게) 애, 술은 안으로 가져가라. 안에서 마실 테다. (앤 퇴장)

슬렌더 오, 하늘이시여. 앤 페이지 아가씨구나!

페이지 안녕하십니까, 포드 부인!

폴스타프 (포드 부인에게) 포드 부인, 정말 잘 만났습니다. 실례합니다, 부인. (그녀에게 키스한다)

페이지 (아내에게) 여보, 이분들에게 인사드려요. 자, 여러분, 따끈따끈한 사슴 고기 파이가 있습니다. 어서 들어가시죠. 여러분, 한잔하면서 오해는 모두 씻어버리도록 합시다. (슬렌더만 남고 모두 퇴장)

슬렌더 40실링을 낼 테니 누가 내 연애시집을 좀 가져다줬으면 좋겠군.

심플, 거리에서 등장.

슬렌더 심플, 어디 갔었느냐? 내 시중을 내가 들어야 한단 말이냐? 수수께끼 책은 가지고 있느냐?

심플 수수께끼 책요? 아이고, 그건 성 미카엘 축일 2주 전, 만성절 때 앨리스 쇼트케이크 씨한테 빌려드리지 않았습니까?

샐로우와 에반스, 슬렌더를 찾으러 다시 나온다.

샐로우 이봐, 조카야, 너를 기다리고 있었다. (슬렌더의 팔을 잡고) 할 이야기가 있어. 아, 결혼 이야기인데 말이다. 여기 계신 에반스 신부님이 조심스레 건네신 말씀인데, 알아듣겠느냐?

슬렌더 아, 숙부님, 저는 이치를 아는 사람입니다. 그러니 이치에 맞는 일이면 뭐든지 합니다.

샐로우 그게 아니라 내 말의 뜻을 알겠느냐 이 말이다.

슬렌더 네, 압니다.

에반스 (옆에서) 슬렌더 씨, 판사님 말씀을 귀담아들어요. 당신이 할 수만 있다면 내가 더 상세히 설명해 드릴 것이오.

슬렌더 저는 샐로우 숙부님 말씀에 따르겠습니다. 실례지만, 이분은 지역의 치안판사가 아니십니까? 저야 뭐 하찮은 사람이고요.

에반스 그런 문제가 아니에요. 당신의 결혼 문제라고요.

샐로우 그래, 바로 그 말이다.

에반스 그래요, 바로 그 말이에요. 앤 페이지 양과의 결혼 말이오.

슬렌더 아, 네. 이치에 맞는 조건이라면 그녀와 결혼하겠습니다.

에반스 하지만 그 여자를 사랑할 수 있겠어요? 그걸 당신의 입을 통해 듣고 싶단 말입니다. 또는 입술로요. 철학자들이 입술은 입의 일부라고 말하니까요. 정확히 말해서 그 아가씨한테 호감을 가질 수 있겠어요?

샐로우 에이브러햄 슬렌더, 너는 그 아가씨를 사랑할 수 있겠느냐?

슬렌더 그럴 수 있을 겁니다. 이치에 맞는 일을 하려는 사람에게 어울리는 일이라면 하겠습니다.

에반스 아니, 무슨 쓸데없는 소리가 그리 많소! 당신이 그 아가씨를 사랑할 수 있겠는지 딱 부러지게 말해 봐요.

샐로우 그렇지, 확실히 말해야지. 꽤 많은 지참금을 가지고 온다면 그 아가씨와 결혼하겠느냐?

슬렌더 숙부님의 부탁이라면 그보다 더한 일도 하겠습니다. 이치에 맞는 일이라면요.

샐로우 허, 내 말을 못 알아듣는군. 다 너 좋으라고 이러는 거다. 그 아가씨를 사랑할 수 있느냐?

슬렌더 숙부님이 하라고 하시면 결혼하겠어요. 처음에는 큰 애정이 존재하지 않아도 결혼해서 함께 살게 되면 서로를 더 알 수 있을 테니까, 친숙해

1막 1장, 앤 페이지와 슬렌더 H.C. 셀루스

지다 보면 더 '경멸'하게 될 수도 있지 않습니까.*⁴ 어쨌든 그 아가씨와 결혼
하라고 하시면 결혼합니다. 자신 있고 무절제하게 말씀드릴 수 있습니다.

에반스 매우 확고한 대답이오. 그렇지만 '무절제하게(dissolutely)'라는 말이 잘
못된 것 같군요. '단호하게(resolutely)'란 말이 아니겠소? 어쨌든 좋은 뜻으로
말하셨겠지만.

섈로우 아, 물론 좋은 뜻이겠죠.

슬렌더 네, 그렇습니다. 그렇지 않다면 이 목을 매도 좋습니다!

앤 페이지 다시 등장.

섈로우 앤 양이 오는군. (인사를 한다) 앤 양, 그대를 보니 나도 다시 한 번 젊
어지고 싶군!

앤 (무릎을 굽혀 절을 하며) 식사 준비가 됐습니다. 아버지께서 여러분을 기다
리고 계십니다.

섈로우 곧 가겠네, 앤 양.

에반스 (서둘러 들어가면서) 이런, 식사 전 기도에 늦으면 큰일이지. (섈로우와 함
께 퇴장)

앤 (슬렌더에게) 어서 들어오세요.

슬렌더 (웃음을 지어 보이며) 정말 고맙습니다, 진심입니다. 나는 괜찮습니다.

앤 당신의 식사도 차려두었으니까요.

슬렌더 배고프지 않습니다, 정말 감사합니다. (심플에게) 이봐, 너는 내 하인이
지만 가서 섈로우 숙부님 시중을 들어라. (심플 퇴장) (앤에게) 치안판사라 해
도 때로는 친구한테서 하인을 빌리거든요. 나는 어머니가 살아 계시는 동
안은 하인 셋하고 아이 하나밖에 못 부린답니다. 하지만 그게 어때서요? 가
난한 신사의 분수에 맞게 살고 있습니다.

앤 당신이 들어가시지 않으면 나도 갈 수 없어요. 안 들어가시면 모두 식사
를 들지 않고 기다리실 거예요.

슬렌더 정말 아무것도 먹고 싶지 않습니다, 고맙습니다. 벌써 먹은 거나 다름

---

*4 '친숙해지면 서로를 경멸하게 된다'는 격언을 인용하고 있지만 어울리지 않는다.

없습니다.

앤 (안달하며) 그래도 들어가 보셔야죠.

슬렌더 여기서 걷고 싶습니다, 고맙습니다. 얼마 전에 검술 선생하고 장검과 단검으로 겨루기를 하다가 정강이를 다쳤지요. 삶은 자두 한 접시를 걸고 세 판을 싸웠습니다. 그 뒤로는 익힌 고기는 비위가 상해 냄새도 맡을 수가 없게 됐어요. 댁의 개가 왜 저렇게 짖어대죠? 이 마을에 곰들이라도 왔답니까?

앤 그런가 봐요. 그런 말을 들었어요.

슬렌더 나도 그 놀이를 아주 좋아하죠. 그러나 나는 잉글랜드 남자들 누구보다도 그 구경거리를 나쁘다고 생각하는 사람이랍니다. 곰이 우리 밖으로 나오면 무섭겠죠?

앤 네, 그래요.

슬렌더 나는 그 놀이*5를 좋아하지만, 새커슨이란 이름의 곰이 우리에서 빠져나오는 모습을 스무 번이나 본 일이 있죠. 곰의 쇠사슬을 잡아본 적도 있어요. 그런데 여자들은 그 곰을 보고 놀라서 비명을 지르며 야단법석을 떨더군요. 사실 여자들은 곰이라면 질색을 하죠. 험상궂게 생긴 사나운 짐승이니까요.

페이지, 문을 열고 나온다.

페이지 자, 슬렌더 씨, 어서 들어오시오. 모두들 기다리고 있습니다.

슬렌더 감사합니다만 아무것도 먹고 싶지 않습니다.

페이지 그러면 안 됩니다. 어서 들어갑시다! (옆으로 비켜선다)

슬렌더 괜찮습니다, 먼저 가십시오.

페이지 (들어가며) 자, 이리 들어와요.

슬렌더 (쫓아 들어가다 되돌아 나오며) 앤 양, 앞장서세요.

앤 아닙니다, 어서 가세요.

슬렌더 절대로 앞에 서지 않겠습니다, 정말이에요! 그런 실례를 범할 수는

---

*5 곰 굴리기. 곰을 쇠사슬로 묶어놓고 개들을 풀어서 곰을 공격하게 하는 놀이.

없습니다.

앤 (그의 뒤에서) 제발, 어서요.

슬렌더 그럼, 번거롭게 해드리느니 차라리 실례를 해야겠습니다. 하지만 너무 겸손하시군요. (모두 퇴장)

〔제1막 제2장〕

같은 장소.
휴 에반스와 심플 등장.

에반스 어서 가서 카이우스 의사 댁이 어딘지 알아 오너라. 그 집에 퀴클리라는 여자가 살고 있는데, 그 집의 유모라 부르기도 하고, 보모라 부르기도 하고, 요리사라 부르기도 하고, 세탁사라 부르기도 하더구먼.

심플 네, 알겠습니다.

에반스 아니다, 아직 가만있어. 이 편지를 그 부인한테 드려라. 그 부인은 앤 페이지 양과는 아주 친한 사이란 말이다. 이건 네 주인의 마음을 앤 페이지 양에게 잘 말해 달라는 부탁 편지다. 어서 가보아라. 나는 식사를 마저 끝내야겠다. 이제 곧 후식으로 사과와 치즈가 나올 거야. (심플이 나간 뒤에 안으로 들어간다)

〔제1막 제3장〕

가터 여관의 어느 방.
휘장이 쳐져 있고, 층계가 복도로 통한다. 폴스타프, 탁자에 앉아 술을 마시고 있다. 여관 주인, 바쁘게 술잔을 준비하고 있다. 피스톨, 님, 바돌프와 로빈 등장.

폴스타프 (술잔을 탁자 위에 놓으며) 가터 여관 주인!

주인 (돌아보고) 기사 양반, 왜 그러시죠? 학자답게 신사답게 말씀해 보시오.

폴스타프 주인, 아무래도 내 부하 몇 놈은 내보내야겠소.

주인 그리하시지요, 못된 헤라클레스. 싹 잘라버리라고요.

폴스타프 나는 1주일에 겨우 10파운드로 살아가는 처지요.

주인 그 정도면 황제 부럽지 않은 생활이죠. 카이사르나 카이저나 페자르라고 할 수 있어요. 바돌프는 내가 고용하겠소. 술통 나르는 일을 시키면 돼요. 그러면 되겠소, 나리?

폴스타프 그렇게만 해준다면 고맙지.

주인 그렇게 하겠소. 그에게도 말해 줘요. (바돌프에게) 자네, 맥주에 거품 내고 포도주에 석회 넣는 솜씨 좀 봐야겠어. 나는 두말하지 않으니까. 따라오게. (퇴장)

폴스타프 바돌프, 따라가 보게. 술집일도 괜찮은 직업이지. 낡은 외투로 새 조끼를 만든다는 속담도 있지 않나. 시들어 버린 하인이 싱싱한 사환으로 되살아난다는 말이야. 그럼, 잘 가게.

바돌프 제가 전부터 하고 싶던 일입니다. 이걸로 꼭 출세하겠어요.

피스톨 이런 비겁하고 너절한 헝가리 거지 놈 같으니. 그래, 칼은 안 뽑고 술통 마개나 뽑아 들 테냐? (바돌프, 주인을 쫓아간다)

님 저 녀석, 술김에 태어난 놈이거든. 어때, 내 말이 근사하지 않나?

폴스타프 언제 터질지 모르는 폭탄 같은 놈을 떨쳐버리게 되서 속이 다 시원하군. 놈은 도둑질도 눈치껏 못하니 말야. 훔치는 솜씨가 꼭 서툰 가수 같으니…… 도둑질도 손발이 맞아야 하는 건데.

님 눈 깜짝할 사이에 훔쳐야 신이 나죠.

피스톨 유식한 사람은 '가져간다'고 말하는 거라네. '훔친다!'는 말은 너무 상스럽거든.

폴스타프 여보게들, 나는 이제 양말 한 짝 살 돈도 없어.

피스톨 그러다가 발에 동상 걸리겠는데요.

폴스타프 별 도리가 없어, 사기라도 쳐야지. 뭐라도 해야 해.

피스톨 새끼 갈까마귀*6도 먹어야 살죠.

폴스타프 누가 이 마을의 포드라는 사람 아나?

피스톨 제가 알죠. 엄청난 부자입니다.

폴스타프 그럼 너희들, 내 뱃속을 털어놓을 테니 잘 들어봐.

---

*6 '사기꾼'의 뜻이 있다.

피스톨 그 배 둘레는 2야드도 넘지요.

폴스타프 까불지 마, 피스톨. 하긴 내 허리둘레(waist)가 2야드쯤은 거뜬히 되지. 그렇지만 내가 하려는 이야기는 그런 쓸모없는(waste) 이야기가 아니야. 아껴보자는 거지. 그러니까 포드 여편네를 꼬셔보겠다 이 말씀이야. 아무래도 그 여자가 나를 좋아하는 것 같거든. 내게 말을 걸어오지를 않나, 친절하게 굴고, 뜨거운 눈길도 보냈다고. 꼬리 치는 속셈이 훤히 드러나 보이지. 행동하는 걸 보면 딱 잘라 말해서 "폴스타프 님, 저를 가지세요."라는 말이야.

피스톨 그 여편네 마음속을 손바닥처럼 훤히 꿰뚫어 보셨군요.

님 이제 깊숙이 닻을 내리신다, 이거죠? 제 말솜씨가 어떻습니까?

폴스타프 들리는 말로는 그 여편네가 남편 돈주머니를 마음대로 주무른다지 뭐야. 천사*⁷가 가득 든 돈주머니를 말이야.

피스톨 그렇다면 악마를 총동원해야죠! 공격하세요.

님 기분이 좋아져요. 벌써 천사를 손에 넣은 기분입니다.

폴스타프 여기 그 여자한테 보낼 편지를 써뒀지. 그리고 이건 페이지 여편네한테 보낼 거야. 그 여자도 야릇한 눈길로 내 온몸을 살펴보는 것 같더군. 그 이글거리며 타는 눈빛이 내 발끝에서부터 위풍당당한 내 배까지 훑고 지나갔어.

피스톨 (님에게만 들리게) 똥 무더기에 햇살이 비쳤군.

님 (피스톨에게만 들리게) 자네 그 말 한번 멋지게 했어.

폴스타프 오, 내 몸을 샅샅이 훑는 그 눈길이 어찌나 뜨겁던지, 돋보기로 태양을 쬐듯 나를 태워버릴 것만 같았어. 그래서 그 여자한테도 편지를 쓴 거야. 그 여자도 돈주머니를 움켜쥐고 있다니까. 금으로 가득한 기아나 땅은 저리 가라 할 만큼이래. 그 두 여편네를 꼬여내서 재무장관으로 삼고, 내 마음대로 돈을 뜯어 쓰겠다 이 말씀이야. 두 여자는 동인도, 서인도 같은 거지. 이 두 인도 사이를 오가며 거래를 한다 이거야. (피스톨에게) 너는 이 편지를 페이지의 여편네한테 갖다줘라. (님에게) 그리고 너는 이걸 포드의 여편네한테 갖다줘. 이제 앞날이 훤하니, 팔자 고치게 됐다니까.

---

*7 금화에 천사 모양이 새겨져 있어서 흔히 금화를 천사라 불렀다.

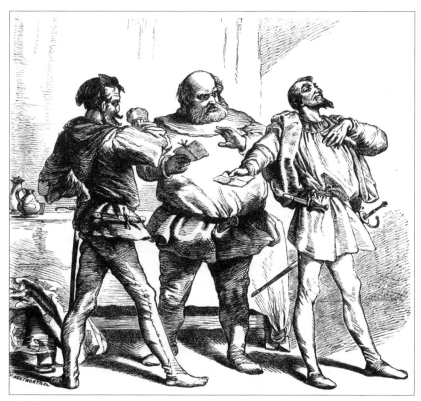

1막 3장, 폴스타프, 피스톨 및 님 H.C. 셀루스

피스톨 허리에 칼을 찬 저에게 트로이의 판다로스 같은 뚜쟁이를 하란 말씀
입니까? 죽어도 못 합니다요.

님 저도 그런 좀스런 짓은 못합니다. 편지는 되돌려드립니다. 벼룩도 낯짝이
있는데 체통만은 지키렵니다. (피스톨과 동시에 탁자 위에 편지를 던진다)

폴스타프 (탁자에서 일어서며, 던져진 편지를 로빈에게 준다) 얘, 이 편지를 꼭 전
하거라. 사랑의 나룻배가 되어 황금의 강가 나루터까지 쏜살같이 미끄러져
가거라! (피스톨과 님에게) 이 나쁜 자식들, 꺼져버려. 햇빛 받은 진눈깨비처럼
녹아 없어져라! 발굽을 질질 끌고 느릿느릿 꺼져버려. 이제부터 이 폴스타
프도 요즘 세태를 따르겠다. 프랑스식 절약이란 말이다. 이 어린놈 하나만
있으면 돼! (로빈을 데리고 퇴장)

피스톨 독수리가 네놈 배 속을 갉아먹을 거다. 노름판에 가서 주사위만 던

졌다 하면, 있는 놈 없는 놈 모조리 내 속임수에 빈털터리가 될 테니. 어디 두고 보라지. 네놈은 거지가 돼도, 내 지갑 속에는 금화 은화가 떨어지지 않을 거다. 이 터키 돼지 같은 놈아!

님　나에게 복수심에 가득 찬 생각이 있어.

피스톨　정말 복수하려고?

님　하늘과 별에 대고 맹세하지!

피스톨　머리로 할 텐가, 칼로 할 텐가?

님　둘 다 하겠네. 페이지한테 모든 걸 알리는 거야.

피스톨　그럼 나도 포드에게 비열한 악당 폴스타프가 간교한 수단으로 그의 돈을 빼앗고, 그 아내와의 잠자리까지 넘본다고 일러바치겠다.

님　내 복수심은 절대로 식지 않아. 페이지란 자에게 독을 퍼부어서 질투로 화가 머리끝까지 뻗치게 해줘야지. 나도 한다면 무섭게 하는 사람이야. 이게 진짜 내 기분이라고.

피스톨　자네는 반란군의 장수, 군신 마르스일세. 나는 부사령관이고. 자, 진격하세. (모두 퇴장)

〔제1막 제4장〕

의사 카이우스 집의 한 방.
탁자와 선반에는 책, 서류, 병, 증류기 등이 가득 놓여 있다. 무대 안쪽에 있는 문은 작은 벽장으로 통한다. 두 개의 문이 있다. 문 하나는 거리로 통한다. 그 문 옆에 창문이 있다. 퀴클리와 심플 등장.

퀴클리　(부른다) 이봐요, 존 럭비!

럭비 등장.

퀴클리　창가로 가서 우리 주인, 카이우스 의사 선생님이 오시나 봐줘. 사실 말이지, 선생님이 돌아오셔서 집 안에 누가 와 있는지 보시면, 늘 그렇듯이 그 나무랄 데 없는 영어로 또 한바탕 퍼부으실 거야.

럭비 그럼 지켜보죠.

퀴클리 부탁해. 오늘 저녁 타다 남은 석탄불에 우유술을 따끈하게 데워 줄게. (럭비 퇴장) 하인으로서 나무랄 데가 없는 아이예요. 정직하고 성실하고 친절하죠. 그뿐인가요, 뒤에서 수군거리는 일도 없고, 싸움을 일으킨 적도 없어요. 그저 한 가지 흠이 있다면 기도를 너무 열심히 한다는 거죠. 좀 바보 같은 구석이 있긴 해요. 그렇지만 흠이 전혀 없는 사람이 어디 있겠어요? 그건 그렇고 이름이 피터 심플이라고 했죠?

심플 네, 좋지도 나쁘지도 않은 이름이지요.

퀴클리 주인님이 슬렌더 나리라고 했던가요?

심플 그래요.

퀴클리 주인님은 턱수염을 둥글게 기르셨죠? 꼭 장갑 가게에서 쓰는 껍질 벗기는 칼처럼요.

심플 아니에요, 그분은 얼굴이 자그마해요. 누런 빛깔의 짧은 턱수염이 있고요. 불그죽죽한 누런 색깔이오.

퀴클리 상냥한 분이시죠?

심플 네, 맞아요. 그렇지만 이 근처에서 그분만큼 주먹깨나 쓰는 사람은 없지요. 토끼 농장 주인하고도 치고받은 일이 있어요!

퀴클리 그래! 이제 생각이 나네. 고개를 이렇게 쳐들고 점잔 빼며 걷는 분이죠?

심플 그래요, 맞아요.

퀴클리 그렇게 좋은 분이라면 앤 페이지 양과 아주 좋은 짝이 되겠는걸요. 에반스 신부님께 내가 댁의 주인어른을 위해서 할 수 있는 일은 다해 보겠다고 말씀드려요. 앤은 좋은 아가씨죠. 그래서 나는 앤을 위해서라면 무슨 일이든…….

럭비 (창가에서 큰 소리로) 아이고, 큰일났다! 주인님이 돌아오셨어요.

퀴클리 모두 혼쭐이 나겠군. (심플에게) 자, 어서 여기 숨어요. 이 벽장 속에요. (심플을 벽장 속에 밀어넣는다) 주인님은 오래 계시지는 않을 거예요. (큰 소리로) 이봐, 존 럭비! 존! 이봐, 어서 가서 주인님을 찾아봐라. 어디 불편하지나 않으신지 걱정이 돼. 이렇게 안 돌아오시니. (노래한다)

아래로, 아래로, 아—래로 등등.

카이우스 등장.

카이우스 (프랑스 사람이라 서투른 영어로) 무슨 노래를 부르는 거야? 노래는 싫다. 벽장에 가서 초록색 상자 가져와. (성급히) 내 말 알아들었나? 초록색 상자 말야. (서류를 들여다본다)

퀴클리 네, 알겠어요. 곧 가져다드릴게요. (럭비에게) 주인님이 꺼내러 가시지 않아서 다행이야. 그 젊은 친구를 발견했으면 미친 사람처럼 펄펄 날뛰실 테니 말야. (벽장으로 간다)

카이우스 (이마를 닦으며) 호호호흐! 마 푸아, 일 페 포르 쇼(아이고, 너무 덥군). 주 망 베 아 라 쿠르—라 그랑드 아페르(곧 궁정에 가봐야 하는데—중요한 일이 있어).

퀴클리 (벽장에서 초록색 상자를 꺼내 와서) 이것 말씀인가요?

카이우스 위, 메트 르 오 몽 포케, 데페슈(그래, 내 주머니에 넣어줘, 빨리). 어서. 럭비는 어디 갔나?

퀴클리 이봐, 존 럭비! 존!

럭비 (앞으로 걸어나오며) 여기 있습니다.

카이우스 존 럭비, 잭 럭비, 내 긴 칼 가져와. 내가 궁정에 가야 하니 나를 따라와.

럭비 (문을 열며) 칼은 현관에 준비돼 있습니다.

카이우스 (재빨리 나가면서) 아, 이거 늦겠다. (갑자기 딱 멈춰서며) 아차! 퀘 주블리에(깜박 잊었군) (벽장으로 달려간다) 벽장에 중요한 약초가 있어. 그걸 잊어버리고 가면 큰일이지.

퀴클리 저런, 야단났군. 벽장 속에서 젊은 친구를 발견하면 길길이 날뛸 텐데.

카이우스 (심플을 발견하며) 오 디아블, 디아블(오, 제기랄, 제기랄)! 벽장 속에 웬 놈인가? 악당! 도둑이다! (심플을 끌어낸다) 럭비, 긴 칼 가져와.

퀴클리 나리, 진정하십시오.

카이우스 지금 진정하게 생겼나?

퀴클리 그 젊은이는 나쁜 사람이 아니에요.

카이우스 나쁜 사람이 아니면 왜 벽장 안에 들어갔지? 정직한 사람이라면 벽장 안에 들어갈 리가 없지.

퀴클리 제발 그렇게 화부터 내지 마세요. 다 말씀드릴 테니까요. 이 젊은이는 에반스 신부님의 심부름으로 저에게 왔어요.

카이우스 으음.

심플 네, 사실입니다. 아주머니에게 부탁이…….

퀴클리 잠자코 있어요.

카이우스 당신은 입 열지 마. (심플에게) 말해.

심플 댁의 가정부로 일하는 이 아주머니에게 부탁해서 제 주인님과 앤 페이지 아가씨가 결혼할 수 있도록 잘 이야기해 달라고 왔습니다.

퀴클리 정말 그렇습니다, 정말이에요! 하지만 저는 그런 일에는 죽어도 끼어들 생각이 없어요, 그럴 필요도 없고요.

카이우스 에반스 신부님이 너를 보냈다고? 럭비, 종이 가져와라. (심플에게) 잠깐 기다려. (책상 앞에 앉아 편지를 쓴다)

퀴클리 (심플에게만 들리게) 오늘은 주인님이 소리를 안 지르시니 살았어요. 화만 나셨다 하면 집이 떠나갈 듯 고래고래 소리를 지르시는데 말이죠. 그래도 나는 당신 주인을 위해 애써볼 생각이에요. 솔직히 말해서 프랑스 의사 선생님, 주인님은…… 주인님이지! 내가 이 집 일은 도맡아 하니까. 세탁도 하지, 술도 담그지, 빵도 굽지, 청소도 하지, 음식도 만들지, 이부자리도 깔아드리지, 뭐든 나 혼자 다 한다니까요.

심플 (퀴클리에게만 들리게) 그걸 혼자 다 해내려면 힘들겠군요.

퀴클리 (심플에게만 들리게) 당신도 그렇게 생각해요? 이만저만 힘든 게 아니죠. 꼭두새벽에 일어나서 밤늦게 자야 하니까. 그건 그렇고, 이건 당신한테만 하는 이야기인데, 아무에게도 말 안 했는데, 내 주인님이 앤 페이지 양한테 홀딱 반했거든요. 그렇지만 나는 앤의 마음을 잘 알죠. 이쪽도 저쪽도 아니에요.

카이우스 (편지를 접으며 일어선다) 이놈! 이 편지, 에반스 신부에게 갖다줘라. 젠장, 이건 걸(결)투장이다. 공원에서 그 친구 목을 따 줘야겠다. 그 나쁜 놈, 원숭이 같은 사제 놈, 쓸데없이 날뛰면 좋지 못해! 너는 돌아가. 여기서 꾸

물꾸물하면 너도 좋지 못해. (심플 퇴장) 어디 보자. 젠장, 놈의 두 불알을 까
버려야지. 그렇게 하면 쓰지 못하게 되지.

퀴클리 아이고, 신부님은 친구를 위해서 말 한마디 했을 뿐인데요.

카이우스 (퀴클리에게 대들며) 그런 거 상관없어. 당신은 앤 페이지 양이 내 것
이 된다고 말하지 않았나? 젠장, 그놈의 신부를 죽여버리겠다. 나는 자(가)
터 여관 주인을 이 결투의 참관인으로 결정했다. 제기랄, 페이지 양은 내
거야.

퀴클리 그 아가씨도 주인님을 좋아하니까 잘될 거예요. 남들이야 제멋대로
떠들라죠. 아이고, 골치야! (머리를 싸맨다)

카이우스 럭비, 나를 따라와, 궁정으로 가겠다. (퀴클리에게) 젠장, 앤 페이지
가 내 것이 안 되면 너는 내 집에서 나가. (럭비에게) 럭비, 따라와. (초록색 상
자와 약초를 빼앗아 급히 나간다. 럭비, 뒤따른다)

퀴클리 앤 양은 틀림없이 주인님 차지가 된다고? 천만에, 이 머저리야! 앤의
마음은 내가 잘 알고 있지. 이 윈저 마을에서 나만큼 앤의 마음을 잘 아는
사람은 없어. 나만큼 그 아이의 마음을 주무를 수 있는 사람도 없다고. 그
러니 잘됐지 뭐야.

펜튼 (무대 뒤에서) 여보세요, 누구 계십니까!

퀴클리 누구세요? 들어오세요.

펜튼, 문을 열고 들어온다.

펜튼 아주머니, 안녕하셨지요?

퀴클리 네, 고맙습니다. 덕분에 잘 있답니다.

펜튼 별일 없으셨겠죠? 어여쁜 앤 양은 어떻게 지내고 있나요?

퀴클리 정말이지, 아가씨는 예쁘고 정숙하고 얌전하죠. 말이 나왔으니 말인
데, 아가씨는 당신을 좋아해요. 그게 다 하느님의 은총이죠!

펜튼 그럼 잘될 것 같은가요? 거절당하지는 않을까요?

퀴클리 모든 건 하느님 손에 달렸죠. 그나저나 펜튼 씨, 성경에 대고 맹세하
건대 앤 아가씨는 당신을 사랑해요, 틀림없어요. 그런데 당신 눈 위에 사마
귀가 있지요?

펜튼 네, 있지요. 그게 왜요?

퀴클리 거기에 사연이 있어요. 정말이지, 아가씨는 아주 얌전한 처녀죠. 정숙하기 이를 데 없어요. 실은 당신의 사마귀 이야기를 아가씨와 한 시간이나 했죠. 아가씨와 함께 있으면 배꼽이 빠지도록 웃게 된답니다. 하지만 이따금 우울한 감정에 깊이 빠지는 버릇이 있기는 해요. 그게 다 당신 때문이라고…….

펜튼 어쨌든 오늘 앤 아가씨를 만날 거예요. (돈을 주며) 자, 이 돈을 받으세요. 나를 위해 부탁해요. 나보다 먼저 아가씨를 만나거든 안부 전해 주세요.

퀴클리 걱정 마세요, 전하고말고요. 다음에 만나면 사마귀 이야기를 더 상세히 해드리죠. 다른 구혼자들 이야기도요.

펜튼 그럼, 다시 만납시다. 급한 일이 있어서요. (퇴장)

퀴클리 안녕히 가세요. 정말 점잖은 분이셔. 하지만 앤이 좋아해야 말이지. 나는 앤의 마음을 누구보다도 잘 안다고. 어머, 이를 어째! 그만 그 사실을 깜박하고 있었네. (서둘러 퇴장)

〔제2막 제1장〕

페이지의 집 앞.
모자를 쓰고 머플러를 두른 페이지 부인, 편지 한 통을 들고 등장.

페이지 부인 어머, 세상에, 한창 피어나던 젊은 시절에도 연애편지 한 번 받아본 일 없는 내가 이제 와서 이런 걸 받다니. 어디, 읽어나 볼까! (읽는다)

내가 왜 그대를 사랑하는지 그 이유는 묻지 말아주십시오. 사랑이란 이성에게 충고를 구하기는 해도 귀담아듣지는 않는 법. 그대의 젊은 시절 이미 지나갔고, 나 또한 그러하니, 우리는 서로 통하는 데가 있지 않겠습니까? 그대는 성격이 밝고, 나도 그렇습니다. 하! 하! 그래서 우리는 더욱 통하는 데가 많군요. 그대는 백포도주를 좋아하고, 나 또한 그렇습니다. 이보다 더 잘 맞을 수 있겠습니까? 오, 페이지 부인, 이 기사의 사랑이, 내가 그대를 사랑한다는 그 한마디만으로 충분하지 않은가요. 나를 불쌍히 여겨 달라고는 말하지 않겠습니다. 기사답지 못하니까요. 오직 나를 사랑해 주십시오, 이렇게 말할 뿐입니다. 낮이나 밤이나 그대를 그리며 그대만을 위해 싸우고, 모든 의지를 바치는 그대의 충직한 기사 존 폴스타프로부터.

세상에나, 유대의 헤롯 왕만큼이나 뻔뻔스럽기가 이를 데 없군! 아, 정말이지 세상이 어떻게 돌아가는 거야! 쪼그랑 영감이 다 되어가는 늙은이 주제에 젊고 멋진 신사인 척 수작을 부리다니! 기가 막혀, 플랑드르 사람처럼 술을 마구 퍼마셔대더니 분별력마저도 다 잃은 모양이지! 내가 도대체 무슨 이야기를 했기에 이 작자가 나에게 이렇게 주접을 떠는 걸까? 나와는 한두 번밖에 본 적이 없는데. 내가 헤프게 웃음을 흘리고 다니지 않았다는 사실은 하느님께서도 잘 아실 거야! 뭐라고 하면 좋담. 이런 남자들을 단속해 달라고 의회에 청원서라도 넣어야겠어. 어떻게 이 앙갚음을 해주지? 두고 봐, 배 속에 쓰레기만 가득 찬 이 녀석에게 내가 꼭 앙갚음하고 말 거야.

포드 부인 등장.

포드 부인 페이지 부인! 지금 막 당신 집으로 가던 길이에요.
페이지 부인 어머나, 나도 당신한테 가던 길이에요. 얼굴빛이 좋지 않군요?
포드 부인 아니에요, 그럴 리가 없어요. 오히려 그 반대일 텐데요.
페이지 부인 내 눈에는 정말 어딘가 안 좋아 보이는데요.
포드 부인 그럼, 그럴지도 모르죠. 하지만 그렇지 않을 수도 있어요. 저, 페이지 부인, 당신과 의논할 일이 있답니다!
페이지 부인 무슨 일인데요?
포드 부인 어쩌면 좋아요? 좀 꺼림칙하지만 눈 한 번만 딱 감고 마음만 먹으면 굉장한 신분으로 출세할 수 있어요.
페이지 부인 꺼림칙한 것쯤이야 어때요. 한 번 눈 딱 감고 훌륭한 신분이 돼야죠. 그래, 도대체 뭔데요? 꺼림칙한 건 제쳐두고. 뭐죠?
포드 부인 내가 말이에요, 영원히 지옥으로 떨어질 각오만 한다면, 나도 기사의 신분으로 출세할 수 있다고요!

2막 1장, 포드 부인과 페이지 부인   H.C. 셀루스

페이지 부인   뭐라고요? 설마 농담이겠죠! 앨리스 포드 경이라고요! 기사란 신분도 값이 뚝 떨어지고 있는걸요. 그러니 타고난 팔자대로 사는 게 좋아요.

포드 부인   우리, 쓸데없는 말 그만하고…… (편지를 건넨다) 자, 이걸 읽어봐요. 내가 어떻게 기사 가문의 사람이 될 수 있는지 알 수 있을 테니까요. 나도 남자들 몸매 보는 눈쯤은 있어요. 그야 물론 뚱보는 그냥 줘도 싫지요. 하지만 그는 말투도 거칠지 않고, 여성의 정숙함을 칭찬도 했어요. 무례한 행동은 그럴싸하게 비방하기도 했지요. 그래서 나는 그가 성실하고 말과 행동이 다르지 않은 훌륭한 사람인 줄만 알았지 뭐예요. 그런데 알고 보니 찬송가와 유행가처럼 전혀 딴판이더군요. 도대체 무슨 태풍이 불었기에 배 속에 기름만 가득 낀 고래가 우리 윈저 바닷가까지 밀려 들어왔을까요? 이 앙갚음을 어떻게 해주죠? 가장 좋은 방법은 상대해 주는 척하면서 그자의 음탕한 욕정에 불을 지펴서는, 그 기름덩이 속에서 허우적대게 하는 거예요. 그래, 이런 이야기 들은 적 있어요?

페이지 부인 (두 통의 편지를 비교해 보면서) 글자 하나도 다르지 않아요, 페이지와 포드가 다를 뿐이지! 나쁜 소문 퍼질 걱정은 안 해도 돼요. 여기 이렇게 똑같은 연애편지가 있으니까요. 당신 것을 형님으로 해요. 나는 사양하겠어요. 틀림없이 그자는 이런 편지를 천 통도, 아니 그보다도 더 써놓고, 이름 쓰는 칸만 비워 놓았을 거예요! 우리에게까지 보낸 걸 보면 자기가 뭘 찍어내는지도 모르고 그냥 마구 찍어내는 게 틀림없어요. 차라리 거인이 되어서 펠리온산 아래 깔리는 편이 낫죠. 정말이지 음탕한 거북이 스무 마리보다 몸가짐이 바른 남자 하나 찾아보기가 더 어려운 세상이군요.

포드 부인 (페이지 부인의 편지를 보고) 어머나, 정말 똑같아요…… 글씨체도 같고 단어들도 같고! 아니, 그 작자, 우리를 뭘로 아는 거죠?

페이지 부인 글쎄요, 이런 일을 당하고 보니 나 스스로의 행실을 돌아보게 되네요. 나를 알지 못하는 다른 사람이 되어서 생각해 보고 싶어요. 나도 모르는 나의 약점을 그자가 알아낸 게 아니라면 이렇게까지 활활 타올라서 올라타려고 집적거리지는 않았을 테죠.

포드 부인 올라탄다고요? 누가 그런 사람을 내 갑판에 기어오르게 한대요?

페이지 부인 나도 그래요. 그자가 내 수문 아래로 기어든다면 다시는 바다로 들어가지 않겠어요. 자, 우리 복수해요. 만날 약속을 해서 그자 말을 들어주는 척하면서 그자가 가터 여관 주인한테 자기 말을 저당잡힐 때까지 감질나게 질질 끌어요.

포드 부인 잘 지켜온 우리의 정조를 더럽히지만 않는다면 무슨 짓이라도 해서 그 작자를 골려줍시다. 내 남편이 이 편지를 보면 두고두고 질투의 불꽃을 태우겠죠.

페이지 부인 어머나, 마침 저기 오시네요. 내 남편도 함께요. 그이는 내가 질투할 빌미를 주지 않으니까 질투는 하지 않아요. 질투하고는 담을 쌓았답니다.

포드 부인 행복하시겠네요.

페이지 부인 우리 그 기름 덩어리 기사를 혼내줄 방법을 의논해 봐요. 이리

와요. (포드 부인과 함께 눈에 띄지 않게 나무 그늘로 들어간다)

포드는 피스톨과, 페이지는 님과 이야기하며 등장.

포드 설마, 그런 일은 없을 걸세.

피스톨 설마가 사람 잡는다죠. 폴스타프 경이 당신 아내에게 연정을 품었어요.

포드 허허, 이 사람, 내 아내는 젊은 아가씨가 아니네.

피스톨 그 사람은 신분이 높거나 낮거나, 돈이 있거나 없거나, 늙었거나 젊었거나 가리지도 않습니다. 포드 씨, 치마만 둘렀다 하면 가리지 않는다고요. 포드 씨, 잘 생각하세요.

포드 내 아내한테 반했다고?

피스톨 몸이 달았다니까요. 막아야 합니다. 그렇지 않으면 사슴으로 변해 버린 악타이온처럼 자기 사냥개에게 물릴지도 모릅니다. 아, 끔찍한 그 모습!

포드 그 모습이라니?

피스톨 뿔이죠. 아내를 빼앗기고 잔뜩 뿔이 난 남자지요. 안녕히 계십시오. 조심하세요. 잘 감시하십시오. 도둑은 밤에 찾아오기 마련입니다. 정신 똑바로 차리셔야 합니다. 여름이 오고 뻐꾸기가 울기 전에 말입니다. (님에게) 님 하사, 나는 가보겠네. (페이지에게) 페이지 씨, 님의 말을 믿으십시오. 헛소리하는 사람은 아니니까요. (퇴장)

포드 (혼잣말로) 참아야 해. 밝혀내고 말 테니까.

님 (페이지에게) 사실입니다. 저는 거짓말하는 건 딱 질색이거든요. 그자가 저를 모욕해서 기분이 상했지 뭡니까. 그렇지만 않았어도 제가 감정에 호소하는 그 편지를 나리의 부인께 가지고 갈 뻔했지요. 하지만 저는 칼을 찬 군인입니다. 필요할 때는 이 칼이 한몫해야죠. 중요한 사실은 그자는 나리 댁 부인을 사랑한다는 것입니다. 제 이름은 님 하사입니다. 네, 저의 이름은 님이고, 폴스타프가 당신 아내를 사랑한다는 것은 틀림없는 사실이라는 점을 잘라 말씀드립니다. 안녕히 계십시오. 저는 먹고살기 위해서 변덕을 부리는 것을 좋아하지 않고, 그것이 저의 기질입니다. 안녕히 계십시오. (퇴장)

페이지 (생각에 잠겨서) 그것이 기질이라고! 영어를 엉망진창으로 하는 자로군.

포드 (혼잣말로) 폴스타프를 찾아내고야 말겠다.

페이지 (혼잣말로) 저렇게 점잔 빼는 사기꾼은 또 처음이군.

포드 (혼잣말로) 그게 사실이라면…… 음.

페이지 (혼잣말로) 저런 사기꾼의 말을 믿을 수는 없지. 신부님은 저 사람들이 정직하다고 칭찬하시지만.

포드 (혼잣말로) 믿을 만한 친구 같던데, 으음.

엿듣고 있던 페이지 부인과 포드 부인, 앞으로 나온다.

페이지 아니, 메그(마거리트)!

페이지 부인 조지, 어디 가세요? 여보. (남편과 이야기를 나눈다)

포드 부인 (태연히) 아니, 프랭크! 왜 그러세요, 침울해 보이네요?

포드 (놀라며) 내가 침울하다고? 나는 침울하지 않아. 어서 집에나 가라고. (아내를 외면한다)

포드 부인 당신 또 이상한 생각을 하는 거죠? 페이지 부인, 가십시다.

페이지 부인 그래요. 여보, 식사 시간까지는 돌아오셔야 해요. (포드 부인에게만 들리게) 저기 퀴클리가 와요. 저 여자한테 부탁해서 그 하찮은 기사에게 심부름을 보냅시다.

포드 부인 (페이지 부인에게만 들리게) 나도 그 생각을 했는데, 마침 잘됐어요.

퀴클리 등장.

페이지 부인 내 딸 앤을 만나러 오는 길인가요?

퀴클리 네, 그렇습니다. 앤 아가씨는 잘 지내시지요?

페이지 부인 우리와 함께 안으로 들어가요. 할 이야기가 있어요. (포드 부인, 퀴클리와 함께 퇴장)

페이지 포드 씨, 왜 그러세요?

포드 (감정이 북받친다) 그자가 나한테 한 이야기를 들으셨겠죠?

페이지 들었죠. 당신도 다른 녀석이 나한테 한 이야기를 들으셨죠?

포드 그들이 말한 것이 사실이라고 생각하세요?

페이지   웃기는 소리입니다! 그 기사가 그랬을 리가 없어요. 그자가 우리 아내들에게 마음이 있다고 일러바친 두 녀석은, 사실 기사의 부하였는데 쫓겨났거든요. 잘린 게 억울해서 그따위 소리를 하는 거죠.

포드   그들이 그 기사의 부하였나요?

페이지   그래요.

포드   그렇다고 해서 마음 놓을 수는 없어요. 그자는 가터 여관에 머물고 있나요?

페이지   네, 그렇지요. 그놈이 내 아내에게 수작을 걸어와도 나는 그냥 내버려 두겠어요. 그래 봤자 아내에게 혼쭐이나 나고 말겠지만, 진짜로 무슨 일이 있어도 내가 어쩔 수 있나요.

포드   나는 아내를 의심하는 건 아니지만, 그래도 가까이 하는 꼴을 보게 되는 건 생각만 해도 치가 떨리는군요. 믿는 도끼에 발등 찍힌다지 않소? 머리에 뿔이 나고 싶지는 않소. 이대로는 안심이 안 되오.

　

　　가터 여관 주인 등장.

　

페이지   어허, 저기 시끄러운 가터 여관 주인이 옵니다. 저렇게 싱글벙글하는 걸 보니 머리까지 술이 찼거나 지갑에 돈이 들었거나 한 모양인데요. 이봐요, 주인 양반!

주인   내 친구들이군! 아, 신사들이시지. (뒤를 돌아보며 큰 소리로) 판사 나리!

　

　　샐로우 등장

　

샐로우   (숨이 차서) 이제 막 가던 길이오. (페이지를 보고) 페이지 씨, 안녕하세요! 함께 들어갑시다. 재미있는 일이 일어났소.

주인   판사 나리, 이야기해 드리세요. 판사님, 저 사람한테 다 말해 주시라니까요.

샐로우   이제 곧 웨일스 출신의 에반스 신부와 프랑스인 의사 카이우스 선생이 결투를 벌일 겁니다.

포드   가터 여관 주인, 잠깐 할 이야기가 있소.

주인 무슨 일이오, 친구? (포드와 비켜서서 이야기한다)

샬로우 (페이지에게) 함께 구경 가지 않으시겠어요? 저 쾌활한 여관 주인이 두 사람의 무기를 검사하고 장소는 따로따로 정해 준 모양이오. 신부가 아주 심각하게 받아들인 것 같아요. 자, 그 재미있는 이야기를 해드리지요. (페이지와 조금 물러서서 이야기한다)

주인 당신, 내 집에 묵고 있는 기사 나리와 싸움을 벌이려는 것 아니오?

포드 아니, 그렇지 않아요. 그래도 내가 술 한잔 살 테니 그저 여관에서 만나게만 해주시오. 내 이름을 브룩이라 소개하고 말이오. 그저 장난삼아 그러는 거요.

주인 좋아요, 친구. 마음대로 드나들게 해드리죠. 그럼 됐죠? 이름은 브룩이라 소개하라는 말씀이고. 그 사람은 아주 재미있는 기사랍니다. 그럼, 신사 여러분, 가실까요? (퇴장)

샬로우 자, 갑시다, 주인 양반.

페이지 프랑스 의사는 칼 쓰는 솜씨가 대단하다던데요.

샬로우 무슨 소리요! 내가 이야기 안 했던가요? 요즘은 간격이니, 찌르기니, 허리치기니 어쩌니 저쩌니 하지만 결국은 용기란 말씀이오. 페이지 씨, (가슴을 가리키며) 이거요, 이거. 이래 봬도 내가 젊었을 때는 긴 칼을 빼 들기만 하면 덩치 큰 사내 넷쯤은 쥐새끼처럼 도망갔었죠.

주인 (큰 소리로) 자, 자, 다 왔어요. 들어갈까요?

페이지 갑시다. 칼싸움보다는 말다툼이나 실컷 해주면 더 재미있을 텐데요. (주인을 뒤따라 샬로우와 함께 퇴장)

포드 페이지는 얼간이라 여편네가 바람이 나도 철석같이 믿고 있지만, 나는 그렇게 호락호락 넘어갈 수 없지. 여편네가 페이지 집에서 그놈과 만났겠다. 거기서 무슨 짓을 했는지 누가 알아? 그래, 염탐을 해봐야지. 폴스타프를 시험해 봐야겠어. 아내가 깨끗하다고 증명이 되면 그것만으로도 헛수고는 아닐 테니까. 정말로 바람을 피운다면 그야말로 수고한 보람이 있는 거지. (퇴장)

가터 여관의 어느 방.
폴스타프와 피스톨 등장.

폴스타프 너한테는 한 푼도 빌려줄 수 없다.

피스톨 그럼 어쩔 수 없군요. 이 세상을 굴 딱지라 생각하고 칼로 따낼 수밖
에요.

폴스타프 동전 한 닢도 빌려줄 수 없다니까. 이봐 지금까지 네가 내 이름을
팔아 돈을 빌려대는 걸 알면서도 모른 척했어. 너와 네 짝꿍인 님을 구하려
고 세 번이나 친구들을 들들 볶아 용서를 받게 했어. 내가 손을 안 썼더라
면 너희들은 진작에 감옥에 처박혔을 거야. 우리 속에 갇힌 쌍둥이 원숭이
꼴이지. 그래도 너희들을 늠름한 병사요, 용맹한 인물이라고 내 친구들에게
맹세를 해댔으니 그 죄로 나는 지옥에 떨어지게 생겼어. 브리짓 부인이 부
채 손잡이를 잃어버렸을 때도, 네가 훔치지 않았다고 내 명예를 걸고 맹세
해 줬잖아!

피스톨 그때는 나리도 한몫 챙기셨잖아요? 15펜스를 드렸잖아요?

폴스타프 생각해 봐라, 이 악당 녀석아. 생각해 보라고. 그럼 나더러 공짜로
영혼을 걸라는 말이냐? 딱 잘라 말하는데, 이제 더는 나한테 매달리지 마
라. 내가 뭐 교수대라도 되는 줄 알아? 너에게 딱 어울리는 뒷골목으로 썩
꺼져버려. 가서 소매치기나 하라고! 편지 한 통을 못 전하겠다고, 이 악당
아! 체면을 지키겠다고! 이 형편없는 자식아, 나도, 나조차도 필요에 따라서
는 내 체면을 버리고 하느님을 저버리기도 한단 말이다. 사기도 치고 도둑
질도 한다 이 말이야. 그런데 네가, 악당 놈아, 그 허접한 차림새며, 살쾡이
같은 수염을 하고 술집에서 뒹굴면서 배워먹은 말버릇에 돼먹지 못한 행동
거지를 겨우 체면으로 지킬 수 있다고! 어림도 없다, 이 녀석아!

피스톨 잘못했습니다. 더 퍼부으실 건가요?

로빈 등장.

로빈 주인님, 어떤 여자분이 찾아오셨어요.

폴스타프 들어오시라고 해.

퀴클리, 웃는 척하며 등장. 로빈과 피스톨, 조금 떨어져서 이야기한다.

퀴클리 (정중히 인사하며) 안녕하세요.

폴스타프 어서 오세요, 부인.

퀴클리 죄송하지만, 부인이 아니에요.

폴스타프 그럼, 아가씨로군요.

퀴클리 그래요, 저의 어머니도 저를 낳으시는 순간까지 그랬으니까요.

폴스타프 그렇군요. 무슨 일로 왔지요?

퀴클리 한두 마디 여쭐 말이 있어서요.

폴스타프 마음 푹 놓고 말해 봐요, 아가씨. 천 마디 만 마디라도 기꺼이 듣지요.

퀴클리 저, 포드 부인이라고 있는데…… (얼핏 피스톨과 로빈 쪽을 보며) 좀더 가까이 와주세요. 저는 카이우스 의사 선생님 댁에 살고 있습니다만.

폴스타프 음, 그래서요…… 포드 부인이라고 했죠?

퀴클리 네, 나리 말씀이 맞습니다…… 좀더 이리 다가와 주세요.

폴스타프 걱정 말아요. 엿듣는 사람은 없소. (피스톨과 로빈 쪽을 가리키며) 저들은 내 부하와 하인이오.

퀴클리 그런가요? 아, 하느님, 저 두 사람을 축복해 주시고, 이분의 충실한 하인이 되게 해주소서!

폴스타프 그런데 포드 부인이라, 그 부인이 어쨌다는 거죠?

퀴클리 그 부인은 아주 너그러운 여인이에요. 정말이지 나리, 나리는 바람둥이세요. 오 하느님, 부디 이분을 용서하시고 우리 모두를 용서해 주소서.

폴스타프 그래, 그 포드 부인이…… 이봐요, 포드 부인이 어쨌다는 거요?

퀴클리 네, 다 말씀드릴게요. 그 부인은 나리를 만나 뵌 뒤로 그만 혼란에 빠져서 어쩔 줄 몰라하지 뭐예요. 원저에 궁궐이 들어선 이래 훌륭한 분도 많았지만, 누구도 그 부인을 그렇게까지 들뜨게는 못 했답니다. 높으신 분들이 몰려왔고, 그들을 태우고 부인을 찾아오는 마차가 줄을 섰었죠. 연애편

주세페 베르디의 오페라 〈폴스타프〉 포스터　3막짜리 코믹 오페라

지와 선물이 쏟아져 들어왔어요. 향수와 비단이며 금이 장식된 옷감이 스치는 소리에 정신이 몽롱해지고, 정말이지 굉장했어요. 또 최고급 포도주며 사탕처럼 여자들 마음을 사로잡을 만한 선물들도 있었지요. 그래도 부인은

그분들한테 눈웃음 한 번 보인 적이 없었답니다. 어떤 사람이 오늘 아침에 천사가 박혀 있는 돈 스무 닢을 주더군요. 하지만 저는 그런 천사라면 싫어요. 무엇보다도 정직해야죠. 정말이지, 제아무리 잘나간다는 사람들도 부인이 술잔에 입 한 번 갖다 대게 하지 못했답니다. 백작도 있었고, 더 쟁쟁한 근위대 분도 있었지만, 부인에게는 다 마찬가지였어요.

폴스타프 그래서 그 부인이 내게 무슨 말을 하고 싶은 건가요? 어서 말해 봐요. 나의 메르쿠리우스*8 여신이여!

퀴클리 나리의 편지를 받으시고 어쩌나 기뻐하시던지요. 그리고 남편이 10시에서 11시 사이에 집을 비운다고 말씀드리라 하셨어요.

폴스타프 10시에서 11시 사이라.

퀴클리 네, 그 시간에 오시면 그림을 구경하실 수 있다고 말씀드리면 아실 거라던데요. 남편 포드 씨는 집에 없을 거고요. 정말, 안됐어요! 그렇게 착한 부인이 그런 남자와 함께 살다니 참으로 불쌍하지요. 남편은 질투가 심하거든요. 부부 사이가 좋지는 않지요. 참, 안됐어요!

폴스타프 10시에서 11시라…… 그녀에게 알았다고 전해 주오. 무슨 일이 있어도 찾아가겠소.

퀴클리 잘 생각하셨어요. 한 가지 더 전할 말이 있는데요. 페이지 부인도 나리께 안부를 여쭈라고 하셨어요. 기사님이니까 드리는 말이지만, 그 부인도 누구보다도 훌륭하고 예의 바르고 겸손한 분입니다. 윈저 집안의 어느 누구보다도 더 열심히 아침저녁으로 기도를 드린답니다. 그 부인은 남편이 집을 비우는 일이 거의 없지만, 곧 기회가 찾아오기를 간절히 바라고 계신다고 전해 달라 하셨어요. 그렇게 누군가에게 푹 빠진 여자는 정말 처음 봤어요. 나리께는 마성의 매력이 있는가 봐요. 틀림없이 그래요.

폴스타프 아니, 절대로 그렇지 않소. 오로지 잘생긴 이 겉모습을 빼고는 다른 마성의 매력 같은 건 없소.

퀴클리 정말 축복받으셨군요!

폴스타프 그런데 알고 싶은 게 있어요. 포드 부인과 페이지 부인은 나를 좋아하는 걸 서로 알고 있소?

---

*8 신들의 사자(使者) 역할을 하는 신.

《윈저의 즐거운 아낙네들》 2막 2장, 폴스타프와 퀴클리　조셉 케니 메도우스. 1869.

퀴클리　그렇다면 얼마나 우스운 일이겠어요! 하지만 그렇게 철부지 같은 여
　　자들은 아니랍니다. 그랬으면 정말로 웃겼겠어요! 페이지 부인이 저 어린아

이를 통해 연락을 해달라 하시더군요. 남편도 그 애를 굉장히 귀여워한다나 봐요. 페이지 부인 남편은 훌륭한 분이세요. 윈저의 부인들 가운데 페이지 부인만큼 팔자 좋은 여자는 없어요. 하고 싶은 대로 하고, 말하고 싶은 대로 말하고, 사고 싶은 것 마음대로 사면서 돈도 펑펑 쓰고, 자고 싶을 때 자고, 일어나고 싶을 때 일어나고, 모든 게 다 마음대로죠. 하지만 그럴 만도 해요. 윈저에서는 이 페이지 부인만큼 착한 여자를 찾아볼 수 없거든요. 그럼, 아이를 꼭 보내세요. 꼭이요!

폴스타프 물론 그렇게 하지요.

퀴클리 꼭 그렇게 하세요. 그 아이가 두 분 사이에서 말을 전하게 될 거예요. 두 분만 아실 수 있는 암호를 쓰세요. 그 아이가 모르도록 말이에요. 아이들은 아무것도 모르는 게 좋아요. 그런 몹쓸 행동을 알게 해서는 안 되죠. 나이가 들면 분별이 생기고 세상을 알게 마련이거든요.

폴스타프 그럼 잘 가오. 두 분께 안부 전해 줘요. (동전 몇 개를 건네주며) 적지만 나의 보답이오. 애야, 이 부인을 따라가거라. (퀴클리와 로빈 퇴장) 이거, 참 꿈같은 이야기로군!

피스톨 (혼잣말로) 저 여자가 큐피드의 심부름꾼이란 말이지. 나도 어서 돛을 올려야지. 자, 쫓아 달리자. 방패를 들고 모두 덤비자. 저 여자를 사로잡지 못하면 바닷속 침몰만이 기다릴 뿐이다! (퇴장)

폴스타프 이게 정말인가, 잭? 자, 좋을 대로 하는 거다. 늙어 시든 이 몸을 이제야 좀 제대로 써먹어 보는 거다. 드디어 여자들이 이 몸을 알아보는 건가? 그만큼 돈을 낭비했으니 이제는 돈을 벌게 되는 건가? 내 몸에 감사할 노릇이지. 남들이 보면 더러운 짓거리라 욕하겠지만, 방법이야 어떻든 바라는 것만 얻으면 된다.

바돌프, 포도주를 들고 등장.

바돌프 나리, 브룩이라는 사람이 아래층에 찾아와서 나리께 인사를 드리고 서로 알고 지냈으면 한다는데요. 이렇게 술까지 가지고 왔습니다.

폴스타프 이름이 브룩이라고?

바돌프 네, 그렇습니다.

폴스타프 들어오시라고 해. (바돌프 퇴장) 술까지 대접하는 자라면 물론 반갑고말고. 아하! 포드 부인과 페이지 부인이 나한테 살살 녹은 모양이지? 잘 됐어. 힘을 내자!

바돌프, 브룩으로 변장하고 손에 돈주머니를 든 포드를 데리고 다시 등장.

포드 경에게 축복이 있기를 바랍니다.

폴스타프 당신한테도요! 그런데 무슨 일입니까?

포드 이렇게 불쑥 찾아뵈서 실례가 되지는 않았는지 모르겠습니다.

폴스타프 별말씀을요. 무슨 일이죠? (바돌프에게) 그만 가봐도 좋아. (바돌프 퇴장)

포드 재산을 적잖게 탕진해 버렸지만, 본디 귀족 출신인 브룩이라고 합니다.

폴스타프 브룩 씨, 잘 부탁합니다.

포드 존 경, 저야말로 잘 부탁합니다. 그리고 금전적인 부담을 드리려고 오늘 찾아뵌 것은 아닙니다. 돈이라면 경보다는 제가 사정이 더 나을 겁니다. 그래서 실례를 무릅쓰고 이렇게 불쑥 찾아뵌 겁니다. 돈으로는 그 어떤 문도 열 수 있다고 하지 않습니까.

폴스타프 돈이야말로 전진밖에 모르는 훌륭한 용사지요.

포드 맞는 말씀입니다. 여기 돈주머니를 가지고 왔습니다만, 실은 정말 골칫덩어리죠. 좀 도와주실 수 없겠습니까? 이 돈을 다, 아니 절반만이라도 맡아주시면 저는 살 것 같군요.

폴스타프 나에게 그럴 자격이 있는지 모르겠군요.

포드 괜찮으시면 그 이유를 말씀드리죠.

폴스타프 어서 말하시지요, 브룩 씨. 도울 수 있는 일이라면 기꺼이 돕겠습니다.

포드 간단히 말씀드리겠습니다. 듣기로 당신은 학자라고 하더군요. 경의 명성은 오랫동안 들어왔지만, 저는 저의 바람대로 경과 친분을 쌓을 수 있을 만큼 잘난 사람이 못 되었답니다. 이제부터 완전히 제 잘못이라고밖에 할 수 없는 실수 한 가지를 털어놓겠습니다. 그렇지만 고귀하신 존 경, 저의 실수를 들으시면서 부디 당신의 허물들을 떠올려 주시기 바랍니다. 그러면 제 마음이 한결 가벼워질 것 같습니다. 사람이 죄를 저지르기가 얼마나 쉬운 일인지 경께서도 알아주신다면요.

폴스타프 알겠습니다, 계속하시죠.

포드 이 마을에 어떤 부인이 있는데, 남편 이름은 포드라고 합니다.

폴스타프 그래서요?

포드 저는 오랫동안 그 여인을 흠모해 왔습니다. 선물도 갖다 바치고, 그녀의 행동 하나하나를 놓치지 않고 지켜보면서, 어떻게든 만날 핑계를 만들어 내, 그 여인을 흘깃 스쳐 지날 수 있는 기회라도 있으면 돈을 물 쓰듯 하며 쫓아가고는 했지요. 그녀에게 선물을 사다 바치는 데만 돈을 쓴 게 아닙니다. 그 여자가 무얼 좋아할지 사람들에게 돈을 쥐여주며 묻고 다니느라 쓴 돈도 이만저만이 아닙니다. 어쨌든 저는 날개라도 단 듯이 사랑에 쫓겨 그 여인을 쫓아다녔지요. 하지만 제가 아무리 마음을 쏟고, 선물을 바쳐도 돌아오는 것은 하나도 없었습니다. 글쎄요, 경험을 얻었다고는 할 수 있겠지요. 그것도 어마어마한 값을 치르고 얻은 경험이요. 그 경험이 제게 가르쳐 준 것은 바로 이겁니다. "돈으로 사랑을 쫓는 것은 마치 그림자를 쫓는 것과 같다. 쫓으면 달아나고, 달아나면 쫓아온다."

폴스타프 그래, 만족할 만한 약속을 받지 못했나요?

포드 못했습니다.

폴스타프 그런 목적으로 졸라보지도 않았나요?

포드 아뇨.

폴스타프 그렇다면 당신의 사랑이란 도대체 어떤 겁니까?

포드 남의 땅에 지은 화려한 집이라고나 할까요! 집 지을 터를 잘못 잡은 탓에 집을 잃고 만 거죠.

폴스타프 그런 비밀을 왜 나한테 털어놓는 거죠?

포드 그것까지 말씀드리고 나면 제 이야기는 끝이 납니다. 사람들이 말하기를, 그 여자는 제 앞에서는 정숙한 체해도 다른 남자들에게는 헤픈 웃음을 지어 보이며 틈만 나면 바람을 피워댄다고 합니다. 자, 폴스타프 경, 제가 하고자 하는 이야기가 바로 이겁니다. 경께서는 좋은 신분에 말솜씨도 뛰어나시고, 어디에서나 환영받는 데다 군인답고, 귀족답고, 학식까지 갖추어서 모두가 존경하는 분이죠.

폴스타프 오, 과찬의 말씀을!

포드 모두 사실이지 않습니까. (탁자에 돈주머니를 놓는다) 여기 돈이 있습니다. 이걸 쓰세요. 마음껏 쓰십시오, 얼마든지 더 쓰셔도 좋습니다. 저의 모든 재산을 다 가져다 쓰셔도 됩니다. 그저 경의 시간을 조금 내주셔서 포드 부인의 명예에 보기 좋게 한방 먹여주시면 됩니다. 거부할 수 없는 경의 매력으로 그 여자를 무너뜨리는 겁니다. 다른 남자는 못해도 경께서는 하실 수 있습니다.

폴스타프 아니, 당신이 차지하려는 여자를 나더러 손에 넣으라고요? 당신의 그 애절한 마음은 어쩌고요? 그렇게 해서 당신한테 좋을 게 없을 텐데요.

포드 아, 부디 저의 속마음을 헤아려 주십시오. 그 여자는 고귀한 척 몸을 도사리고 있어서, 저의 욕망을 도저히 터놓을 수가 없습니다. 너무 눈이 부셔 바라볼 수조차 없으니까요. 하지만 그 여자가 실은 그리 고귀한 여자가 아니라는 증거를 잡는 날에는, 그걸 이용해서 제 욕심을 채워 보려는 거죠. 그러면 이제껏 저를 밀어내던 그녀의 정조니, 남의 눈이니, 혼인 서약이니, 그 밖에 천 가지도 넘는 핑계거리들을 치워 버릴 수 있으니까요. 어떠십니까, 폴스타프 경?

폴스타프 브룩 씨, 그럼 먼저 이 돈을 받겠습니다. 다음에는 악수를 합시다. 그리고 마지막으로 신사로서 약속합니다. 그렇게 바란다니, 당신을 꼭 포드 부인의 남편으로 만들어 주겠소.

포드 정말 고맙습니다!

폴스타프 꼭 그렇게 될 겁니다.

포드 돈은 얼마든지 있습니다. 조금도 걱정 마시고 마음껏 쓰시지요.

폴스타프 포드 부인은 걱정하지 말아요, 브룩 씨. 내가 힘이 되어주겠소. 실은 그 여자가 만나자고 해서 오늘 밤 만나기로 되어 있어요. 아까 당신이 오기 전에 그 여자의 하녀인지 뚜쟁이인지 하는 작자가 다녀갔습니다. 10시에서 11시 사이에 그 집에서 만나기로 했어요. 그 시간에 질투심 많은 남편이 집을 비우는 모양이오. 그럼 오늘 밤에 오시오. 결과를 이야기해 주리다.

포드 (꾸벅 인사하고) 이렇게 뵙게 되어 기쁩니다. 그런데 포드를 잘 아십니까?

폴스타프 그 바람난 아내를 둔 불쌍한 자식! 그까짓 놈은 몰라요. 그래도 불

쌍한 놈이라고 한 것은 내 잘못이오. 그 질투쟁이 남편이 돈은 무척 많다고
하니까요. 게다가 그 아내라는 여자는 나를 좋아하는 것 같거든요. 그 여자
는 내가 그 못난 놈의 금고를 여는 열쇠가 되어줄 거요. 그렇게 한몫 단단
히 챙겨볼 마음입니다.

포드 포드를 아신다면 좋을 텐데요. 그래야 마주치게 되면 슬쩍 피할 수 있
지 않겠습니까?

폴스타프 목매달라고 하시오. 짠 버터에 맨빵만 씹는 천한 구두쇠 자식! 내
가 한 번 쏘아만 봐도 벌벌 떨며 도망칠 거요. 몽둥이를 휘둘러서 혼쭐을
내주겠소. 바람난 아내를 둔 덜떨어진 녀석의 머리 위로 별이 번쩍하고 내
리치게 해주겠소. 브룩 씨, 두고 보시오. 내가 그 미천하고 무식한 녀석을
꼼짝도 못하게 만들어서 그 여자를 당신 품에 안겨드리지. 오늘 밤 다시 오
시오. 포드라는 놈은 나쁜 녀석이오. 내가 아주 험한 꼴을 당하게 해줄 거
요. 곧 마누라가 바람나서 잔뜩 뿔이 난 놈을 보게 될 겁니다. 오늘 밤 일찌
감치 와요. (돈주머니를 들고 퇴장)

포드 향락만 좇는 빌어먹을 놈이로구먼! 화가 치밀어 올라서 가슴이 터질
것 같구나. 이제 아무도 내가 괜한 질투를 한다고는 못할 거다. 내 아내가
이놈에게 사람을 보냈다고? 찾아올 시간까지 정해 주고, 이미 바람이 난 거
나 다름없어. 누가 상상이나 했겠어? 부정한 여자를 데리고 살면 이런 꼴
이 되는군. 나의 잠자리는 더럽혀지고, 지갑은 털리고, 명성은 바닥까지 떨
어지고 말 거야. 그뿐인가, 이런 억울한 일을 당하는 것으로도 모자라서 끔
찍하고 더러운 이름까지 따라다니게 되겠지. 아! 그런 별명이라니! 아마이몬
이라 불리는 게 차라리 속 편하겠다. 루시퍼도 좋고, 바르바손도 좋다. 그런
악마들의 이름으로 불리는 게 차라리 낫지. 그런데 바람난 마누라를 둔 사
내라니! 그래도 좋다고 실실거리는 바보 같은 놈이라니! 악마조차도 그따위
모욕은 당하지 않는데! 페이지도 참 바보지. 의심 한번 해보지 않고 아내
를 믿다니, 멍청한 녀석. 나는 내 마누라를 믿느니 차라리 버터를 플랑드르
사람한테 맡기고, 치즈는 웨일스에서 온 에반스 신부에게, 술병은 아일랜드
사람에게, 내 말(馬)은 도둑놈에게 맡기는 게 낫다. 여자들이란 내버려 두면
일을 꾸미고, 잔머리를 굴리고, 계획을 짜서 마음속에 품은 그 사악한 일을
해내고야 말지. 마음이 부서지는 한이 있더라도 해내고야 말아. 하느님께서

나를 의심 많은 남자로 만들어 주셨으니 이 얼마나 다행인가! 11시라고 했겠다. 내가 막아내고야 말 테다. 바람피우는 현장을 잡아내서 폴스타프란 놈에게 복수를 해줄 테다. 그리고 페이지를 비웃어 줘야지. 가보자. 일 분이라도 늦게 들이닥치느니, 세 시간 일찍 가서 기다리고 있는 게 낫지. 이대로 두면 안 돼! 안 돼! 안 돼! 바람이 나다니! 바람이 나! 바람이 나! (퇴장)

〔제2막 제3장〕

윈저에서 가까운 들판.
카이우스와 럭비, 등장해서 왔다 갔다 한다.

카이우스 (멈춰 선다) 이봐, 잭 럭비!
럭비 네?
카이우스 지금 몇 시냐, 잭?
럭비 신부님과의 약속 시간은 벌써 지났는데요.
카이우스 그 자식, 안 오길 잘했지. 제기랄, 그놈 제 목숨을 구한 거다. 기도 열심히 한 모양이다. 왔으면 죽었다.
럭비 영리한 분이네요. 여기 나타났다간 주인님 손에 죽게 될 걸 알았으니 말이에요.
카이우스 젠장, 청어 잡듯이 그 자식을 죽일 수 있다. 그 칼을 잡아, 잭! 그 자식을 죽이는 방법을 가르쳐 주겠다.
럭비 아, 저는 칼싸움 못해요.
카이우스 나쁜 놈, 칼을 잡으라고.
럭비 잠깐만, 누가 오는데요.

여관 주인, 샐로우, 슬렌더, 페이지 등장.

주인 안녕하십니까, 의사 선생님!
샐로우 안녕하시오, 카이우스 선생?
페이지 의사 선생님, 안녕하십니까!

슬렌더 안녕하십니까? 의사 선생님.

카이우스 이런! 무슨 일로 하나, 둘, 셋, 넷, 네 사람이 이렇게 찾아왔소?

주인 결투 구경을 왔죠. 살짝 찌르고, 옆으로 피하고, 이리 왔다 저리 갔다, 가슴과 배를 찌르고, 물러났다가 위로 찌르는 솜씨를 구경하러 왔지요. 검은 양반, 그 사람은 죽었소? 프랑스 선생, 그 사람 죽었냐고요? 하, 이런! 어찌 되었소, 아스클레피오스*⁹ 선생? 갈레노스*¹⁰ 선생? 딱총나무 선생? 그래, 그 사람은 죽었소? 멋쟁이 양반? 그 사람은 죽었냐고요?

카이우스 젠장, 그 사람 비겁한 사제요. 여기 코빼기도 안 보였소.

주인 당신은 카스티야의 오줌싸개 왕이오. 그리스의 헥토르요, 이 양반아!

카이우스 여러분, 증인이 돼주시오. 나는 여섯 시간, 아니 일곱 시간, 두세 시간 기다렸소. 그래도 그 사람은 오지 않았소.

샐로우 그 사람이 선생보다는 그래도 똑똑한 겁니다. 그 사람은 영혼을 치료하고, 당신은 육체를 치료하지요. 그러니까 싸운다면 두 사람 모두 직업윤리에 어긋나는 일이잖아요. 안 그런가요, 페이지 씨?

페이지 샐로우 판사님, 한때는 당신도 싸움 좀 하셨지요. 지금은 평화주의자이시지만.

샐로우 이런! 페이지 씨, 내가 이제는 늙은 평화주의자가 되어버렸지만, 그래도 누가 칼을 빼 드는 걸 보기만 해도 맞서 싸우고 싶어서 손가락이 다 근질근질하답니다. 우리가 의사니, 판사니, 신부니 해도 여전히 몸속에는 젊은 피가 조금이나마 남아 있나 봅니다. 우리도 사람이니까요, 페이지 씨.

페이지 맞는 말씀입니다, 샐로우 판사님.

샐로우 사실 그래요, 페이지 씨. 카이우스 선생, 나는 선생을 집에 데려다주러 왔어요. 나는 치안을 돌봐야 하는 사람이오. 선생은 의사로서 슬기롭게 처신해 왔고, 신부님도 현명하고 주의 깊게 참아왔지요. 자, 선생, 나하고 함께 갑시다.

주인 잠깐 실례합니다, 판사님. 한마디만, 이봐요, 오줌싸개 양반.

카이우스 오줌싸개, 그게 뭐요?

주인 오줌싸개란 이 나라 말로 아주 용맹한 사람이란 뜻이오.

---

*9 그리스 신화에 나오는 의술의 신.

*10 고대 그리스의 의학자.

2막 3장, 카이우스와 럭비 H.C. 셀루스

카이우스 젠장, 그렇다면 나도 잉글랜드 사람만큼 오줌 많이 쌌소. 야비하고
개 같은 신부! 젠장, 그놈의 귀를 잘라버릴 거다.

주인 하지만 멋쟁이 선생, 그분이 오히려 선생을 작살낼 거요.

카이우스 나를 작살낸다? 무슨 소리요?

주인 말하자면 그분이 선생한테 사과한다는 뜻이죠.

카이우스 젠장, 그 사람이 나를 작살내고자 하는 것은 나도 알고 있소. 젠장, 그거 나 받아들일 것이오.

주인 내가 그렇게 하라고 부추길 것이고, 그가 싫다 해도 억지로 시키겠소.

카이우스 고맙습니다.

주인 그럼요, 내 친구여. (돌아서서) 그런데 판사님, 페이지 씨, 슬렌더 씨, 마을을 지나서 프로그모어로 가주시죠.

페이지 에반스 신부님이 거기 계시는군요, 그렇지요?

주인 네, 가서 어떻게 하고 있는지 좀 봐주세요. 나는 들판을 지나서 의사 선생을 데리고 뒤따를 테니까요. 아시겠지요?

샐로우 좋소.

페이지, 샐로우, 슬렌더 그럼, 의사 선생, 우리는 갑니다. (퇴장)

카이우스 에반스 신부를 죽여버려야지. 젠장, 원숭이 같은 놈을 위해 앤 페이지 양에게 집적댄 놈.

주인 그냥 내버려 둬요. 찬물이라도 끼얹어서 화를 가라앉히란 말이오. 나와 함께 들판을 가로질러서 프로그모어로 갑시다. 거기에 가면 농장에서 앤 페이지 양이 식사를 하고 있을 테니까 어디 한번 마음껏 유혹해 보시구려. 어때요? 좋지요?

카이우스 젠장, 고맙습니다. 나는 당신이 마음에 들어요. 여관에 좋은 손님 많이 소개해 주겠소. 백작, 기사, 귀족, 신사 모두 내 환자들이오.

주인 그렇다면 나는 선생이 앤 페이지 양이랑 잘되는 데 적수가 되어 주겠소. 어때요?

카이우스 하느님께 맹세하건대, 좋아요. 잘 말했소.

주인 그럼 가봅시다.

카이우스 잭 럭비, 날 따라와. (모두 퇴장)

프로그모어 근처의 목장.

길이 나 있고 계단으로 된 울타리가 두 곳에 있다. 하나는 가까이, 하나는 멀리.

휴 에반스가 조끼와 반바지 차림으로 등장해 한 손에는 칼을, 다른 한 손에는 책을 펼쳐 들고 있다. 심플은 나무 뒤에서 망을 보고 있다.

에반스　(큰 소리로) 이보게, 이름이 심플이라고 하는 슬렌더 씨의 하인, 그 의사인지 뭔지 하는 카이우스 씨는 아직도 안 보이나? 어디를 보고 있는 건가?

심플　교회 주변이며, 공원 주변이며, 윈저 길이며, 다른 길도 모두 살펴봤는데 보이지 않습니다. 마을 쪽만 안 보고 있었어요.

에반스　내가 열정적으로 바라건대 그쪽도 잘 지켜봐 주게.

심플　네.

에반스　이런, 신경이 곤두서고 가슴이 두근거려 견딜 수가 없군. 그 녀석이 도망친 거라면 차라리 좋을 텐데. 아, 아무래도 심란해 죽겠는걸! 일만 잘 풀리면 요강으로 그놈의 머리통을 후려갈려 줄 텐데. 아, 이런! (노래한다)

여울져 흐르는 물소리에 맞추어
즐거운 새들은 사랑의 노래 부르고
우리가 가꾸는 장미꽃밭에
꽃향기 출렁이네.
흐르는 여울물……

아, 서글프구나! 울고만 싶다. (노래한다)

즐거운 새들은 사랑의 노래 부르고
나 바빌론에 있을 적에
꽃향기 출렁이네.
흐르는 여울물……

심플 (나무에서 내려온다) 저기 옵니다, 신부님. 이리로 와요.

에반스 좋아, 기꺼이 맞이해 주마. (노래한다)

여울져 흐르는 물소리에 맞추어
주님이시여, 정의로운 자를 지켜주소서.

(심플에게) 무기를 가지고 있던가?

심플 무기는 없던데요. (손가락질을 하며) 제 주인님과 섈로우 판사님과 또 다른 한 분이 함께 프로그모어 쪽에서 오십니다. 울타리를 넘어서요.

에반스 내 겉옷을 이리 주게. 아니지, 자네가 들고 있게나.

페이지, 섈로우, 슬렌더 등장.

섈로우 안녕하십니까, 에반스 신부님. 노름꾼이 주사위를 버리고, 학자가 책을 버린다면 참으로 신기한 일이죠.

슬렌더 (혼잣말로) 아, 아리따운 앤 페이지!

페이지 에반스 신부님, 안녕하세요?

에반스 여러분께 주님의 은총이 있으시기를.

섈로우 이런, 말씀과 칼이라! 신부님은 그걸 둘 다 연구하십니까?

페이지 참 혈기도 왕성하시군요. 관절염이 생기기에 꼭 알맞은 추운 날씨에, 조끼에 바지만 입으셨으니.

에반스 그럴 만한 이유가 있어서요.

페이지 우리는 신부님을 도와드리려고 이렇게 온 겁니다.

에반스 참, 기쁜 말씀이군요. 무슨 일이죠?

페이지 (에반스의 어깨 너머를 보고) 저기 아주 점잖은 분이 계십니다. 그런데 누군가로부터 심한 모욕을 당했는지, 그만 체통도 참을성도 다 던져 버리고 날뛰는데, 아마 처음 보실 겁니다.

섈로우 지금 내 나이 팔십 고개를 넘었소만, 그렇게 체통과 인품과 학식을 갖춘 사람이 그토록 흥분하는 모습은 처음 봤군요.

에반스 도대체 누구죠?

페이지   아마 신부님도 아실 거예요. 왜 그 프랑스 의사인 카이우스 선생님 말이에요!

에반스   오, 하느님 용서하소서! 그자는 죽 한 그릇보다도 못한 자입니다.

페이지   왜죠?

에반스   의사라는 사람이 히포크라테스도 갈레노스도 모르거든요. 게다가 사기꾼이에요. 세상 그 누구보다도 지독한 악당입니다.

페이지   (섈로우에게만 들리게) 도저히 싸움을 말릴 수가 없을 것 같은데요.

슬렌더   (혼잣말로) 아, 아름다운 앤 페이지!

섈로우   (페이지에게만 들리게) 칼을 들고 있는 걸 보니 그런 것 같군요. 두 사람을 떼놓아요. 카이우스가 오고 있소!

여관 주인, 카이우스, 럭비 등장.

페이지   (에반스 앞에 막아선다) 신부님, 칼을 거두세요.

섈로우   의사 선생도 그렇게 해요.

주인   무기를 뺏고 말로 싸우게 하십시다. 몸을 다치게 해서는 안 되죠. 차라리 말로 치고받게 합시다. (모두 두 사람의 무기를 빼앗는다)

카이우스   나와 이야기 좀 해요. 왜 나를 피하고 오지 않은 거요?

에반스   (카이우스에게만 들리게) 제발 부탁이니 진정하시오. (큰 소리로) 이제부터 싸우자!

카이우스   젠장, 이 비겁한 놈, 똥개, 원숭이.

에반스   (카이우스에게만 들리게) 이보세요 제발, 다른 사람들의 웃음거리가 되지 맙시다. 앞으로 사이좋게 지내요. 내가 다 사과하리다. (큰 소리로) 요강으로 머리통을 박살내 놓을 테다. 왜 약속 시간을 지키지 않았느냐!

카이우스   젠장. 이봐, 잭 럭비, 가터 여관 주인, 나는 저 사람을 죽이려고 약속 장소에서 기다리지 않았습니까?

에반스   나는 그리스도교 신자야. 여기가 바로 약속한 장소다. 가터 여관 주인한테 물어봐도 좋아.

주인   자, 자, 조용히들 하세요. 갈리아 양반과 골(Gaul) 양반, 프랑스 양반과 웨일스 양반, 영혼의 구원자와 육체의 구원자 양반.

카이우스 아, 좋은 말이오! 좋아요!

주인 글쎄 조용들 하시라니까요. 이 가터 여관 주인 말 좀 들어보세요. 여러 분 어떻습니까, 내 술수가, 내 계략이, 마키아벨리 뺨치지 않습니까? 그래, 의사 선생님을 잃어서야 되겠습니까? 안 될 말이죠. 그러면 약은 누가 주며 변비는 누가 고쳐줍니까? 또 신부님을 잃어서야 되겠습니까? 우리 에반스 신부님을? 그것도 안 될 말이죠. 그러면 격언과 충고는 누가 해줍니까? 자, 손을 잡으세요, 지상의 선생. 됐어요. 자, 천상의 선생도 악수를 하세요. 됐어요. 두 선생님들, 실은 내가 두 분을 속였답니다. 일부러 장소를 다르게 가르쳐 드렸죠. 덕분에 두 분은 상처 하나 안 입고 건강하십니다. 자, 이것 으로써 화해를 하십시다. (페이지와 샐로우에게) 자, 두 분 칼은 전당포에나 잡혀버려요. 자, 평화의 용사들이여, 나를 따라오세요. 어서, 어서, 어서요.

샐로우 이 여관집 주인, 곱게 미쳤군요. 자, 모두들 갑시다.

슬렌더 (혼잣말로) 아, 어여쁜 앤 페이지! (샐로우, 페이지, 여관 주인 따라 퇴장)

카이우스 (여관 주인의 뒷모습을 보며) 아! 이제 알겠어요. 우리 둘이 바보가 됐 군요. 하, 하!

에반스 잘됐소! 그 작자의 놀림감이 되기는 했지만요. 자, 우리 앞으로 친하 게 지냅시다. 함께 머리를 쥐어짜서 저 비열하고 무엄한 거짓말쟁이 가터 여 관 주인한테 앙갚음합시다.

카이우스 젠장, 좋습니다. 그 사람은 나를 앤 페이지 양 있는 데로 데려간다 고 약속했습니다. 젠장, 그것도 거짓말입니다.

에반스 내가 그놈 머리통을 박살낼 겁니다. 자, 가십시다. (모두 퇴장)

〔제3막 제2장〕

어느 거리.
로빈, 거들먹거리며 등장. 페이지 부인, 그 뒤를 따른다.

페이지 부인 어서 가자, 작은 신사야. 이제까지 너는 늘 남의 뒤만 졸졸 따라 다녔지만, 오늘은 네가 앞장서는 거야. 내 앞에 서서 안내하는 것과 네 주인 뒤를 따라다니는 것과 어느 쪽이 더 좋지?

연극 〈윈저의 즐거운 아낙네들〉 허버트 비어봄 트리 연출, 엘렌 테리가 연기한 페이지 부인. 1902.

로빈 그야 부인 앞에서 남자처럼 걷는 게 제 주인님 꽁무니를 난쟁이처럼 따
라다니는 것보다 훨씬 좋지요.

페이지 부인 세상에, 사탕발림도 잘하네. 너는 커서 훌륭한 신하가 될 거다.

포드 등장.

포드 페이지 부인, 안녕하세요. 어디 가십니까?

페이지 부인 댁의 부인을 만나러 가는 길이에요. 집에 계시나요?

포드 네. 말벗이 없어서 빈둥거리고 있답니다. 이러다가 남편들이 죽고 없어지면 두 사람이 결혼이라도 하겠군요.

페이지 부인 그럼요. 새 남편하고요.

포드 아니, 어디서 이런 귀여운 바람개비를 얻으셨습니까?

페이지 부인 아이참, 그분 이름이 뭐더라? 제 남편이 이 아이를 빌려왔답니다. 애, 네 주인어른 성함이 뭐지?

로빈 존 폴스타프 경입니다!

포드 존 폴스타프 경!

페이지 부인 맞아요. 나는 그분 이름을 기억할 수가 없어요. 남편과 그분은 꽤 가까운 사이인데도 말이에요! 부인은 정말 댁에 계신 거지요?

포드 그렇습니다.

페이지 부인 (인사를 하며) 그럼 실례하겠습니다. 댁의 부인이 보고 싶어서 몸살이 날 지경이랍니다. (로빈과 함께 퇴장)

포드 페이지 그자는 정신이 있는 거야? 보는 눈도 없나? 생각할 줄 모르나? 몽땅 쿨쿨 잠들어서 쓸모가 없는 모양이군. 세상에, 저 어린 녀석이라면 20마일도 쏜살같이 달려가서 연애편지를 전달할 수 있을 텐데. 그자는 제 부인 바람나라고 거들어 주고 있구먼. 아주 대놓고 부채질을 하고 있어. 그런데 저 여편네가 내 아내를 찾아가는 길이라 했겠다. 폴스타프 놈의 하인까지 거느리고! 아주 척척 들어맞는구나! 이미 모든 꿍꿍이를 다 짜놓은 거야. 둘이 손잡고 함께 지옥으로 떨어질 거다. 흥, 내가 그 자식을 잡아내고야 말 테다. 그리고 여편네도 혼쭐을 내줘야지. 얌전한 척하는 페이지 부인의 본모습을 낱낱이 드러내고야 말겠어. 페이지 그자는 마음 푹 놓고 살다가 악타이온*¹¹ 꼴이 되어버린 사실을 내가 보여줄 테다. 이 진흙탕 싸움이 끝나고 나면 온 동네 사람들이 잘했다고 손뼉을 쳐줄 거야. (시간을 알리는

---

*11 그리스 신화에 나오는 사냥꾼. 여신 아르테미스가 목욕하는 것을 훔쳐보다 사슴으로 변해서 자기의 사냥개에게 물려 죽었다.

종소리) 시계가 신호를 보내고, 나의 확신이 찾아내라 부추긴다. 내가 칭찬을 들으면 들었지 웃음거리가 될 일은 결코 없을 거다. 폴스타프 놈이 내 집에 와 있다는 건 틀림없을 테니까. 자, 가보자.

페이지, 샐로우, 슬렌더, 여관 주인, 휴 에반스, 카이우스, 럭비 등장.

모두 함께 아, 포드 씨, 마침 잘 만났군요.

포드 여러분, 훌륭한 일행이군요. 자, 집에 식사 준비가 돼 있습니다. 같이들 가시죠.

샐로우 미안합니다만, 오늘은 안 되겠소.

슬렌더 저도요. 앤 페이지 양과 식사하기로 약속을 해놨어요. 그 약속만은 아무리 많은 돈을 준대도 바꿀 수 없습니다.

샐로우 실은 앤 페이지 양과 내 조카 슬렌더의 혼인에 대한 말들이 오가고 있었는데 오늘 그 답을 듣기로 했답니다.

슬렌더 아버님, 찬성해 주시리라 믿고 있습니다.

페이지 그걸 말이라고요. 나는 물론 찬성이오. 하지만 카이우스 선생님, 아내는 선생님 편입니다.

카이우스 젠장, 따님은 나를 좋아합니다. 나의 집 가정부 퀴클리가 늘 그렇게 말합니다.

주인 (페이지에게) 펜튼 도련님은 어떻습니까? 성격도 쾌활하고, 춤도 잘 추며, 눈에서는 젊음이 빛나고, 시도 쓰지요. 사람을 편안하게 해주는 말솜씨도 가졌고, 봄날처럼 싱그러운 향기를 담뿍 풍기지요. 그러니 반드시 그 사람이 성공할 겁니다. 그 사람일 거예요. 그 사람이 틀림없어요.

페이지 그 사람만은 허락할 수 없습니다. 그 신사는 가진 게 하나도 없는 빈털터리예요. 방탕한 웨일스 왕자와 그 친구 포인스랑 어울려 다닌 적도 있고, 높은 사람들과 교류가 지나치게 잦은 데다 아는 것도 너무 많아요. 안 될 말이오. 그자가 내 돈을 가로채서 한몫 챙기는 일은 결코 일어나지 않을 겁니다. 그래도 내 딸이랑 결혼하겠다면, 몸만 데려가라지요. 내 재산이니 내 뜻대로 할 수 있어요. 그 사람한테는 한 푼도 못 줍니다.

포드 제발 어느 분이든 나와 함께 가시지요. 집에서 식사를 하십시다. 식사

말고도 재미있는 일이 있으니까요. 괴물을 보여드리겠어요! 카이우스 선생님, 가십시다. 페이지 씨도요. 에반스 신부님도요.

샐로우 그럼 잘들 가세요. 우리는 페이지 씨 댁으로 가겠습니다. 이제 마음 놓고 결혼 이야기를 꺼낼 수 있을 것 같군요. (슬렌더와 함께 퇴장)

카이우스 이봐, 존 럭비, 너는 집에 가. 나도 곧 돌아간다. (럭비 퇴장)

주인 자, 여러분 그럼 나는 여기서 실례합니다. 훌륭한 기사 폴스타프한테 가서 한잔 걸치겠습니다. (럭비를 뒤따라 퇴장)

포드 (혼잣말로) 천만에, 내가 먼저 그 친구하고 한잔하게 될걸. 녀석을 춤추게 만들어야지! (큰 소리로) 여러분, 가실까요?

페이지, 카이우스, 에반스 그럼, 가서 괴물 구경이나 합시다. (모두 퇴장)

〔제3막 제3장〕

포드 집의 커튼이 쳐 있는 넓은 방.
계단이 복도로 통해 있다. 커다란 벽난로. 문이 세 개나 있다. 오른쪽 문에는 창들이 있고 왼쪽 문은 거리로 통해 있다. 포드 부인과 페이지 부인, 큰 소리로 말하며 등장.

포드 부인 (안을 향해 큰 소리로) 이것 봐, 존! 로버트!

페이지 부인 빨리, 빨리요. 빨래 바구니 있어요?

포드 부인 있지요. 애, 로빈!

하인 존과 로버트가 커다란 빨래 바구니를 들고 등장.

페이지 부인 (조바심이 나서) 자, 어서어서!

포드 부인 여기 내려놔. (하인 존과 로버트가 큰 빨래 바구니를 내려놓는다)

페이지 부인 이 사람들한테 할 일을 빨리 일러주세요. 시간이 없어요.

포드 부인 이것 봐, 존과 로버트, 아까 말한 대로 술창고 옆에 숨어 있다가, 내가 급히 부르거든 뛰어나와서 망설이지 말고 이 바구니를 메고 나가란 말야. 그리고 쏜살같이 대칫 목장의 세탁소로 가지고 가서 템스강 쪽 흙탕물 도랑에다, 안에 있는 걸 몽땅 쏟아버려.

페이지 부인   알겠죠?

포드 부인   몇 번이나 말했는걸요. 잘할 거예요. (하인들에게) 그럼 물러가 있어라. 부르면 곧장 와야 한다. (하인들 퇴장)

로빈 등장.

페이지 부인   귀여운 로빈이 왔네.

포드 부인   애, 귀여운 아이야! 네가 무슨 일이니?

로빈   포드 부인, 제 주인님 존 경께서 뒷문에 와 계세요. 부인을 뵙자 하시는데요.

페이지 부인   애야, 너 우리하고 한 약속을 어긴 건 아니겠지?

로빈   걱정 마세요. 주인님은 부인께서 여기 와 계신 줄 모르세요. 이 일을 부인께 일렀다가는 영원히 자유롭게 해주겠다고 위협하셨어요. 내쫓겠단 말씀이죠.

페이지 부인   참 기특도 해라. 비밀을 지켰으니 조끼와 바지를 새로 맞춰 줘야겠구나. 그럼, 나는 숨어야겠군요.

포드 부인   그렇게 해요. (로빈에게) 가서 나 혼자 있다고 네 주인께 말씀드리렴. (로빈 퇴장) 페이지 부인, 신호를 잊으면 안 돼요.

페이지 부인   걱정 마세요. 실수하거든 나에게 욕을 퍼부으셔도 좋아요.

포드 부인   그럼 시작합시다. 더러운 흙탕물에 퉁퉁 불어 터진 호박 같은 녀석을 따끔하게 혼쭐을 내줍시다. 몸가짐이 바른 숙녀와 바람둥이 여자는 다르다는 사실을 단단히 알려줍시다. (페이지 부인, 문을 반쯤 열어두고 나간다)

폴스타프, 다른 쪽 문으로 등장.

폴스타프   (포드 부인을 끌어안으며 노래하듯이) 아, 신성한 나의 보석이여, 마침내 내 손에 들어왔는가? 아, 이제 나는 죽어도 여한이 없다. 모든 걸 가졌으니. 드디어 내 소원이 이루어졌도다. 아, 행복한 순간이여!

포드 부인   오, 사랑스런 존 경! (말하며 안긴다)

폴스타프 나는 거짓말도 못하고, 사탕발림도 할 줄 모릅니다. 포드 부인, 이렇게 바라는 마음만으로 죄인이 되고 말겠지만, 그대의 남편이 죽어버렸으면 좋겠습니다. 그 어떤 높은 분 앞에서도 자신 있게 말할 수 있습니다. 그대를 나의 아내로 맞이하고 싶다고.

포드 부인 어머나, 제가 경의 부인이 된다고요? 너무나 볼품없는 귀부인이 될 텐데요.

폴스타프 프랑스 궁정에도 그대만한 귀부인은 없습니다. 그대의 눈동자는 다이아몬드보다 더 아름답게 반짝이고, 그대의 고귀하고 둥근 이마 위에는 그 어떤 머리 장식이라도 다 잘 어울릴 겁니다. 배 모양의 장식도, 최근 유행하는 베네치아 스타일의 장식도.

포드 부인 폴스타프 님, 그렇지 않아요. 제 이마에는 수수한 스카프밖에 어울리는 것이 없어요. 아니, 그조차도 썩 어울리지 않는걸요.

폴스타프 세상에, 그런 말씀을 하시다니, 그건 아름다움에 대한 반역입니다. 그대는 나무랄 데 없는 귀부인이 될 거예요. 그대의 우아한 자태는 궁정에서 유행하는 화려한 드레스를 입고 사뿐사뿐 걸으면 한결 더 돋보이겠지요. 만약 운명이 자연만큼이나 그대에게 친절했더라면 그렇게 되었을 것을. 애써 감추려 해도 소용없답니다.

포드 부인 어머, 그렇지 않아요.

폴스타프 내가 무엇 때문에 그대를 사랑하게 됐겠습니까? 바로 부인에게 감춰져 있는 그 특별함 때문 아니겠습니까? 보세요, 나는 겉만 번지르르해서 향수 냄새나 풍겨대는 바람둥이 사내 녀석들처럼 그대가 이렇다 저렇다 마음에도 없는 사탕발림 같은 소리를 꾸며내지는 못하는 사람이에요. 정말입니다. 그렇지만 나는 그대를 사랑해요. 다른 누구도 아닌 그대를. 그리고 그대는 그 사랑을 받을 만한 자격이 충분한 여인이지요.

포드 부인 거짓말 마세요. 당신은 페이지 부인을 사랑하시지요?

폴스타프 그런 여자를 좋아하느니, 차라리 석회 굽는 가마에서 나오는 연기처럼 썩은내가 나는 감옥 옆을 거니는 게 훨씬 나아요.

포드 부인 제가 경을 얼마나 사랑하는지는 하늘만이 아시는 것이고, 경도 머지않아 아시게 될 거예요.

폴스타프 그 마음을 소중히 간직하세요. 꼭 알게 될 테니까요.

3막 3장, 폴스타프와 포드 부인 H.C. 셀루스

포드 부인 꼭 알게 되실 거예요. 그렇지 않다면 제가 그런 마음을 품을 수 있나요.

로빈, 급히 뛰어든다.

로빈 포드 부인, 포드 부인! 페이지 부인이 현관에 와 계셔요. 땀을 흘리시고 헐떡거리시는데, 사나운 눈빛을 짓더니 급히 하실 말씀이 있으시대요.
폴스타프 (당황하여) 여기서 만나면 난처한데…… 커튼 뒤에 숨어야겠소.
포드 부인 그렇게 하세요. 수다스러운 여자니까요. (폴스타프, 커튼 뒤에 숨는다)

페이지 부인, 숨어 있던 곳에서 나온다.

포드 부인 어머, 무슨 일이세요?

페이지 부인 (일부러 숨을 헐떡거리며) 아니 포드 부인, 이게 무슨 일이에요? 이런 부끄러운 일이 어디 있어요, 당신은 이제 끝장이에요!

포드 부인 아니, 왜 그러세요?

페이지 부인 어떻게 그럴 수가 있어요! 그렇게 훌륭한 남편이 계시면서 의심받을 짓을 하시다니!

포드 부인 의심받을 짓이라니요?

페이지 부인 무슨 의심받을 짓이냐고요? 세상에, 기가 막혀! 내가 당신을 잘못 봤어요!

포드 부인 아니, 도대체 무슨 일이냐고요?

페이지 부인 이보세요, 당신 남편이 윈저의 관리들을 이끌고 이리로 오신다니까요. 남편이 집을 비운 틈을 타서 몰래 집 안으로 끌어들인 남자의 덜미를 잡겠다는 거예요. 이제 부인은 끝장이에요.

포드 부인 그럴 리 없어요.

페이지 부인 그래요, 그럴 리 없어야죠. 부인이 외간 남자와 그런 일이 없다면 얼마나 다행이겠어요. 그러나 당신 남편이 그 남자를 찾아내러 오고 계신 건 틀림없어요. 윈저의 사람들이 너도나도 따라오고 있어요. 그래서 내가 한 발 앞서 알리러 온 거예요. 부인이 결백하다면 얼마나 다행스러운 일이겠어요. 하지만 남자가 있으면 곧바로 내보내세요. 당황하지 말고 침착하셔야 해요. 명예를 지켜야 해요. 혹시라도 삐끗했다간 인생을 망치게 돼요.

포드 부인 이걸 어쩌면 좋죠? 실은 어떤 분이 와 계셔요. 내가 부끄러움을 당하는 건 상관없지만 그분이 창피를 당해서는 안 돼요. 차라리 몇천 파운드를 써서라도 그분을 집 밖으로 꺼내 드려야겠어요.

페이지 부인 무슨 말을 하시는 거예요? 느긋하게 '차라리' '차라리' 하실 때가 아니라고요. 부인의 남편이 바로 코앞에 와 계셔요! 그 남자를 빼낼 방법을 생각해 내셔야죠. 집 안에는 감출 수 없어요. 부인이 이런 짓을 하실 줄이야, 정말 몰랐어요! 마침 여기 바구니가 있군요. 그 사람이 몸집이 크지 않다면 여기 들어갈 수 있을 거예요. 그러니 세탁소에 가져가는 척하고 그

연극 〈윈저의 즐거운 아낙네들〉 폴스타프, 페이지 부인 및 포드 부인 글로브 극장. 2008.

사람 위에다 빨랫감을 얹어놔요. 세탁 시간도 됐으니 말이에요. 하인들을 시켜서 대칫 목장으로 나르게 하세요.

포드 부인 몸이 너무 크셔서 안 들어갈 것 같아요. 이 일을 어쩌면 좋죠?

폴스타프, 커튼을 헤치고 나와 바구니 쪽으로 뛰어간다.

폴스타프 잠깐만 어디 좀 봅시다. 어디 봐요. 음, 들어갈 수 있겠군, 들어갈 수 있겠어. 이분 말씀대로 합시다. 들어가리다. (세탁물을 꺼낸다)

페이지 부인 어머나! 존 폴스타프 경이 아니세요! 이건 당신이 보내신 편지죠?

폴스타프 (작은 소리로) 나는 당신을 사랑해요. 도망칠 수 있게 도와주시오. 이 안으로 들어갈 테니 나를 좀 밀어 넣어줘요. 내 앞으로 다시는……. (길에서 이야기 소리가 들리자 엉금엉금 바구니에 들어간다. 두 여인이 그 위에 더러운 빨랫감을 얹는다)

페이지 부인 (로빈에게) 로빈, 주인님을 빨랫감으로 덮어드려! 포드 부인, 하인들을 부르세요. (폴스타프에게) 이 거짓말쟁이 기사 같으니라고!

포드 부인 (큰 소리로) 이봐 존! 로버트! 존! (로빈, 서둘러 나머지 빨랫감을 바구니에 넣고 달아난다)

하인들, 급히 등장.

포드 부인 이 빨랫감을 빨리 가져가. 막대기는 어디 있지? 뭘 꾸물거려. 대칫 목장의 세탁소로 가져가라. (하인들, 비틀거리며 바구니를 들어올린다) 어서, 빨리!

문이 열리면서 포드, 페이지, 카이우스, 휴 에반스 등장.

포드 자, 여러분, 가까이 오십시오. 내가 아무런 근거도 없이 의심한 거라면 나를 놀려도 좋습니다. 놀림감이 돼도 좋아요. 그래도 할 말이 없지요. 이건 뭐야! 어디로 가져가는 거냐?

하인들 예, 세탁소로 가져가는 겁니다.

포드 부인 어디로 가져가든 무슨 상관이세요? 이제 빨래까지 참견하시다니 정말 당신답군요.

포드 빨래? 그래 나야말로 내 머릿속 더러운 망상들을 좀 빨아내고 싶다! 아, 나는 수사슴, 수사슴, 수사슴! 그렇다, 수컷. 확실히 수사슴이지. 암사슴이 발정 난 덕분에 수사슴 머리에 뿔이 돋아났지. (하인들, 바구니를 메고 나간다) 여러분, 지난밤 꿈 이야기를 해드리지요. 자, 여기 내 열쇠들이 있습니다. 방마다 이 잡듯 샅샅이 뒤져서 찾아내세요. 틀림없이 여우가 구멍에서 뛰쳐나올 겁니다. (바깥문 쪽으로 간다) 이쪽 길을 먼저 막죠. (문을 잠근다) 자, 그럼 그 짐승 같은 놈을 몰아내 봅시다.

페이지 포드 씨, 진정하세요. 자기 자신을 너무 모욕하지 마세요.

포드 그래요, 페이지 씨. 자, 여러분. 올라갑시다. 재미있는 걸 구경하시게 될 겁니다. 자, 따라오십시오. (모두들 머뭇거린다)

에반스 정말이지 기묘한 망상이자 질투로군요.

카이우스 맙소사, 프랑스에서는 이런 일을 찾아봐도 없어요. 프랑스에서는 질투하지 않아요.

페이지 어쨌든 따라가 봅시다. 어찌 되는지 두고 보자고요. (에반스, 카이우스와 함께 위층으로 올라가며 퇴장)

페이지 부인 세상에나, 곱절로 재미있어졌지 뭐예요?

포드 부인 글쎄, 어떤 쪽이 더 재미있는지 모르겠군요. 남편을 속여먹은 것과 존 경을 골탕먹인 것 가운데 말예요.

페이지 부인 부인 남편이 바구니에 뭐가 들어 있냐고 물었을 때, 아마 그자 간이 콩알만 해졌을 거예요!

포드 부인 그자는 어차피 때를 벗겨내야 할 필요가 있으니까, 물속에 처박아 주면 오히려 좋은 일을 해준 셈이지요.

페이지 부인 빌어먹을, 음흉한 악당 같으니! 그런 녀석들은 모두 혼쭐을 내줘야 해요.

포드 부인 오늘따라 남편이 폴스타프가 여기 있을 거라고 의심한 게 참 이상해요. 그이가 오늘처럼 질투에 불탄 적은 없었어요.

페이지 부인 내가 무슨 수를 쓰든지 왜 그랬는지 알아 올게요. 폴스타프를 좀더 골려줍시다. 이 정도로는 그 음탕한 버릇을 고치지 못할 거예요.

포드 부인 그럼, 수다쟁이 퀴클리를 보내서 물에 내던진 걸 사과하게 하고, 또 희망을 갖게 해서 다시 한 번 골탕을 먹여요.

페이지 부인 그럽시다. 내일 아침 8시에 불러오도록 해요. 사과를 하겠다고 해서요.

포드, 페이지, 카이우스, 에반스, 다시 등장.

포드 아무리 찾아봐도 눈에 띄지 않아. 그자가 터무니없는 허풍을 떨었나 보군.

페이지 부인 (포드 부인에게 속삭이며) 저 말 들었어요?

포드 부인 (포드에게 빈정대는 말투로) 여보, 나를 참 끔찍이도 아끼시는군요.

포드 아, 그런가 보군.

포드 부인 오, 하느님께서 당신을 더 나은 사람으로 만들어 주시기를!

포드 아멘!

페이지 부인 포드 씨, 이건 누워서 침 뱉기지 뭡니까?

포드 네, 정말 그렇게 됐습니다.

에반스 이 집 안에, 방 안에, 금고에, 벽장에 누가 숨어 있다면…… 주여, 마지막 심판의 날에 저의 죄를 용서해 주시옵소서!

카이우스 젠장, 나도 동감이오. 쥐새끼 한 마리 없소.

페이지 이보시오, 포드 씨! 이게 무슨 창피란 말입니까? 어떤 악마한테 홀려 이런 엉뚱한 생각을 하신 겁니까? 나는 윈저 성의 보물을 다 준다 해도 그런 어리석은 짓은 안 합니다.

포드 모두가 내 잘못입니다, 페이지 씨. 내 마음이 무척 괴롭군요.

에반스 양심의 가책을 받는 거예요. 부인은 5천 명 가운데서, 아니 5백 명 가운데서 하나 있을까 말까 한 몸가짐이 바른 여성이란 말입니다.

카이우스 젠장, 나도 알아요, 정숙한 부인입니다.

포드 약속대로 식사를 대접하겠습니다…… 자, 뜰로 나갑시다. 이번 일은 용서하십시오. 내가 어째서 이런 일을 벌이게 됐는지는 나중에 상세히 말씀드리겠습니다. 여보, 당신도…… 페이지 부인도 용서하십시오. (두 부인의 손을 잡고) 정말 잘못했습니다. (포드 부인과 페이지 부인, 식사 준비하러 간다)

페이지 자, 여러분, 저리로 가시죠. (모두에게 작은 목소리로) 포드 씨를 배꼽이 빠지도록 비웃어 줍시다. (포드에게) 내일 아침에는 내 집으로 모시겠습니다. 아침을 먹고 새 사냥이나 가시죠. 좋은 매가 있거든요. 어떻습니까?

포드 뭐든 좋습니다.

에반스 한 분이 가신다니, 그럼 나는 두 번째로 끼어들겠습니다.

카이우스 한 분, 두 분이 가신다니, 그럼 나는 세 번째가 되겠습니다.

포드 페이지 씨, 자, 가십시다.

에반스 (카이우스에게) 저 야비한 악당, 가터 여관 주인 놈을 잊지 마십시오.

카이우스 걱정 마세요, 젠장. 물론이다마다요.

에반스 야비한 악당, 사람을 바보로 만들다니! (모두 퇴장)

〔제3막 제4장〕

페이지의 집 어느 방.

펜튼과 앤 등장.

펜튼 아무래도 내가 당신 아버지 마음에 들지 않나 봅니다. 그러니 앤, 아무리 애써봐야 소용없어요.

앤 그럼 어떻게 해요?

펜튼 당신이 마음을 단단히 먹어야 해요. 당신 아버지께서는 내 신분이 너무 높아서 반대하시는 거예요. 그리고 내가 헤프게 써버린 재산을 메꾸기 위해 그분의 재산을 노린다고 생각하시지요. 그리고 반대하시는 이유가 또 있어요. 내가 한때 방탕한 생활을 했다는 것과 나쁜 친구들과 어울린다는 것…… 내가 당신을 사랑하는 것도 재산을 보고 그러는 거라고만 생각하시는 거예요.

앤 아버지 말씀이 옳은지도 몰라요.

펜튼 그렇지 않아요. 정말 그렇다면 지금 죽어도 할 말이 없을 거예요. 맹세해요! 솔직히 말하자면 당신에게 처음 구혼하기로 마음먹은 이유는 당신 아버지의 재산 때문이었어요. 하지만 당신을 사랑하게 되니 금화나 돈자루보다도 당신이 훨씬 값지다는 사실을 깨닫게 됐지요. 이제 내가 소망하는 건 오직 당신이라는 보물입니다.

앤 펜튼 씨, 어떻게 해서든지 아버지의 허락을 받아내세요. 만약에 어떤 방법으로도 아버지 허락을 받지 못할 때에는 (말을 멈추고) 어머, 이쪽으로 오세요!

샐로우와 슬렌더가 퀴클리를 데리고 등장.

샐로우 퀴클리 아주머니, 저 두 사람이 이야기를 하지 못하게 좀 떼어놓아봐요. 슬렌더가 직접 할 이야기가 있으니. (퀴클리, 두 사람에게로 간다)

슬렌더 (파랗게 질려서) 활을 쏘겠어요. 모험이긴 하지만요.

샐로우 낙심하지 마라.

슬렌더 그럼요, 앤 양이 저를 실망시킬 리 없어요. 그냥 좀 겁이 나서 그래요.

퀴클리 (앤에게) 저기, 슬렌더 씨가 하실 말씀이 있으시대요.

앤 곧 갈게요. (펜튼에게만 들리도록) 저분이 바로 아버지가 고른 사람이에요.

아, 해마다 3백 파운드를 번다고 해서 저리도 끔찍이 못난 사람을 좋아하다니!

퀴클리 (연인들 사이를 헤치며) 펜튼 도련님, 안녕하세요? 드릴 말이 있어요. (앤, 슬렌더 쪽으로 간다)

샐로우 (슬렌더에게) 이리로 온다. 어서 그녀에게 말을 걸어봐. 아, 네 아버지가 살아 계셨다면!

슬렌더 앤 양, 내 아버지가 살아 계셨을 때…… 아버지에 대한 재미있는 이야기는 숙부님께서 잘 아시니 말씀해 주실 거예요. 숙부님, 앤 양에게 이야기해 주세요. 아버지가 우리에서 거위 두 마리를 훔치신 이야기 말입니다.

샐로우 앤 양, 내 조카는 당신을 사랑하고 있답니다.

슬렌더 아, 정말입니다. 글로스터셔주의 그 어떤 여자보다 사랑합니다.

샐로우 내 조카는 아가씨를 귀부인처럼 호강시켜 줄 겁니다.

슬렌더 그렇고말고요. 무슨 일이 있더라도 지위에 걸맞게 해야지요.

샐로우 1년에 150파운드를 과부 급여로 남겨줄 겁니다.

앤 샐로우 판사님, 당사자로부터 직접 듣고 싶어요.

샐로우 아, 고맙소. 그렇게 말해 주니 내 마음이 흐뭇하군요. 조카야, 앤 양이 너와 말하고 싶대. 나는 저리 가 있겠다. (비켜선다)

앤 저, 슬렌더 씨.

슬렌더 (수염을 쓰다듬으며) 아, 앤 양.

앤 당신의 의사(意思, will)는 뭐죠?

슬렌더 내 유서(遺書, will) 말인가요? 이거 너무 괴상한데, 참으로 멋진 농담이군요! 다행히도 아직 유서는 만들지 않았습니다. 감사하게도 아픈 데는 없어요.

앤 슬렌더 씨, 내 말은 나를 어떻게 하실 생각이냐는 거예요.

슬렌더 (시선을 떨구고) 사실 나는 당신을 어떻게 하고 싶은 생각은 조금도, 아니 전혀 없는데요. 당신 아버지와 내 숙부님이 벌이신 일이지요. 어쩌다가 운이 좋아 잘된다면 좋지요. 그렇지 않다면 다른 사람에게 행운이 돌아가는 거겠죠! 나보다는 저분들이 더 잘 설명하실 겁니다. 당신 아버지께 물어보시죠. 마침 저기 오십니다.

《윈저의 즐거운 아낙네들》 앤 페이지와 구애하는 슬렌더   찰스 로버트 레슬리. 1825.

페이지 부부 등장.

페이지   자, 슬렌더 씨…… 애야, 이 사람을 따뜻하게 대해라. (펜튼을 보고) 아니, 웬일이오! 펜튼 씨가 여기 무슨 일입니까? 내 집에 이렇게 자주 오는 건 곤란합니다. 전에도 말했지만 내 딸은 정혼한 데가 있어서요.

펜튼   페이지 씨! 너무 성급한 결정은 하지 마십시오.

페이지 부인   펜튼 씨, 내 딸을 찾아오지 마세요.

페이지   내 딸을 당신한테 줄 수는 없어요.

펜튼   어르신, 제 말 좀 들어봐 주십시오.

페이지   들으나마나요, 펜튼 씨. 자, 섈로우 판사님. 자, 슬렌더, 자네도. 안으로 들어갑시다. 펜튼 씨, 내 마음을 잘 알고도 남을 텐데, 나를 귀찮게 하지 말아요. (섈로우, 슬렌더와 함께 퇴장)

퀴클리   페이지 부인께 말씀해 보시구려.

펜튼 부인, 저는 따님을 진심으로 사랑합니다. 어떠한 방해나 비난이나 창피를 당하더라도 당당히 제 사랑의 깃발을 휘날리며 굳세게 나아가겠습니다. 절대 물러서지 않습니다. 제발 허락해 주십시오.

앤 사랑하는 어머니, 저는 저기에 있는 바보와 결혼하고 싶지는 않아요.

페이지 부인 그야 물론이지. 내가 더 훌륭한 신랑감을 찾고 있단다.

퀴클리 그게 바로 의사 선생님이죠.

앤 아, 차라리 땅에 머리만 내놓고 파묻혀서 사람들이 던지는 무에 맞아 죽는 게 낫겠어요.

페이지 부인 얘야, 걱정할 것 없다. 펜튼 씨, 나는 당신을 싫어하지도 좋아하지도 않아요. 딸아이의 마음을 알아보고 거기에 따를 뿐이죠. 오늘은 그만 돌아가세요. 딸을 데리고 가야 해요. 이 아이 아버지가 화를 내실 테니까요.

펜튼 부인, 다시 뵙겠습니다. 앤, 잘 있어요. (페이지 부인과 앤 퇴장)

퀴클리 제가 아주 잘했지요? 제가 글쎄 부인께 "따님을 정말 저런 바보 의사 따위에게 주실 거예요? 펜튼 씨를 좀 보세요" 이렇게 말씀드렸지요.

펜튼 고마워요. 부탁인데 오늘 밤 이 반지를 내 사랑 앤에게 전해 줘요. 여기 수고비를 받으시고요. (돈을 퀴클리 손에 쥐어주고 퇴장)

퀴클리 하느님께서 행운을 내려주시기를! 정말이지 마음씨 좋은 분이야. 여자들은 저리 마음씨 좋은 남자를 위해서라면 물불을 가리지 않는 법이지. 그렇지만 나는 주인님이 앤 아가씨를 차지하시면 좋겠는데. 아니면 슬렌더 씨가 되어도 좋지. 물론 펜튼 씨가 차지하시면 더 좋겠지. 약속은 약속이니까, 나는 그 세 분 모두를 위해서 힘써야 해. 뱉은 말은 지켜야 하는 법이니까. 그렇지만 펜튼 씨를 위해서 좀더 노력해야겠어. 어머, 부인들께서 존 폴스타프 경에게 가보라고 심부름을 시키셨는데, 바보같이 이렇게 꾸물거리고 있다니! (급히 퇴장)

〔제3막 제5장〕

가터 여관의 어느 방.
폴스타프와 바돌프 등장.

폴스타프 여봐라, 바돌프!

바돌프 네, 여기 있습니다.

폴스타프 가서 술 한 병만 가져오거라. 빵도 함께. (바돌프 퇴장) 푸줏간에서 나온 고기 찌꺼기처럼 바구니에 실려 템스강에 내던져지다니! 또 그런 꼴을 당한다면 내 뇌를 끄집어내서 버터를 발라 개에게 새해 선물로 던져주는 게 낫지. 그 못된 녀석들, 눈도 채 뜨지 못한 한 배에서 나온 강아지 열다섯 마리를 몽땅 내다 버리듯, 나를 강물 속에 처넣었겠다. 게다가 내 몸집이면 가라앉기 딱 좋다는 것을 보기만 해도 알 텐데. 강이 얕았기에 망정이지, 강바닥이 지옥까지 닿을 만큼 깊었으면 거기까지도 가라앉았을 거야. 그 얼마나 끔찍한 죽음인가. 물에 빠지면 몸이 퉁퉁 불어버린다고. 내 몸이 물에 불기까지 하면 무슨 꼴이 되겠냔 말이다! 아마 산더미처럼 거대한 시체가 됐을 거야.

바돌프, 포도주를 두 잔 들고 다시 등장.

바돌프 퀴클리 아주머니가 여쭐 말이 있다고 찾아왔는데요. (잔을 내려놓는다)

폴스타프 (잔을 하나 손에 들고) 먼저 배 속 가득한 템스 강물에 술을 좀 섞어주어야겠다. 내 배 속이 마치 콩팥에서 나는 열을 식히기 위해 눈덩이를 삼킨 것처럼 차가워. (술을 들이켠다) 들어오라고 해.

바돌프 (문을 열며) 아주머니, 들어와요.

퀴클리, 들어와서 공손히 인사한다.

퀴클리 실례합니다, 실례해요! 기사님, 안녕하세요?

폴스타프 (두 번째 잔을 비우고 나서) 요 앙증맞은 잔들은 치워버려. 가서 병째로 잘 데워서 가져와라.

바돌프 (빈 잔을 들고) 달걀도 넣을까요, 나리?

폴스타프 그냥 가져와. 술에 알 따위를 넣는 건 싫다. (바돌프 퇴장) 그래, 무슨 일이오?

퀴클리 포드 부인의 심부름을 왔어요!

폴스타프 포드 부인! 말만 들어도 지긋지긋하오. 그 여편네 덕분에 나는 강물에 처넣어졌소. 배 속이 강물로 가득하다오.

퀴클리 아이고, 그럴 수가! 하지만 그건 포드 부인 잘못이 아니었어요. 부인이 하인들을 얼마나 야단쳤다고요. 하인들이 부인의 지시를 잘못 알아들은 거예요.

폴스타프 나 또한 잘못 알아들었소. 바보 천치 여편네 약속을 곧이곧대로 믿었으니 말이오.

퀴클리 글쎄, 부인께서는 그 일 때문에 얼마나 속상해하시는지 모릅니다. 나리께서 부인을 보신다면 마음이 찡하실 거예요. 오늘 아침 부인의 바깥어른이 새 사냥을 나가시는데, 8시부터 9시 사이에 한 번만 더 와주십사 부탁하셨어요. 부인께 빨리 대답을 알려드려야 돼요. 이번에 기사님한테 진 마음의 빚을 꼭 갚으실 거예요.

폴스타프 그렇다면 가보겠다고 전해 주시오. 그리고 남자에 대해서 깊이 생각해 보라고도 전하시오. 남자란 마음이 아주 약하다는 사실을 생각한다면 내가 고마운 사람임을 알게 될 거라고 해요.

퀴클리 네, 그 말씀 전하겠습니다.

폴스타프 틀림없이 그렇게 전해 주시오. 9시와 10시 사이라고 했죠?

퀴클리 아뇨, 8시와 9시 사이예요.

폴스타프 알았소, 그럼 가봐요. 꼭 가리다.

퀴클리 안녕히 계세요, 나리! (퇴장)

폴스타프 브룩이라는 작자는 도대체 어떻게 됐지? 여기서 기다려 달라고 그랬는데. 그자의 돈이 탐난단 말야. 오, 저기 오는군.

브룩으로 변장한 포드 등장.

포드 안녕하십니까?

폴스타프 브룩 씨, 나와 포드 부인 사이의 일이 궁금해서 오셨군요?

포드 바로 그 일 때문에 왔습니다, 존 경.

폴스타프 브룩 씨, 사실대로 말씀드리죠. 나는 여자가 정해 준 시간에 그 여

3막 5장, 폴스타프와 포드 H.C. 셀루스

자 집에 갔었습니다.

포드　일이 잘됐습니까?

폴스타프　아주 꼴사납게 됐습니다, 브룩 씨.

포드　아니, 왜요? 여자가 마음이 바뀌기라도 했던가요?

폴스타프　아니요. 그렇지만 그 여자의 남편이라는 의심 많은 뿔난 작자 말입니다, 브룩 씨. 질투에 벌벌 떠는 그 녀석이 막 일이 잘되어 가려는 순간에 들이닥치고 말았지 뭡니까. 우리가 껴안고, 입을 맞추고, 사랑을 속삭이고는 이제 본론으로 들어가려는데, 그 녀석이 친구들까지 꼬드겨 잔뜩 끌고 와서는 여편네의 숨겨둔 남자를 잡아내겠다며 온 집 안을 이 잡듯이 뒤지고 다녔다고요.

포드　아니, 당신이 그 집에 계실 때 말입니까?

폴스타프 그래요, 내가 있을 때 말이에요.

포드 그렇게 샅샅이 뒤졌는데도 당신을 못 찾아냈나요?

폴스타프 내 말 좀 들어봐요. 다행히 페이지 부인이 와서 포드가 돌아온다고 미리 귀띔해 주었소. 그래서 포드 부인이 어쩔 줄 몰라하고 있는데, 페이지 부인이 머리를 써서 나를 빨래 바구니 속에 집어넣었단 말이에요.

포드 빨래 바구니요?

폴스타프 네, 빨래 바구니요! 더러운 셔츠에다, 속옷이니, 양말짝, 냄새나는 스타킹, 기름때 범벅인 수건 더미 속에 나를 밀어 넣었다고요. 세상에 냄새 냄새, 그렇게 지독한 냄새는 처음이었소.

포드 그래서 얼마 동안이나 바구니 속에 계셨습니까?

폴스타프 글쎄 그다음 이야기를 들어보세요. 당신을 위해서 그 여자를 구워 삶으려다가 내가 얼마나 망신을 당했는지 몰라요. 아까 말대로 바구니 속에 처박혀 있는데, 포드 부인이 하인 두 놈을 부르더니 빨랫감이라고 하면서 나를 대칫 목장으로 가져가라 했소. 그놈들이 나를 짊어지고 나가려는데 문 앞에서 의처증 걸린 그 남편 놈과 마주쳤지 뭐요. 바구니에 든 것이 뭐냐고 한두 번 묻더군요! 혹시 그 미친 녀석이 바구니 속을 뒤질까봐 나는 간이 콩알만 해졌소. 그런데 운명조차도 그자가 여편네한테 배신당해 마땅하다고 여겼는지 그놈을 말린 거요. 뭐, 그자는 그대로 쭉 집 안을 뒤져댔고, 나는 그 틈에 더러운 빨랫감이 되어서 그 집을 빠져나올 수 있었답니다. 그렇지만 그다음이 더 중요해요. 브룩 씨, 나는 그날 세 번이나 죽을 뻔했다고요. 첫째로는 그 질투에 사로잡힌 정신병자 녀석한테 들킬까봐 겁이 나서 죽을 뻔했고, 그러고는 병 속에 반으로 접혀 구겨 넣어진 한 자루 칼처럼 머리랑 발꿈치가 딱 붙은 자세로 기름때에 찌들어서 냄새가 진동하는 빨래 더미 속에 처박혀 있으려니…… 생각해 보십시오. 나 같은 사람이 말입니다, 버터처럼 더위에 약한 사람이, 안 그래도 늘 더워서 땀을 줄줄 흘려대는 나 같은 사람이 그 속에서 숨이 막혀 죽지 않은 게 기적이라니까요. 게다가 그 더위 속에 꼭 네덜란드 음식처럼 기름에 바짝 튀겨진 채로 템스강에 풍덩 내동댕이쳐졌단 말입니다. 꼭 불에 시뻘겋게 달궈진 말편자가 물에 빠지기라도 한 듯 치익 소리가 날 것만 같았지요. 생각해 보세요, 브룩 씨!

포드 저 때문에 그런 고통을 당하셨다니, 죄송하기 이를 데 없습니다. 그럼 이제 제 소원은 실현될 가망이 없다는 말이군요? 앞으로 그 여자와 인연을 끊으실 게 아닙니까?

폴스타프 브룩 씨, 이대로 포기한다면 이번에는 템스강이 아니라 에트나 화산 속으로 내던져져도 할 말이 없지요. 그 여자 남편이 오늘 아침에 새 사냥을 나간답니다. 조금 전에 만나자는 연락이 왔어요. 8시와 9시 사이로 약속이 돼 있어요, 브룩 씨.

포드 벌써 8시가 지났어요.

폴스타프 그래요? 그럼 약속대로 가봐야겠소. 틈나는 대로 찾아와 주시구려. 어떻게 돼가는지 이야기해 드리다. 끝내는 당신이 그 여자와 재미를 보게 될 테니까요. 그럼 안녕히. 브룩 씨, 당신은 꼭 그 여자를 손에 넣게 될 겁니다. 포드 그 작자만 바보 되는 거죠. (퇴장)

포드 허! 하! 이게 환상인가? 꿈인가? 내가 잠을 자고 있나? 포드 씨, 눈을 뜨라고! 어서 일어나라니까, 포드 씨! 가장 좋은 옷에 구멍이 뚫렸다고요, 포드 씨. 결혼이란 이런 거다! 집에 옷이나 빨래 바구니를 두면 이런 꼴을 당하는 거야! 이제 내 정체를 밝히고 저 음탕한 녀석을 혼내줄 테다. 저자는 내 집에 있어. 도망칠 수 없을 거다. 이번에는 절대로 못 달아난다. 동전 주머니나 후추통 안에 기어들어갈 수는 없는 노릇일 테니. 그렇지만 혹시나 악마가 저 녀석을 도울지도 모르니까 구석구석 다 뒤져봐야겠어. (퇴장)

〔제4막 제1장〕

어느 거리.
페이지 부인, 퀴클리, 윌리엄 페이지 등장.

페이지 부인 그 사람이 벌써 포드 씨 댁에 가 있단 말이에요?

퀴클리 틀림없이 벌써 가 계실 거예요. 아니면 이제 곧 도착하거나요. 하지만 그분은 강물 속에 내던져졌다고 화가 머리끝까지 나 있어요. 그래서 포드 부인께서 급히 와달라고 하세요.

페이지 부인 곧 가겠어요. 이 아이를 학교에 데려다주고서요. 저기 아이 선생님이 오시네…… 오늘은 쉬는 날인가 봐.

휴 에반스 등장.

페이지 부인 에반스 신부님, 안녕하세요! 오늘은 학교 수업이 없나요?

에반스 네, 없어요. 슬렌더 선생이 애들을 쉬게 했으니까요.

퀴클리 참, 고마우셔라!

페이지 부인 선생님, 남편 말로는 아들 녀석이 도무지 교과서 내용을 모른다네요. 죄송하지만 어형론(語形論)에 관하여 좀 물어봐 주시겠어요?

에반스 윌리엄, 이리 오너라. 자, 고개를 들어.

페이지 부인 애, 고개를 똑바로 들어. 선생님이 물으시는 말에 겁내지 말고 대답해라.

에반스 윌리엄, 명사의 수는 몇 개지?

윌리엄 둘입니다.

퀴클리 어머, 나는 하나 더 있는 줄 알았는데요. '하느님의 이름으로'라고 하기에 말예요.

에반스 잠자코 있어요! 윌리엄, '아름답다'는 뭐지?

윌리엄 풀케르(Pulcher).

퀴클리 폴캐츠(Polecats)! 족제비보다 아름다운 건 얼마든지 있죠.

에반스 당신은 매우 단순한 여자군요. 제발 조용히 해줘요. 라피스는 뭐지, 윌리엄?

윌리엄 돌입니다.

에반스 그럼 돌은 뭐지, 윌리엄?

윌리엄 자갈입니다.

에반스 아니지, 라피스야. 잘 기억하고 있어라.

윌리엄 라피스.

에반스 됐다, 윌리엄. 그럼 관사를 빌려주는 자는 누굴까?

윌리엄 관사는 대명사에서 빌려요. 활용은 단수의 주격이 '히크', '하이크', '호크'예요.

에반스 주격은 히그, 하그, 호그다.*¹² 머릿속에 새겨둬라. 속격은 휴저스다. 그럼, 목적격은 뭐지?

윌리엄 목적격은 '힝'이요.

에반스 잊어버리지 마라, 윌리엄. 목적격은 헝그, 행그, 호그란 말이다.

퀴클리 행그 호그(매단 돼지)는 라틴어로 베이컨이에요.

에반스 시끄럽게 하지 말아요, 아주머니. 윌리엄, 호격은 뭐야?

윌리엄 (머리를 긁적인다) 어! 호격은 보카디보.

에반스 잊지 마라, 윌리엄. 호격은 카레트.

퀴클리 캐로트(당근)는 좋은 채소예요.

에반스 그만해요.

페이지 부인 잠자코 있어요.

에반스 소유격의 복수는 뭐지, 윌리엄?

윌리엄 소유격요?

에반스 그래.

윌리엄 소유격은 호룸, 하룸, 호룸이지요.

퀴클리 매춘은 벌을 받을 것이다. 빌어먹을 년! 애야, 그런 논다니의 이름을 입에 올리면 절대 안 된다.*¹³

에반스 부끄러운 줄 아시오!

퀴클리 그런 저속한 말을 애한테 가르치다뇨. (페이지 부인에게) 어린애한테 히크니 하크를 가르치니 말이에요. 그런 말은 자연스레 배우게 되는데요. 그리고 호룸을 가르치다뇨. (에반스에게) 망측해요!

에반스 이 아주머니가 돌았나? 격이 뭔지, 성의 단·복수가 뭔지도 모르냔 말이오? 이렇게 멍청한 그리스도교인은 어디서도 찾아볼 수 없겠소.

페이지 부인 (퀴클리에게) 제발 잠자코 있어요.

에반스 자, 윌리엄, 대명사의 격변화를 말해 봐라.

---

*12 단수의 주격 hic, haec, hoc는 윌리엄이 제대로 말했고 오히려 에반스의 라틴어 발음이 서툴러서 웃음을 자아낸다. 이와 비슷한 상황이 이어지고 있다.

*13 퀴클리는 문법용어로 소유격을 뜻하는 명사 genitive를 '생식기(生殖器)'를 뜻하는 genital, 사람 이름인 Jenny로 잘못 이해한 데다, 라틴어의 단수 주격인 히크(hic)의 소유격인 호룸(horum)을 '논다니'를 뜻하는 '호어(whore)'로 잘못 이해함으로써, 윌리엄의 대답을 '제니는 매춘을 한다'라는 뜻으로 받아들여 생뚱맞은 반응을 보인 것으로 짐작된다.

윌리엄 선생님, 잊어버렸습니다.

에반스 쿼, 콰이, 쿼드다. 또 잊어버리면 매 맞는다. 그럼, 저쪽으로 가서 놀아라.

페이지 부인 생각보다는 잘하는데요.

에반스 머리가 매우 좋은 편이죠. 그럼 안녕히 계십시오.

페이지 부인 안녕히 가세요, 에반스 선생님. (에반스 퇴장) 얘야, 집에 가 있으렴. 우리도 갑시다, 너무 시간을 끌었어. (모두 퇴장)

〔제4막 제2장〕

포드의 집 넓은 방. 구석에 빨래 바구니가 놓여 있다.
폴스타프와 포드 부인, 들어와서 의자에 앉는다.

폴스타프 포드 부인, 부인의 슬픔이 내 고통을 삼켜버렸습니다. 이제 부인이 사랑에 그토록 순순히 따른다는 것을 알았으니 내가 머리칼 한 올까지도 남김없이 보답하겠소. 사랑의 의무뿐만 아니라 모든 격식과 예의를 다해 사랑하리다. 그런데 남편에 대해서는 정말 안심해도 됩니까?

포드 부인 오늘은 새 사냥을 나갔어요, 사랑스런 존 경.

페이지 부인 (밖에서 큰 소리로) 이봐요, 포드 부인! 잠깐만요!

포드 부인 (문을 열어주며) 존 경, 어서 이 방으로 들어가세요. (문을 조금 열어놓고, 폴스타프 퇴장)

페이지 부인 등장.

페이지 부인 어떻게 된 거예요? 부인 말고 집에 누가 또 있어요?

포드 부인 아뇨, 하인들밖에 없어요.

페이지 부인 정말이에요?

포드 부인 그렇다니까요. (페이지 부인에게 귓속말로) 더 큰 소리로 말해요.

페이지 부인 아무도 없다니 정말 다행이군요.

포드 부인 왜요?

4막 2장, 폴스타프, 포드 부인과 페이지 부인   H.C. 셀루스

페이지 부인   저런, 부인 남편께서 그 미친 증상이 도지셨어요. 저쪽에서 내
　　남편을 붙잡고 고래고래 소리를 질러대며 난리를 피우고 있다고요. 모든 결

혼한 사람들에게 험한 소리를 늘어놓으면서, 여자들을 저주하는가 하면, 자신의 이마를 치면서 "돋아나라, 뿔아! 돋아나라!" 이렇게 울부짖고 계세요. 지금 그분이 하고 계신 미친 짓에 비하면 내가 이제껏 본 다른 미친 짓들은 얼마나 온순하고 교양 있고 얌전한 행동이었는지 몰라요. 그 뚱보 기사가 여기 없다니 정말 다행이에요.

포드 부인 아니, 내 남편이 그분 이야기를 하던가요?

페이지 부인 온통 그 사람 이야기뿐이었어요. 지난번에는 바구니에 숨어 빠져나갔기 때문에 놓치고 만 것이 틀림없다고요. 내 남편에게 그자가 지금 여기 있을 거라고 큰소리치고 있답니다. 새 사냥도 못 하게 하고는, 사람들을 몽땅 데리고 이번에야말로 의심을 풀러 오시겠대요. 그런데 그 기사가 여기에 없다니 참 다행이에요. 마침내 당신 남편께서도 자신이 얼마나 바보 같은지 알게 되시겠군요.

포드 부인 그이가 지금 어디쯤 와 있을까요, 페이지 부인?

페이지 부인 바로 저 길모퉁이까지 와 계십니다. 곧 오실 거예요.

포드 부인 아, 이 일을 어쩌지! 기사님이 여기 와 계십니다.

페이지 부인 맙소사, 망신을 톡톡히 당하겠군요. 그리고 그 기사님도 이제 꼼짝없이 죽겠네요. 부인도 참! 도망쳐요, 그 사람과 함께 도망치라고요! 개죽음을 당하기보다는 망신살 뻗치는 게 낫죠.

포드 부인 어디로 내보내죠? 어디다 숨기면 좋아요? 또 바구니 속에 넣을까요?

폴스타프, 숨어 있던 방에서 나온다.

폴스타프 (다가와서) 아니요, 바구니는 넌덜머리가 나요. 부인 남편이 오기 전에 나갈 수는 없겠소?

페이지 부인 아, 포드 씨의 형제들 세 분이 아무도 못 나가도록 총을 들고 문 앞을 지키고 있어요. 그렇지만 않아도 포드 씨가 들이닥치기 전에 빠져나갈 수 있을 텐데 말이죠. 그런데 여기서 도대체 무얼 하고 계셨던 거예요?

폴스타프 그럼 어쩌죠? 굴뚝으로 기어 올라가겠소.

포드 부인 거긴 안 돼요. 사람들이 굴뚝에다 사냥총을 마구 쏘아대는 버릇이 있거든요. 가마 속으로 들어가시죠.

폴스타프 가마는 어디 있죠?

포드 부인 틀림없이 가마 속도 뒤질 거예요. 선반도, 금고도, 서랍장도, 궤짝
도, 우물이나 창고도 다 안 돼요. 한 군데도 잊지 않으려고 표를 만들어 두
었단 말이에요. 차례차례 모두 뒤져볼 거예요. 이 집 어디에도 숨을 곳은
없어요.

폴스타프 (궁지에 몰려) 그럼, 밖으로 나가겠소.

페이지 부인 존 경, 그대로 밖으로 나가시면 죽고 말아요. 변장을 하시면 몰
라도요.

포드 부인 어떻게 변장하면 될까요?

페이지 부인 글쎄요, 나도 모르겠군요. 이분에게 맞는 여자 옷이 있으면 좋으
련만. 그럼 모자와 스카프와 손수건으로 얼굴을 가리고 달아날 수 있을 텐
데요.

폴스타프 제발 부탁이니, 뭐든 생각해 내봐요. 꼴이 좀 우스워지더라도 잡혀
서 몸을 다치는 것보단 나아요.

포드 부인 가정부 아주머니인 뚱뚱보 브렌트퍼드의 옷이 위층에 있어요.

페이지 부인 그럼 됐어요. 그거면 꼭 맞을 거예요. 그 할머니 몸집이 이분과
비슷하니까요. 그리고 술을 단 모자하고 스카프도 있어요. (폴스타프에게) 어
서 위층으로 올라가세요.

포드 부인 어서요, 존 경. 페이지 부인과 나는 머리를 싸맬 천을 찾을 테니
까요.

페이지 부인 빨리, 빨리요! 곧 올라가서 도와드릴게요. 그전에 옷이라도 입고
계세요. (폴스타프, 급히 위층으로 올라간다)

포드 부인 그 꼴로 내 남편을 만나면 딱이겠어요. 그이는 브렌트퍼드 노파를
아주 싫어해요. 마귀할멈이라고 하면서 집에 얼씬도 못하게 하고 눈에 띄면
두들겨 패준다고 했거든요.

페이지 부인 하느님께서 저 녀석을 포드 씨의 몽둥이 곁으로 인도해 주시기
를. 그리고 그 몽둥이를 악마에게 인도해 주소서!

포드 부인 그런데 내 남편은 정말 오나요?

페이지 부인 그럼요, 아주 심각하시다니까요. 바구니 이야기도 하셨어요. 어

떻게 그걸 아셨는지 모르겠네요.

포드 부인 한번 해봐요. 이번에도 하인들에게 메고 나가라고 해서, 지난번처럼 문 앞에서 부딪치도록 해요.

페이지 부인 하지만 곧 오실 텐데요. 가서 그자를 브렌트퍼드 마귀할멈으로 꾸며놓읍시다.

포드 부인 나는 먼저 하인들에게 바구니에 대해서 일러두죠. 올라가요. 얼굴을 감쌀 천을 가지고 나도 곧 올라갈게요. (퇴장)

페이지 부인 이제 끝장이다, 뻔뻔스러운 악당 녀석! 어떻게 망신을 줘도 모자라지. 부인들이 마냥 즐겁게만 보여도 마음은 정숙하다는 걸 가르쳐주는 거야. 얌전한 고양이가 부뚜막에 먼저 올라간다는 말도 있잖아. 우리가 늘 웃고 까불며 돌아다니기는 해도 바람은 안 피운다고. (계단으로 올라간다)

포드 부인, 하인 두 명과 함께 다시 등장.

포드 부인 자, 이 바구니를 또 메고 가도록 해. 주인께서 곧 문 앞까지 오실 게다. 바구니를 내려놓으라 하시거든 내려놔야 한다. 어서 빨리! (헝겊을 꺼내 들고 위층으로 간다)

하인 1 자, 자, 들어 메자.

하인 2 이번에는 설마 기사님이 들어 있지 않겠지.

하인 1 아닐 거야. 바구니에 가득 찬 납덩이가 차라리 가볍겠더군. (바구니를 메어 올린다)

문이 열리면서 포드, 카이우스, 페이지, 샐로우, 휴 에반스 등장.

포드 자, 페이지 씨, 이것이 사실이라면 땅에 떨어진 내 명예를 어떻게 회복시켜 주겠소? (바구니를 본다) 이놈들, 그 바구니 내려놔라. 누가 가서 마님을 오라고 해. 바구니 속에 숨은 애인 놈아, 이 못된 뚜쟁이 놈들아! 이것들이 모두 한통속이렷다. 서로 짜고 나에게 망신을 줘? 이 육포를 뜰 놈들, 염치없는 악마도 낯짝이 있을 거다! (목이 멘다) 이봐, 마누라, 어디 있지? 빨리 나오지 못해! 세탁소에 보내도 좋은 옷들인지 내가 살펴봐야겠어!

페이지　포드 씨, 이건 좀 지나치군요! 이대로 뒀다가는 큰일 나겠는걸. 이 양반 꽁꽁 묶어놓든가 해야지.

에반스　세상에, 제정신이 아니로군요! 미친 개와 같아요!

섈로우　포드 씨, 이래서는 정말 좋지 않아요.

포드　그야 좋지 않죠.

포드 부인, 위층에서 내려온다.

포드　자, 부인, 이리 오시지요! 의처증 있는 얼간이 남편을 가진 충실하고 정숙하며 지혜로운 부인, 이 남편이 아무 근거 없이 부인을 의심하는 걸까요?

포드 부인　(침착하게) 제가 조금이라도 부끄러운 행동을 했다고 의심하신다면 하느님께서 제 증인이 돼주실 거예요.

포드　말 한번 잘했다, 이 뻔뻔한 여자야! 어디 보자. 나와라, 이놈아. (격분하여 바구니에서 옷을 마구 끄집어낸다)

페이지　이건 정말 너무하십니다!

포드 부인　창피하지도 않으세요? 빨래는 그냥 내버려 두세요.

포드　이제 곧 찾아내고야 말 테다.

에반스　얼빠진 짓이에요! 부인 옷을 내동댕이치실 겁니까? 이리 오세요.

포드　(하인들에게) 바구니를 비워!

포드 부인　왜요, 도대체 왜죠?

포드　페이지 씨, 어제 바구니 속에 숨어서 내 집을 빠져나간 놈이 있소. 그놈이 또 바구니 속에 들어 있지 말라는 법은 없잖소? 틀림없이 내 집 안에 있어요. 확실한 정보입니다. 억측이 아니란 말이오. 옷가지들을 몽땅 꺼내! (페이지, 거든다)

포드 부인　그 속에 사람이 있으면 벼룩처럼 짖이겨 버리세요.

페이지　아무도 없소. (빈 바구니를 엎는다)

섈로우　누가 뭐래도 이런 행동은 정말 좋지 않아요, 포드 씨. 이래서는 스스로를 욕보이는 꼴밖에 안 돼요.

에반스　포드 씨, 기도를 드리셔야 합니다. 마음속에 도사리고 있는 망상에 현혹되지 않게 말입니다. 이게 바로 질투란 겁니다.

포드 흠, 이 안에는 없나 보군.

페이지 아무 데도 있을 리 없죠. 당신 머릿속에나 있는 것이니까요.

포드 한 번만 더 집 안을 함께 뒤져봅시다. 그래도 찾아내지 못하면 나를 미 쳤다고 해도 좋아요. 죽을 때까지 나를 식탁에서 웃음거리로 삼아도 좋고, '있지도 않은 아내의 애인을 찾아 빈 호두 껍데기 속까지 뒤져댄 질투쟁이 포드'라 불러도 좋아요. 한 번만 더 도와주세요. 한 번만 더 찾아봅시다.

포드 부인 이봐요, 페이지 부인! 할머니와 함께 내려오세요. 내 남편이 그 방 으로 가시니까요.

포드 할머니? 할머니가 누구지?

포드 부인 가정부 아주머니 있잖아요. 브렌트퍼드의 할머니 말예요.

포드 그 마귀할멈, 천한 노인네, 사기나 치고 다니는 쭈그렁 할망구! 내가 그 할망구를 집에 들이지 말라고 했잖아? 그 노인네, 뭔가 꿍꿍이가 있어서 오 는 거라고. 그렇지? 점쟁이랍시고 우리처럼 순진한 사람들 등쳐 먹는지 어 떻게 알겠어. 부적이니, 주문이니, 별자리니, 뭐니 하면서 알지도 못할 말이 나 지껄여대잖아. (몽둥이를 꺼내 든다) 내려와, 마귀 할망구야. 내려오라니까!

포드 부인 아이 여보, 제발 이러지 말아요. 여러분, 이 사람이 할머니를 때리 지 않도록 말려주세요.

폴스타프가 여자로 변장하고 페이지 부인 뒤에서 내려온다. 계단 아래에서 멈칫 한다.

페이지 부인 자, 프랫 할머니, 손을 잡아드릴게요.

포드 내가 패주겠다. (도망가는 폴스타프를 쫓아가며 때린다) 내 집에서 썩 나가. 이 마녀야, 이 마귀할멈, 추잡한 노인네야, 매춘부, 잡것아! 썩 꺼져! 꺼져! 뭐, 점을 친다고? 점은 이렇게 치는 거다. (폴스타프 달아나며 퇴장)

페이지 부인 부끄럽지도 않으세요? 당신이 저 불쌍한 할머니를 죽인 것 같 아요.

포드 부인 그러고도 남죠. 참 잘하는 짓입니다.

포드 죽어도 싸, 마귀할멈 같으니!

에반스 그 늙은이는 정말 마녀 같소. 여자가 턱수염을 길게 기르다니 소름이

끼쳐요. 스카프 아래로 길다란 턱수염이 보이더군요.

포드 (계단 위에서) 여러분, 따라오시지요. 어서요. 괜한 질투를 한 건지 아닌지 와서 보세요. 내가 잘못 짚은 거라면 다시는 내 말을 믿지 않아도 좋습니다.

페이지 어차피 여기까지 왔으니 저 사람이 하자는 대로 한 번만 해봅시다. 가시지요. (포드, 카이우스, 에반스와 함께 위층으로 올라간다)

페이지 부인 정말 불쌍하게 보이도록 때리더군요.

포드 부인 아니요, 불쌍하게 보이지 않으니까 그렇게 두들겨 팼지요.

페이지 부인 그 몽둥이에게 축복을 내리고 교회 제단 위에 걸어놓아야겠어요. 훌륭한 일을 했으니 말이에요.

포드 부인 어떻게 생각하세요? 여자의 지조도 잃지 않고, 양심의 가책도 받지 않으면서 그 녀석을 한 번 더 혼내줄 좋은 방법이 없을까요?

페이지 부인 이번에는 그놈의 음탕한 근성도 놀라 달아났을 거예요. 악마의 손아귀에 완전히 잡혀 있다면 몰라도, 두 번 다시는 우리에게 그따위 실없는 수작은 못 부릴 거예요.

포드 부인 이제 우리가 한 일을 남편들에게 털어놓을까 봐요.

페이지 부인 그래요, 그럽시다. 포드 씨 머릿속 망상을 씻어버리기 위해서라도 그게 낫겠어요. 두 분이 그 엉큼하고 악독한 뚱뚱보 기사를 더 곯려주는 게 좋겠다고 생각하면 우리 둘이 또 해보지요, 뭐.

포드 부인 반드시 사람들 앞에서 망신을 당하게 해주겠어요. 여러 사람 앞에서 혼쭐을 내지 않으면 이 우스운 장난을 끝낼 수 없을 것 같아요.

페이지 부인 자, 그럼 생각해 봐요. 쇠뿔도 단김에 빼야 된다니까요. (포드 부인과 이야기하며 퇴장)

〔제4막 제3장〕

가터 여관의 어느 방.
여관 주인과 바돌프 등장.

바돌프 독일 사람들이 말 세 필만 마련해 달라는데요. 공작님께서 내일 궁정으로 오신다고 마중을 나간다나요.

주인 어떤 공작이 알리지도 않고 살그머니 온다는 거지? 궁정에서는 그런 이야기 없던데. 내가 그 사람들을 만나봐야겠어. 영어를 한다던가?

바돌프 예, 그럼 불러오죠.

주인 말은 빌려주지. 하지만 돈은 눈알이 튀어나오게 받아내야지. 그 사람들이 일주일 전부터 방을 맡아뒀기 때문에 할 수 없이 다른 손님들을 거절했단 말이다. 그러니 그 손해를 메꿔야 해. 바가지를 왕창 씌워야지. 자, 가자. (모두 퇴장)

〔제4막 제4장〕

포드 집의 어느 방.
페이지, 포드, 페이지 부인, 포드 부인, 휴 에반스 등장.

에반스 부인처럼 지혜가 깊은 여성은 처음 봤습니다.

페이지 그럼 그자가 이 편지 두 통을 한 번에 당신들에게 보냈단 말이오?

페이지 부인 15분 차이도 안 되게 보냈죠.

포드 (무릎을 꿇고) 여보, 용서해 주구려. 앞으로는 당신 하고 싶은 대로 다 하도록 해요. 앞으로는 저 태양이 차갑지는 않나 의심은 하더라도, 당신의 지조를 의심하는 일은 절대로 없을 거요. 조금 전까지도 당신을 의심했던 나이지만, 이제는 당신을 굳게 믿겠소.

페이지 이젠 됐어요, 됐어. 그만해 두시오. 잘못을 저지르는 것도, 그 잘못을 뉘우치는 것도 적당히 해두는 게 좋아요. 계획이나 세워봅시다. 이번에는 한번 대놓고 놀려줍시다. 아내들이 그 뚱뚱보 늙은이와 몰래 만날 약속을 하고 그 현장을 덮쳐 단단히 창피를 줍시다.

포드 그렇다면 아내들이 이야기한 방법이 가장 좋을 것 같소.

페이지 한밤에 숲속에서 만나자는 것 말이오? 그건 안 돼, 안 돼오! 그자는 절대로 오지 않을 거예요.

에반스 강물 속에 내던져지고 노파로 변장해서 실컷 얻어맞았으니, 겁이 나서 어디 오겠어요? 몸으로 혼쭐이 났으니 마음도 식고 말았을 겁니다.

페이지 나도 그렇게 생각해요.

포드 부인 그 사람이 오면 어떻게 다룰지만 생각해 주시면, 오게 하는 건 저희 둘이 알아서 하겠어요.

페이지 부인 왜 옛날부터 전해 내려온 사냥꾼 '헌'에 대한 이야기가 있잖아요. 윈저 숲의 산지기 말예요. 겨울이 되면 한밤에 커다랗고 울퉁불퉁한 뿔을 달고 참나무 주위를 떠돌면서 나무를 말라 시들게 하고, 가축을 잡아가고, 소젖을 피로 바꾸고, 쇠사슬을 흔들어대면서 소름 끼치도록 무섭게 한다지 뭐예요. 이런 유령 이야기 들으신 적 있죠? 미신을 밝히는 옛날 사람들은 그 사냥꾼 헌 이야기를 진짜로 믿어서 오늘날까지 전해 오거든요.

페이지 하긴, 요즘도 사람들이 깊은 밤에 허른의 참나무 옆에 가기를 무서워하는 건 사실이지. 하지만 그게 어떻다는 거지?

포드 부인 우리가 머리를 짜낸 게 바로 그거예요. 그 참나무 앞에서 폴스타프와 만나기로 하는 거죠. 그 사람은 헌으로 변장해서 머리에 커다란 뿔을 달고 말예요.

페이지 그럼, 그자가 헌으로 변장하고 틀림없이 온다고 칩시다. 그다음에는 어떡하겠단 말씀이죠? 무슨 계획이라도 있나요?

페이지 부인 그럼요, 생각해 놨죠. 제 딸과 어린 아들이랑 그 또래 서너 명을 초록색과 흰색 옷을 입히고 고슴도치, 난쟁이, 요정으로 변장시켜서 머리에는 촛불을 꽂고, 손에는 딸랑거리는 장난감을 들게 하는 거예요. 폴스타프와 우리가 만나자마자 나무 구덩이에서 노래를 부르며 뛰어나오게 하는 거죠. 이걸 보고 저희 둘은 나 살려라 도망칠 거예요. 그럼 아이들은 그 능글맞은 기사를 에워싸고 요정처럼 꼬집어대면서, 요정들이 노는 시간에 어째서 더러운 몰골로 신성한 숲속에 나타났느냐고 따지는 거예요.

포드 부인 그 사람이 사실을 털어놓을 때까지 가짜 요정들이 실컷 꼬집고 촛불로 지지는 거지요.

페이지 부인 마침내 사실을 털어놓으면 달려들어 뿔을 뽑아버리고 놀려대면서 윈저로 돌아오는 거예요.

포드 아이들에게 연습을 단단히 시켜야 해요. 실수하면 큰일이니까.

에반스 애들은 내가 잘 가르치겠습니다. 나도 원숭이로 분장해서 촛불로 그 사람을 놀려 주겠습니다.

포드 그거 멋진 생각이군요. 애들이 쓸 가면은 내가 사오겠소.

페이지 부인 제 딸은 예쁜 흰옷을 입혀 요정들의 여왕을 시켜야겠어요.

페이지 그 비단은 내가 사오지. (혼잣말로) 그러는 동안에 슬렌더를 시켜 납치하게 한 다음, 이튿에서 둘을 결혼시켜야지. 어서 폴스타프한테 사람을 보내요.

포드 (페이지에게) 아니오, 내가 브룩인 척하고 한 번 더 찾아가야겠소. 그 자는 내게 모든 걸 털어놓고 있으니 분명히 올 거요.

페이지 부인 틀림없어요. 요정들이 쓸 물건들과 장난감을 구해 오세요.

에반스 좋아요, 그럼 시작합시다. 참으로 재미있고 유익한 장난이 아니겠습니까? (페이지, 포드와 함께 퇴장)

페이지 부인 포드 부인, 지금 바로 퀴클리를 존 경에게 보내서 그 사람 마음을 떠보세요. (포드 부인 퇴장) 나는 의사 선생님한테 가야지. 그가 마음에 들거든. 앤을 그 사람에게 시집보내야겠어. 슬렌더는 영지를 가지고 있기는 해도 바보 같아. 그런데 남편은 그 청년을 좋아한단 말이야. 의사는 돈도 있겠다, 친구들도 궁정에서 힘 좀 쓰는 사람들이잖아. 그 사람 말고 다른 데로 보낼 수는 없지. 더 훌륭한 사람 몇만 명이 몰려온다 해도 소용없어. (퇴장)

〔제4막 제5장〕

가터 여관의 어느 방.
심플이 기다리고 있는 동안, 여관 주인 등장.

주인 촌뜨기, 왜 왔어? 무슨 일이지, 숙맥? 어서 말해 봐, 뱉어 보라고, 말씀드려, 간단히 짧게, 어서 빨리!

심플 그게, 슬렌더 어른의 심부름으로 왔습니다. 폴스타프 나리를 뵈려고요.

주인 (위층을 손가락질하며) 저기가 그분 방이고, 그분 집이자, 성이요, 고정 침대, 이동 침대일세. 탕자의 그림이 그려져 있지. 문을 두드리고 불러봐. 식인종같이 대꾸할 테니. 어서 두드리래도.

심플 저, 아까 뚱뚱한 노파가 그분 방으로 올라갔는데요. 미안하지만 노파가

4막 5장, 폴스타프와 퀴클리 아주머니 H.C. 셀루스

내려올 때까지 여기서 기다리겠어요. 그 노파한테 볼일이 있어서요.

주인 뭐? 뚱보 노파! 이러다간 기사님 뜯기겠는걸. 내가 불러봐야지. 여, 기
사 대장님! 존 경! 기사답게 어디 대답을 해요. 거기 있어요? 나요, 당신의
술친구, 이 여관 주인이오.

폴스타프 (자기 방문을 열고, 위에서) 주인, 무슨 일이오?

주인 여기 이 녀석이 뚱보 노파가 내려오길 기다리고 있어요. 어서 그 노파
를 보내 주시오, 친구. 이 여관은 깨끗한 곳이오. 안 되지! 여기에서 재미보
는 건 싫습니다!

폴스타프, 위층에서 내려온다.

폴스타프 주인, 뚱보 노파는 왔다가 방금 가버렸소.

심플 저, 죄송합니다만 나리, 혹시 그분이 브렌트퍼드의 점쟁이 할머니가 아니었습니까?

폴스타프 그래 맞다, 이 멍청아. 그 할머니한테 무슨 볼일이 있지?

심플 제 주인 슬렌더 나리께서 그 할머니에게 다녀오라고 해서요. 주인님이 그 할머니가 지나가는 것을 보셨대요. 님이라는 사람이 주인님의 금줄을 빼앗아 갔는데, 아직 갖고 있는지 점쳐 보라는 겁니다.

폴스타프 그거라면 내가 물어봤다.

심플 뭐라고 하셨나요?

폴스타프 자네 주인을 속여서 금줄을 가져간 자가 바로 그놈이 틀림없다고 하더군.

심플 제가 직접 그 할머니를 만나봤으면 했는데요. 그것 말고도 주인님이 듣고 오라는 게 또 있으니까요.

폴스타프 그게 뭔데? 우리도 좀 알아야겠네.

주인 그래, 말해 봐. 어서!

심플 절대로 입 밖에 내지 말라고 하셨는데요.

주인 (위협하며) 말하지 않았다간 죽을 줄 알아.

심플 말하겠어요, 나리. 앤 페이지 아가씨 이야기인데요, 주인님이 그 아가씨를 얻게 될 것인지 아닌지 물어보라고 해서요.

폴스타프 물론 그거야 운에 달렸지.

심플 무슨 뜻이죠, 나리?

폴스타프 여자를 손에 넣게 될 것인지 아닌지 말야. 가서 노파가 나에게 그렇게 말했다고 전해라.

심플 그렇게 전해도 괜찮을까요, 나리?

폴스타프 괜찮고말고, 똑똑히 말씀드려라.

심플 고맙습니다. 주인님께 말씀드리면 기뻐하실 거예요. (퇴장)

주인 당신은 정말 지혜로운 사람이군요! 정말 지혜로워요, 존 경. 그런데 점쟁이 노파가 왔었나요?

폴스타프 그래, 왔었소. 그리고 지금껏 알고 있던 것보다 더 많은 지혜를 가르쳐 주더군. 공짜로 말이오. 오히려 배우고 돈을 받은 셈이 됐지.

바돌프, 흙투성이가 되어 헐떡이며 등장.

바돌프 주인님, 큰일났어요! 사기당했어요. 속았다고요!

주인 뭐라고? 말들은 어찌 됐지? 나쁜 소리만 했다가는 가만두지 않겠다.

바돌프 사기꾼들이 타고 달아났어요. 막 이튼을 지나자 그놈들이 제게 달려들어 저를 진흙탕에 처박았어요. 그러고는 말을 타고 달아나 버렸어요. 세 놈이 다 독일 악마처럼 말이에요. 세 놈의 파우스트 박사처럼요.

주인 공작님을 마중 나간 걸 거다, 이 바보야. 달아났다고 하지 마라. 독일 사람들은 정직하단 말이다.

휴 에반스, 문을 열고 들여다본다.

에반스 주인은 어디 있소?

주인 왜 그러시죠?

에반스 손님들을 조심하시오. 내 친구가 그러는데, 독일인 사기꾼 셋이 리딩스, 메이든헤드, 콜브룩에서 여관 주인들로부터 말과 돈을 사기쳤다는 거요. 당신을 위해서 하는 충고이니, 조심해요! 영리하고 남 놀리기도 잘하는 당신이 사기를 당해서야 꼴이 뭐가 되겠소! 그럼 나는 갑니다. (퇴장)

의사 카이우스, 문을 들여다본다.

카이우스 가터 여관 주인, 어디 있습니까?

주인 뭐가 뭔지 의사 선생, 도대체 어떻게 된 일인지 혼란스럽군요.

카이우스 나도 모르겠소. 다만, 당신이 독일 공작을 맞이할 준비를 많이 한다고 합니다. 그런데 궁정에서는 공작이 온다는 소식이 없군요. 모두가 당신을 위해 말하는 겁니다. 그럼, 안녕히 계십시오. (퇴장)

주인 (바돌프에게) 어서 소리치며 쫓아가, 이놈아! (폴스타프에게) 기사님도 좀 도와주시오. (풀이 죽어서) 이거 큰일이군. 빨리 쫓아가. 어서 소리소리 지르며 쫓아가래도! 나는 망했다! (당황하여 바돌프를 데리고 퇴장)

폴스타프 이 세상 사람들이 몽땅 다 사기나 맞으면 속이 시원하겠다. 나도 속아 넘어가서 두들겨 맞기까지 했으니 말이다. 내가 할멈으로 변장한 사실이며, 강물에 풍덩 빠지고 두들겨 맞은 사실을 궁정에서 알게 되면, 내 몸에서 기름을 짜내서 그 한 방울 한 방울을 어부들의 장화에 바르고 말 거야. 그 똑똑하신 머리들로 나를 이리 괴롭히고 저리 괴롭혀댈 게 틀림없어. 저번에 노름판에서 속임수를 쓴 뒤부터 되는 일이 없단 말야. 음, 숨을 길게 내뱉을 수만 있어도 내 죄를 몽땅 읊어대고 뉘우치기라도 하련만.

퀴클리 등장.

폴스타프 누가 보내서 왔소?

퀴클리 저 두 분이지요, 물론.

폴스타프 한 여편네는 악마한테 먹히고, 또 한 여편네는 악마 어미한테 먹혀라! 그래야 마땅하지. 나는 여편네들 때문에 웬만큼 약해 빠진 사내라면 견딜 수조차 없을 고통을 당했단 말이오.

퀴클리 그분들은 혼나지 않은 줄 아세요? 특히 포드 부인은 어찌나 두들겨 맞았는지 시커멓고 시퍼런 멍투성이가 되어 온몸에 흰 곳이라곤 찾아볼 수가 없다니까요.

폴스타프 뭐, 시커멓고 시퍼렇게 멍이 들었다고요? 나는 아주 무지개 빛깔이 되도록 얻어맞았단 말이오. 그뿐인가, 브렌트퍼드의 마귀할멈으로 오해받아서 하마터면 덜미를 잡힐 뻔했소. 내가 굉장한 지혜를 재빨리 발휘해 감쪽같이 노파 행세를 하고 도망쳤으니 망정이지, 그렇지 않았다면 아마 지금쯤은 못돼 처먹은 경찰에게 붙잡혀 마녀라고 손발에 족쇄가 채워졌을 거요.

퀴클리 나리, 방으로 들어가서 이야기하시지요. 상세한 이야기를 들으면 마음이 풀리실 거예요. 여기 편지도 가지고 왔고요. 두 분을 이어 드리기가 쉽지가 않네요! 이렇게 일이 꼬이는 걸 보니 두 분 가운데 한 분이 지은 죄가 많으신가 봐요.

폴스타프 내 방으로 올라갑시다. (퀴클리와 이층으로 간다)

가터 여관의 다른 한 방.
펜튼과 주인 등장.

주인 펜튼 씨, 나한테 말 시키지 말아요. 마음이 몹시 언짢아요. 다 그만두고
싶다고요.

펜튼 제발 그러지 마시고 내 이야기를 좀 들어봐 주세요. 나를 도와주신다
면 내가 신사로서 금화 100파운드를 드리겠습니다. 당신이 손해 본 것을 보
상하고도 말입니다.

주인 그럼, 말씀해 보시오. 어쨌든 비밀은 지키겠소.

펜튼 전에도 말씀드렸지만 나는 앤 페이지 양을 몹시 사랑합니다. 그녀 또한
내가 바랄 수 있는 것보다 더 나를 사랑하죠. 여기 그녀가 보낸 편지가 있
는데, 읽어보면 아마 깜짝 놀라실 겁니다. 이 재미있는 계획이란, 내가 꾸미
고 있는 일과도 아주 깊은 관계가 있어서 그에 대해서도 말씀드려야 합니
다. 뚱보 폴스타프가 큰 비중을 차지하고 있지요. 친절하신 여관 주인, 짤막
하게 설명을 드리자면 오늘 밤 12시와 1시 사이에 헌의 참나무 아래에서 나
의 사랑스런 앤 양이 요정 여왕 역할을 하기로 되어 있어요. 그 이유는 여
기 나와 있습니다. 모두가 한참 그 장난에 빠져 있는 틈을 타서 슬렌더를
따라 살며시 빠져나와 이튼으로 가서 곧바로 결혼식을 올리라는 아버지의
명령이 있었고, 그녀는 그렇게 하겠다고 대답해 뒀답니다. 그런데 그녀의 어
머니는 그 결혼을 아주 반대하는 데다 카이우스 의사 선생을 마음에 들어
하셔서, 그에게 사람들이 정신이 없는 틈에 앤 양을 데리고 빠져나가서 신
부님이 기다리고 계신 교회로 가 곧바로 결혼식을 올리라고 말해 두었지요.
앤 양은 어머니와 의사 선생에게도 그리하겠다고 대답해 두었대요. 자, 그
계획은 바로 이래요. 그녀의 아버지는 그녀에게 하얀 드레스를 입으라고 하
셨지요. 슬렌더가 기회를 엿보다가 그녀의 손을 잡고 함께 가자고 할 때 따
라가게 하려는 거예요. 그녀의 어머니는 의사 선생이 모두가 가면을 쓰고
얼굴을 가린 채로도 앤 양을 한눈에 알아볼 수 있게 초록색 옷을 입히고
머리에는 리본을 늘어뜨려서, 의사가 기회를 봐서 그녀의 손을 잡으면 그게

바로 함께 빠져나가자는 신호로 정했던 거지요.

주인 그 아가씨는 누구를 속이게 되죠? 아버지인가요, 어머니인가요?

펜튼 그야 두 분 다 속이는 거죠. 나와 함께 달아날 테니까요. 그래서 당신의 도움이 필요해요. 당신이 미리 신부님께 부탁해서 12시와 1시 사이에 교회에서 기다리게 해주시면, 저희 두 사람이 정식으로 결혼식을 올려 떳떳한 부부가 될 수 있는 거지요.

주인 그럼, 그렇게 하세요. 나는 신부님께 가겠소. 주례는 틀림없이 와 계실 테니 여자만 꼭 데려오시오.

펜튼 이 은혜는 평생 잊지 않겠어요. 사례금도 바로 드리겠어요. (모두 퇴장)

〔제5막 제1장〕

가터 여관의 한 방.
폴스타프, 퀴클리 등장.

폴스타프 알았으니 그만 떠들고 이제 돌아가요. 약속은 지키겠소. 이번이 세 번째니까, 이번에야말로 운이 따를지도 모르지. 가보겠소. 본디 홀숫날에 운이 좋다고들 하잖소. 태어나고, 살고, 죽는 것도 모두 말이오. 가시오!

퀴클리 사슬은 제가 마련해 두겠어요. 그리고 어떻게 해서든지 뿔 두 개도 준비해 놓을게요.

폴스타프 가라니까요. 시간 낭비하지 말고, 이제 고개를 들고 살랑거리며 걸어보시오. (퀴클리 퇴장)

엇갈리며 포드, 변장하고 등장.

폴스타프 아, 브룩 씨! 브룩 씨, 오늘 밤이야말로 결판이 나든지 말든지 할 거요. 오늘 밤 12시쯤 숲속에 있는 헌의 참나무 아래로 오세요. 아주 신기한 일을 보게 될 테니.

포드 어제는 그 여자한테 가보셨나요? 약속을 하셨다면서요?

폴스타프 갔었지요, 브룩 씨, 이렇게 불쌍한 늙은이 꼴을 하고요. 그런데 돌아올 때는 불쌍한 할멈 꼴이었지 뭐요. 그 여자 남편 포드란 작자가 어마어마한 질투의 화신에 씌었는지, 눈이 뒤집혀 가지고는 미쳐 날뜁디다. 글쎄 노파로 변장한 나를 인정사정없이 마구 두들겨 패더군요. 내가 남자 차림으로 거인 골리앗이 번개처럼 창을 휘두르듯 달려들어도 무서워할 사람이 아니오. 인생이란 나뭇가지처럼 부서지기 쉽다는 걸 아니까요. 자, 급하니까 함께 갑시다. 가면서 다 이야기하지요. (외투를 입는다) 거위 털을 뽑고, 학교를 빼먹고, 팽이를 치며 놀던 개구쟁이 어린 시절에도 그렇게 얻어맞아 본 적은 없었소. (문 앞에 와서) 나를 따라오세요. 포드 놈에 대해서 이상한 이야기를 해드리죠. 오늘 밤이야말로 그놈에게 앙갚음을 하고, 그놈 부인을 당신 손에 넘겨주겠소. 자, 갑시다. 신기한 일이 있을 테니, 브룩 씨! 따라오세요. (포드, 싱글벙글 웃으며 폴스타프를 따라 퇴장)

〔제5막 제2장〕

윈저의 숲.
페이지, 섈로우, 횃불을 든 슬렌더 등장.

페이지 자, 자, 우리는 요정들의 촛불이 보일 때까지 성의 도랑에 숨어 있자고요. (낮은 소리로 슬렌더에게) 내 사위, 자네는 내 딸을 잊지 말게.
슬렌더 네, 걱정 마십시오. 따님과는 다 이야기가 돼 있습니다. 서로 알아볼 수 있도록 암호를 정해 놓았습니다. 제가 흰옷을 입은 따님한테 가서 "꼭꼭" 하면, 따님이 "숨어라" 하기로 돼 있거든요. 그 암호로 서로 알아보게 해두었습니다.
섈로우 물론 그것도 좋지. 하지만 "꼭꼭"이니 "숨어라"니 할 필요가 있을까? 흰옷만 보고도 충분히 알 수 있을 텐데. 저런, 시계가 벌써 10시를 치는군.
페이지 오늘 밤은 어두우니까 불빛이 보인다든가, 요정들이 나타나기에는 딱 좋은 밤이에요. 어쨌든 이 장난이 하늘의 도우심으로 잘되었으면 좋겠네요! 악마 말고는 나쁜 놈이 없는데, 그놈은 뿔을 보면 알 수 있죠. 그럼 가십시다. 따라오세요. (모두 퇴장)

윈저의 숲으로 가는 다른 길.
페이지 부인, 포드 부인, 카이우스 등장.

페이지 부인 의사 선생, 내 딸은 초록색 옷을 입었어요. 기회를 봐서 손을 잡고 빠져나가 사제관으로 데리고 가서 바로 결혼식을 올리세요. 먼저 숲으로 가세요. 우리 둘은 함께 가야 하니까요.

카이우스 잘 알고 있습니다. 먼저 실례합니다. (숲으로 들어간다)

페이지 부인 다시 만나요. 남편은 자기 딸이 의사 선생님과 결혼한 사실을 알면 노발대발, 폴스타프를 놀려댄 기쁨도 사그러지고 말 거예요. 하지만 상관없어요. 마음 아파하기보다는 욕 좀 얻어먹는 게 낫죠.

포드 부인 앤과 요정들은 어디 있죠? 웨일스의 악마, 에반스는 어디 있고요?

페이지 부인 촛불을 가리고 헌의 참나무 바로 옆 구덩이에 숨어 있어요. 우리가 폴스타프와 만나자마자 촛불을 번쩍 들기로 돼 있어요.

포드 부인 틀림없이 놈은 깜짝 놀랄 거예요.

페이지 부인 놀라지 않으면 않는 대로 놀려주는 거지요. 놀라면 놀라는 대로 더 신나게 놀려주고요.

포드 부인 어쨌든 속 시원하게 골탕을 먹이기로 해요.

페이지 부인 그따위 예의 없고 음탕한 녀석은 골탕 먹어도 죄가 아니에요.

포드 부인 시간이 다 됐어요. 자! 참나무로 갑시다. (모두 퇴장)

윈저의 숲.
요정들이 촛불이 담긴 등(燈)을 들고 춤추며 다가온다. 휴 에반스, 장식띠와 뿔을 단 반인반수의 숲의 신으로, 피스톨은 퍽(Puck, 장난꾸러기 요정)으로, 퀴클리는 흰옷을 걸친 요정의 여왕으로 변장하고 앤 페이지는 동생 윌리엄을 데리고 있다. 그리고 빨강, 검정, 잿빛, 흰색 옷을 입은 아이들 여럿 등장.

연극 〈윈저의 즐거운 아낙네들〉 크리스토퍼 벤자민(존 폴스타프 역)·사라 우드워드(포드 부인 역)·
세레나 에반스(페이지 부인 역) 출연. 런던 글로브 극장. 2000.

에반스 요정들아, 사뿐사뿐 뛰어라. 자기 역할을 잊어선 안 돼. 대담하게 하
는 거다. 나를 따라 구덩이로 들어오렴. 내가 암호로 말하거든 시키는 대로
해라. 자, 어서어서, 사뿐히 뛰어가라. (모두 퇴장)

〔제5막 제5장〕

윈저 숲의 커다란 참나무 아래.
사냥꾼 헌으로 변장한 폴스타프가 머리에 숫사슴 뿔을 달고 등장.

폴스타프 윈저의 종이 12시를 알린다. 약속한 시간이 됐군. 욕망에 불타는
신들이여, 저를 도와주소서! 유피테르여, 당신도 아름다운 에우로페를 위해
황소로 탈바꿈하지 않았습니까. 사랑을 위해 당신의 이마에 뿔을 돋게 하
시지 않았던가요. 오, 사랑의 힘은 위대하도다! 사람을 짐승으로 만들기도
하고, 짐승을 사람으로 만들기도 하지. 오, 유피테르여, 당신도 레다의 사랑
을 얻기 위해 백조가 되지 않았습니까. 오, 사랑은 전지전능하도다! 신마저
도 거위 꼴로 만들다니. 처음에는 짐승이 되어 죄를 범했던 유피테르여. 오,

끔찍한 죄악이여! 그다음에는 새의 모습을 하고 또 한 번 죄를 저지르셨습니다. 생각해 보십시오, 유피테르여, 그 얼마나 흉악한 죄입니까! 신들조차 사랑의 욕정을 불태우는데, 보잘것없는 우리 인간들은 어찌하면 좋습니까? 저는 윈저의 한 마리 사슴이 되었습니다. 아마 이 숲에서 가장 뚱뚱한 사슴일 겁니다. 유피테르여, 이 활활 타오르는 욕정을 식혀주십시오. 그렇지 않으면 이 몸이 녹아서 기름이 뚝뚝 흘러내리고 말 것입니다. 아, 저기 누가 오는군. 암사슴인가?

포드 부인, 울창한 나무숲에서 나온다. 페이지 부인, 뒤따른다.

포드 부인 존 경? 거기 계신가요, 나의 사슴? 나의 수사슴이에요?
폴스타프 검은 꼬리를 한 나의 암사슴인가요! 하늘이여, 음욕을 가득 품은 감자*14 비를 내릴지어다. 천둥이여, 음탕한 사랑의 노래에 맞추어 내리쳐. 숨결을 향기롭게 하는 우박이여, 사뿐히 떨어져. 정욕을 일깨우는 푸른 꽃이여, 눈처럼 쏟아져라. 도발의 태풍이여, 쉼 없이 몰아쳐라. 나는 이 자리에서 안식을 얻을지니. (포드 부인을 끌어안는다)
포드 부인 수사슴님, 페이지 부인도 함께 있어요.
폴스타프 그럼 사냥해서 잡은 사슴처럼 이 궁둥짝을 둘로 나눠 갖도록 해요. 나는 몸통만 갖겠으니. 두 어깨는 이 숲속 산지기에게 주고, 뿔은 당신들 남편한테 드리리다! 이만하면 훌륭한 사냥꾼 아닌가요? 그래, 사냥꾼 헌과 다를 게 뭐요? 큐피드란 소년, 이제야 양심이 제자리에 왔군요. 지난 굴욕을 이제야 되갚아 주게 되나 봅니다. 나는 참된 정령이오. 와주어서 기뻐요! (안에서 요란한 뿔피리 소리)
페이지 부인 어머나! 무슨 소리죠?
포드 부인 하느님, 저희들 죄를 용서하소서!
폴스타프 무슨 일이오?
포드 부인, 페이지 부인 달아나요, 달아나! (도망친다)
폴스타프 악마가 나를 끝내 지옥으로는 보내지 않으려나 봐. 내 몸에서 나

---

*14 여기서는 남성의 성적 기관을 상징하는 것으로 추측된다.

5막 5장, 참나무 아래에서 H.C. 셀루스

온 기름으로 지옥이 불바다가 될까 두려운 모양이다. 그렇지 않고서야 이렇게까지 방해할 수가 있나.

갑자기 주위가 밝아지면서 머리에는 불의 관, 손에는 딸랑이를 가진 요정들이 나타난다. 가장 먼저 휴 에반스, 사티로스로 분장하고 횃불을 들고 나온다. 퀴클리는 요정들의 여왕으로, 피스톨은 말썽쟁이 요정으로 변장했다. 모두 노래하며 폴스타프 쪽으로 춤추며 간다.

퀴클리 검은색, 회색, 초록색, 흰색의 요정들아, 달빛 아래 즐거이 노니는 밤의 요정들아, 영원히 변치 않는 운명을 타고난 고아들아, 맡은 일을 잘해 다오. 말썽쟁이 요정아, 요정들에게 조용히 있으라고 알려주렴.

피스톨 요정들아, 공기처럼 가벼운 그대들은, 조용히. (모두 조용해진다) 모두 잘 들어두어라. 귀뚜라미는 윈저로 가서 집집마다 굴뚝을 살펴봐라. 혹시 아궁이 불을 끄지 않았거나 난로 앞을 치우지 않았거든, 그 집 하녀들을 마구 꼬집어서 블루베리처럼 온통 푸른 멍이 들게 하라. 우리 여왕님은 게으르고 지저분한 여자들을 싫어하신다.

폴스타프 (겁에 질려서) 진짜 요정들이다! 말을 걸면 죽는다고 하지. 눈을 감고 엎드려야지. 요정이 하는 짓을 사람이 보면 안 된다고 하니까. (참나무 밑에 엎드린다)

에반스 구슬 요정아! 너는 가서 자기 전에 세 번 기도를 올리는 여자가 있거든 즐거운 꿈을 꾸게 할 것이며, 갓난아기처럼 새근새근 잠들도록 해주어라. 그러나 잠만 자고 죄를 뉘우치지 않는 여자는 꼬집어 주어라. 팔, 다리, 엉덩이, 어깨, 옆구리, 무릎 모두 마구 꼬집어 주란 말이다.

퀴클리 자, 가거라. 요정들아, 윈저성 안팎을 샅샅이 살펴서 거룩한 방에는 행운을 뿌려줘라. 그 방이 마지막 심판의 날까지 그 주인에게 걸맞고, 또 주인이 그 방에 걸맞도록 해주어라. 가터 기사의 의자에 향수와 귀한 꽃을 뿌려주어라. 영광의 자리와 예복, 그리고 갑옷과 그 가문의 문장(紋章)이 영원히 축복받게 해주어라! 들판의 요정들아, 밤마다 가터의 훈장처럼 둥글게 둘러서서 노래하고 춤추어라. 그 어느 들판보다도 짙은 초록으로 동그라미 흔적을 물들이고, 에메랄드 풀밭에 자줏빛 꽃, 파랑 꽃, 흰 꽃으로 '나쁜 생각을 하는 자에게는 재앙이 있을지어다' 이렇게 써놓아라. 요정들은 무릎 꿇은 멋진 기사의 갑옷 위에 반짝이는 청옥과 진주와 화려한 자수처럼 인쇄 활자 대신 꽃을 쓰는 법이니. 자, 모두 흩어져라! 1시가 될 때까지는 사냥꾼 헌의 참나무 주변을 돌면서 늘 추던 춤을 잊어서는 안 된다.

에반스 자, 손에 손을 잡고 나란히 나란히 서라. (요정들, 참나무를 둥글게 에워
싼다) 스무 마리 반딧불을 우리의 초롱불 삼아, 참나무 주위를 춤추며 돌아
라. 앗, 잠깐. 저 아랫세상의 인간 냄새가 나는구나.

폴스타프 하느님, 저를 살려주시옵소서. 웨일스의 요정들 눈에 띄었다가는
치즈 조각이 되고 말 겁니다!

피스톨 이 하찮은 벌레 같은 녀석, 너를 이제까지 눈여겨보았다.

퀴클리 그자의 손가락 끝에 불을 대서 시험해 보아라. 마음이 깨끗한 사람
이라면 불꽃이 사그라들어 조금도 아프지 않겠지만, 아파서 쩔쩔맨다면 마
음이 악한 인간이다.

피스톨 그럼 불로 지져보자, 자!

에반스 자, 이 통나무에 불이 붙을까? (모두 폴스타프의 손가락에 촛불을 갖다댄
다)

폴스타프 (아픔에 못 이겨 펄쩍 뛰며) 아야, 아야, 아야!

퀴클리 타락, 타락한 자다. 욕정에 사로잡힌 더러운 놈! 자, 요정들아, 이놈을
둘러싸고 조롱의 노래를 불러라. 춤을 추면서 박자에 맞춰 차례로 꼬집어
주어라.

요정들 (둥글게 돌아가며 춤을 추고 노래한다)

죄악으로 가득한 꿈이여, 물러가라!
욕정과 방탕은 이제 그만!
욕정은 오로지 피로 물든 불길처럼
더러운 욕망을 태우네.
가슴속 타오르는 불길이여, 치솟아 오르는구나.
머릿속 더러운 상념이 더해져 높이높이.
꼬집어라 요정들아, 모두 함께,
사악한 이자를 꼬집어라.
촛불과 별빛과 달빛이 모두 사그라들 때까지,
꼬집고 불로 지져 혼을 내주어라.

노래를 부르면서 모두 폴스타프를 꼬집는 사이에 카이우스가 한쪽에서 나와서 녹색 옷을 입은 요정 하나를 데리고 달아난다. 슬렌더가 다른 곳에서 나타나 흰옷 입은 요정 하나를 데리고 나간다. 그리고 펜튼이 나와서 앤 페이지를 슬쩍 데리고 달아난다. 무대 뒤에서 사냥꾼의 뿔피리 소리가 들리자, 요정들이 모두 사라진다. 폴스타프는 수사슴의 뿔을 벗어버리고 일어난다. 페이지, 포드, 페이지 부인, 포드 부인 등장.

페이지 저런, 달아날 것 없습니다! 이제서야 잡았소. 사냥꾼 헌만이 당신을 잡을 수 있나봅니다.

페이지 부인 자, 농담은 그쯤 해두시고요. 존 경, 윈저의 아낙네들이 마음에 드셨어요? (사슴뿔을 가리키며) 이 뿔을 좀 보세요. 이런 훌륭한 뿔은 마을보다는 숲속에 더 어울리지 않나요?

포드 자, 이제 뿔이 난 사람이 누구인지 좀 볼까요? 브룩 씨, 폴스타프는 악당이랍니다. 뿔이 난 악당이에요. 여기 그 뿔이 있지 않습니까. 그리고 브룩 씨, 이자는 포드의 부인에게는 손가락 하나 못 대보고, 그저 그 집 빨래 바구니에나 들어가 실컷 즐기고 나왔답니다. 포드 씨의 몽둥이와 돈 20파운드도 맛보기는 했지요. 그 돈은 브룩 씨에게 돌려드려야 합니다. 이자가 키우던 말들을 담보로 잡아두었어요, 브룩 씨.

포드 부인 존 경, 우리는 운이 나빴어요. 만나려고 할 때마다 일이 꼬였지요. 당신을 애인으로 삼을 일은 절대로 없지만 늘 나의 사슴으로 기억하겠어요.

폴스타프 이제서야 내가 속은 걸 알겠군.

포드 그렇지요, 뿔도 달리게 됐고요. 여기 증거가 있잖아요.

폴스타프 그럼 저것들도 진짜 요정이 아니로군! 세 번이나 네 번쯤 아닐 거라 생각은 해봤지만, 죄를 지었으니 찔리는 데가 있고 또 너무 갑작스러워서 그만 말도 안 되는 장난질이 진짜인 줄 알았지 뭐야. 앞뒤를 따져보거나 이성적으로 생각해 볼 틈도 없이 그저 진짜 요정이라고 믿어버렸어. 행동을 잘못하면 멀쩡한 사람도 바보가 되고 마는구나!

에반스 (사티로스 가면을 벗어 던지고서) 존 폴스타프 경, 앞으로는 기도하고 봉사하는 생활을 하면서 정욕을 떨쳐버리세요. 그러면 요정들도 다시는 꼬집지 않을 겁니다.

포드   좋은 말씀이십니다, 요정 선생.

에반스   (포드에게) 제발 당신도 질투를 버리셔야 합니다.

포드   다시는 아내를 의심하지 않을 겁니다. 신부님이 그 빼어난 말솜씨로 아내를 유혹하신다면 또 모를까.

폴스타프   이따위 유치한 속임수도 눈치채지 못하다니, 내가 어느 틈에 뇌를 끄집어내서 햇볕에 널어 말리기라도 했던가? 저 웨일스 염소 녀석(에반스)에게마저 당하다니, 웨일스 광대의 모자라도 써야 하려나? 이쯤 되면 구운 치즈에 목구멍이 콱 막혀서 죽어도 이상하지 않겠어.

에반스   시이즈(치즈)는 당신에게 안 맞아요. 당신 배는 퍼터(버터)투성이이니까요.

폴스타프   뭐, 시이즈에다 퍼터 덩어리라고? 살다 보니 말도 제대로 못하는 멍청이한테까지 모욕을 당하는군! 이렇게만 하면 온 나라의 음탕한 작자들 짓거리를 끝장낼 수도 있겠어.

포드 부인   존 경, 우리가 부인의 미덕 같은 건 저 멀리 팽개치고 기꺼이 지옥으로 떨어질 생각이 있다 치더라도, 어떤 악마의 힘으로 당신을 우리 애인으로 만들 수 있다고 생각하시죠?

포드   아니, 이 돼지고기 만두, 순대 자루 같은 녀석을?

페이지 부인   퉁퉁 불어 터졌는데?

페이지   늙어 빠져 시들고 차갑고 배가 저렇게나 나왔는데?

포드   마귀처럼 입버릇도 더러운걸?

페이지   욥 같은 빈털터리를?

포드   그리고 욥의 아내처럼 사악한 인간을?

에반스   정신을 못 차리고 술집에 살면서 백포도주, 적포도주, 벌꿀술 등 뭐든 폭음하고 온갖 추태에 허세 부리고, 시비 걸고 싸움이나 해대는 그런 인간을?

폴스타프   나를 마음껏 놀려대시오. 꼼짝없이 잡혔으니 할 말이 없소. 웨일스의 멍청이에게조차 대꾸할 말이 없소. 일자무식인 인간에게도 당했는데 마음대로들 하시오.

포드   자, 그럼 윈저로 가서 브룩이라는 분에게 안내하겠소. 그분 돈을 뜯어내고 뚜쟁이 노릇까지 하기로 했죠. 하지만 이렇게 혼난 데다 돈까지 돌려

주게 되다니 정말 기분이 나쁘겠군요.

페이지 하지만 기사님, 기운 내시지요. 오늘 밤 내 집에서 술이라도 한잔합시다. 그 자리에서 당신을 비웃고 있는 내 아내를 실컷 비웃어 주시지요. 내 딸이 슬렌더 씨와 결혼했다고 그녀에게 말해 주시오.

페이지 부인 그럴 리가 없어요. (혼잣말로) 앤 페이지가 내 딸이라면 지금쯤 카이우스 의사의 아내가 돼 있을 거예요.

슬렌더 등장. 큰 소리로 외치며 숲속을 돌아다닌다.

슬렌더 저, 저 여보세요! 장인어른!

페이지 사위! 어떻게 된 건가! 어떻게 됐느냐고, 사위! 일을 제대로 해냈나?

슬렌더 (앞으로 나와서) 해내다니요! 이 사실을 글로스터셔주의 높은 분들에게 알리고 말겠어요. 그렇게 못하면 목이라도 매달아 죽겠습니다.

페이지 도대체 뭘 알린다는 건가?

슬렌더 저는 앤 양과 결혼하려고 이튼까지 갔습니다. 그런데 앤 양이 아니라 키가 크고 멍청한 사내 녀석이 아니겠어요. 교회가 아니었다면 그 녀석을 칼로 찔렀을 겁니다. 아니면 그 녀석이 저를 찔렀겠지요. 아이고, 앤 페이지가 아닌 걸 알았다면 그 녀석을 왜 데리고 갔겠어요! 그 녀석은 우체국장 아들이었어요!

페이지 자네가 뭘 잘못 알았겠지.

슬렌더 그야 물론이지요. 잘못 알았으니 사내를 여자로 알고 데리고 갔지요. 여자 옷을 입고 있었지만 그렇다고 그 녀석과 결혼해서 아내로 삼을 수는 없지 않습니까?

페이지 다 자네 잘못이야. 옷 색깔로 내 딸을 찾으라고 했지 않나?

슬렌더 그래서 흰옷 입은 그녀에게 가서 약속한 대로 "꼭꼭" 했더니 그녀가 "숨어라" 하지 않겠어요. 그런데 그게 앤이 아니고 우체국장의 아들이었다, 이 말이에요.

페이지 부인 (남편에게) 여보, 화내지 마세요. 제가 당신 계획을 미리 알고 앤의 옷 색깔을 초록색으로 바꿨어요. 지금쯤 사제관에 가서 의사 선생과 결혼식을 올리고 있을 거예요.

카이우스, 크게 화가 나서 큰 소리를 내며 온다.

카이우스　페이지 부인, 어디 있어요? 젠장, 나 속았어요! 나와 결혼한 사람은 가르송, 남자아이예요. 젠장, 농부 아들이오. 남자애라고요! 앤 페이지가 아니오. 젠장, 나 속았소!

페이지 부인　초록색 옷 입은 여자를 데리고 갔나요?

카이우스　아, 젠장, 남자라고요. 젠장, 윈저의 사람들을 몽땅 깨울 거요! (주먹을 휘두르며 급히 퇴장)

포드　이거 이상한 일인데. 누가 진짜 앤을 데리고 갔지?

페이지　걱정인데. 아, 저기 펜튼 씨가 오는군.

펜튼과 앤 페이지, 팔짱을 끼고 나타난다.

페이지　안녕하시오, 펜튼 씨!

앤　(무릎을 꿇고) 용서하세요, 아버지! 용서하세요, 어머니!

페이지　딸아! 어째서 슬렌더 씨와 함께 가지 않았니?

페이지 부인　왜 의사 선생님과 함께 가지 않았지?

펜튼　따님을 너무 꾸짖지 마십시오. 제가 다 말씀드리겠습니다. 두 분은 사랑 없는 결혼을 따님에게 강요하셨던 겁니다. 사실 저희 둘은 오래전부터 앞날을 약속했습니다. 이제는 누구도 저희 둘을 갈라놓을 수 없습니다. 앤이 저지른 죄는 신성한 죄입니다. 부모님을 속이기는 했지만, 속임수라든가 순종하지 않았다든가 불효를 저질렀다고 할 수는 없습니다. 강제 결혼을 했다면 따님은 하느님의 뜻을 저버리고 저주스런 나날을 보낼 수밖에 없었을 테니까요.

포드　(페이지 부부에게) 그렇게 당황할 것 없습니다. 돌이킬 수 없는걸요. 사랑은 하늘이 내려주시는 겁니다. 땅은 돈으로 살 수 있지만, 아내는 운명으로만 얻을 수 있지요.

폴스타프　그거참 잘됐군요. 나를 맞히려고 쏜 화살이 빗나가고 말았소.

페이지　이제 와서 어쩌겠나? 펜튼, 축하하네! 피할 수 없다면 즐겨야지.

폴스타프　밤에 사냥개가 뛰면 온갖 짐승이 잡히기 마련이오.

페이지 부인 나도 더는 말하지 않겠어요. 펜튼 씨, 하느님께서 오래오래 행복
한 나날을 내려주시기를. (남편에게) 여보, 다들 우리 시골집으로 돌아가서
난로 앞에 모여 앉아 오늘 밤 있었던 재미있는 이야기나 하며 허리가 휘도
록 한바탕 웃어봐요. 존 경도 함께 가요.

포드 그럽시다. 존 경, 어쨌든 당신은 브룩 씨와의 약속은 지킨 셈입니다. 그
사람은 오늘 저녁 포드 씨 부인과 함께 잠자리에 들 테니까요. (모두 퇴장)

Much Ado About Nothing
헛소동

[등장인물]

돈 페드로   아라곤 영주

돈 존   페드로의 배다른 아우

클라우디오   피렌체의 젊은 귀족

베네디크   파도바의 젊은 귀족

레오나토   메시나 총독

안토니오   레오나토의 동생

발타자르   돈 페드로의 전속 악사

보라치오
} 돈 존의 시종
콘라드

전령

프란시스   수사(修士)

도그베리   경찰관

버제스   도그베리의 보좌관

교회지기

어린 하인

귀족

헤로   레오나토의 딸

베아트리체   레오나토의 조카

마가레트
} 헤로의 시녀
우르술라

그 밖에 안토니오의 아들, 악사들, 야간 경비병들, 시종들

[장소]

시칠리아섬 메시나

헛소동

〔제1막 제1장〕

레오나토의 집 앞.

풍성한 과일나무들에 가려진 샛길이 있고, 정자 하나가 덩굴로 덮여 있다. 메시나의 총독 레오나토가 딸 헤로, 조카 베아트리체, 전령과 함께 등장.

레오나토 이 편지를 보니까, 아라곤 영주 돈 페드로께서 오늘 밤 메시나에 도착하실 예정이구나.

전령 오실 때가 다 됐습니다. 제가 그분을 앞질러 온 것도 9마일이 채 못 되니까요.

레오나토 이번 전쟁에서 희생된 귀족은 몇이나 되나?

전령 지휘관이나 부하는 몇 안 되고, 이름난 집안 출신 또한 한 사람도 없습니다.

레오나토 모두가 빠짐없이 돌아오다니, 승리의 기쁨이 두 배나 되는군. 이 편지를 보면 돈 페드로께서 클라우디오라는 피렌체의 젊은이에게 큰 상을 내리신 모양이네.

전령 그분이 그만한 공을 세우셨기에 돈 페드로께서도 잊지 않으신 거지요. 젊은 나이답지 않은 그의 활약은 새끼 양 모습을 하고서 사자의 용맹을 떨친 것과 같습니다. 정말이지 기대를 뛰어넘는 그 훌륭함은 저로서는 감히 말로 다 설명할 수 없습니다.

레오나토 이곳 메시나에 그 젊은이의 삼촌이 산다는데 그 소식을 들으면 참으로 기뻐하겠군.

전령 그분께 벌써 편지를 전해 드렸는데, 크게 기뻐하셨습니다. 어찌나 기뻐하시던지, 그만 체통을 잃을 뻔하셨지요.

레오나토 눈물을 터뜨렸는가?

전령 네, 걷잡을 수 없어요.

레오나토 따뜻한 마음이 넘쳐흐른 게다. 눈물로 씻긴 얼굴보다 더 진실한 얼굴은 없지. 기뻐서 우는 것이 슬퍼서 웃는 것보다 한결 아름다운 법이다!

베아트리체 변덕쟁이 전사도 전쟁에서 돌아왔나요?

전령 그런 이름은 모르겠는데요, 아가씨. 어느 부대에도 그런 분은 계시지 않았습니다.

레오나토 얘야, 누구를 말하는 게냐?

헤로 언니는 파도바의 베네디크 경을 말하는 거예요.

전령 아, 그분이라면 돌아오셨습니다. 여전히 그렇게 밝고 익살스러우십니다.

베아트리체 언젠가 그분은 이곳 메시나 거리거리에 '큐피드와 활쏘기 대결' 팻말을 걸어놓고, 내기를 시작한 일이 있었어요. 그걸 본 제 큰아버지의 광대가 큐피드인 척하면서 장난감 화살을 들고 덤볐다더군요. 그분은 이번 전쟁에서 몇 사람이나 잡아먹었어요? 아니, 몇 명이나 죽였지요? 제가 그분이 죽인 것은 몽땅 먹어치우기로 약속을 했거든요.

레오나토 저런, 얘야. 베네디크 경을 너무 그렇게 흉보지 마라. 하긴 그 사람이라면 너의 장난도 다 받아줄 테지만.

전령 아가씨, 그분은 이번 전쟁에서 큰 공을 세우셨습니다.

베아트리체 썩어가는 군량을 먹어치우는 공을 세웠나 보군요. 밥상 앞에서는 누구보다도 용감하고 먹을거리에 대한 욕심은 누구보다도 굉장한 분이니까요.

전령 그리고 용감한 군인이기도 합니다, 아가씨.

베아트리체 여자들한테는 용감할지 모르지만 신사들에게는 어떨까요?

전령 신사에게는 신사답고 남자에게는 남자다우며, 고귀한 미덕으로 꽉 차 있지요.

베아트리체 물론 그럴 거예요. 꽉 찬 사람인 것만은 틀림없지요. 무엇으로 꽉 찼는지는 말하지 않겠어요. 어차피 우리 인간은 모두 덧없는 존재니까요.

레오나토 내 조카를 오해하지는 말게. 이 아이와 베네디크 경 사이에 벌어지는 즐거운 전쟁이라고나 할까. 만나기만 하면 늘 번뜩이는 재치로 말싸움을 벌이고는 하지.

베아트리체 아, 가엾게도 지는 건 언제나 그분이에요. 지난번 부딪혔을 때에
도 다섯 가지 지각(知覺) 가운데 네 가지는 절름발이가 되어 물러나고, 남
은 하나로 온몸을 가누어야 했지요. 그렇게 됐으니 체면이라도 지키려면,
자기가 기르는 말보다는 나은 점이 조금이라도 있음을 똑똑히 알고 처신해
야죠. 그것조차 없다면 어디 이성을 가진 동물이라고 할 수 있겠어요? 그분
은 요즘 누구와 가까이 지내고 있지요? 한 달에 한 번꼴로 새로운 의형제
가 생기던데요.

전령 그럴 리가 있겠습니까?

베아트리체 그럴 수 있는 일이죠. 그분에게 의리란 모자처럼 유행을 타는 거
예요. 새것을 만나는 대로 쉴 새 없이 변하니까요.

전령 아마 아가씨의 신사 명단에 그분 이름은 올라가 있지 않나 봅니다.

베아트리체 물론이죠. 만일 있다면 저는 그걸 모두 태워 버리고 말 거예요.
아무튼 그분은 요즘 누구와 가깝게 지내지요? 그와 함께라면 악마 앞에라
도 기꺼이 가겠다는 얼간이 나리는 안 계신가요?

전령 요즘 가장 가까이 지내는 분은 바로 그 이름 높은 집안의 클라우디오
입니다.

베아트리체 오, 세상에. 클라우디오라는 분은 이제 고질병을 얻고 말았군요.
베네디크 경은 전염병처럼 순식간에 달라붙어서, 걸려든 사람을 곧바로 미
치게 만드니까요. 하느님, 클라우디오 경을 도와주소서. 베네디크 병(病)이
옮으면 낫기까지 1천 파운드는 들 거예요.

전령 아가씨와는 좋은 친구로 지내고 싶습니다.

베아트리체 그래요, 좋은 친구.

레오나토 애아, 너는 절대로 미치지 않을 게다.

베아트리체 그럼요, 1월이 여름같이 더워지면 또 모를까요.

전령 돈 페드로 님이 오셨습니다.

돈 페드로, 클라우디오, 베네디크, 발타자르, 돈 페드로의 배다른 동생 돈 존 등장.

돈 페드로 아! 레오나토 경, 골칫덩이를 맞으러 이렇게 일부러 나오시기까지
하다니. 번거로운 일은 어떻게든 피하려는 세상인데 당신은 스스로 떠맡

려 하시는군요.

레오나토 그렇지 않습니다. 이제껏 제 집에 찾아든 골칫덩이 가운데 영주 전하를 닮은 골칫덩이는 없었습니다. 골칫덩이가 떠나버리면 평안이 남아야 할 텐데, 당신이 떠나시면 행복도 함께 떠나고, 슬픔만 남을 뿐입니다.

돈 페드로 경은 너무나도 흔쾌히 짐을 짊어지는군요. (혜로 쪽으로 고개를 돌리더니) 이쪽은 따님인가요?

레오나토 이 아이의 어머니 말로는 그렇다고 하더군요.

베네디크 부인께 물어보신 걸 보니 좀 미심쩍었던 모양이죠?

레오나토 아니요, 베네디크 경…… 그때 당신은 아직 어린아이였는걸요.

돈 페드로 세게 한 방 먹었군, 베네디크. 이로써 자네가 어떤 남자인지 알 수 있겠네. 따님은 아버지를 쏙 빼닮았군. 기뻐해요 아가씨, 훌륭한 아버지를 닮았으니까. (혜로와 레오나토를 한쪽으로 데리고 가서 무슨 이야기를 한다)

베네디크 아무리 아버지라도 늙은이처럼 생기고 싶지는 않을 텐데. 이 메시나를 몽땅 준다고 해도 말이야.

베아트리체 베네디크 경, 언제까지 지껄이고 계실 거예요? 아무도 당신 말은 듣고 있지 않다고요.

베네디크 세상에, 오만한 아가씨! 아직 살아 있었군요?

베아트리체 베네디크 경처럼 꼭 맞는 먹잇감이 있는데 오만이 어찌 죽을 수 있겠어요. 당신 얼굴만 보면 그 어떤 예의도 오만으로 바뀌고 말거든요.

베네디크 그럼 예의란 건 변덕쟁이군요. 하지만 이래 봬도 나는 모든 여성들에게 사랑을 받고 있지요. 그대만 빼놓고. 그리고 나는 누구도 진심으로 사랑하지 않으니까 내 마음이 이렇게 돌처럼 단단하지 않았으면 한답니다.

베아트리체 여자들에게는 참으로 다행스러운 일이 뭐예요. 그렇지 않았다면 아무에게나 짓궂게 들러붙는 바람에 모두들 꽤나 귀찮았을 테니까요. 하느님께 감사하게도 저 또한 차가운 피를 가졌으니, 당신과 같군요. 저는 저에게 사랑을 맹세하는 남자의 목소리를 듣느니 차라리 제가 키우는 개가 까마귀를 보고 짖어대는 소리를 듣는 게 낫거든요.

베네디크 그대의 그 마음이 영원히 변치 않기를. 그래야만 앞으로 어떤 남자가 얼굴에 손톱자국이 생기는 예정된 운명을 피할 수 있을 테니까요.

베아트리체 당신 얼굴이라면 손톱자국쯤 생긴다 해서 더 못나지지는 않을

1막 1장, 베아트리체, 레오나토 및 헤로   헨리 코트니 셀루스

거예요.

베네디크 옳지, 당신은 앵무새 학교 선생으로는 둘도 없이 딱이오.

베아트리체 저처럼 말하는 새가 당신 같은 짐승보다는 나을걸요.

베네디크 내 말(馬)이 당신의 그 빠르고 지치지 않는 혀를 닮았으면 얼마나 좋을까요. 하지만 이제 그만두시지요, 나는 다 했으니까요.

베아트리체 당신은 언제나 쓸모없는 망아지같이 느닷없이 멈춰서서 사람을 내동댕이쳐 버리는군요. 하긴 당신은 오래전부터 늘 그랬지요.

돈 페드로 그럼 그렇게 하기로 합시다. (돌아서며) 이보게, 클라우디오와 베네디크, 내 친구 레오나토 경이 우리를 초대하셨네. 우리가 적어도 한 달은 이곳에 머무르겠다고 내가 말하니까, 그분이 친절하게도 어떻게든 더 오래 묵어주기만을 바란다고 답하셨네. 내가 맹세하건대, 그분은 입으로만 말하는 것이 아니라 진심으로 그렇게 바라고 계시는 거야.

레오나토 전하, 얼마든지 맹세하셔도 절대로 거짓 맹세가 될 리는 없습니다. (돈 존에게) 경도 꼭 와주십시오. 형님 되시는 영주님과는 화해를 하셨다고요. (절을 하며) 뭐든 분부만 내려 주십시오.

돈 존 고맙소. 나는 말을 많이 하는 사람은 아니나, 아무튼 고맙습니다.

레오나토 전하, 그럼 안으로 들어가 보실까요?

돈 페드로 이리 오시오, 레오나토. 자, 함께 갑시다. (베네디크와 클라우디오만 남고 모두 퇴장)

클라우디오 베네디크, 레오나토 경의 딸을 눈여겨보았나?

베네디크 눈여겨보지는 않았으나, 보기는 했네.

클라우디오 얌전한 아가씨가 아닌가?

베네디크 자네는 내가 신사라면 으레 해줄 만한 단순하고 뻔한 대답을 바라는가? 아니면 늘 하던 대로 여성에 대한 거침없는 답변을 바라는가?

클라우디오 아냐, 참된 속마음을 들어보고 싶은 거라네.

베네디크 그럼 솔직하게 말해서 그 아가씨는 고귀하다(high) 하기에는 키가 너무 작고(low), 미인이라 하기에는 얼굴빛이 너무 까무잡잡하고, 위엄 있다 (great) 하기에는 몸집이 너무 작아(little).*¹ 내가 할 수 있는 딱 한 가지 칭찬

---

*1 베네디크의 이 말은 다르게 풀어볼 수도 있다 : '그럼 솔직하게 말해서 그 아가씨는 아낌 없이(high) 칭찬하기에는 행동거지의 수준이 너무 떨어지고(low), 미인이라 하기에는 살갗은 지나친 갈색이고, 몸은 건강하다(great)고 칭찬할 수 있을지는 몰라도 목소리는 너무 힘이 없

이라면, 그녀가 그녀 같지 않았다면 미인이 아니었을 테고, 그녀밖에 되지 않기 때문에 나는 그녀를 좋아하지 않는다는 말이야.

클라우디오 자네는 내가 장난하는 줄 아는 모양이군. 부탁이니, 그 아가씨를 어떻게 생각하는지 사실대로 좀 말해 주게.

베네디크 이렇게 그 아가씨에 대해서 캐묻는 걸 보니 그 아가씨를 사겠다는 생각인가 보군.

클라우디오 이 세상 모두와 맞바꾼다 해도 어디서 그런 보물을 살 수 있겠는가?

베네디크 물론 살 수 있지. 그걸 담아둘 보석함까지 끼어서. 그런데 자네는 진심으로 하는 소리인가? 아니면 큐피드*²는 앞을 훤히 보는 몰이꾼이고, 그 화살을 만드는 불카누스*³는 보기 드문 목수라고 실없는 소리나 하려는 건가? 말해 보게. 자네 노래에 장단을 맞추려면 도대체 어떤 음을 내야 하는가?

클라우디오 나는 그토록 아름다운 여인은 한 번도 본 적이 없었네.

베네디크 나는 아직 안경 없이도 앞을 잘 볼 수 있네만, 그런 건 전혀 보이지 않던걸. 아름답기로는 그 아가씨 사촌 언니가 성질만 부려대지 않는다면 한결 아름답지. 5월 첫째 날이 12월 마지막 날보다 아름답듯이 말이야. 그런데 자네 설마 혼인하려는 건 아니겠지?

클라우디오 나는 혼인하지 않겠다고 맹세했네만, 헤로가 아내가 되어준다면 말을 바꿀 수도 있을 것 같네.

베네디크 거기까지 나아갔나? 잘 따져보면, 혼인이 바보짓이라는 사실을 아는 남자가 세상에 한 사람도 없다는 말인가? 육십 평생 총각으로 지낼 남자는 없다는 말인가? 기어코 혼인이라는 멍에를 목에 메고 그 흔적을 새겨서는 일요일마다 한숨을 내쉬고 싶다면 자네 마음대로 하게. 저것 보게, 돈 페드로 전하가 자네를 찾으러 돌아오셨군.

어(little).' —이것은 high와 low, great와 little이라는 낱말이 여러 가지 뜻을 지니고 있기 때문에 말하는 사람이 전달하고자 하는 뜻이 듣는 사람에게 그대로 전달되지 않을 수도 있을 것이나, 어느 것이든 칭찬은 아니다.

*2 큐피드는 눈을 가리고 화살을 쏜다.

*3 불과 대장장이의 신.

돈 페드로 다시 등장.

돈 페드로 무슨 비밀 이야기를 했나? 왜 레오나토 집으로 따라오지 않았나?

베네디크 꼭 대답해야만 한다고 명령하신다면 말씀 올리겠습니다.

돈 페드로 군주의 이름으로 명령한다.

베네디크 클라우디오 백작, 자네 들었지? 나는 벙어리처럼 비밀을 지킬 수 있는 사람이네. 자네도 알아줘야만 해. 하지만 군주의 명령, 알겠나, 군주의 명령이니 어쩔 수 없네! 저 사람은 사랑에 빠졌답니다. 누구와? 전하께서 물어보신 겁니다. 그 답은 아주 간단합니다. 헤로, 그러니까 레오나토 경의 작달막한 따님입니다.

클라우디오 저런 사람을 믿었다가는 어차피 이렇게 다 소문이 날 줄 알았습니다.

베네디크 옛날이야기에도 있지 않습니까, 전하. "그런 일은 오늘날에도 없고, 이제까지도 없었습니다. 그리고 하느님, 앞으로도 없게 해주소서."

클라우디오 이 뜨거운 마음이 쉽게 변치 않을지니, 하느님, 앞으로도 그런 일은 결코 없게 해주소서.

돈 페드로 아멘! 자네가 정말로 그 아가씨를 사랑한다면…… 그녀는 참으로 훌륭한 아가씨니까.

클라우디오 전하, 그런 말씀으로 저를 속여 넘기시려는 거지요.

돈 페드로 진실에 두고 맹세하는데, 나는 생각한 대로 말하는 거야.

클라우디오 저는 충성에 두고 맹세하는데, 생각한 대로 말씀드리는 겁니다.

베네디크 저는 두 배의 진실과 두 배의 충성에 두고 맹세하는데, 저도 생각한 대로 말씀드리는 겁니다.

클라우디오 저는 그 아가씨에게 사랑을 느끼고 있습니다.

돈 페드로 나는 그 아가씨가 훌륭하다고 알고 있다.

베네디크 그 아가씨가 사랑스럽다거나 훌륭하다 생각하지 않는다는 제 의견은 불로도 녹여 없애버릴 수 없습니다. 화형대에서 화형을 받아 타 죽더라도 말이지요.

돈 페드로 자네는 늘 아름다움을 얕잡아 보는 이단자였으니까.

클라우디오 오기만으로 지켜온 의견이지요.

영화〈헛소동〉 케네스 브래너 감독, 로버트 숀 레오나드(클라우디오 역)·케이트 베킨세일(헤로
역) 출연. 1993.

베네디크 저는 여자 몸에서 태어났으니, 그 점은 여자에게 감사하고 있습니다. 저를 길러준 것도 여자이니, 그 점 또한 여자에게 머리 숙여 감사하고 있습니다. 그러나 저는 이마에 사냥개를 불러 모을 때 쓰는 뿔피리를 두르고 있다거나 눈에 보이지 않는 허리띠 안에 뷰글 나팔을 메는*⁴ 꼴을 겪고 싶지는 않으니, 모든 여자들은 이런 저를 이해해야 할 것입니다. 왜냐하면 그들에게는 아무도 믿지 않는 나쁜 짓을 하지도 않을 것이며, 저 스스로에게는 아무도 믿지 않는 옳은 일을 할 것이기 때문입니다.*⁵ 그리고 혼자 살아가는 것 때문에 독신세(獨身稅)를 내게 되더라도 저는 홀몸으로 살 것입니다.

돈 페드로 사랑 때문에 창백해진 자네 얼굴을 내가 죽기 전에 보게 될 거야.

베네디크 전하, 분노나 병이나 굶주림 때문이라면 모르지만 절대로 사랑 때문에 창백해질 수는 없습니다. 제가 술로도 다시 얻지 못할 만큼의 피를 사랑의 한숨 때문에 잃는 일이 있다면,*⁶ 사랑 타령이나 써대는 작가의 펜으로 이 눈을 도려내서 사창가 문 앞에 걸린 큐피드 간판 대신 걸어놔도 좋습니다.

돈 페드로 그 맹세를 깨는 날에는, 이만저만한 웃음거리가 아닐 텐데.

베네디크 그렇게 되면 고양이처럼 바구니에 넣어 매달아서 사람들에게 활을 쏘게 하십시오. 쏘아 맞히는 사람은 어깨를 두드려 주며 아담*⁷이라고 불러주십시오.

돈 페드로 아무튼 때가 되면 알 수 있는 일이지. '때가 오면 사나운 황소도 멍에를 견디어 낸다'는 말도 있으니까.

베네디크 사나운 황소는 그럴 수도 있겠지요. 그러나 분별 있는 베네디크가 멍에를 견디어 낸다면, 황소 뿔을 잡아 뽑아서 제 이마에 달아주십시오. 그리고 저를 아주 비열한 모습으로 그려서 그 아래에 아주 큰 글자로 '여기에서 여러분은 유부남인 베네디크를 보실 수 있습니다'라고 쓴 표지판 아랫부

---

*4 '아내가 다른 남자와 오쟁이 지거나 그것을 나발 불듯이 떠벌리고 다님으로써 남편이 망신을 당하는'을 뜻함(오쟁이 지다는 아내가 다른 남자와 눈이 맞아서 바람을 핀다는 뜻임).
*5 이 말은 곧 '속으로는 여자들을 의심하거나 믿지 않을지언정 겉으로는 그런 내색을 드러내고 싶지 않기 때문입니다'라는 뜻.
*6 이 시대에는 한숨을 내쉬면 몸속 피가 줄어든다고 믿었다.
*7 아담 벨(Adam Bell)은 활의 명수이다.

분에 그 표지판 글자만큼 큰 글자로 '좋은 말 빌려드립니다'라고 쓰도록 해서 말입니다.

클라우디오 정말로 그렇게 하면 자네는 뿔을 휘두르며 날뛰어댈 거야.

돈 페드로 아니야. 큐피드가 환락의 도시 베네치아에서 화살을 몽땅 써버린 게 아니라면, 자네도 머지않아 사랑에 빠져 부들부들 떨게 될 거야.

베네디크 지진이 나려나 봅니다.

돈 페드로 어차피 곧 당할 일이니까, 어떻게든 시간을 벌어보게나. 그건 그렇고 베네디크, 레오나토 경에게 가서 내 안부를 전하고 저녁 식사에는 꼭 참석하겠노라 말해 주게. 이만저만 준비한 것이 아닌가 보네.

베네디크 그런 명령이라면 저도 해낼 수 있을 것 같습니다. 그럼 귀하께⋯⋯.

클라우디오 신의 가호가 있기를. 자택에서, 저에게 집이 있다면⋯⋯.

돈 페드로 7월 6일, 당신을 사랑하는 친구 베네디크 올림.

베네디크 (클라우디오에게) 아, 놀리지 말라고. 자네가 하는 이야기들도 이따금 고리타분한 말버릇이라는 갑옷을 입고 있지. 그 갑옷은 보잘것없는 누더기를 꿰맨 것에 지나지 않는다는 말씀이야. 그따위 편지 끝에 덧붙이는 오래된 말로 사람을 놀리기에 앞서 스스로를 돌아보게나. 그럼 나는 가보겠네. (퇴장)

클라우디오 전하, 저의 영주님이시여, 이제는 전하께서 힘을 써주십시오.

돈 페드로 내 마음은 자네 편이니 말해 보게. 어떻게 하면 좋은지 가르쳐만 주면 기꺼이 따르겠네. 아무리 어려운 일이라도 자네에게 도움이 된다면야.

클라우디오 레오나토 경은 아들이 없지요, 전하?

돈 페드로 자식은 헤로뿐이고 그 딸이 하나뿐인 상속자라네. 그 아가씨에게 마음이 있나, 클라우디오?

클라우디오 오, 전하, 지난 전쟁에 나갈 때 군인의 눈으로 그 아가씨를 처음 보고 좋아하는 마음이 들었습니다. 하지만 위험한 임무를 눈앞에 두고 있었기에 그 마음을 휘몰아서 사랑의 이름으로까지 키울 수는 없었습니다. 하지만 이렇게 돌아와서 온통 전쟁에만 쏠려 있던 생각이 마음속에서 물러나자 그 빈자리로 보드랍고 여린 감정이 마구 몰려와서는, 헤로는 얼마나 아름다운 여성인가, 전쟁에 나가기 전부터 나는 그녀를 좋아하고 있지 않았는가, 이렇게 저를 끊임없이 부추기고 있습니다.

돈 페드로 자네는 이제 곧 사랑에 푹 빠져서는, 책 한 권은 될 만큼 사랑 타령을 하며 듣는 사람을 진절머리 나게 해줄 모양이군. 그렇게도 헤로를 사랑한다면 그 마음을 소중히 간직하게나. 내가 그녀와 그녀의 아버지에게 이야기해 주지. 자네는 반드시 그 아가씨를 얻게 될 걸세. 자네가 빙빙 돌려가며 하고자 했던 부탁이란 게 이것인가?

클라우디오 제 얼굴빛만으로 사랑의 고뇌를 알아채시고 보살펴 주시다니, 참으로 감사합니다! 제 마음이 갑작스럽게 비춰질까 걱정되어서 그토록 기나긴 이야기를 늘어놓게 되었습니다.

돈 페드로 강 너비보다 더 긴 다리가 무슨 쓸모 있겠는가? 필요할 때 주는 도움이 가장 훌륭한 도움이지. 다시 말하자면 자네는 사랑에 빠졌으니, 내가 그 처방을 내리겠네. 이렇게 하면 어떨까? 오늘 밤 연회가 열릴 거야. 내가 자네인 척하면서 헤로에게 다가가 나를 클라우디오라 소개하겠네. 그리고 그녀 귓가에 내 마음을 털어놓고, 힘껏 그녀를 사로잡아 거침없는 사랑의 속삭임으로 마구 파고들겠네. 그다음에 그녀 아버지에게 이야기를 꺼내고…… 그 아가씨는 자네 것이 되는 거야. 자, 이제 행동에 옮기자고. (모두 퇴장)

〔제1막 제2장〕

레오나토의 집.
세 개의 문. 가운데 문은 큰 홀로 통한다. 이 문 뒤쪽에 회랑(廻廊)이 있으며, 회랑 뒤에도 안쪽으로 통하는 문이 둘 있다. 안토니오가 무도회 준비를 위해 하인들에게 지시하고 있다. 레오나토, 허둥지둥 등장.

레오나토 아, 나의 동생아, 제 조카는, 그러니까 너의 아들은 어디 있느냐? 그 아이가 음악은 준비해 두었겠지?

안토니오 그 녀석은 지금 그 일로 바빠 뛰어다니고 있습니다. 그런데 형님, 꿈에도 생각지 못할 이상한 소식을 들었습니다.

레오나토 좋은 소식인가?

안토니오 그건 두고 봐야 알겠지만, 시작은 아주 훌륭합니다. 겉보기에는 좋은 이야기지요. 영주님과 클라우디오 백작이 저의 과수원에 있는, 가지가 울창하게 뻗은 가로수길을 걸으면서 나누었던 이야기를 제 아랫사람 하나가 낱낱이 엿들었다고 합니다. 클라우디오가 내 조카, 그러니까 형님의 딸을 사랑하고 있는 걸 영주님이 아시고 오늘 밤 무도회에서 밝힐 생각이라나요. 헤로만 좋다고 하면 곧바로 형님한테 이야기를 꺼낼 생각이시랍니다.

레오나토 그 이야기를 전한 놈은 조금이라도 분별력이 있는 자인가?

안토니오 아주 영리한 녀석입니다. 이리로 불러올 테니 형님이 한번 물어보십시오.

레오나토 아냐, 아냐, 사실로 밝혀질 때까지는 꿈으로 여겨야지. 그래도 딸에게는 귀띔해 줘야겠군. 정말이라면 대답을 준비해 두는 게 좋아. 네가 가서 말해 주거라. (안토니오 퇴장)

안토니오의 아들이 악사 한 명을 데리고 들어온다.

레오나토 조카야, 네가 할 일을 알고 있겠지? (악사를 보고) 오, 실례하네. 나와 함께 가보세. 자네 솜씨를 빌려야겠어. 조카야, 바쁜 때인 만큼 잘 부탁한다. (악사를 데리고 퇴장. 잠시 뒤에 안토니오의 아들과 하인들도 퇴장)

〔제1막 제3장〕

같은 장소.
회랑 문이 하나 열리고, 돈 존과 콘라드 등장.

콘라드 왜 그러십니까, 나리! 왜 그토록 슬퍼하십니까?

돈 존 일이 돌아가는 꼴이 걷잡을 수 없으니, 내 슬픔도 그 끝을 모르는구나.

콘라드 이성(理性)이 속삭이는 소리에 귀를 기울이셔야 합니다.

돈 존 그 소리를 들으면 무슨 좋은 일이 생기느냐?

콘라드 효과가 곧바로 나타나지는 않겠지만 적어도 참을성이 생기게 될 겁니다.

돈 존 너는 토성(土星) 아래에서 태어나 비관적이라더니, 다 죽어가는 불행한

이에게 고작 그럴듯한 설교나 늘어놓는 게냐? 나는 자신을 숨기지 못하는 사람이다. 슬퍼할 이유가 있으면 슬퍼하지, 남의 농담을 듣고 웃지는 않는다. 먹고 싶어지면 먹고, 남이 함께 먹어주기를 기다리지도 않는다. 졸리면 잠을 자고, 남의 눈치를 보는 일도 없다. 즐거우면 웃고, 남이 놀린다고 상처받지도 않는다.

콘라드   그야 그렇지만, 눈치 보지 않고 하고 싶은 대로 다 해도 될 때까지는 그렇게 모든 걸 드러내고 다니시면 안 됩니다. 이번에도 형님 전하에게 들고 일어났다가 이제야 겨우 전하의 노여움이 풀렸다고는 하나, 완전히 뿌리를 뽑기에는 아직 멀었습니다. 그러니 아무쪼록 스스럼없이 굴어도 되는 맑은 날씨가 찾아오도록 힘쓰셔야 합니다. 나리의 곡식을 언제 거두어들일지는 나리 스스로가 정하셔야 합니다.

돈 존   나는 형님 덕분에 장미꽃이 되느니, 차라리 잘 가꿔진 정원에 돋아난 한 떨기 잡초가 되겠다. 위선을 떨어 남들의 사랑을 구걸하느니, 차라리 모든 사람의 멸시를 받는 게 내 성질에 맞는다. 이런 점에서 나는 비위를 맞추는 정직한 사람은 못 돼도 솔직한 악당인 것만은 틀림없다. 나는 입마개를 하고서야 신뢰받고, 족쇄를 차고서야 자유로운 처지이니, 새장 속에서는 노래하지 않기로 했다. 입마개가 벗겨지면 물어뜯어 줄 테다. 족쇄가 풀리면 내가 하고 싶은 대로 하겠다. 그때까지는 그냥 이대로 놔두고 나를 달리 바꾸려 하지 마라.

콘라드   그 불만을 어떻게 써먹어 볼 수는 없을까요?

돈 존   그거야 지금도 실컷 써먹고 있지 않느냐. 내게는 그것밖에는 없으니까. 그런데 저기 오는 것이 누구냐?

보라치오가 회랑으로 들어온다.

돈 존   무슨 일이냐, 보라치오?

보라치오   저녁 식사 자리에서 빠져나왔습니다. 나리의 형님께서는 레오나토의 성대한 환대를 받고 계십니다. 혼사 이야기가 나오고 있다는 소식을 알려드려야겠습니다.

돈 존   그걸 이용해서 못된 장난 좀 쳐볼 수는 없겠느냐? 그런데 결혼을 해서 조용할 틈 없는 생활로 뛰어들겠다는 바보 녀석이 도대체 누구냐?

보라치오 그게 말이죠, 형님 전하의 오른팔입니다.

돈 존 누구? 그 잘나신 클라우디오 말이냐?

보라치오 네, 그렇습니다.

돈 존 멋진 녀석! 누구와, 누구와 하느냐? 놈의 눈은 어디를 바라보고 있느냐?

보라치오 다름 아닌 레오나토의 딸이자 상속인인 헤로입니다.

돈 존 건방진 햇병아리 녀석! 너는 어떻게 알았지?

보라치오 마침 제가 향 피우는 일을 분부받아 곰팡내 나는 방에 향을 피우고 있는데, 영주님과 클라우디오가 그 방으로 들어와서 손을 맞잡고 심각하게 이야기를 나누었습니다. 저는 얼른 벽 휘장 뒤에 숨어서 모두 엿들었는데, 영주님이 먼저 헤로를 유혹해서 클라우디오 백작에게 넘겨준다는 이야기였습니다.

돈 존 자, 자, 그리로 가보자. 나의 울분을 달래줄 좋은 밑밥이 될지도 모르겠다. 저 건방진 풋내기 녀석, 나를 쓰러뜨리고 그 영광을 모두 휩쓸어 갔어. 놈에게 골탕을 좀 먹일 수만 있다면 내 속이 다 시원해지겠다. 너희 둘은 틀림없이 나를 도와주는 거지?

콘라드 네, 목숨을 걸고요.

돈 존 성대한 저녁 식사에 가보자…… 내가 풀이 죽어 있을수록 놈들은 더 신바람이 나지. 요리사가 나와 같은 생각을 했다면 얼마나 좋겠느냐. 어찌될지 한번 가보자.

보라치오 저희는 나리를 모시겠습니다. (모두 퇴장)

〔제2막 제1장〕

레오나토의 집 홀.
레오나토, 안토니오, 헤로, 베아트리체, 마가레트, 우르술라 등장.

레오나토 존 백작은 만찬에 보이지 않던데?

안토니오 저도 못 봤습니다.

베아트리체 그분은 왜 그렇게 시름에 가득 찬 얼굴만 하실까요? 그분만 뵙고 나면 저는 언제나 한 시간쯤은 가슴이 시리고 아파요.

헤로 정말 우울한 분이에요.

베아트리체 그분과 베네디크를 합쳐서 반반으로 나눈다면 훌륭한 사람이 될 텐데요. 한 사람은 꼭 그림같이 말이 없고, 또 한 사람은 버릇없는 부잣집 큰아들처럼 쉬지 않고 지껄여대니.

레오나토 그럼 존 백작의 입에다 베네디크의 혀를 반만, 베네디크의 얼굴에다 존 백작의 우울한 표정을 반만……

베아트리체 거기다가 멋진 팔다리를 가지고 지갑에는 돈이 가득한 남자만 있다면 세상 어느 여자라도 다 가질 수 있을 거예요. 여자가 마음만 따라준다면 말이에요.

레오나토 정말이지 조카야, 그렇게 입이 험해서야 어디 짝이나 찾을 수 있겠니?

안토니오 정말 너무 심술 맞구나.

베아트리체 너무 심술 맞다는 것은 그냥 심술 맞은 것보다 더하다는 말이지요. 그렇다면 저는 하느님의 선물을 받을 필요가 없겠군요. 이런 말이 있잖아요. '하느님은 심술 맞은 소에게는 짧은 뿔을 내려주신다.' 그러니까 너무나 심술 맞은 소에게는 뿔을 전혀 내려주시지 않을 테니 말이에요.

레오나토 그래서 너는 너무 심술 맞으니까 하느님께서 네게는 뿔을 내려주시지 않는다는 말이냐?

베아트리체 그래요. 저는 아침저녁으로 무릎 꿇고 남편도 내려주지 마옵소서 기도를 드리고 있어요. 맙소사! 수염이 숭숭 난 남편이라면 딱 질색이에요. 차라리 거친 모직 담요를 껴안고 자는 게 더 나을 거예요!

레오나토 수염 없는 남편을 만나게 될지도 모르지.

베아트리체 그런 남편을 어디에 쓰게요? 제 옷을 입혀서 잔심부름이나 시켜 부려먹을까요? 수염이 나기 시작한 남자라면 젊다고 할 수 없고, 수염이 없는 남자라면 어른이 아니잖아요. 젊지 않은 남자는 저에게 맞지 않고, 어른이 아닌 소년은 제가 그쪽에 맞지 않죠. 원숭이를 지옥으로 데려다주는 값 6펜스를 조련사한테 미리 받아둘까 봐요. 노처녀는 원숭이를 데리고 지옥

2막 1장, 돈 페드로와 헤로   H.C. 셀루스

에 간다고 하잖아요.

레오나토   그러면 너는 지옥에 가게 된다는 말이냐?

베아트리체   아니에요, 문 앞까지만 가는 거예요. 그곳에서 만난, 바람난 아내
를 둔 남편같이 뿔이 난 악마가 나와 "천국으로 가거라. 베아트리체, 천국으
로 가. 여기는 너 같은 처녀가 올 곳이 아니야" 할 거예요. 그래서 원숭이만
내주고 저는 베드로 성자님이 계시는 천국으로 가지요. 베드로 님은 혼인하
지 않은 사람들이 모여 있는 자리로 저를 데려가 주실 거예요. 우리는 날마
다 즐겁게 지내겠지요.

안토니오   (헤로에게) 헤로야, 너는 아버지 말씀을 잘들을 테지.

베아트리체   그럼요. 공손히 절을 하고, "아버지 좋으실 대로 하세요" 하는 게
저 아이가 하는 일인걸요. 하지만 헤로, 아버지가 골라준 신랑감이 잘생겼

을 때만 그렇게 하는 거야. 그렇지 않을 때는 다시 한 번 절을 하고 "아버지, 저 좋을 대로 하겠어요" 하고는 잘생긴 남자를 찾아 나서야지.

레오나토 베아트리체, 언젠가는 너도 남편을 맞는 걸 보고 싶구나.

베아트리체 그런 일은 없을 거예요. 하느님께서 흙이 아닌 다른 물질로 남자를 만드신다면 모를까요. 여자에게는 너무도 슬픈 이야기가 아닌가요? 고작 씩씩한 흙덩어리에게 지배당하고, 변덕스런 한 덩이 찰흙에게 삶을 바쳐야만 한다는 것은? 아니에요 큰아버지, 저는 절대로 남편을 맞지 않을 거예요. 아담의 자손들은 모두 형제나 다름없어요. 그러니 같은 피붙이끼리 혼인한다면 죄악이라고 생각해요.

레오나토 헤로야, 내가 아까 한 말은 잊지 않았겠지? 영주님이 청혼을 하신다면 어떻게 대답할지 알고 있지?

베아트리체 하지만 동생아, 먼저 영주님이 네게 품위와 절차를 갖추어 고백을 하시는지 지켜봐야만 해. 너무 끈질기게 굴거든 사랑은 춤과 같은 거라고 말씀드리렴. 박자와 리듬이 맞아야만 하지. 잘 들어봐. 사랑의 3단계는 세 가지 다른 춤과도 같아. 첫 번째로 고백은 스코틀랜드 지그 춤이야. 뜨겁고, 빠르고, 환상적이고, 신나지. 그다음 혼인은 왕 앞에서 추는 춤처럼 격식과 겉치레를 차려야만 한단다. 마지막은 후회인데, 다섯 박자로 추는 생크파 춤과 같아. 갈수록 빨라져서 마침내는 무덤 속으로 굴러떨어져 죽고 마는 거야.

레오나토 멀리까지도 내다보는구나.

베아트리체 제가 눈은 참 밝아요, 큰아버지. 낮에는 교회도 알아볼 수 있답니다.*8

레오나토 손님들이 들어오시는군. 동생, 자리를 넉넉히 잡아주시게. (안토니오, 하인들을 데리고 퇴장)

돈 페드로, 클라우디오, 베네디크, 돈 존, 발타자르, 보라치오, 돈 페드로의 하인들, 모두 가면을 쓰고서 북 치는 사람을 앞세우고 등장. 조금 지나서 안토니오도 가면을 쓰고 돌아온다. 음악 연주자들이 회랑에 모여 연주 준비를 한다. 남녀가 짝을

---

*8 밝은 낮에 교회를 알아보는 것처럼 뻔한 이야기를 한다는 뜻.

지어 둥글게 춤을 추기 위해 모두 자기 자리에 선다.

돈 페드로 (헤로의 손을 잡고 앞으로 나오면서) 아가씨, 그대에게 호감을 갖고 있는 나와 함께 한 곡 추시겠습니까?

헤로 우아하게 춤추고, 상냥한 얼굴로 아무 말씀도 않으시겠다면 기꺼이 함께하지요. 제가 이곳을 떠날 때까지요.

돈 페드로 그때도 나와 함께일까요?

헤로 어쩌면요, 두고 보지요.

돈 페드로 언제가 될까요?

헤로 제가 당신 얼굴이 마음에 든 다음에요. 당신 얼굴이 그 가면처럼 못생겼으면 큰일이니까요!

돈 페드로 나의 가면은 필레몬*⁹의 지붕이니, 그 안에는 제우스 신이 기다리고 있답니다.

헤로 어머, 그렇다면 필레몬의 지붕은 초가지붕이었으니까, 당신의 가면에는 수염을 그려야겠군요.

돈 페드로 사랑의 속삭임은 낮은 목소리로 합시다. (두 사람은 비켜서고, 발타자르와 마가레트가 앞으로 나온다)

발타자르 내가 당신 마음에 든다면 좋겠군.

마가레트 그렇게 안 되는 것이 당신을 위해서 좋을 거예요. 저는 안 좋은 버릇이 많은 여자거든요.

발타자르 예를 들면?

마가레트 큰 소리로 기도하는 버릇이 있어요.

발타자르 그렇다면 당신이 더욱 마음에 드는군. 옆에서 그저 아멘만 외치고 있으면 될 테니까.

마가레트 하느님, 부디 춤 잘 추는 사람과 짝을 지어주소서.

발타자르 아멘.

마가레트 그리고 하느님, 춤이 끝나면 그 사람이 제 눈앞에서 바로 사라져 버리게 해주세요. 어서 응답해 주시지요, 보좌 신부님.

---

*9 그리스 신화에 나오는 착한 농부. 나그네로 변장한 제우스와 헤르메스를 맞이해 정성껏 대접해 주었다.

발타자르 할 말이 없군. 손 들었어. (두 사람은 비켜서고, 우르술라와 안토니오가 앞으로 나온다)

우르술라 당신이 누구신지 잘 알고 있어요. 안토니오 경이시지요?

안토니오 아닙니다, 그렇지 않습니다.

우르술라 머리를 흔드는 모양새가 딱 그분인걸요.

안토니오 사실은 그분의 흉내를 내고 있습니다.

우르술라 그분이 아니고서야 어떻게 그토록 기가 막히게 흉내낼 수 있겠어요. 온통 쪼글쪼글한 이 손만 봐도 알 수 있어요. 당신은 그분이에요. 그분이라고요.

안토니오 아니오, 그렇지 않습니다.

우르술라 저런, 저런. 그리도 훌륭하게 반박하시면 제가 몰라볼 줄 아세요? 그 훌륭함이 어디 가나요? 자, 아무 말씀 마세요. 당신은 그분이 맞으니까요. 고귀한 성품은 자연스레 드러나기 마련이에요. 더 이야기하지 않겠어요.

(두 사람은 비켜서고, 베네디크와 베아트리체가 앞으로 나온다)

베아트리체 말씀해 주시지 않겠어요? 그런 이야기를 누구한테 들었는지!

베네디크 네, 용서하세요.

베아트리체 당신이 누구신지도?

베네디크 네, 아직은.

베아트리체 저더러 오만하다는 둥, 저의 재치는 고리타분한 옛날이야기에나 나올 법하다는 둥…… 뻔하지요, 그런 말을 한 사람은 베네디크 경이에요.

베네디크 그는 어떤 사람입니까?

베아트리체 잘 알고 계시면서요.

베네디크 모릅니다, 정말입니다.

베아트리체 그분 때문에 웃음이 터진 일이 없으신가요?

베네디크 제발 알려주세요, 그분은 누구입니까?

베아트리체 오, 세상에. 그분은 영주님의 광대, 아주 멍청한 바보 천치랍니다. 다만, 딱 한 가지 재주라면 터무니없는 험담을 지어낼 줄 알지요. 어지간한 난봉꾼이 아니고서는 그분이 하는 소리에 흥미를 느낄 사람은 없을 거예요. 그나마도 재치가 있다기보다는 성격이 못됐고, 그래서 모두 그를 재미있어하다가도 화를 내고, 처음에는 웃어도 조금 지나면 그 사람을 두들겨 패

연극 〈헛소동〉 존 길구드(베네디크 역)·다이애나 위니아드(베아트리체 역) 출연. 피닉스 시어터.
1952.

고는 말지요. (춤추는 사람들을 바라보면서) 틀림없이 저 사람들 틈 어딘가에
있을 거예요. 이제 곧 제게 싸움을 걸러 올 테지요.

베네디크 내가 그분을 알게 되면, 당신이 한 말을 전하겠습니다.

베아트리체 꼭이요. 그러면 비유를 한두 가지 들어서 저를 흉볼 거예요. 아
무도 그걸 알아듣지 못하거나 웃지 않으면 갑자기 시무룩해지고 말지요.
그럼 닭 날개 하나가 절약되는 셈이에요. 그 광대 양반, 그날 저녁 식사가
목에 넘어가지 않을 테니 말이에요. (음악 소리) 우리도 앞사람들을 따라가
야죠.

베네디크 좋은 길로 이끌어 준다면요.

베아트리체 흥, 나쁜 길로 이끌어 갈 것 같으면 다음 모퉁이를 돌 때 저는 살
짝 빠져나가겠어요. (음악에 맞추어 모두 짝을 지어 즐겁게 춤을 춘다. 춤이 끝날
즈음, 돈 페드로가 레오나토를 손짓해 불러서 함께 어울린다. 큰 홀의 문이 열려 있다.
헤로의 안내로 모두 자리에 앉는다. 뒤에 돈 존, 보라치오, 클라우디오만 그 자리에 남

는다)

돈 존 (일부러 큰 소리로) 형님은 헤로에게 푹 빠진 게 틀림없어. 그 이야기를 하려고 그녀 아버지를 불러낸 거겠지. 여자들은 모두 헤로를 따라 가버리고 가면을 쓴 한 사람만 남아 있군.

보라치오 (돈 존에게 속삭이며) 저건 틀림없이 클라우디오입니다. 움직이는 몸짓만 봐도 알 수 있지요.

돈 존 베네디크 경이십니까?

클라우디오 바로 맞추셨습니다. 그렇습니다.

돈 존 경은 형님의 사랑을 듬뿍 받는 가장 친한 친구시죠. 형님은 헤로에게 푹 빠졌습니다. 그래서 부탁인데, 형님을 좀 말려주시오. 형님과 그 아가씨는 신분이 맞지 않으니까요. 당신이라면 충성스러운 친구로서 해야 할 일을 잘해 낼 수 있을 것 같군요.

클라우디오 전하가 그 아가씨를 사랑한다는 것을 어떻게 아십니까?

돈 존 형님이 사랑을 맹세하는 것을 들었습니다.

보라치오 저도 들었습니다. 오늘 밤에 혼례를 올리겠다고 맹세하시던데요.

돈 존 자, 연회석에 가봅시다. (보라치오와 함께 퇴장)

클라우디오 베네디크의 이름으로 대답은 했지만, 이 몹쓸 이야기를 들은 것은 틀림없이 클라우디오의 귀야. 틀림없어. 전하는 자신을 위해 구애하고 있는 거야. 우정은 다른 일에 대해서는 굳건하지만 사랑이 끼어들면 상황이 달라지지. 그래서 사랑에 빠진 사람은 모두 스스로의 입을 빌려 고백해야 하는 거다. 자기 눈으로 말해야 해. 절대로 남에게 맡겨선 안 되는 거야. 아름다운 여인은 마녀와 같아서, 그 주문에 걸려들면 우정도 녹아내리며 정욕의 불꽃으로 타오르게 되고 마니까. 날마다 일어나는 흔해빠진 일이건만 내가 생각이 짧았다. 그럼 헤로, 그대와는 이제 안녕.

가면을 벗은 베네디크, 클라우디오를 찾기 위해 큰 홀에서 나온다.

베네디크 클라우디오 백작인가?

클라우디오 그렇다네.

베네디크 자, 나와 함께 가겠나?

클라우디오 어디로?

베네디크 이 옆에 버드나무까지. 자네와 관련된 일 때문이네. 자네, 버들가지로 만든 고리를 어디에 걸 생각인가? 고리대금업자의 금목걸이처럼 목에 걸고 돈 내놓으라 할 텐가? 아니면 장군의 현장(懸章)같이 팔 아래 두르고 싸우자 덤빌 텐가? 어떻게든 걸기는 해야 할 거야. 영주님이 자네를 위해 헤로의 마음을 손에 넣으셨다니까.

클라우디오 전하께서 기뻐하시기만을 바랄 뿐이네.

베네디크 저런, 저런. 꼭 소를 팔아먹으려는 장사치같이 뻔뻔스러운 말투로군. 그런데 자네는 영주님이 자네에게 그런 짓을 할 것 같은가?

클라우디오 제발 좀 저리 가주게.

베네디크 허, 이제는 무모하게 덤벼드는군그래. 고기는 꼬맹이가 훔쳐 달아났는데 화는 기둥에 대고 내는 꼴이야.

클라우디오 자네가 가지 않겠다면 내가 가겠어. (퇴장)

베네디크 가엾기도 해라. 상처 입은 오리가 풀숲으로 몸을 숨기는군! 그런데 베아트리체, 틀림없이 나를 알면서도 몰라본 척하다니! 영주님의 광대라고! 허, 어쩌면 내가 늘 유쾌하니까 그런 별명이 붙은 게 사실인지도 몰라. 아니지, 그렇게 생각하는 건 나 스스로에게 올바른 일이 아니야. 그런 소문이 있을 리가 없어. 베아트리체의 허튼소리일 뿐이야. 자기 생각대로 소문을 퍼뜨려서 나를 정말 그런 사람인 듯 만들어 버리려는 거지. 좋아, 내가 꼭 되갚아 주고야 말 테다.

돈 페드로, 레오나토와 헤로를 데리고 돌아온다. 레오나토와 헤로 두 사람은 한쪽으로 가서 이야기한다.

돈 페드로 이봐, 베네디크, 클라우디오는 어디 있는가? 보지 못했나?

베네디크 네, 전하. 저는 소문 퍼트리는 마님 역할을 하고 있었습니다. 제가 와보니 그 사람은 허허벌판에 서 있는 외딴 오두막처럼 혼자 외로운 듯이 있는 게 아니겠습니까. 그래서 모두 이야기해 주었습니다. 사실대로요. 영주님께서 그 어린 아가씨의 마음을 마침내 얻어냈다고요. 그리고 가까운 버드나무 있는 곳까지 함께 가주겠노라 했지요. 사랑을 떠나보낸 사람에게 어울리게 버들가지 목걸이를 만들어 주든가, 아니면 버들가지 다발로 매 맞을 회초리를 만들어 주든가 하려고요.

돈 페드로   매를 맞아! 무슨 죄로?

베네디크   어린아이들이 곧잘 저지르는 죄랍니다. 새 둥지를 찾아내고는 너무 기뻐서 친구에게 보여줬더니, 그걸 그만 친구에게 도둑맞고 만다는 바로 그 죄 말입니다.

돈 페드로   남을 믿는 게 죄가 된다는 말인가? 죄는 도둑질한 쪽에 있는 거지.

베네디크   그래도 회초리를 만들어 두었다면 나쁘진 않았을 텐데요. 버들가지 목걸이도 그렇고요. 목걸이는 자기 목에 걸면 되고, 회초리는 전하께 내리치면 되니까요. 제가 보기에는 새 둥지를 훔쳐간 친구는 전하 같으니까요.

돈 페드로   그건 그저 아기 새들에게 지저귀는 방법을 가르쳐 주기 위해서야. 그다음에 주인에게 돌려줄 거야.

베네디크   그 아기 새들이 전하의 말씀대로 지저귄다면, 그때는 전하께서 정직한 분이라는 걸 믿겠습니다.

돈 페드로   그런데 베아트리체 양이 자네를 몹시 미워하고 있더군. 아까 함께 춤을 춘 신사가, 자네가 마구 자기 욕을 했다고 말하는 거야.

베네디크   오, 이럴 수가. 그 여자야말로 목석이라도 참지 못할 만큼 제 흉을 보았습니다. 아무리 참나무 고목이라 해도 잎이 하나라도 붙어 있었다면 그냥 듣고 있지는 않았을 겁니다. 제가 쓰고 있던 가면조차도 살아나서 그 여자한테 대들 기세였습니다. 그게 저인 줄도 모르고 저를 전하의 광대라는 둥, 눈 녹을 무렵의 흙바닥보다 더 진흙탕이라는 둥 숨조차 쉴 새 없이 욕을 해대는데, 저는 마치 한꺼번에 쏟아지는 적군의 화살을 혼자 모조리 받아내는 모양새로 서 있었습니다. 그 여자의 혀는 날카로운 단검입니다. 한마디 한마디가 사람을 찌릅니다. 그녀의 입김에도 그녀 말처럼 독이 있었다면 주위 사람들을 남김없이 죽여버리고, 북극성까지 퍼져 나갔을 겁니다. 아담이 선악과를 따 먹는 죄를 짓기 전까지 누렸던 모든 것을 지참금으로 가져온다고 해도 그 여자만은 아내로 삼지 않을 겁니다. 헤라클레스조차도 종으로 삼아 부엌에서 고기 꼬챙이를 돌리게 하고 말 여자입니다. 헤라클레스의 몽둥이는 쪼개서 땔감으로 쓰겠지요. 제발 그 여자 이야기는 하지 마십시오. 두고 보십시오. 그 여자는 옷만 화려하게 차려입은 지옥의 마귀 아테입니다. 어디 지혜로운 마법사라도 있다면 주문(呪文)으로 그 여자를 다시 지옥으로 몰아넣어 달라고 부탁해 볼 수 없을까요? 그 여자가 이 세상에 있는 한, 차라리 지옥이 더 조용히 살 수 있는 성역(聖域)이 될 겁니다. 사람들은 지옥으로 가려고 일부러 죄를 지을 겁니다. 그 여자가 가는 곳마다 불안과 공포와 혼란이 따르니까요.

클라우디오와 베아트리체, 이야기를 나누면서 등장.

돈 페드로 마침 그녀가 오는군.

베네디크 전하, 부탁입니다. 저를 세계의 끝까지 보내주실 수 없을까요? 아무리 하찮은 심부름이라도 만들어서 보내주신다면, 지구 반대편이라도 곧장 떠나겠습니다. 아시아 가장 멀리까지 가서 이쑤시개를 가져오는 일이라도 좋습니다. 프레스터 존 왕*[10]의 발 치수를 재러 가는 일이라도 좋습니다. 그 무서운 몽골 왕의 수염 한 올을 뽑아올까요? 피그미족에게는 볼일이 없으십니까? 저 끔찍한 하르피아*[11]와 말씨름을 하는 것보다는 낫습니다. 제게 시킬 일은 없으십니까?

돈 페드로 없어. 여기 함께 있어주기만을 바랄 뿐이네.

베네디크 오, 하느님. 저기 제가 질색하는 그 여자가 오는군요. 저 여자만큼은 도저히 참을 수가 없습니다. (퇴장)

돈 페드로 어서 와요, 베아트리체 양. 아가씨는 베네디크의 마음을 잃었더군.

베아트리체 (앞으로 나오면서) 그렇습니다, 영주님. 저는 잠시 그분의 마음을 맡아두었었는데, 제 마음을 이자로 얹어서 두 배로 돌려드렸지요. 처음부터 속임수로 제게서 빼앗은 것이니, 전하 말씀대로 제가 잃은 게 맞습니다.

돈 페드로 그대가 이겼군, 아가씨. 그대가 이겼어.

베아트리체 그분이 이기게 되면 저는 바보들의 어머니가 되고 말게요. 분부하신 대로 클라우디오 백작을 모셔 왔습니다.

---

*10 아비시니아(에티오피아의 옛 이름) 또는 중세에 동방 어딘가에 그리스도교 국가를 건설했다는 전설 속의 왕.
*11 고대 그리스·로마 신화에 나오는, 여자의 머리와 몸에 새의 날개와 발을 가진 괴물.

돈 페드로 아니 백작, 무슨 일인가! 왜 그렇게 우울하지?

클라우디오 그렇지 않습니다, 전하.

돈 페드로 아니면 어디 아픈가?

클라우디오 그것도 아닙니다, 전하.

베아트리체 백작님은 우울하거나 아프지도 않고, 즐겁거나 건강하지도 않습니다. 그저 질투가 나서 기분이 오렌지처럼 시큼하고, 얼굴빛도 오렌지같이 노랗게 되신 것뿐이죠.

돈 페드로 아가씨 진단이 옳은 것 같군. 내가 맹세하는데 백작은 오해하는 거야. 클라우디오, 나는 자네 이름으로 고백해서 아름다운 헤로의 마음을 손에 넣었다네. 그녀 아버지에게도 이야기해서 허락받았지. 결혼 날짜나 잡게. 하느님께서도 자네를 축복하실 거야.

레오나토 (헤로를 데리고 앞으로 나온다) 백작, 내 딸을 받아주시게. 내 재산도 모두 자네 것일세. 전하께서 짝지어 주셨으니 하느님께서도 기뻐하실 걸세.

베아트리체 백작님도 무슨 말씀 좀 해보세요.

클라우디오 침묵이야말로 둘도 없는 기쁨의 전령. 말로 할 수 있는 기쁨이라면, 저는 그리 행복하다고 할 수 없을 것입니다! 헤로, 이제 당신은 나의 것, 그리고 나는 당신 것이오. 내 모든 것을 당신에게 바치고, 당신을 죽도록 사랑하겠소.

베아트리체 헤로도 말 좀 해봐. 못하겠으면 키스로 클라우디오의 입이라도 틀어막아서 그분도 말을 하지 못하게 해버려.

돈 페드로 베아트리체 양은 참으로 명랑한 성격이군그래.

베아트리체 네 영주님. 저도 이런 제 성격을 감사하게 생각합니다. 언제나 근심 걱정은 모두 바람에 흩날려 버릴 수 있으니까요. 저런, 사촌 동생이 백작님 귀에 사랑을 속삭이고 있네요.

클라우디오 그렇답니다, 처형(妻兄).

베아트리체 어머, 벌써 저를 친척으로 대하시네요! 이렇게 모두들 결혼을 하게 되고, 얼굴이 햇볕에 그을려 보기 흉해진 저만 남고 말았어요. 어디 길모퉁이에 앉아서 "아이고, 남편감 구합니다" 하고 외쳐나 볼까요.

돈 페드로 베아트리체 양, 내가 남편감을 구해 주겠네.

베아트리체 영주님의 아버님이 낳으신 분이라면 좋겠네요. 영주님과 꼭 닮은 형제분은 없으신가요? 아버님께서는 여자라면 누구나 좋아할 신랑감을 낳아두셨어요.

돈 페드로 나는 어떤가?

베아트리체 그건 곤란합니다. 날마다 쓸 수 있게 하나 더 가질 수 있다면 모를까. 전하는 날마다 사용하기에는 너무나 황송해서요. 저를 용서하십시오. 쓸데없는 농담만 하도록 타고났답니다.

돈 페드로 그대가 입을 다물고 있으면 오히려 내가 괴롭고, 즐겁게 재잘거리고 있는 모습이 그대에게는 가장 잘 어울리오. 그대가 태어난 날에는 틀림없이 잔치가 벌어졌을 테지.

베아트리체 아닙니다 전하, 저의 어머니는 비명을 질렀답니다. 하지만 그때 마침 별 하나가 춤을 추고 있었는데, 그 별 아래에서 제가 태어났지요. 그럼 두 사람의 행복을 빌겠어요!

레오나토 얘야, 아까 일러둔 일은 해줄 거지?

베아트리체 어머나, 깜빡 잊고 있었네요, 큰아버지. 영주님, 그럼 실례하겠습니다. (인사를 하고 퇴장)

돈 페드로 참으로 유쾌한 아가씨군요.

레오나토 우울한 구석이라고는 조금도 없는 아이지요. 잠들었을 때나 조용하답니다. 그때조차도 조용하다고는 할 수 없습니다. 딸아이가 말하기를 곧잘 슬픈 꿈을 꾸다가도 깔깔대며 잠을 깬다고 하니까요.

돈 페드로 그래도 결혼 이야기는 가만히 듣고 있을 수 없는 모양입니다.

레오나토 그뿐만이 아닙니다. 자기에게 구애하는 사람은 모두 놀려대서 쫓아버리는걸요.

돈 페드로 베네디크에게 꼭 맞는 아내가 될 것 같은데요.

레오나토 천만에요. 그 둘이 부부가 되면 일주일도 못 가서 서로 말씨름을 벌이다 그만 미쳐버리고 말 겁니다.

돈 페드로 클라우디오 백작, 교회에는 언제 가서 식을 올릴 텐가?

클라우디오 내일이라도 가겠습니다. 사랑의 의식(儀式)이 모두 끝날 때까지는 시간이 지팡이를 짚고 엉금엉금 간다 하지 않습니까.

레오나토 아니, 월요일까지는 기다려 주게, 사위. 그래 봐야 앞으로 일곱 밤일세. 모든 일을 내 마음에 차게 준비하려면 이것도 너무 짧지.

돈 페드로 (클라우디오에게) 저런, 너무나 늦춰진다고 고개를 내젖는군. 하지만 걱정 말게, 클라우디오. 그 시간을 지루하게 보내지는 않을 테니까. 그동안 헤라클레스의 열두 가지 과업*12 가운데 하나를 우리가 해보자고. 베네디크와 베아트리체를 서로 사랑하는 사이로 만들어 보는 거야. 결혼까지 간다면 더 좋고말고. 세 사람이 내가 지시하는 대로 도와주면 그리 어려운 일은 아닐 거야.

레오나토 기꺼이 돕겠습니다. 그 일 때문에 열흘 밤을 뜬눈으로 새워야 한다고 해도요.

클라우디오 저도 물론입니다.

돈 페드로 헤로도 도울 테지?

헤로 네, 제가 할 수 있는 일이라면 뭐든 하겠습니다. 언니가 좋은 신랑감을 찾는 데 도움이 될 수 있다면요.

돈 페드로 베네디크라면 신랑감으로 나쁘지 않지. 그를 칭찬해 보자면 용맹하고 진실된 고귀한 성품을 지녔어. (헤로에게) 언니를 부추겨서 베네디크에게 반하게 만드는 방법을 내가 가르쳐 주지. (레오나토와 클라우디오에게) 나는 두 사람의 도움을 받아서 베네디크를 감쪽같이 속여, 그 번뜩이는 재치와 까다로운 성미에도 어쩔 수 없이 베아트리체에게 푹 빠지지 않고는 못 배기게 만들겠소. 우리가 이 일을 해낸다면 큐피드는 앞으로 활쏘기를 그만두고 대신 우리가 그 명예를 차지하게 될 거요. 우리야말로 사랑의 신이 되는 겁니다. 내 계획을 말해 줄 테니 자, 어서 나를 따라와요. (모두 퇴장. 헤로는 클라우디오의 팔에 매달려 나간다)

〔제2막 제2장〕

같은 장소.

---

*12 헤라클레스의 열두 가지 과업은 '실천하기 어렵거나 실천할 수 없는 과업'을 뜻하는 것으로, ① 네메아의 사자 죽이기 ② 대가리가 아홉 개 달린 레르나의 히드라 죽이기 ③ 아르테미스의 황금 암사슴 잡기 ④ 에리만토스의 멧돼지 잡기 ⑤ 하루 만에 아우게아스의 외양간 치우기 ⑥ 스팀팔로스의 새떼 죽이기 ⑦ 크레타의 황소 잡기 ⑧ 디오메데스의 암말 훔치기 ⑨ 아마존의 여왕 히폴리타의 허리띠 얻기 ⑩ 게리오네스의 소떼 얻기 ⑪ 헤스페리데스의 사과 훔치기 ⑫ 저승의 개 케르베로스 잡기 등이 있다.

돈 존과 보라치오 등장.

돈 존 그렇군. 클라우디오 백작이 레오나토의 딸과 결혼하게 되었군.

보라치오 그렇습니다, 나리. 하지만 훼방 놓을 수도 있습니다.

돈 존 장애든, 훼방이든, 방해든 내게는 다 약이 되지. 그놈을 보기만 해도 나는 속이 다 메스꺼워. 놈이 원하는 것을 가로막는 일이라면 무엇이든지 하겠네. 어떻게 하면 되겠나?

보라치오 정직한 방법으로는 안 됩니다. 하지만 절대로 들키지 않도록 아주 비밀리에 하는 겁니다.

돈 존 좀 간단히 말해 보게.

보라치오 아마 1년 전쯤 나리께 말씀드린 적이 있는 것 같습니다만, 헤로의 시녀 마가레트가 저를 아주 좋아하지요.

돈 존 기억나는군.

보라치오 제가 부탁만 하면, 마가레트는 늦은 밤이라도 헤로의 방 창밖으로 얼굴을 내밀 겁니다.

돈 존 도대체 그게 이 혼례를 파투내는 데 무슨 보탬이 된다는 거지?

보라치오 독을 만드는 일은 나리의 몫이지요. 먼저 형님 전하께 가셔서 이렇게 말씀드리십시오. 훌륭한 클라우디오를, 전하께서 그토록 아끼시는 그를, 하필이면 헤로처럼 더러운 여자와 혼인시킨다면 전하 자신의 명예를 더럽히는 일이라고 말입니다.

돈 존 그렇게 해서 내가 얻는 게 뭐지?

보라치오 그야 전하를 속이고, 클라우디오를 괴롭히고, 헤로를 망치고, 레오나토를 죽음으로 몰아넣을 수 있지요. 이보다 더 무엇을 바라십니까?

돈 존 그것들에게 해를 끼칠 수만 있다면 그 어떤 일이라도 하겠어.

보라치오 그럼 시작하십시오. 알맞은 때를 봐서 돈 페드로 전하와 클라우디오 백작을 불러내서, 헤로는 보라치오를 사랑하고 있다고 말씀하십시오. 두 분을 몹시 위해 주는 척하면서, 이 짝궁의 인연을 맺어주신 형님의 명예를 위해서 그리고 거짓된 처녀에게 속아 넘어가게 된 친구의 체면을 생각해서 그런 거라고 말입니다. 그러나 증거가 없어서는 믿지 않을 테니, 증거를 보여드리겠다고 말씀하십시오. 증거라고 해봤자 사실, 제가 헤로의 방 창가에 가서 마가레트를 헤로라 부르고, 마가레트가 저를 클라우디오라고 부르는 것뿐이지요. 결혼 바로 전날 밤에 두 분을 데리고 가서 그 광경을 보게 하십시오. 저는 무슨 일이든 꾸며내서 헤로가 방을 비우게 하겠습니다. 그렇게 되면 헤로의 부정(不貞)이 사실인 것처럼 보이게 되고, 의심은 확신으로 바뀌어, 모든 혼사 준비는 산산조각이 나고 말 것입니다.

돈 존   가능한 한 가장 나쁜 결과가 나오도록 일을 꾸며라. 나는 그걸 어떻게든 실행시킬 테니. 그 일을 영악하게 잘 해낸다면 1000더컷을 주겠다.

보라치오   맡은 일만 단단히 하십시오. 저의 술책은 실망시키지 않을 겁니다.

돈 존   가서 혼사 날짜를 알아봐야겠군. (모두 퇴장)

〔제2막 제3장〕

레오나토의 집 과수원.
베네디크, 생각에 잠겨 등장.

베네디크   (안에 대고) 얘야!

어린 하인이 달려온다.

어린 하인   네.

베네디크   내 방 창가에 책이 한 권 있으니 그걸 과수원으로 가져오너라.

어린 하인   여기 가져왔어요.

베네디크   그건 나도 알고 있다. 그래도 한 번 더 저리 갔다가, 돌아오거라. (어린 하인 퇴장) 참으로 알 수 없는 일이군. 사랑에 빠져 있는 사람만 보면 바보 대하듯이 대하며, 다른 이들의 사랑을 천박하고 어리석다고 실컷 비웃어대더니, 이제는 스스로 사랑에 빠져서 웃음거리가 되려 하는구나. 다름 아닌 클라우디오가 말이야. 얼마 전까지만 해도 음악으로는 쳐주지도 않던 작은북과 피리 연주를 듣고 싶어하지를 않나, 전에는 훌륭한 갑옷을 구경하기 위해서라면 10킬로미터 길도 멀다 않고 걸어갔던 사람이 이제는 갑옷에는 관심이 없고 새로 맞춰 입을 옷 모양을 고민하느라 열흘 밤이라도 꼬

영화 〈헛소동〉 케네스 브래너 감독·출연(오른쪽 두 번째), 케이트 베킨세일·엠마 톰슨(앞) 출연.
1993.

박 뜬눈으로 지새울 모양이니. 전에는 소박한 군인답게 할 말만 또박또박하더니, 이제는 시인이라도 된 듯이 한마디 한마디가 두 눈이 휘둥그레질 만큼 많은 의미를 담고 있어서 마치 진귀한 요리로 가득한 연회를 보고 있는 것만 같아. 나도 언젠가는 그렇게 변하게 될까? 알 수가 없군. 아냐, 아닐 거야. 사랑이 나를 굴처럼 비린내 나는 바보 꼴로 만들어 놓지 않을 거라 맹세할 수는 없지만, 그런 끔찍한 일이 벌어지더라도 나는 절대로 그렇게 바보가 되지는 않을 거라고 맹세할 수는 있어. 아무리 아름다운 여자가 있어도 나는 거들떠보지 않을 거야. 정숙한 여자가 있어도 나는 아랑곳하지 않을 거야. 모든 훌륭함을 다 갖춘 여자가 나타나지 않는 한, 그 어떤 여자에게도 눈길조차 주지 않을 테다. 무엇보다도 부자여야 해. 이건 절대적인 거야. 그다음에는 정숙해야 해. 아니면 가까이 오지도 말라지. 품위도 있어야 해. 아니면 천사라고 해도 싫다. 말 잘하고, 악기도 잘 다루고, 그리고 머리 빛깔은…… 그건 하느님의 뜻에 맡기고…… (사람 소리가 난다) 아! 영주님과

사랑 타령꾼이군! 정자 안에 숨어 있자. (숨는다)

돈 페드로, 레오나토, 클라우디오 등장. 발타자르가 류트를 들고 따라 들어온다. 클라우디오, 정자 가까이 다가가서 인동덩굴 사이로 안을 들여다본다.

돈 페드로   그럼 한 곡 들어보기로 할까?

클라우디오   네, 전하. 참으로 고요한 밤입니다. 아름다운 음악 소리를 듣기 위해 숨을 죽이고 있기라도 한 것 같습니다.

돈 페드로   (작은 목소리로) 봤지, 방금 베네디크가 숨는 걸?

클라우디오   (작은 목소리로) 오, 물론 보았지요, 전하. 음악이 끝나면 저 꽁꽁 숨은 여우 자식을 단단히 혼내줍시다.

돈 페드로   여봐라 발타자르, 지금 그 노래를 한 번 더 들려다오.

발타자르   아이고 전하, 이런 몹쓸 목소리로 한 번 더 불렀다가는 음악을 망치고 맙니다.

돈 페드로   흠잡을 데 없는 재주를 가지고도 그렇지 않다는 얼굴을 하는 것이 바로 훌륭하다는 증거지. 꼭 좀 들려주게. 더 어르고 달래게 하지 말고.

발타자르   어르고 달래신다니까, 노래를 하지 않을 수 없습니다. 어르고 달래기를 잘하시는 분들은 어떤 여자도 구워삶기를 서슴지 않고, 마음에 차지 않는 여자도 어르고 달래며 사랑한다고 거짓 맹세하시기 마련이지요.

돈 페드로   이제 부탁이니 노래나 시작하게. 할 말이 더 있거든 가락을 붙여 하게나.

발타자르   그에 앞서 말씀드릴 게 있습니다. 저의 가락은 듣기에 그리 좋지가 않습니다.

돈 페드로   이 친구, 기가 막힌 가락 타령을 늘어놓는군. 어서 곡이나 붙이게. 더는 아무 말 하지 않겠네. (발타자르, 류트를 타기 시작한다)

베네디크   (혼잣말로) 세상에, 숨이 턱 막히는군! 저 사람, 영혼이 환희로 가득 찬 모양이야. 한낱 줄 몇 가닥으로 사람의 영혼을 울리다니 참으로 묘한 일이 아닌가. 그래도 나는 뿔피리가 더 좋군그래.

발타자르   (노래한다)

한숨은 그만, 아가씨들, 한숨은 그만,
남자는 으레 사기꾼이라네.
한 발은 바다에, 한 발은 뭍에
변치 않는 것은 하나도 없다네.

그러니 한숨은 그만 털어버리고,
아리따운 그대여, 즐거워해요.
비탄의 울음 대신
흥겹게 노래해요.

더는 슬픈 노래는 하지 말아요,
침통하고 쓰라린 슬픈 노래는.
남자의 거짓말과 여름날의 초록잎은
예나 오늘이나 다르지 않으니.

그러니 한숨은 그만 털어버리고,
아리따운 그대여, 즐거워해요.
비탄의 울음 대신
흥겹게 노래해요.

돈 페드로　참 좋은 노래군.

발타자르　다만 부르는 사람이 형편없지요.

돈 페드로　아냐, 아냐, 정말로. 급히 부른 것 치고는 아주 좋았어. (클라우디오 와 레오나토를 한쪽으로 데리고 가서 이야기를 한다)

베네디크　(혼잣말로) 저 녀석, 개가 아니어서 다행이지. 개가 저렇게 짖어댔다 면 목을 매달아서 죽여버렸을 테니까. 저 몹쓸 목소리가 재앙이나 불러오 지 않았으면 좋겠는데. 차라리 밤까마귀 우는 소리에 귀 기울이는 게 낫겠 다. 밤까마귀는 전염병의 전조라고는 하지만.

돈 페드로　음, 그렇지. (돌아보며) 들리나, 발타자르? 내일 헤로 아가씨의 창문 아래에서 연주해 줄 수 있도록 좋은 노래를 준비해 놓아라.

발타자르 꼭 그렇게 하겠습니다, 전하.

돈 페드로 부탁한다. 그럼 가도 좋다. (발타자르 퇴장) 그런데 레오나토, 아까 무슨 이야기를 했었죠? 당신의 조카 베아트리체가 베네디크 경을 사랑하고 있다고요? (베네디크, 말소리를 잘 알아들을 수 있도록 정자 한쪽에 웅크리고 앉는다)

클라우디오 (정자 쪽을 들여다보면서 작은 목소리로) 좋아요, 좋아. 그렇게 살금살금 다가갑시다. 사냥감은 내려앉았습니다. (큰 소리로) 그 아가씨가 사랑에 빠질 줄은 몰랐는데요.

레오나토 나도 까맣게 몰랐다네. 더 놀라운 일은 상대가 베네디크라는 거지. 겉으로는 그리도 싫어하는 척을 하더니.

베네디크 (혼잣말로) 정말인가? 그런 바람이 불고 있다는 말이야?

레오나토 전하, 정말이지, 어떻게 해야 좋을지 모르겠습니다. 어쨌든 미친 듯이 사랑하고 있는데, 상상조차 할 수 없을 정도입니다.

돈 페드로 어쩌면 그런 척하는지도 모르죠.

클라우디오 있을 법한데요.

레오나토 하느님 맙소사! 그런 척이라니요? 가짜 열정으로는 그 아이의 그 뜨거운 진짜 열정을 흉내낼 수 없습니다.

돈 페드로 세상에, 도대체 그녀가 어떻게 했는데 그래요?

클라우디오 (다시 정자 쪽을 들여다보면서 작은 목소리로) 바늘에 미끼를 단단히 끼우십시오. 이 물고기는 틀림없이 낚일 것 같습니다.

레오나토 어떠냐고요? 그게 그러니까, (클라우디오에게) 자네는 헤로로부터 이야기를 들었지?

클라우디오 네, 들었습니다.

돈 페드로 그럼 이야기해 보게! 정말 놀랍군. 그 아가씨만큼은 어떤 사랑의 공격에도 끄떡없을 줄 알았는데.

레오나토 저도 그렇게 믿고 있었습니다. 더군다나 베네디크에 대해서는요.

베네디크 (혼잣말로) 이건 속임수라 생각하고 싶지만, 저 하얀 수염 노인이 하는 말이 아닌가. 저런 점잖은 노인이 음모를 꾸밀 리가 없어.

클라우디오 (작은 목소리로) 걸려들기 시작합니다. 더 하십시오.

돈 페드로 그래서 그 아가씨는 베네디크에게 고백은 했나요?

2막 3장, 클라우디오·돈 페드로·레오나토, 엿듣는 베네디크   H.C. 셀루스

레오나토   아닙니다. 절대로 고백하지 않겠답니다. 그래서 더 고통스러운 거

지요.

클라우디오　그렇습니다. 베아트리체가 헤로에게, "만나기만 하면 놀리고 싸워대던 사이에 새삼스럽게 사랑한다는 편지를 어떻게 쓸 수 있어?" 이렇게 말했답니다.

레오나토　네, 베네디크에게 편지를 쓰다가도 그렇게 말한답니다. 밤마다 스무 번은 벌떡 일어나서 잠옷 바람으로 종이에 온통 빽빽하게 뭘 쓴다나요. 딸아이가 낱낱이 이야기하더군요.

클라우디오　편지라니까 말인데, 헤로가 재미있는 이야기를 했습니다.

레오나토　아, 편지를 다 쓴 걸 읽어보니, 접은 종이에 가득히 '베네디크'와 '베아트리체'가 있더란 이야기 말이지.

클라우디오　바로 그겁니다.

레오나토　아, 그 아이는 편지를 조각조각 찢어버리고, 보나마나 놀려댈 사람에게 편지를 쓰는 건 바보짓이라고 스스로를 마구 나무라더란 겁니다. "나라면 어떨지 생각해 보면 알 수 있는 일이잖니. 내가 그에게서 편지를 받더라도 나는 그이를 놀려대고 말 거야. 속으로는 사랑하고 있어도 반드시 그렇게 하고 말 거야" 말했답니다.

클라우디오　그러고는 무릎을 꿇고 앉아서 울고불고, 가슴을 치고, 머리카락을 쥐어뜯고, 기도를 하고, 저주를 하고…… "아, 그리운 베네디크 님! 하느님, 부디 이 고통을 이겨내게 해주소서!" 한답니다.

레오나토　정말 그렇답니다. 딸아이가 그렇게 말하더군요. 걷잡을 수 없는 사랑의 광기에 사로잡힌 나머지 스스로에게 해가 되는 행동을 하지는 않을까, 딸아이 가슴이 조마조마한 적이 한두 번이 아니라고 합니다. 정말입니다.

돈 페드로　누군가 베네디크에게 알려주는 것이 좋겠군요.

클라우디오　무엇 때문에요? 알려줘 봐야 웃음거리로 삼아서 그 아가씨를 더욱 괴롭힐 게 뻔한데요.

돈 페드로　그런 짓을 한다면 그 목을 매달아 버리는 게 낫지. 그 아가씨는 참으로 착하고 훌륭한 아가씨인걸. 물론 틀림없이 행실도 바르고.

클라우디오　게다가 아주 똑똑한 아가씨입니다.

돈 페드로　베네디크에게 반한 점만 빼면 그렇지.

레오나토　오, 전하, 하지만 지혜와 열정이 가냘픈 육체 안에서 맞붙어 싸우

2막 3장, 베아트리체와 베네디크 H.C. 셀루스

게 되면 열에 아홉은 열정이 이기게 마련입니다. 큰아버지이자 후견인인 저로서는 그 아이가 가엾기 짝이 없습니다.

돈 페드로 나를 그렇게 사랑해 준다면 얼마나 좋았을까…… 나라면 모든 인연을 다 끊고 그 아가씨를 아내로 맞을 텐데. 부디 베네디크에게 이야기하고, 뭐라고 하는지 들어봐요.

레오나토 정말 괜찮을까요?

클라우디오 헤로의 생각으로는, 그렇게 하면 베아트리체가 틀림없이 죽고 말거랍니다. 그 아가씨 입으로도 죽겠다고 말했다고 했습니다. 그가 자기를 사랑해 주지 않으면 죽어버리겠다는 둥, 자기 마음을 그에게 알리느니 차라리 죽어버리겠다는 둥, 만일 그가 자신을 사랑한다 해도 전처럼 티격태격하지 못할 바에야 차라리 죽어버리겠다는 둥 그런답니다.

돈 페드로 하긴 그렇지. 그 아가씨가 사랑에 빠져 조금이라도 누그러진 태도를 보인다면 베네디크는 비웃어델 테지. 우리 모두 알다시피 그는 남을 업신여기는 성격이니까.

클라우디오 그래도 아주 좋은 사람입니다.

돈 페드로 물론, 그 밝은 마음이 겉으로도 드러나지.

클라우디오 그리고 대단히 총명한 사람입니다.

돈 페드로 재치의 불꽃 같은 걸 나타내 보이기도 하지.

클라우디오 그리고 제가 보기에는 용감한 사람 같습니다.

돈 페드로 그야 헥토르*[13]처럼 용감하고말고. 게다가 싸울 일이 있을 때 그는 아주 현명하게 판단하지. 때로는 조심스럽게 싸움을 피하는가 하면, 때로는 그리스도교인답게 하느님을 두려워하며 맞서 싸우기도 하니까.

레오나토 사람이 하느님을 두려워한다면, 마땅히 평화를 지키게 마련입니다. 어쩌다 평화를 깨고 싸우게 되더라도 매우 깊이 생각하고 싸우게 되지요.

돈 페드로 그가 바로 그런 사람입니다. 하느님 무서운 줄을 아는 사람이오. 늘 실없는 농담을 늘어놓아서 그렇게 보이지 않을 뿐이죠. 경의 조카만 가엾게 됐군요. 우리가 베네디크를 찾아가서 그 아가씨의 마음을 전해 주면 어떻겠소?

---

*13 그리스 신화의 트로이 왕자. 지략과 용기를 갖춘 고결한 성품의 장수이다.

클라우디오 절대로 안 됩니다. 차라리 베아트리체의 마음이 식도록 타일러 보는 게 낫습니다.

레오나토 아냐, 그건 안 될 말이지. 그 아이의 가슴이 먼저 타들어가고 말 거야.

돈 페드로 먼저 헤로에게 더 들어보기로 하고, 잠시 두고 봅시다. 나는 베네디크를 아주 아끼고 있어요. 그가 스스로를 겸손히 돌아보고, 베아트리체가 자기에게 분에 넘치는 훌륭한 여성이라는 사실을 알아주면 좋을 텐데.

레오나토 전하, 그럼 가실까요? 식사가 준비돼 있습니다.

클라우디오 (낮은 목소리로) 이래도 그 사람이 베아트리체에게 빠져들지 않는 다면, 저는 앞으로 예감이라는 걸 절대로 믿지 않겠습니다.

돈 페드로 (낮은 목소리로) 베아트리체에게도 같은 그물을 쳐놓자고. 그 일은 헤로와 헤로의 하녀가 해줘야겠어. 서로 자기에게 푹 빠져 있다고 생각하지 만 사실은 그렇지 않다는 게 재밌는 거지. 서로 말도 못 하고, 아주 볼 만한 장면이 나오겠어. 베아트리체를 보내서 그 사람을 식사에 오라고 하지. (레오나토, 클라우디오와 함께 퇴장)

베네디크 (정자에서 앞으로 나서며) 무슨 속임수 같지는 않군. 하는 이야기들 이 아주 그럴듯했어. 게다가 헤로에게서 들은 이야기라고 하니 틀림없을 테 지. 모두 그 여자를 가여워하는 눈치야. 그 여자는 사랑에서 헤어나지 못하 는가 봐. 나를 사랑한다고? 내가 그 사랑을 되돌려 주지 않을 수 없지. 모두 나를 비난하고 있어. 내가 그녀의 사랑을 알게 되면 우쭐댈 거라고. 그녀는 사랑을 털어놓느니 죽고 말 거라고…… 나는 결혼 생각을 해본 적은 없지만 그래도 우쭐대는 사람처럼 보여서는 안 돼. 남에게 비난을 듣고 스스로를 바로잡을 수 있으면 행복한 사람이니까. 모두 그 여자를 아름답다고 하더 군. 맞는 말이지. 나도 그렇게 생각해. 몸가짐도 바르다고 하는군. 아니라고 는 못 하지. 또 내게 반했다는 점만 빼면 똑똑한 여자라고 했겠다. 내게 반 했다 해서 더 똑똑하다고 할 수는 없어도, 바보라는 뜻은 아닌걸. 나도 그 여자를 끔찍이 사랑하게 될 것 같으니까. 이제 사람들이 나를 놀려대며 비 웃겠군. 나는 지나치게 오랫동안 결혼 생활을 비판해 왔으니 말이야. 하지 만 하다못해 입맛도 변하지 않나? 젊어서는 즐기던 고기도 늙으면 먹을 수 조차 없게 되지 않던가. 놀림이나 비난 따위는 머릿속에서 만들어진 종이

총알일 뿐인데, 그게 겁이 나서 바라는 바를 이루지 못해서야 되나? 아니지. 사람은 번식을 해야 하는 법. 내가 총각으로 죽겠다고 했던 이유는 결혼할 때까지 오래 살리라고는 생각하지 않았기 때문이야.

베아트리체 등장.

베네디크 베아트리체가 오는군. 아름다운 것만은 틀림없는 사실이야! 진짜로 사랑에 빠진 여자처럼 보이는군.

베아트리체 제 뜻과는 달리 식사에 모셔 오라고 해서 왔어요.

베네디크 아름다운 베아트리체 양, 수고해 주셔서 감사합니다.

베아트리체 고맙다는 말씀을 하시는 당신이 더 수고를 하신 게 아닐까요. 제가 괴로웠다면 이런 짓을 하겠어요?

베네디크 그럼 즐거운 마음으로 오셨나요?

베아트리체 그럼요, 칼을 집어 들고 갈까마귀를 한입에 집어삼킬 만큼이요. 배가 고프지 않으신가 보군요. 그럼 안녕. (퇴장)

베네디크 하! "제 뜻과는 달리 식사에 모셔 오라고 해서 왔어요"는 숨은 뜻이 담긴 말이다. "고맙다는 말씀을 하시는 당신이 더 수고를 하신 게 아닐까요"는 "당신을 위해서 하는 수고는 고맙다는 말을 하는 거나 마찬가지로 쉬운 일이죠"라는 거지. 이래도 그녀를 가엾게 여기지 않는다면 나는 참 나쁜 놈이다. 이래도 내가 그녀를 사랑하지 않는다면 나는 유대인이다. 그녀의 초상화를 하나 얻어야겠군. (허둥지둥 퇴장)

〔제3막 제1장〕

레오나토의 집 과수원.
헤로, 마가레트, 우르술라, 과일나무가 그늘을 드리운 샛길에서 등장.

헤로 착한 마가레트, 어서 응접실로 가보렴. 베아트리체 언니가 영주님과 클라우디오와 함께 이야기를 나누고 있을 거야. 언니에게 귓속말로, 나와 우

3막 1장, 헤로와 우르술라, 엿듣는 베아트리체 H.C. 셀루스

르술라가 둘이서 과수원을 거닐면서 온통 언니 이야기만 하고 있다고 속삭여 줘. 네가 우리 이야기를 엿들었다고 말한 뒤에 그녀에게 햇빛 덕분에 익은 인동덩굴이 햇빛이 드는 것을 가로막고 있는, 가지로 엮어 만든 나무 그늘 안으로 왕의 은총을 내세워 주제넘게 설쳐대는 신하처럼 숨어들어가라고 말해 줘. 그곳에서 언니가 숨어서 우리의 이야기를 엿듣게 해야 한다. 이것이 네가 할 일이다. 잘 해야 하고, 그만 가보거라.

마가레트 걱정 마세요. 꼭 오시게 하겠어요. (퇴장)

헤로 이제 됐어, 우르술라. 베아트리체 언니가 오면 우리는 이 샛길을 거닐면서 베네디크 경 이야기를 하는 거야. 내가 그분 이름을 꺼내면 너는 그저 더없이 그분 칭찬을 늘어놓아라. 나는 너에게 베네디크 경이 베아트리체 언니를 얼마나 사랑하고 있는지 이야기할 거야. 솜씨 좋은 저 꼬마 큐피드의 화살과도 같은 거지. 소문만으로 심장을 쏘아 맞히는 거야.

베아트리체, 뒤떨어져 등장.

헤로 그럼 시작해 보자. 베아트리체가 댕기물떼새처럼 살금살금 우리 이야기를 엿들으러 왔으니까.

우르술라 낚시의 즐거움은 물고기가 미끼에 속아 넘어가 금빛 지느러미로 은빛 물결을 헤치고 와서 먹이를 덥석 무는 때 느낄 수 있다고 하잖아요. 우리도 그렇게 베아트리체 아가씨를 낚는 거지요. 이제 막 인동덩굴 그늘 아래로 숨어들었어요. 걱정 마세요. 제가 할 말은 틀리지 않을 테니까요.

헤로 그럼 그녀 옆으로 더 가까이 가자. 모처럼 던지는 맛있는 미끼를 언니의 귀가 하나도 남김없이 먹어치울 수 있게. (우르술라와 함께 나무 그늘로 다가간다) 정말이지 우르술라, 베아트리체 언니는 너무나 오만해…… 바위에 앉아 있는 길들여지지 않은 야생 매처럼 사납고 거칠어.

우르술라 베네디크 경이 베아트리체 아가씨를 그렇게나 사랑하신다는 게 정말일까요?

헤로 영주님이 그렇게 말씀하시던걸. 그리고 나와 약혼한 그이도.

우르술라 그래서 아가씨더러 베아트리체 아가씨한테 그 사실을 전하라 하시던가요?

헤로 꼭 알려주라고 부탁받았어. 하지만 나는 두 분이 베네디크 경을 아끼신다면 이 사랑은 단념케 하고, 베아트리체 언니에게는 절대로 알리지 마시라고 말했어.

우르술라 왜 그러셨어요? 그분은 훌륭한 신사이고, 베아트리체 아가씨와 행복하게 한 침대를 나눠 쓸 만한 자격이 충분하시잖아요?

헤로 아, 사랑의 신이여! 그야 물론 그분은, 남자에게 주어질 수 있는 그 어떤 행복도 충분히 받을 만한 자격이 있는 분이지. 하지만 이 세상 여자들 가운데 베아트리체 언니만큼 거만한 마음을 가진 사람은 또 없을 거야. 두 눈에 경멸의 빛을 번뜩이며 보이는 건 뭐든지 하찮게 여기는데, 아마 자기 재능을 너무 높이 평가하는 바람에 뭐든지 다 우습게만 보이는 모양이야. 사랑은커녕 애정이 싹을 틔우거나 자라날 수조차 없지. 언니는 오로지 자기 자신만을 사랑해.

우르술라 정말 그렇군요. 듣고 보니 베네디크 경의 마음을 알려드리지 않는 게 좋을 것 같아요. 어차피 놀려대기나 하실 테니까요.

헤로 그래, 네 말이 맞아. 아무리 똑똑하고 고귀하며 젊고, 보기 드물게 멋진 남자라도 베아트리체 언니는 그 훌륭함을 보려 하지 않아. 얼굴이 하얀 남자는 누이동생으로나 삼으면 되겠다 하고, 얼굴이 검으면 하느님께서 광대 얼굴을 그리다가 잉크를 흘린 게 아니냐 하고, 키가 크면 끝이 부러진 창, 작으면 몹시 서툴게 자른 마노석, 말을 하면 아무 바람에나 빙빙 돌아가는 바람개비, 조용하면 꼼짝달싹 않는 돌덩어리…… 어떤 사람한테서도 안 좋은 점만 찾아내고, 그 사람의 가치를 있는 그대로 받아들이려 하지 않는단 말이야.

우르술라 그럼요, 허물만 찾아내려는 것은 칭찬할 만한 일은 못 되지요.

헤로 언니처럼 뭐든지 꼬아서 생각하는 것은 바람직하지 않아. 하지만 누가 감히 언니에게 뭐라고 할 수 있겠어? 내가 말해 봤자 비웃기나 할 거야. 아, 나는 실컷 비웃음이나 당하다가, 언니의 말재주에 깔려 죽고 말 거야. 그러니 베네디크 경은 재로 뒤덮인 불처럼 한숨이나 내쉬면서 속이 시꺼멓게 타들어가는 수밖에 없는 거야. 그렇게 죽는 게 놀림감이 되어 죽는 것보다는 낫잖아. 간지럼 태워 죽이는 것만큼이나 끔찍한 일이라고.

우르술라 그래도 한번 이야기는 해보고, 뭐라고 하시는지 들어보세요.

헤로 아니야, 베네디크 경을 만나서 단념하시라 충고해 볼까봐. 차라리 거짓말이라도 꾸며서 베아트리체 언니를 헐뜯어 줄까? 아무리 사랑하는 사이라 해도 말 한마디로 정이 떨어진다고 하잖아.

우르술라 어머, 그건 너무 심해요. 베아트리체 아가씨는 그렇게 분별 없는 분은 아니에요. 똑똑하고 재치 있는 분이니 베네디크 경처럼 훌륭한 신사를 거절하실 리가 없어요.

헤로 하긴 그렇지. 온 이탈리아에 그만한 남자는 없지. 물론 나의 클라우디오만은 빼놓고 말이야.

우르술라 아가씨, 제가 멋대로 말씀드리더라도 화내지 마세요. 맞아요, 베네디크 경은 생김새나 태도나 말솜씨나 용맹하기가 이 이탈리아에서는 으뜸이라던데요.

헤로 맞아, 아주 평판이 좋으셔.

우르술라 그만큼 속이 꽉 차 있으니까, 그런 좋은 평판도 얻게 되신 거지요. 그런데 아가씨의 결혼식은 언제지요?

헤로 어머, 모르고 있었니? 내일이야! 자, 안으로 들어가자. 내가 옷을 몇 벌 보여줄 테니 내일 입을 옷을 골라주면 좋겠구나. (우르술라와 함께 나무 그늘 옆으로 비켜선다)

우르술라 (낮은 목소리로) 틀림없이 덫에 걸려들었어요 꼼짝없이 잡혔어요.

헤로 (낮은 목소리로) 이제 사랑은 운에 맡기자꾸나. 큐피드는 때로는 화살을 쏘기도 하고, 때로는 덫을 놓기도 하지. (우르술라와 함께 퇴장)

베아트리체 (앞으로 나서며) 귀에 불이 붙은 것 같아! 정말일까? 내가 정말 거만하고 남을 하찮게 여긴다는 비난을 받고 있다는 말이야? 비웃음과는 이제 작별해야겠어! 젊은 여자의 오만함도 버리자! 그런 여자에게는 명예라고는 따르지 않는 법이니까. 베네디크 님, 이대로 쭉 저를 사랑해 주세요. 제가 반드시 그 사랑을 돌려드릴게요. 제멋대로인 제 마음을 당신의 다정한 손으로 길들여 주세요. 당신이 저를 사랑하신다면 제 마음도 당신을 따라 우리 사랑을 경건한 띠로 단단히 감싸겠어요. 모두 당신을 훌륭한 분이라고 말하지만 저는 당신이 소문보다도 더 훌륭한 분이라 믿어요. (퇴장)

〔제3막 제2장〕

레오나토의 집 응접실.
돈 페드로, 클라우디오, 베네디크(매우 멋을 부리고 있다), 레오나토 등장.

돈 페드로 자네 혼례식이 끝날 때까지만 이곳에 있다가 아라곤으로 갈 생각이네.

클라우디오 허락해 주신다면 제가 모시겠습니다.

돈 페드로 됐네. 그래서는 자네의 신혼에 훼방을 놓는 일이 되지. 어린아이에게 새 옷을 주고 입지는 못하게 하는 거나 다름없어. 베네디크와 둘만으로도 괜찮을 걸세. 머리 꼭대기에서 발바닥 끝까지 온통 즐거움으로 가득한 사람이니까. 저 사람은 큐피드의 활줄을 벌써 두세 번이나 끊어준 일이 있고, 그 장난꾸러기 꼬마도 그에게만은 감히 활을 겨누지 못하지. 심장은 쇠종처럼 튼튼하고, 그 혀는 종에 달린 추야. 그래서 심장이 느낀 것을 혀가 말하는 것이 아닌가.

베네디크　여러분, 저는 이제 예전의 제가 아닙니다.

레오나토　그런 것 같군. 어쩐지 좀 우울한 것 같아.

클라우디오　사랑에 빠진 게 아닐까요?

돈 페드로　말도 안 되는 소리! 참된 사랑에 빠질 수 있는 진짜 피가 저 사람 몸에는 한 방울도 없을 거야. 우울하다면 돈이 떨어진 거겠지.

베네디크　이가 아픕니다.

돈 페드로　그럼 뽑아버려.

베네디크　그럴 수 없습니다!

클라우디오　그럴 수 없다면 그다지 아프지 않은가 보군.

돈 페드로　뭐야! 그 한숨은 이가 아파 내쉬는 한숨인가?

레오나토　고름도 피도 보이지 않는데 뭘. 사랑에 빠진 게 맞나보군.

베네디크　누구나 남의 고통은 참을 수 있지요.

클라우디오　아무래도 사랑에 빠진 것 같습니다.

돈 페드로　사랑의 흔적은 보이지 않는 것 같은데. 이상한 옷차림과 사랑에 빠진 거라면 또 모를까. 오늘은 네덜란드 사람처럼, 내일은 프랑스 사람처럼, 어떤 때는 한 번에 두 나라 옷차림을 하고, 아래는 독일 사람처럼 낙낙한 바지를 입고, 위는 스페인 사람처럼 조끼를 입지 않고. 저 사람은 그런 바보 같은 짓을 사랑하는 건 맞지만, 자네 말처럼 사랑 때문에 바보짓을 할 사람은 아니지. 그건 자네가 잘못 생각한 거야.

클라우디오　저 사람이 어떤 여자를 사랑하고 있는 게 아니라면, 사랑에 빠진 남자는 날마다 모자를 손질한다는 옛말도 믿을 게 못 되는군요. 요즘 아침마다 모자 손질을 하던데 그건 무슨 뜻일까요?

돈 페드로　저 사람이 이발소에 간 것을 본 사람이 있소?

클라우디오　아닙니다, 이발사가 저 사람을 찾아왔었습니다. 저 사람 뺨을 장식하고 있던 수염은 이제 테니스공 속재료로 쓰이고 말았지요.

레오나토　아, 수염이 없어서 그렇게 어려 보이는군.

돈 페드로　그뿐 아니라 향수도 뿌린 것 같은데. 무슨 냄새가 나지 않나?

클라우디오 우리 귀염둥이 도련님이 사랑에 빠졌다는 뜻이지요.

돈 페드로 사랑의 가장 큰 징후는 우울한 얼굴이거든.

클라우디오 그리고 저 사람이 언제 얼굴을 말끔히 씻고 나타난 적이 있었습니까?

돈 페드로 화장까지 하고 다닌다지, 아마? 사람들이 수군거리던데.

클라우디오 그뿐인가요, 늘 실없는 소리만 해대더니 요즘은 류트에 푹 빠져서 찍소리도 안 합니다.

돈 페드로 아주 심각하군. 뻔하지, 뻔해, 사랑에 빠진 거라고.

클라우디오 오, 저는 누가 저 사람을 사랑하는지 알고 있습니다.

돈 페드로 그건 나도 알 것 같군. 그 아가씨는 저 사람에 대해 잘 모르고 있을 거야.

클라우디오 아닙니다. 그 아가씨도 잘 알고 있습니다. 나쁜 점까지 속속들이 다 알지요. 그런데도 저 사람을 죽도록 사랑한답니다.

돈 페드로 진짜로 죽어버린다면 반듯하게 눕혀서 묻어줘야겠군.

베네디크 이렇게 떠들어댄다고 제 이가 나을 것 같지는 않습니다. 어르신, 잠시만 저와 함께 가주실까요? 몇 마디 드릴 말씀이 있습니다만, 저 바보 나리들께는 들려드리고 싶지 않습니다. (레오나토와 함께 퇴장)

돈 페드로 베아트리체 이야기를 하려나 보군.

클라우디오 틀림없습니다. 지금쯤이면 헤로와 마가레트도 베아트리체에게 이야기를 흘렸을 겁니다. 이제는 이 두 마리 곰이 만나도 서로 물어뜯지 않을 테지요.

돈 존 등장.

돈 존 형님 전하, 안녕하십니까!

돈 페드로 아, 동생, 어서 오게.

돈 존 괜찮으시다면 드릴 말씀이 있습니다.

돈 페드로 우리 둘이서?

돈 존 아무래도 좋습니다만, 클라우디오 백작은 함께 들어도 좋습니다. 백작과 관계있는 일이니까요.

돈 페드로   무슨 이야기인가?

돈 존   백작의 혼례가 내일 치러지지요?

돈 페드로   자네도 아는 일 아닌가.

돈 존   그건 모르는 일입니다. 제가 알고 있는 사실을 백작도 알게 된다면 말입니다.

클라우디오   저희가 결혼해서는 안 되는 이유가 있다면 말씀해 주십시오.

돈 존   당신은 아마 내가 당신을 좋아하지 않는다 여길 테지만, 내 이야기를 듣고 나면 나에 대한 생각이 조금 나아질 겁니다. 형님께서 당신을 아주 좋게 보시고 아끼시는 마음에 이번 혼사에 발 벗고 나서서 도우셨지만, 다 헛수고하신 겁니다.

돈 페드로   왜? 어째서?

돈 존   그 까닭을 말씀드리고자 왔습니다. 간단히 말씀드리면, 이미 오래전부터 소문난 일입니다만 아무튼 그 여자는 성실하지 못합니다.

클라우디오   누가요? 헤로가요?

돈 존   그렇소. 레오나토의 헤로, 당신의 헤로, 아니 모든 남자의 헤로가요.

클라우디오   성실하지 못하다고요?

돈 존   성실하지 못하다는 말은 그 여자의 고약함을 표현하기에는 너무도 고상할 지경이지요. 그냥 고약한 게 아니에요. 더 나쁜 말이 있다면 생각해 보시오. 내가 그렇게 불러줄 테니까요. 하지만 증거를 보지도 않고 믿을 수는 없겠죠. 오늘 밤에도 그 여자의 방으로 몰래 숨어들어가는 한 남자를 보게 될 거요. 그런 광경을 보고 나서도 그 여자를 못 잊겠다면 내일 혼례를 올려요. 그렇지만 마음을 고쳐먹는 게 당신 명예를 위해 좋을 거요.

클라우디오   그럴 리가요?

돈 페드로   있을 수 없지.

돈 존   눈으로 보고도 믿지 않으시겠다면 안다고도 하지 마십시오. 저를 따라오시면 증거를 보여드리겠습니다. 어떻게 할지는 더 보고 듣고 난 다음에 결정하세요.

클라우디오   만일 오늘 밤에 내일 혼례를 올려서는 안 될 만한 사실이 드러난다면, 혼례식 자리에서 그 여자에게 창피를 주겠습니다.

돈 페드로   나는 자네를 대신해서 구애를 했으니, 나도 자네와 함께 그 여자에게 망신을 줄 테야.

돈 존　두 분이 직접 보기 전까지는 더 말하지 않겠습니다. 밤까지는 가만히 계셔야 합니다. 진실은 어떻게든 드러나기 마련이니까요.

돈 페드로　아, 난데없는 재앙이 일어나고 말았군!

클라우디오　아, 뜻밖의 일이 벌어지고 말았습니다!

돈 존　전염병을 미리 막아냈다니, 하느님 감사합니다! 증거를 보고 나면 그렇게 말하게 되실 겁니다. (모두 퇴장)

〔제3막 제3장〕

어느 거리.

한쪽은 레오나토의 집. 가운데에 교회 입구가 있다. 이 입구 맞은편에 긴 의자가 하나 놓여 있다. 야간 경비병 몇 명이 창을 들고 교회 앞에 한 줄로 서 있다. 경관 도그베리가 등불을 들고 서서, 교구 관리 버제스와 함께 야간 경비병들을 검열하고 있다. 도그베리와 버제스는 하고자 하는 말을 거꾸로 하는 우스운 인물들이다.

도그베리　자네들은 선량하고 정직한 사람들이겠지?

버제스　그야 물론이지요. 안 그랬다가는 몸과 영혼이 구원(저주)을 받아도 마땅하지요.

도그베리　아니야, 영주님의 야간 경비병으로 뽑혔으면서도 마음속에 충성심(불충)을 품고 있다면 그런 벌도 너무 가볍지.

버제스　그럼 모두에게 임무를 내려주십시오, 도그베리 님.

도그베리　첫째로, 경비대장으로는 누가 가장 실격(적격)이겠느냐?

야간 경비병 1　휴 오트케이크 아니면 조지 시콜일 겁니다. 두 사람 모두 글을 읽고 쓸 수 있으니까요.

도그베리　시콜, 이리 나오시게. 하느님께서 그대에게 좋은 이름을 주셨군그래. 잘생기고 못생기고는 운에 달렸지만, 읽고 쓰기는 하느님께서 내려주신 재능이지.

야간 경비병 2　경관님, 저는 그 어느 쪽도…….

도그베리　다 가졌다고 대답하려는 거지…… 그렇지. 잘생긴 얼굴에 대해서

〈헛소동〉 야간 경비병들에게 지시를 내리는 도그베리 　헨리 스테이시 마크스. 1859.

는 하느님께 감사하고, 조금이라도 잘난 척해서는 안 되지. 그리고 읽고 쓰
기는, 그대의 잘생긴 얼굴을 써먹을 수 없을 때에만 쓰도록 해라. 그대는 여
기서 경비대장이 되기에 가장 무식(유식)한 적임자니까, 이 등불을 그대에
게 맡기겠다. (야간 경비병에게 등불을 건넨다) 그대에게 임무를 내리겠다. 길거
리를 떠도는 자들을 모조리 잡아들여라. 영주님의 이름으로 멈춰서라 명령
해라.

야간 경비병 2　그래도 멈춰서지 않으면 어떻게 하지요?

도그베리　그럴 때는 못본 척, 그냥 지나가게 내버려 두는 거지. 그리고 나서
　　야간 경비병 모두를 불러놓고 하느님께 감사드리는 거야, 범죄자 한 놈을
　　무사히 피하게 됐으니까.

버제스 영주님의 이름으로 명령해도 서지 않는다면, 영주님의 백성이 아닐 테니까.

도그베리 그렇지, 자네는 영주님의 백성이 아닌 사람까지 간섭해서는 안 되네. 그리고 거리에서 절대로 큰 소리 내지 말 것. 야간 경비병이 수다를 떠는 것은 가장 적절(부적절)하고 그냥 넘어갈 수 없는 일이니까.

야간 경비병 2 수다를 떨 바에야 차라리 잠을 자겠습니다. 야간 경비병으로서 더 걸맞은 일이지요.

도그베리 말하는 건 벌써 제대로 된 야간 경비병 같군. 경비를 서다 잠을 좀 잔다고 해서 안 될 건 없으니까. 그래도 무기만은 도둑맞지 않도록 조심하게. 그리고 술집을 빠짐없이 순찰해서, 술 취한 사람은 집에 보내 잠을 재우도록 하게.

야간 경비병 2 가려 하지 않으면 어떻게 할까요?

도그베리 그럼 술이 깰 때까지 내버려 둬야지. 그래도 말을 듣지 않으면 사람을 잘못 봤다고 말하는 거야.

야간 경비병 2 그렇군요.

도그베리 도둑을 마주치면 먼저 의심해 보는 게 좋아. 하지만 그런 사람에게는 되도록 참견하지 않는 게 자네를 위해서는 백번 낫지.

야간 경비병 2 도둑인 줄 알고도 손을 대서는 안 될까요?

도그베리 아냐, 직무상 손을 대도 상관없어. 그렇지만 숯검정을 만지면 손이 더러워지지 않나. 도둑을 마주쳤을 때 가장 평화적인 해결 방법은 도둑답게 살그머니 달아나 버리도록 놔두는 거지.

버제스 참, 당신은 언제나 자비로우시군요.

도그베리 맞아, 나는 개 한 마리조차 죽이고 싶은 마음이 없다네. 하물며 눈곱만큼의 착한 마음이라도 가지고 있는 사람은 더더욱 해칠 수 없지.

버제스 밤에 아이가 우는 소리가 들리거든, 유모를 깨워서 달래도록 하는 거야.

야간 경비병 2 유모가 잠이 들어서 깨워도 일어나지 않으면 어떻게 해야 합니까?

도그베리 뭐 그럴 때는 조용히 물러나서, 아이 울음소리에 유모가 잠에서 깨어나도록 놔두는 거지. 새끼 양이 울어도 들리지 않는 어미 양이라면, 송

3막 3장, 경비병 H.C. 셀루스

아지가 울어봤자 별수 없을 테니까.

버제스 정말 그렇습니다.

도그베리 이걸로 명령은 끝이다. 경비병, 자네는 영주님의 대리인이야. 한밤
에 만난다면 영주님이라 할지라도 멈춰 세우는 거야.

버제스 글쎄, 그럴 수는 없지 않을까요?

도그베리 1실링에 대해서 5실링의 돈내기를 해도 좋지만, 법령을 알고 있는
상대라고 하면 영주님을 가로막아도 상관없어. 다만 영주님께 이의가 없을
때 한해서라네. 왜냐하면 본디 야간 경비병은 어느 누구의 권리를 침해해
서는 안 되고, 따라서 어떤 사람의 뜻을 거스르며 그를 잡아두어서는 안
되니까.

버제스 그야 그렇지요.

도그베리 하, 하, 하! 그럼 수고들 하게나. 무슨 큰일이 일어나거든 나를 부르게. 동료의 비밀은 꼭 지켜주어야 하네. 물론 자기 비밀도 지키고. 그럼 가봐. (버제스에게) 이봐, 우리도 가지.

야간 경비병 2 자 제군들, 명령은 지금 들은 바와 같다. 2시까지 이 교회 의자에 앉아서 망을 보다가, 그 뒤에는 모두 자러 가도 괜찮아. (야간 경비병들, 교회 현관으로 들어가서 잠잘 준비를 한다)

도그베리 (가다 말고 돌아보며) 이보게들, 한마디만 더 하겠네. 레오나토 각하의 집을 잘 지키게. 내일 혼례가 있어서 오늘 밤 다들 야단법석일 테니. 그럼 방심(경계)을 단단히 하게, 부탁하네. (버제스와 함께 퇴장)

레오나토의 집 문이 열리고, 보라치오가 비틀거리며 걸어 나온다. 곧이어 콘라드가 따라 나온다.

보라치오 (멈춰서며) 어이, 콘라드!

야간 경비병 2 (동료 경비병들에게 낮은 소리로) 쉿! 움직이지 마.

보라치오 이봐, 콘라드!

콘라드 여기 있어, 자네 팔꿈치 곁에.

보라치오 그러고 보니 팔꿈치가 근질근질한 게 옴이 오른 것 같아.

콘라드 그건 두고 보기로 하고, 먼저 자네 이야기나 좀 들어보세.

보라치오 비가 부슬부슬 떨어지기 시작하니까 이 차양 아래로 바싹 들어와 서게. 술도 취한 김에 몽땅 털어놓겠네. (콘라드와 현관 차양 아래로 들어간다)

야간 경비병 2 친구, 무슨 일이 벌어지고 있는 게 틀림없네. 꼼짝 말고 들어보자고.

보라치오 이 몸이 돈 존한테서 1000더컷을 받아 챙겼다 이 말이야.

콘라드 나쁜 짓을 하면 그렇게 벌이가 좋은가?

보라치오 나쁜 짓을 하는 놈은 그렇게 돈이 많으냐고 물어봐야 옳지. 돈 많은 나쁜 놈이 돈 없는 나쁜 놈을 부려먹으려면, 돈 없는 나쁜 놈이 부르는 게 값이니까.

콘라드 어처구니가 없군.

보라치오 그러기에 자네는 세상을 모른다는 거야. 자네도 알다시피 옷이나 모자같이 겉모습만 번지르르한 건 다 쓸모없어.

콘라드 그럼, 그냥 옷차림일 뿐이지.

보라치오 아니, 나는 유행을 따르는 겉모습만으로 그 사람을 알 수 없다고 말하는 거야.

콘라드 그거야 유행은 그냥 유행이지.

보라치오 쳇, 바보는 바보라고 말해 주고 싶군. 이 유행이라는 건 배배 꼬인 도둑놈이 아닌가?

야간 경비병 2 (낮은 소리로) 배배 꼬였다고? 틀림없이 그놈을 두고 하는 소리로군. 7년이나 못된 도둑질을 해오면서도 아직 신사인 척하고 나다니는 놈 말이야. 이름이 기억나는군.

보라치오 사람 소리가 나지 않았나?

콘라드 아니야, 지붕 위 바람개비 소리야.

보라치오 어때, 유행만큼 배배 꼬인 나쁜 놈은 또 없다고 생각지 않나? 그놈 한테 걸려드는 날이면 혈기 넘치는 젊은이들도 걷잡을 수 없이 휘말려 들어서는, 끊임없이 옷차림을 바꿔대지. 바래진 그림 속에 있는 파라오의 병사 같은 차림새를 하는가 하면, 낡은 교회 유리창에 그려진 바알신*14의 사제 같은 차림새도 해보고, 때로는 때묻고 좀먹은 직물에 수놓인 용감한 헤라클레스와 똑같은 옷차림도 해보고. 게다가 그 바지 앞에 찬 주머니가 헤라클레스의 방망이만큼 커다란 것 같지 않던가?

콘라드 그거야 나도 알지. 게다가 유행이 어찌나 빠르게 지나가는지, 옷이 낡아서 못 입게 되는 법은 결코 없지. 그런 이야기를 하는 자네야말로 유행을 쫓느라 정신을 못 차리고 있는 게 아닌가? 왜 하려던 이야기는 안 하고 유행 타령이야?

보라치오 아니야, 그렇지 않아. 어쨌든 나는 오늘 밤에 헤로의 시녀 마가레트를 꼬시고 오는 길이다 이 말씀이야. 나는 줄곧 그 여자를 헤로라 부르고, 그 여자는 헤로의 방 창밖으로 몸을 내밀고 천 번이나 내게 작별 인사를 했지. 아니, 이렇게 말해서는 무슨 이야기인지 알 수가 없단 말야. 주인 나

---

*14 고대 동방 여러 나라들의 최고 신. 토지의 비옥함과 생물의 번식을 주제한다.

리가 영주님과 클라우디오를 데리고 먼발치에서 이 비밀스러운 만남을 지켜보고 있었다는 이야기부터 해야지.

콘라드 그래서 그분들은 마가레트를 헤로인 줄 아셨나?

보라치오 영주님과 클라우디오는 그렇지. 악마 같은 주인 나리가, 그게 마가레트라는 사실을 다 알고 있으면서도 그분들에게 그렇게 믿게 만들어 놓았으니까. 어두운 밤도 한몫했지만, 무엇보다도 나의 악당 연기가 아주 그럴듯했기 때문에 돈 존 님의 못된 장난질이 성공한 거야. 클라우디오는 펄펄 뛰면서 돌아갔어. 내일 아침 교회에서 헤로를 만나면 사람들 앞에서 오늘 밤에 본 일을 밝히고 여자에게 창피를 주어서, 남편도 없이 집으로 쫓아버리겠다고 하면서. (야간 경비병들이 덮친다)

야간 경비병 2 영주님의 이름으로 명령한다, 꼼짝 마라!

야간 경비병 1 도그베리 경관님을 모셔와. 이제까지 이 나라에서 보지 못한 음란(배반) 행위야.

야간 경비병 2 배배 꼬였다는 놈도 한 패인 모양이야. 내가 그놈을 알지. 머리카락이 타래진 놈이다.

콘라드 나리들, 나리들.

야간 경비병 2 네놈은 그 배배 꼬였다는 놈에 대해서 털어놓을 수밖에 없을 거다.

야간 경비병 1 이봐, 입 닥치고 따라와.

보라치오 이자들에게만 좋은 일을 시키고 말았군.

콘라드 그리 대단한 범죄는 아니니까. 자, 따라가지. (야간 경비병들, 두 사람을 끌고 나간다)

〔제3막 제4장〕

헤로의 방.
헤로와 마가레트, 우르술라 등장.

헤로 착한 우르술라, 가서 베아트리체 언니 좀 깨워줘.

우르술라 네, 아가씨.

헤로   그리고 이리로 와달라고 해줘.

우르술라   네. (퇴장)

마가레트   아가씨, 다른 깃을 다는 게 더 어울릴 것 같아요.

헤로   아냐, 마가레트, 나는 이 깃으로 할래.

마가레트   솔직히 그 깃은 아무리 봐도 다른 것보다 별로예요. 베아트리체 아
가씨도 틀림없이 그렇게 말씀하실 거예요.

헤로   언니는 바보야, 너도 그렇고. 나는 무슨 일이 있어도 이걸로 할 테야.

마가레트   새로 맞춘 그 머리 장식은 정말 예뻐요. 아가씨 머리카락이 조금
더 갈색이라면 한결 잘 어울렸을 텐데요. 드레스는 아주 세련됐네요. 저는
밀라노 공작 부인의 드레스도 본 적이 있거든요. 다들 칭찬이 자자했던 그
드레스 말이에요.

헤로   오, 모두가 너무나 아름다운 드레스였다고 하던데.

마가레트   그래도 아가씨 드레스와 비교하면 그건 잠옷밖에 되지 않아요. 금
실로 짠 옷감에 트임이 있어서 은실로 둘러져 있는 밑감이 보이고, 어깨
에 꼭 맞는 옷소매 위아래와 끝자락에는 빙 둘러 진주가 알알이 박혀 있었
어요. 치맛자락에는 반짝이는 파란 테두리가 둘러져 있었지요. 그래도 아
름다우면서 품위가 있고 우아하기로는 아가씨 드레스가 열 배는 더 훌륭
해요.

헤로   하느님, 부디 제가 이 드레스를 입도록 허락해 주소서. 웬일인지 가슴
이 몹시 답답하구나.

마가레트   이제 곧 남자의 무게로 더 답답해지실 텐데요.

헤로   어머, 못하는 소리가 없구나. 부끄럽지도 않니?

마가레트   뭐가요, 아가씨? 옳은 말을 했을 뿐인데요? 혼례는 거지라 해도 명
예로운 일 아닌가요? 아가씨의 남편 되실 분은 명예를 중시하는 분이 아니
던가요? 아가씨는 너무 숙맥이라 '남편'이라는 말만 들어도 얼굴을 붉히시
지만, 그게 뭐가 부끄러운 말이지요? 제 솔직한 말을 일부러 꼬아 들으려는
사람이 아니고서야 절대로 부끄러운 이야기가 아니에요. 남편이 아내 몸 위
에 오른다고 해서 뭐가 잘못인가요? 아무 잘못도 없지요. 제대로 된 부부라
면 아주 자연스러운 행동이니까요. 혼례를 올린 사이가 아닐 때에만 잘못되
고 경박한 거지요. 베아트리체 아가씨한테도 물어보세요. 마침 오시네요.

베아트리체 등장.

헤로 어서 와요, 언니.

베아트리체 잘 잤니, 귀여운 헤로.

헤로 어머, 목소리가 왜 그래요? 꼭 어디 아픈 사람처럼.

베아트리체 다른 소리는 낼 수가 없어.

마가레트 소리가 필요하시면 '사랑은 가볍게'를 불러보세요. 신나는 노래인
데다 남자 목소리는 없어도 되니까…… 노래하시면 제가 춤을 출게요.

베아트리체 너는 가볍게 사랑하는 아이이기는 하지. 발꿈치를 살랑대며 춤
추는 걸 보아하니 네 남편의 마구간에는 새끼들이 귀하지는 않겠구나.

마가레트 어머, 그럴 리 없어요! 그런 말도 안 되는 소리를 하는 사람은 발꿈
치로 걸어차 주겠어요.

베아트리체 벌써 5시가 다 됐어. 헤로, 어서 서둘러야 해. 아, 나는 정말로 몸
이 좋지 않아. 아이고!

마가레트 뭐가 아쉬워서 그리 한숨을 쉬시나요? 매, 말, 아니면 남편?

베아트리체 머리가 아파서 그래.

마가레트 글쎄, 아가씨가 어서 아가씨의 믿음을 저버리지 않는다면 세상에
더는 믿을 게 없을 거예요.

베아트리체 이 아이는 바보같이 무슨 말을 하고 있는 거야?

마가레트 아무것도 아니에요. 하지만 하느님께서는 누구에게나 마음속에 욕
망을 심어주셨지요.

헤로 이 장갑은 백작님이 주셨는데, 향기가 정말 좋아요.

베아트리체 나는 콧구멍이 막혀서 아무 냄새도 못 맡아.

마가레트 처녀라면서 구멍이 막혀 있어요! 참 좋은 감기에 걸리셨네요.

베아트리체 오, 하느님! 너는 언제부터 그렇게 헛소리가 늘은 거야?

마가레트 아가씨가 그만두시고부터지요. 어때요, 제게 아주 잘 어울리지 않
나요?

베아트리체 눈에 잘 띄지 않는구나. 차라리 광대의 고깔처럼 머리 위에 얹어
놓지그래. 아, 나는 정말로 아파.

마가레트 달인 베네딕투스 엉겅퀴(Carduus Benedictus)를 가슴에 발라보세요.

연극 〈헛소동〉 런던 라이시엄 극장에서 베아트리체 역을 연기한 엘렌 테리 그녀는 1882년부터 헨리
어빙(베네디크 역)과 함께 여러 차례 베아트리체 연기를 했다.

갑자기 어질어질할 때는 효과가 있으니까요.

헤로 너는 베아트리체 언니를 엉겅퀴 가시로 찔러 죽일 셈이로구나.

베아트리체 베네딕투스라고? 왜 하필이면 베네딕투스지? 베네딕투스에 무
슨 숨은 뜻이 있는 거구나?

마가레트 숨은 뜻이요? 아니에요, 절대로 아무 뜻도 없어요. 그냥 보통 엉겅퀴 이야기를 한 것뿐이에요. 아마 아가씨는 이렇게 생각하시겠죠. 아가씨가 사랑에 빠졌다고 제가 생각할 거라고 말이에요. 하지만 저는 제멋대로 생각해 버리는 바보는 아니에요. 또 생각하는 걸 좋아하지도 않고, 사실 그냥 아무 생각이 없어요. 혹시 아가씨가 사랑에 빠졌다거나, 아니면 앞으로 빠질 거라거나, 아니 사랑에 빠질 수나 있을까 저는 상상조차 할 수 없어요. 베네디크 님 또한 아가씨와 똑같았지요. 그런데 이제는 남자가 되셨어요. 한때는 혼례를 올리지 않겠다 맹세까지 하셨던 분이 요즘은 식사도 얌전히 하시잖아요. 아가씨도 그렇게 바뀔 수 있을지 모르겠지만, 보는 눈은 다른 여자들과 마찬가지인 것 같네요.

베아트리체 네 혀는 참 잘도 달리는구나!

마가레트 그래도 앞질러 가지는 않아요.

우르술라, 바삐 등장.

우르술라 아가씨, 안으로 들어가세요. 영주님과 백작님, 베네디크 님과 돈 존 님, 그리고 모든 신사분이 아가씨를 교회로 모셔 가려고 왔어요.

헤로 옷 좀 입혀줘요. 베아트리체 언니도, 마가레트도, 그리고 우르술라도 다 함께. (모두 침실로 퇴장)

〔제3막 제5장〕

레오나토 집의 다른 방.
레오나토, 도그베리, 버제스 등장.

레오나토 내게 할 말이 있다고 했지, 경관?

도그베리 네, 각하께 비밀리에 여쭐 말이 있습니다. 각하와는 아주 무관한 (밀접하게 관련된) 사건입니다.

레오나토 짧게 말해 보게. 보다시피 이렇게 바쁘니까.

도그베리 네, 실은 이렇습니다.

버제스　네, 실은 이렇습니다.

레오나토　무슨 일인데?

도그베리　죄송합니다. 버제스는 횡설수설할 때가 많습니다. 나이도 많은 데다, 머리가 그리 아둔(총명)하다고 할 수 없는 사람이라서요. 그래도 정직하기로는 그의 눈썹과 눈썹 사이 피부처럼 팬 주름 하나 없이 깨끗하지요.

버제스　네, 저는 하느님께 감사하게도 정직하기로는 누구에게 뒤지지 않습니다. 저보다 정직하지 않은 다른 늙은이들에 비해서 말입니다.

도그베리　비교를 하는 건 악취(나쁜 취미)라네. 이야기나 해보게, 버제스.

레오나토　자네들은 너무 장황하군.

도그베리　그렇게 말씀하시니 고맙습니다만, 저희들은 공작님 아래서 일하는 한낱 관리에 지나지 않습니다. 혹시나 제가 한 나라의 왕처럼 장황(부유)했더라면, 진심으로 아뢰건대 그 모두를 각하께 바치겠습니다.

레오나토　자네의 장황함을 몽땅 내게 주겠다고?

도그베리　네, 그보다 1000파운드나 더 가지고 있더라도 그렇게 하겠습니다. 각하의 고성(높은 명성)은 어느 누구에게도 비할 수 없기 때문에, 저처럼 하찮은 사람은 그저 듣고 감탄할 따름이니까요.

버제스　저도 마찬가지입니다.

레오나토　자네는 하려던 말이나 어서 해보게.

버제스　각하 앞에서 실례를 무릅쓰고 말씀드리자면, 어젯밤에 저희 부하 야간 경비병들이 이 메시나에서 으뜸가는 악당 두 놈을 체포했습니다.

도그베리　네, 이 사람은 이렇게 마음씨 좋은 늙은이다 보니, 조금…… 속담에도 '세월이 찾아오면 지혜는 떠나간다' 하지 않습니까? 맙소사, 봐줄 수가 없군그래. 버제스, 그래도 수고했네. 하느님은 공평하시니 어쩌겠나. 한 필의 말에 두 사람이 올라타면, 한 사람은 뒤에 앉기 마련이지. 아니, 그래도 정직함으로는 이만한 사람은 없을 겁니다. 그렇지만 하느님께서 도우사, 사람은 하나같이 똑같을 수는 없으니 말이야. 안 그런가, 버제스?

레오나토　말솜씨로는 저 사람이 자네보다는 훨씬 못하군.

도그베리　그것도 모두 하느님 덕분입니다.

레오나토　나는 이만 혼례식에 가봐야겠어.

도그베리　아, 한 가지만 더. 부하 야간 경비병들이, 말씀드렸듯 고상(수상)한

두 놈을 채취(체포)해 놓았는데, 오늘 아침 각하께서 그 두 놈을 조사해 주셨으면 좋겠습니다.

레오나토 자네들끼리 조사해서 결과를 보고하게. 보다시피 나는 오늘 무척 바쁘니까.

도그베리 네, 그리하겠습니다.

레오나토 술이나 한 잔씩 들고 가게. 그럼 잘들 가게.

전령 등장.

전령 각하, 어서 오셔서 따님을 넘겨주시기를 모두 기다리고 있습니다.

레오나토 지금 가네. (전령과 함께 퇴장)

도그베리 그럼 프란시스 시콜한테 가서 펜과 잉크병을 들고 감옥으로 오라고 일러줘. 우리는 이제 그 두 놈을 조사해야겠다.

버제스 지혜롭게 해야 할 텐데요.

도그베리 지혜를 아끼지 않아야 해. (자기 이마를 가리키며) 놈들을 궁지에 몰아넣을 지혜가 이 안에 들어 있지. 조사 과정을 받아 적어야 하니, 글을 아는 교회지기를 불러오게. 나는 감옥에서 기다리고 있겠네. (모두 퇴장)

〔제4막 제1장〕

교회 제단 앞.
돈 페드로, 돈 존, 레오나토, 수사 프란시스, 클라우디오, 베네디크, 헤로, 베아트리체, 그리고 시종들 등장.

레오나토 프란시스 수사님, 짧게 부탁드립니다. 격식만 갖추어서 혼례식을 치러주고, 부부의 의무에 대해서는 나중에 상세히 일러주시기 바랍니다.

수사 신랑은 이 여인을 결혼시키려고 이 자리에 온 것이지요?

클라우디오 아닙니다.

레오나토 혼례를 올리는 것이지요. 수사님, 혼례식을 주관하는 건 수사님이

4막 1장, 헤로와 클라우디오 H.C. 셀루스

니까요.

수사 신부는 이 백작과 혼례를 올리기 위해 이 자리에 온 것이지요?

헤로 네.

수사 누구라도 부부의 인연을 맺기에 합당하지 못한 이유를 가지고 있다면 고백하시오.

클라우디오 그런 일이 있습니까, 헤로?

헤로 없습니다.

수사 당신은 있습니까, 백작?

레오나토 내가 대신 대답하지요, 없습니다.

클라우디오 아, 인간이여, 감히 무슨 일을 하려는가! 무엇을 할 수 있단 말인가! 자신이 무엇을 하고 있는지도 모르면서 인간이여, 날마다 무엇을 하려는가!

베네디크 뭐야! 지금 감탄문 연습이라도 하는 건가? 그렇다면 웃음소리를 넣어보는 게 어때? "아! 하! 히!" 이렇게 말야.

클라우디오 수사님은 잠시 물러나 주십시오. 장인어른, 마음에 아무런 거리낌 없이 따님을 제게 주실 생각입니까?

레오나토 물론이지, 하느님께서 이 아이를 내게 주셨을 때처럼.

클라우디오 그럼 이렇게 드물고 귀한 선물에 대한 보답으로 무엇을 드리면 좋을까요?

돈 페드로 아무것도 드릴 필요가 없지. 따님을 돌려드리는 것 말고는.

클라우디오 훌륭하신 전하, 전하께서 참으로 품위 있는 답례 방법을 가르쳐 주셨습니다. 그럼 레오나토 각하, 따님을 다시 데려가십시오. 이런 썩은 오렌지는 친구에게 주는 게 아닙니다. 이 여자는 겉보기에만 정숙할 뿐입니다. 저것 보십시오. 얌전한 아가씨처럼 얼굴을 붉히는 꼴이라니! 아, 죄악이란 참으로 그럴듯한 가면을 썼구나! 저 붉어진 얼굴빛은 그녀가 고귀하고 순결하다고 말하는 것처럼 보이지 않습니까? 누구라도 저 겉모습에 속아 넘어가서, 이 여자는 얌전한 아가씨가 틀림없다고 맹세라도 하지 않겠습니까? 그러나 사실은 그렇지가 않습니다. 이 여자는 벌써 열정적인 잠자리의 뜨거움을 알고 있습니다. 저렇게 얼굴을 붉히고 있는 것도 죄책감 때문이지, 수줍어서가 아닙니다.

레오나토 도대체 무슨 소리인가?

클라우디오 부부의 인연을 맺지 않겠습니다. 논다니와 하나의 영혼이 될 수는 없는 일이니까요.

레오나토 하지만 다른 누구도 아닌 자네가 힘으로 젊은 처녀의 저항을 억누르고서 처녀성을 빼앗은 것이라면······.

클라우디오 그다음은 말씀하지 않으셔도 알겠습니다. 제가 그랬다면 저를 남편으로 알고 받아들인 것이니, 미리 저지른 죄는 용서될 수 있다는 말씀이시지요. 아닙니다, 레오나토 각하. 저는 한 번도 함부로 따님을 유혹해 본 일이 없고, 오빠가 누이동생을 대하듯이 수줍고도 진실되게 허락된 만큼의 애정으로 대해 왔을 뿐입니다.

헤로 그렇다면 제가 한 번이라도 당신께 흠 잡힐 행동을 보였던가요?

클라우디오 아, 저 거짓된 겉모습이라니! 당신은 달의 여신 디아나처럼, 아직 피어오르지 않은 꽃봉오리처럼 순결해 보이지만, 가슴속에는 베누스보다 더 제멋대로 날뛰며 몸부림치는, 야성의 짐승보다 더 뜨거운 피가 끓고 있는 거야.

헤로 당신 어디 편찮으신 게 아니에요? 그렇게 터무니없는 말씀을 하시다니······.

레오나토 영주 전하, 왜 아무 말씀도 하지 않으십니까?

돈 페드로 내가 무슨 말을 할 수 있겠소? 나는 얼굴을 들 수가 없습니다. 소중한 친구에게 천한 논다니를 소개해 준 꼴이 됐으니까요.

레오나토 이 모든 이야기들은 현실입니까, 아니면 꿈을 꾸고 있는 것입니까?

돈 존 현실입니다. 그리고 모두 사실입니다.

베네디크 (혼잣말로) 이건 아무래도 혼례답지가 않군.

헤로 사실이라고요! 아, 하느님!

클라우디오 레오나토 각하, 제가 지금 이 자리에 서 있는 게 사실인지요? 이분이 영주님이 맞습니까? 그리고 이분은 영주님의 아우분이고 이것은 헤로의 얼굴입니까? 그리고 저희들의 눈은 틀림없이 저희들의 눈인지요?

레오나토 그야 물론 그렇지. 그런데 그게 어떻다는 거지?

클라우디오 따님에게 하나만 물어보겠습니다. 아버지이시니 따님에게 솔직하게 대답하라고 명령해 주십시오.

레오나토 애야, 솔직히 대답해라. 너는 내 딸이니까.

헤로 아, 하느님, 저를 도우소서! 이렇게 묻고 답하는 일이 무슨 의미가 있나요?

클라우디오 당신의 진정한 이름을 들어보기 위해서요.

헤로 그건 헤로가 아닌가요? 누가 그 이름을 더럽힐 수 있겠어요?

클라우디오 그렇지, 그 이름을 더럽힐 수 있는 건 오직 헤로 당신이 저지른 행동뿐이지. 어젯밤 12시와 1시 사이 그대 방 창가에 서서 그대와 이야기를 나누던 남자는 누구였지? 당신이 순결한 아가씨가 맞다면 대답해 봐요.

헤로 저는 그 시간에 누구와도 이야기하지 않았어요.

돈 페드로 그렇다면 아가씨는 순결한 처녀가 아니군. 레오나토, 이런 말 하게 돼서 미안하지만, 내 명예를 걸고 털어놓지. 어젯밤 헤로가 자기 방 창가에 서서 어떤 불량한 놈과 이야기를 나누는 걸 보았소. 게다가 그 놈은 아주 질이 나쁜 녀석으로, 둘은 오랜 시간 헤로의 침실에서 수천 번을 비밀리에 만나왔다고 털어놓았다오.

돈 존 형님, 더는 말씀하지 마십시오. 입에 담을 만한 이야기가 못 됩니다. 제아무리 그럴듯하게 꾸며 말해도, 여기 모두의 귀가 더럽혀지고 맙니다. 귀여운 아가씨, 그런 부끄러운 짓을 저지르다니 참 유감이오.

클라우디오 아, 헤로. 그대의 마음이 아름다운 겉모습을 반만이라도 닮았더라면, 그대는 옛이야기 속 아가씨 헤로만큼이나 완벽한 여인이 될 수 있었을 텐데! 이제는 안녕, 아름다운 죄인이여. 더러우리만치 깨끗하고, 깨끗하리만치 더러운 여인이여. 그대 때문에 나는 이제 사랑과는 담을 쌓고, 눈에는 의심이 드리워져서 더는 아름다움을 보아도 속아 넘어가지 않을 거요.

레오나토 나를 찔러줄 칼을 가진 사람 누구 없나? (헤로, 기절한다)

베아트리체 어머, 얘, 왜 그렇게 쓰러지니?

돈 존 우리는 갑시다. 이렇게 진실이 드러나고 보니, 숨이 막혀 견딜 수 없었나 봅니다. (돈 페드로, 클라우디오와 함께 퇴장)

베네디크 아가씨 괜찮아요?

베아트리체 죽은 것 같아요. 큰아버지, 도와주세요! 헤로! 이봐, 헤로! 큰아버지! 베네디크 님! 수사님!

레오나토 오, 운명이여! 당신의 무거운 손길을 거두어들이지 마십시오. 이 아이의 부끄러운 행실을 덮는 데는 죽음보다 더 아름다운 게 없을 테니까요.

베아트리체 정신이 드니, 헤로? (헤로, 몸을 떤다)

수사 (헤로에게) 몸을 편안하게 하세요, 아가씨.

레오나토 (헤로에게) 좀 괜찮은 게냐?

수사 이 아가씨가 괜찮지 않을 까닭이 무엇입니까?

레오나토 까닭이 무엇이냐고! 이 땅에 살아 있는 모든 생명이 이 아이를 저주하고 있지 않소? 저렇게 얼굴만 붉힌다고 이 아이가 저지른 짓들이 없었던 일이 됩니까? 죽어라, 헤로. 눈을 뜨지 마라. 네가 곧 죽을 거라 생각지 않았다면, 네 정신이 이런 부끄러움을 당하고도 견뎌낼 줄을 알았다면 내 손으로 너를 죽이고 그 죗값을 달게 치렀을 거다. 나는 자식이 하나뿐임을 한탄하지 않았던가? 내게만 인색한 자연을 탓하지 않았던가? 아, 그러나 이제 보니 그 하나조차도 감당이 안 되는구나. 내가 왜 너를 낳았을까? 너는 왜 내 눈에 그토록 어여쁘게만 보였던 게냐? 차라리 내 집 문 앞에 버려진 거지 아이를 데려다 키울 걸 그랬다. 그랬다면 아버지란 이름으로 이토록 치욕과 창피를 당하지 않고, 이 아이가 저지른 부끄러운 짓은 나에게서 비롯된 것이 아니요, 누군지도 모르는 이 아이의 부모 탓이라 말할 수 있었을 텐데. 하지만 너는 내 딸이다. 너는 내가 그토록 사랑하고 자랑스레 여기던 내 아이가 맞다. 나는 너를 너무나도 사랑해서 나 스스로를 돌보는 일조차 잊을 만큼 너에게만 온 마음을 다 쏟아 바쳤단 말이다. 아, 그런데 어째서 너는, 어째서 그렇게 잉크병에 빠졌다 나온 듯 더럽혀지고 말았느냐. 이제는 세상 모든 바닷물을 다 끌어와도 그 물로 너를 깨끗이 씻을 수가 없고, 그 소금을 모두 써도 네게서 나는 더러운 냄새를 감출 수가 없구나.

베네디크 각하, 각하, 진정하십시오. 저도 그저 놀라울 뿐, 뭐라 말씀드려야 할지 모르겠습니다.

베아트리체 아, 저의 영혼을 걸고 맹세하건대, 누군가가 헤로에 대해 거짓말을 하는 거예요!

베네디크 베아트리체 양, 어젯밤 헤로 양과 같은 방에서 잤나요?

베아트리체 아니요, 어젯밤에는 안 잤어요. 하지만 그 전날 밤까지도 지난 열두 달 내내 한방에서 잤다고요.

레오나토 그럼 틀림없군! 안 그래도 무쇠처럼 단단하던 증거가 이제는 더욱 튼튼해지고 말았군. 영주님 형제분이나 클라우디오가 거짓말할 리가 있는

가? 클라우디오는 이 아이를 너무나도 사랑한 나머지 이 아이의 행실을 비난하면서도 눈물을 쏟지 않던가! 이 아이가 죽게 내버려 둬.

수사 제 말을 좀 들어보시오. 저는 이제까지 헤로 양을 지켜보느라 입을 열지 않았습니다. 아가씨의 얼굴은 수천 번도 더 붉어지는가 하면, 곧 다시 천사처럼 새하얀 부끄러움이 몰려와 창백해지기도 했습니다. 아가씨 눈에는 영주님이 아가씨의 순결을 두고 떠드시는 거짓된 이야기들을 불태워 버리기라도 할 듯 이글대는 불길이 활활 타오르고 있었습니다. 저를 바보라 하셔도 좋습니다. 저의 눈을 믿지 않으셔도 좋습니다. 제가 여러 해를 거치며 얻은 경험을 바탕으로 말씀드리는 겁니다. 이 아가씨가 순결하지 않다면, 저의 오랜 세월도, 쌓아온 명성도, 지위도, 저의 거룩함까지 모두 의심하셔도 좋습니다.

레오나토 수사님, 그럴 리가 없습니다. 보다시피, 이 아이도 부인하지 못하지 않습니까. 마지막 남은 양심의 조각이 거짓 맹세를 하는 죄까지는 저지르지 않도록 가로막는 게지요. 이미 다 드러난 진실을 어째서 변명을 지어내 숨기려 하십니까?

수사 아가씨, 아가씨가 죄를 저질렀다고 의심받고 있는 그 상대 남자는 누구지요?

헤로 그것은 저를 책망하는 분들이나 아시는 일이고, 저는 모릅니다. 제가 어떤 남자에게 처녀로서의 도리에 어긋나는 일을 허락했다면 저의 죄를 절대로 용서하지 마세요. 아, 아버지, 만일 제가 한밤중에 어떤 남자와 이야기를 나누었다거나, 어젯밤에 그 누구와도 이야기를 나누었다는 증거가 드러난다면 아버지로서의 정을 끊으세요. 저를 미워하고 괴롭혀 죽여주세요.

수사 그분들이 이상한 오해를 하고 계시는 것 같습니다.

베네디크 그들 가운데 두 분은 더없이 고귀하신 분들입니다. 그 두 분의 분별력이 속임수에 넘어간 것이라면, 저 서자 존에게서 나온 속임수가 틀림없을 겁니다. 그는 언제나 나쁜 궁리만 하니까요.

레오나토 나는 모르겠소. 그분들의 말이 사실이라면, 이 손으로 기꺼이 딸아이를 찢어버리고 말겠소. 하지만 그분들이 거짓으로 이 아이의 명예를 더럽힌 거라면, 제아무리 신분이 높은 사람이라도 가만두지 않을 것이오. 내 비록 오랜 세월을 살아왔으나 내 안에는 아직 피가 끓어오르고, 몸은 늙었으나 머리까지 아둔해지지는 않았소. 운이 나빠 재산을 잃어본 적도 없으며, 행실이 바르지 못해 친구를 잃어본 적도 없소. 내 온 마음을 다해, 가진 재산과 친구들을 모조리 끌어다가 딸의 복수를 해주고 말 거요.

수사 잠시 흥분을 가라앉히고, 저의 충고를 들어주시기 바랍니다. 얼마 동안은 따님을 집 안에 숨겨두고, 모두에게는 아가씨가 정말로 죽었다고 이야기를 퍼뜨리십시오. 슬픔에 빠진 척 연기를 하시고, 가족 묘지에 아가씨의 추도사를 걸어두고, 장례 절차를 따르십시오.

레오나토 그러면 어떻게 되지요? 다 무슨 소용이 있습니까?

수사 일이 잘 풀린다면 따님을 비난하던 분들의 감정이 후회로 바뀌게 될 겁니다. 그렇게 되면 좋은 일이지요. 하지만 저는 더 큰 목표를 가지고 있습니다. 따님이 비난을 받은 그 자리에서 죽고 말았다는 소식이 알려지면 모든 사람이 슬퍼하고 아가씨를 가엾게 여기게 돼서, 마침내는 용서를 얻게 되겠지요. 사람 마음이란 그렇지 않습니까. 손에 쥐고 있을 때는 그 소중함을 깨닫지 못해 제대로 평가하지 않기 마련이지만, 살아서 함께할 때는 보려 하지 않았던 좋은 점들을 뒤늦게야 보게 되지요. 클라우디오 씨가 바로 이렇게 느낄 것입니다. 자기가 내뱉은 말 때문에 아가씨가 죽었다는 소식을 들으면, 머릿속이 온통 아가씨의 사랑스럽던 모습으로 가득 차서 견딜 수 없게 되겠지요. 죽음으로 아가씨의 삶은 더욱더 아름답게 느껴질 테고, 그 마음속에 아가씨는 살아 있을 때보다 더 활기가 넘치며 더 가녀리고, 더 생동감 넘치는 모습으로 비춰질 겁니다. 그가 아가씨를 진심으로 사랑했다면 비탄에 잠겨서 아가씨의 행실을 들춰내지 말았어야 했다고 후회하게 될 겁니다. 아가씨의 행실이 바르지 못한 게 사실이라 믿고 있을지라도 말입니다. 제 계획을 따르십시오. 아마 제가 상상하는 것보다도 훨씬 더 좋은 결과가 있을 겁니다. 혹시 잘 풀리지 않더라도 아가씨에 대한 소문이 퍼져 나가는 일만큼은 막을 수 있지요. 끝내 도리가 없을 때에는 아가씨를 수녀원에 숨겨두시면 됩니다. 명예가 더럽혀진 여성이 세상 사람들 눈과 입과 마음과 비난을 피해 숨어 지내기에는 더없이 좋은 곳이지요.

베네디크 레오나토 각하, 수사님의 충고를 따르십시오. 제가 영주님과 클라우디오를 매우 사랑하고 가까이 지내는 줄은 각하도 잘 아시겠지만, 저의 명예를 걸고 맹세하건대 이 일에 대해서는 비밀을 지키고 그들 몰래 오로지 정의만을 위해서 행동하겠습니다. 각하께서 각하의 영혼을 믿듯이 저를 믿어주십시오.

레오나토 슬픔에 빠져 있는 나로서는 지푸라기라도 붙잡고 싶다네.

수사 잘 생각하셨습니다. 자, 가십시오. 이상한 병에는 이상한 치료법을 쓸 수밖에요. 자, 아가씨, 살기 위해서 죽는 겁니다. 아가씨의 혼례는 다만 미뤄 진 것뿐입니다. 참을성을 가지고 견뎌내야 합니다. (베네디크와 베아트리체만 남고 모두 퇴장)

베네디크 베아트리체 양, 아까부터 줄곧 울고만 있었소?

베아트리체 네, 앞으로도 한동안은 더 울 거예요.

베네디크 그러지 마시오.

베아트리체 상관하지 마세요. 우는 것은 제 마음이니까요.

베네디크 당신의 사촌 동생은 억울한 누명을 쓴 게 틀림없습니다.

베아트리체 아, 그 억울한 누명을 씻어줄 분이 있다면 저는 무엇이든지 해드 릴 텐데!

베네디크 내가 당신에게 그런 우정을 베풀 수 있는 방법이 있을까요?

베아트리체 물론 있지요. 하지만 그렇게까지 해줄 친구는 없을 거예요.

베네디크 남자라면 할 수 있겠습니까?

베아트리체 남자가 아니면 할 수 없어요. 하지만 당신은 안 돼요.

베네디크 나는 이 세상에 있는 그 무엇보다도 당신을 사랑하고 있습니다. 정 말 이상한 일이 아닙니까?

베아트리체 그렇게 이상한 일을 한 가지 더 알고 있어요. 저 또한 당신을 그 무엇보다도 더 사랑한다고 말할 수 있어요. 하지만 제 말을 믿지는 마세요. 그렇지만 거짓말은 아니에요. 저는 아무것도 고백하지 않고, 아무것도 부정 하지 않아요. 동생 때문에 괴로울 뿐이에요.

베네디크 내 칼을 걸고 맹세하건대, 베아트리체 양, 당신은 나를 사랑하고 있 어요.

베아트리체 맹세 따위는 그만두시고 내뱉은 말은 다시 주워 드세요.

베네디크 내 칼을 걸고 맹세하건대, 당신은 나를 사랑하고 있어요. 내가 당 신을 사랑하지 않는다고 말하는 놈이 있다면, 이 칼을 먹여버리겠어요.

베아트리체 그렇다면 내뱉은 말을 다시 드시지는 않을 건가요?

연극 〈헛소동〉 사이먼 러셀 빌(베네디크 역)·조이 워너메이커(베아트리체 역) 출연. 런던국립극장 공연. 2007.

베네디크   어디 그 말에 어울리는 양념이 있어야 먹지요. 맹세합니다, 나는 당신을 사랑해요.

베아트리체   그렇다면 하느님, 저를 용서하소서.

베네디크   무슨 죄를 지었나요, 베아트리체 양?

베아트리체   당신이 먼저 말해 주셨어요. 저도 당신을 사랑하고 있다고 맹세하려던 참이었어요.

베네디크   그렇다면 온 마음을 다해서 맹세해 주세요.

베아트리체   저는 온 마음을 다해서 당신을 사랑하기 때문에 맹세를 할 마음이 남아 있지 않아요.

베네디크   자, 당신을 위해서라면 뭐든지 하리다. 명령만 내려주시오.

베아트리체   클라우디오를 죽이세요.

베네디크 앗! 세상을 모두 준다고 해도 그것만은 안 되겠는데요.

베아트리체 거절하시면 저를 죽이는 셈이에요. 안녕히 계세요.

베네디크 잠깐만, 베아트리체 양.

베아트리체 저는 이미 가고 없어요. 몸은 여기 있지만 당신은 저를 온 마음으로 사랑하지 않아요. 제발 가게 해주세요.

베네디크 베아트리체…….

베아트리체 정말 가겠어요.

베네디크 화해부터 합시다.

베아트리체 저의 적과 싸우기는 싫어하시면서 저와 화해하고 싶다는 말씀을 어떻게 감히 하실 수 있죠?

베네디크 클라우디오가 당신의 적이란 말입니까?

베아트리체 어마어마한 악당이 아닌가요? 제 사촌 동생을 비난하고 멸시하고 모욕한? 아, 내가 남자라면 얼마나 좋을까! 어떻게 그럴 수가 있지요? 손을 맞잡기 바로 전까지 아무 일도 없다는 듯 속이고 있다가, 사람들이 모두 지켜보는 앞에서 죄를 따져 묻고, 소란을 떨며 모함을 하고, 그토록 지독한 말들을 내뱉다니. 오, 하느님, 정말이지 내가 남자라면! 길거리 한가운데에서 그 자식의 심장을 꺼내 씹어 먹을 텐데.

베네디크 내 말 좀 들어봐요, 베아트리체…….

베아트리체 창가에서 어떤 남자와 이야기를 하더라고! 말도 안 되는 소리!

베네디크 저, 그렇지만 베아트리체…….

베아트리체 내 소중한 헤로! 억울한 누명을 쓰고, 모욕을 당하고, 세상으로부터 버림받아.

베네디크 베아트리체…….

베아트리체 영주와 백작! 오, 물론이지. 어찌나 예의 바르고 품격 있으시던지! 정말이지 영주님다운 말씀을 하시더라고. 그리고 백작 나리, 설탕과자 백작님, 달콤하신 신사 양반! 아, 내가 남자였다면! 나를 위해 나서줄 친절한 남자가 있었다면! 하지만 요즘 남자들은 예쁘장하게 미소만 지을 줄 알고, 무릎을 까딱이며 우아한 자태로 인사나 할 줄 알지. 남자의 용기란 고작 아가씨들에게 입에 발린 칭찬이나 늘어놓는 데 쓰일 뿐이야. 남자들은 다 입만 살았어. 거짓말을 늘어놓고 거짓 맹세를 해대는 남자를 헤라클레스 같은 영웅으로 떠받드는 세상인걸. 내가 남자가 되고 싶다고 아무리 빌어도 남자가 될 수는 없을 테지. 그저 이렇게 울다가 지쳐 죽어버리는 수밖에.

베네디크 잠깐, 베아트리체. 이 손을 걸고 맹세해요. 나는 당신을 사랑합니다.

베아트리체 저를 정말 사랑하신다면, 그 손으로 맹세가 아니라 다른 일을 해서 증거를 보여주세요.

베네디크 당신은 진심으로 클라우디오 백작이 헤로를 억울하게 모함한 거라고 생각하나요?

베아트리체 물론이지요. 제 머리와 마음을 다해서 그렇게 생각하고 있어요.

베네디크 그럼 좋아요. 그 사람에게 결투를 신청하겠어요. 그대의 손에 입맞춤을 하고 나는 가보겠습니다. (베아트리체의 손을 잡고) 이 손을 잡고 맹세합니다. 클라우디오는 반드시 대가를 치르게 될 겁니다. (그녀의 손에 키스한다) 나를 잊지 말아요. 가서 동생을 위로해 줘요. 헤로는 틀림없이 죽었다고 말하겠습니다. 그럼 안녕. (퇴장. 베아트리체는 천천히 퇴장)

〔제4막 제2장〕

감옥.
제복 차림의 도그베리와 버제스, 그리고 경찰관 복장을 차려입은 교회지기 등장.
야간 경비병이 콘라드와 보라치오를 끌고 등장.

도그베리 관계자들은 모두 모였는가?

버제스 아이고, 교회지기님에게 의자와 방석을!

의자와 방석이 들어온다. 교회지기가 앉는다.

교회지기 누가 범인입니까?

도그베리 아, 나와 내 동료요.

버제스 그렇소, 우리는 심문할 권리가 있는 사람들이니까요.

교회지기 그게 아니라 심문을 받을 죄인이 누구냐 말입니다. 경관님 앞으로 끌어내세요.

도그베리 음, 그렇군. 그놈들을 이리 끌어내라. (보라치오와 콘라드, 끌려 나온다)
네 이름이 뭐냐?

보라치오 보라치오.

도그베리 '보라치오'라고 적으시오. 네 이름은?

콘라드 이래 봬도 신사요. 이름은 콘라드.

도그베리 '신사 콘라드 씨'라고 적으시오. 두 사람, 하느님을 믿느냐?

콘라드, 보라치오 네, 아마도요.

도그베리 '두 사람 모두 하느님을 아마도 믿고 있다'고 적으시오. 아냐, '하느
님'을 앞에 적으시오. 하느님을 저런 악당들 뒤에다 갖다놔서는 안 되니까.
너희 둘이 거짓말하는 사기꾼이나 다름없다는 증거는 이미 드러나 있어. 그
리고 이제 곧 확실해질 거다. 이 사실에 대해서 어떻게 답변하겠느냐?

콘라드 아, 네, 저희들은 절대로 그런 사람이 아니라고 답변하겠습니다.

도그베리 이거 굉장히 영리한 놈이로군. 그렇다면 나도 질 수 없지. 거기 너,
이리 나와. 귀를 이리 갖다 대거라. 그럼 너에게 말하겠는데, 너는 거짓말쟁
이 사기꾼이렷다.

보라치오 저도 저희들은 절대로 그런 사람이 아니라고 답변하겠습니다.

도그베리 그럼 물러서 있어. 두 사람 말이 틀림없이 일치하는군. 그렇게 적었
소? 둘 다 절대로 그런 사람이 아니라고?

교회지기 경관님, 신문하는 방식이 잘못됐습니다. 두 사람을 고발한 야간 경
비병들을 불러와야 합니다.

도그베리 참 그렇군, 그게 가장 좋겠어. 야간 경비병들을 이리 나오라고 해
라. 영주님의 이름으로 명령한다. 이자들의 죄를 진술해라.

야간 경비병 1 이 사람이 영주님의 아우이신 돈 존 나리를 악당이라고 말했
습니다.

도그베리 '돈 존은 악당이다'라고 적으시오. 아냐, 이건 분명히 위증죄다. 영
주님의 아우를 악당이라고 말하다니.

보라치오 경관님……

도그베리 너는 입 다물고 있어. 네놈 눈빛이 영 마음에 들지 않으니.

교회지기 그 밖에 또 무슨 소리를 못 들었나?

4막 2장, 법정에 출두한 보라치오·콘라드·버제스·경비병   H.C. 셀루스

야간 경비병 2　네, 돈 존 나리한테서 1000더컷을 받았다는 건데, 그 돈은 헤
　　로 아가씨께 억울한 누명을 씌운 대가라고 했습니다.

도그베리　그건 분명히 강도죄로군.

버제스　네, 정말 그렇습니다.

교회지기　그리고 또?

야간 경비병 1　클라우디오 백작이 사람들 앞에서 헤로 아가씨께 모욕을 주
　　고 혼례를 취소하기로 했다는 말도 했습니다.

도그베리　(보라치오에게) 아니, 이런 고얀 놈이! 너는 이것만으로도 영원한 지
　　옥으로 떨어질 것이다.

교회지기　그리고 또?

야간 경비병 2 그게 다입니다.

교회지기 두 사람은 지금 진술한 것을 부정하지는 못할 테지. 돈 존 님은 오늘 아침 살그머니 자취를 감추고 말았어. 헤로는 그렇게 죄를 뒤집어쓰고, 바로 그렇게 혼례를 취소당하고, 그 슬픔으로 갑자기 숨을 거두고 말았지 않나. 경관님, 이 두 사람을 오랏줄로 묶어서 레오나토 각하 댁으로 강제로 데려가 주십시오. 저는 먼저 가서 신문한 결과를 보고하겠습니다. (퇴장)

도그베리 자, 저 두 놈을 오랏줄로 묶여(묶어)라.

버제스 저놈들을 끌어다가…… (콘라드를 묶으려고 한다)

콘라드 이거 봐, 이 멍텅구리야!

도그베리 맙소사, 교회지기는 어디 갔지? 영주님의 관리를 '바보'라고 불렀다. 어서 적어. 자, 묶어라. 이 못된 악당!

콘라드 비켜! 바보, 바보 같으니! (야간 경비병들, 두 사람을 묶는다)

도그베리 이놈, 관리들을 의심(존경)할 줄도 모르느냐? 나의 연륜을 의심(존경)할 줄도 모르느냐? 아, 교회지기가 여기 있었다면 내가 멍텅구리라고 적어놓았을 텐데! 야간 경비병들, 내가 멍텅구리라는 것을 잘 기억해 둬. 비록 적어놓지는 못했어도 내가 멍텅구리라는 것을 잊으면 안 돼. 이봐, 악당, 너는 몹시 건실(사악)한 놈이군. 그 증거는 얼마든지 있어. 나는 지혜로운 사람이야. 게다가 관리라고. 또 한 집안의 가장이지. 그뿐 아니라 메시나에서는 누구에게도 뒤지지 않는 사람이야. 법률도 잘 알고 있는 사람이야. 알겠나, 재산도 가졌지. 알겠나, 좀 잃기는 했지만 그래도 관복 두 벌에, 근사한 물건들도 많이 가진 사람이야. 이놈을 끌고 나가라. 아, 멍텅구리라고 적어놓지 못한 게 참으로 유감이로군! (모두 퇴장)

〔제5막 제1장〕

레오나토의 집 앞.
레오나토와 안토니오 등장. 집으로 걸어가고 있다.

안토니오 이렇게 지내시다가는 목숨을 잃게 됩니다. 스스로를 돌보지 않고 슬픔에만 빠져 있는 것은 지혜로운 처사가 아닙니다.

레오나토 충고는 됐네. 자네가 아무리 말해 봐야 체에 물을 붓는 것처럼 아무 소용이 없어. 나처럼 억울한 누명을 쓴 사람이 아니고서는 나를 위로할 수가 없다네. 나처럼 자식을 끔찍이도 사랑했지만 그 기쁨을 빼앗겨 버린 아버지가 있다면 내 앞에 데려와 보게나. 그 슬픔의 너비와 깊이를 어디 나의 슬픔과 비교해 보자고. 몸속에서 끓어오르는 이 강렬한 감정과 통곡을 서로 대보자고. 나와 똑같은 고통을 겪은 사람이 자네처럼 충고를 해온다면, 웃는 얼굴로 수염을 만지작대며 내게 슬픔은 그만 저 멀리 내던져 버리라고 말해 준다면, 나와 함께 통곡하며 한탄하지 않고 나의 슬픔을 달래주는 지혜로운 이야기를 들려준다면, 내 머릿속을 뒤흔들어 놓을 철학을 가르쳐 준다면 그때는 그 충고를 받아들이고 마음을 가라앉힐 수 있을 거야. 하지만 그런 사람은 없어. 아우, 자네가 같은 고통을 겪어보지 않았으니까 나를 위로하고 충고할 수 있는 거야. 자네도 그 고통을 겪게 되면, 그 충고는 곧바로 분노로 뒤바뀌고 말아. 분노에 사로잡힌 사람은 교훈만으로 달랠 수 없고, 미친 사람을 가느다란 비단실로 묶어둘 수 없다네. 아픈 머리를 뜨거운 바람으로 낫게 할 수 없으며, 고통을 뻔한 말 몇 마디로 달랠 수도 없는 노릇이라네. 누구나 슬픔에 잠겨 마음을 다잡지 못하는 사람을 보면 충고하고 달래려 들지. 하지만 그 자신이 똑같은 처지가 되어서도 같은 충고를 할 수 있을 만큼 강하고 선한 사람은 세상에 없어. 그러니 충고는 그만두게. 나의 슬픔이 너무나도 큰 소리로 내 귓가에 울부짖고 있어서 자네 목소리는 들리지도 않으니까.

안토니오 그렇다면 어른도 아이와 다를 것이 없습니다.

레오나토 제발 나를 내버려 두게. 나는 그저 피와 살로 된 인간으로만 있어도 된다네. 그 아무리 훌륭한 철학가도 치통을 가만히 참고 견디어 내지는 못하니까. 그러면서도 자신들이 무슨 신이라도 되는 듯이 불행과 고통에 대해서 그럴듯하게 써내려가지.

안토니오 그렇지만 모든 고통을 형님 혼자서만 짊어지실 까닭은 없습니다. 형님한테 해를 끼친 자들도 고통받게 해야 합니다.

레오나토 자네 말이 맞아. 그래, 그렇게 하겠어. 헤로는 억울하게 누명을 쓴 게 틀림없어. 클라우디오와 영주님을 비롯해서 내 딸의 이름을 더럽힌 모든 자들에게 똑똑히 알려주고야 말겠어.

돈 페드로와 클라우디오 등장.

안토니오　영주님과 클라우디오가 급히 이리로 오고 있습니다.

돈 페드로　안녕하시오, 안녕하시오.

클라우디오　두 분 다 안녕하십니까? (돈 페드로와 함께 서둘러 지나치려 한다)

레오나토　잠깐 드릴 말씀이…….

돈 페드로　레오나토, 지금은 조금 바빠서요.

레오나토　바쁘시다고요! 그럼 나중에 뵙지요. 지금은 바쁘다고 하셨나요? 그렇다면 가보셔야지요.

돈 페드로　(가다 말고 돌아서서) 그렇게 싸우려 들지 마시오, 어르신.

안토니오　싸워서 형님이 치욕을 씻을 수 있다면 여기 누군가는 납작 엎드려 숨으셔야겠습니다.

클라우디오　누가 치욕을 안겼습니까?

레오나토　물론 네놈이 나에게 치욕을 안겼지. 이 거짓말쟁이야. 흥, 칼자루에 손을 갖다댄다고 내가 겁먹을 줄 알아? 너 따위는 두렵지 않아.

클라우디오　아, 이 손이 당신 같은 노인을 위협하려 한 적이 있다면 마땅히 저주를 받아도 좋습니다. 저는 절대로 칼을 뽑으려 한 적이 없습니다.

레오나토　이 망할 녀석 같으니라고. 나를 놀리거나 농지거리 따위나 할 생각은 하지도 마라. 나는 제 몸도 못 가누는 주제에 젊은 시절에는 무엇을 어쨌다는 둥, 이렇게 늙지만 않았다면 무엇을 어쨌을 거라는 둥 노인의 특권 뒤에 숨어서 떠들어대기나 하는 우스운 늙은이가 아니야. 똑똑히 들어라, 클라우디오. 너는 나와 가엾은 내 딸에게 억울한 누명을 뒤집어씌웠다. 나는 이제 체면도 다 내려놓고, 흰 머리와 늙어버린 몸으로 너에게 결투를 신청한다. 너는 죄 없는 나의 딸아이를 망쳐놓았어. 네놈의 모함으로 그 아이 가슴이 갈기갈기 찢겨서 끝내 무덤에 눕고 말았다. 아, 그 어떤 잘못도 저질러 본 적 없는 집안이 네놈의 흉악한 심보로 더럽혀지고 말았다.

클라우디오　흉악하다니요!

레오나토　너의 흉악함이다, 클라우디오, 너의 흉악함.

5막 1장, 돈 페드로와 클라우디오, 레오나토   H.C. 셀루스

돈 페드로   그건 옳지 못한 소리요, 어르신.

레오나토 전하, 저놈이 결투를 받아들이기만 하면 제가 저놈을 쓰러뜨려 그
죄를 증명해 보이지요. 저놈이 아무리 칼을 훌륭히 다루고 재빠르게 움직
인다 해도 소용없습니다. 푸르른 5월같이 젊고 혈기 왕성하다 해도 이 몸이
꼭 쓰러뜨리고 말 겁니다.

클라우디오 이러지 마십시오. 저는 당신과 싸울 생각이 없습니다.

레오나토 그렇게 쉽사리 빠져나갈 수 있을 것 같으냐? 너는 내 어린 딸을
죽였어. 이 애송이 자식아, 나를 죽여라. 그래야 진짜 사나이를 죽인 것이
된다.

안토니오 우리 형제를 둘 다 죽여라. 둘 다 틀림없이 진짜 사나이니까. 그런
것은 아무래도 좋다. 먼저 한 사람을 죽여라. (레오나토와 클라우디오 사이에
들어와 칼을 빼 든다) 자, 내 목숨을 줄 테니 가져가라! 내가 상대해 주겠다.
이 애송이 자식아, 어서 덤벼. 이 햇병아리야, 덤비라고. 애송이야, 칼을 빼
들고 휘둘러 보란 말이다. 내가 신사답게 얼굴을 꼿꼿이 들고 그 칼을 받아
주겠다.

레오나토 아우야…….

안토니오 형님은 아무 말씀도 하지 마십시오. 제가 조카를 얼마나 사랑했는
지 하느님께서는 알고 계십니다. 그 조카가 죽었어요. 악당들의 모함으로 죽
고 말았어요. 진짜 사나이를 상대할 용기도 없는 녀석아, 네놈이 나에게 맞
서 싸우는 건 내가 맨손으로 독사의 혓바닥을 움켜잡는 꼴이지. 애송이 녀
석, 바보 자식, 허풍쟁이, 비겁한 놈, 갓난쟁이 같으니라고!

레오나토 안토니…….

안토니오 형님은 가만히 계십시오. 이런 자들은 제가 아주 잘 알고 있습니다.
으스대기 좋아하고 예의라고는 모르는 겉만 번지르르한 애송이들, 거짓말
하고 속이며 남을 비방하고 모함하는 녀석들이죠. 요망한 옷차림으로 거만
떨고 돌아다니면서, 누구라도 덤벼오는 놈은 봐주지 않고 쓰러뜨리겠다고
입으로 허풍이나 떨어댈 줄 알죠.

레오나토 하지만 안토니오…….

안토니오 가만 계세요, 별일 아닙니다. 제가 처리하겠습니다.

돈 페드로 두 분을 더 화나게 하지는 않겠습니다. 따님의 죽음은 나에게도
매우 가슴 아픈 일입니다. 하지만 내 명예를 걸고 맹세하건대, 따님이 저지

연극 〈헛소동〉 베네디크 역을 연기하는 데이비드 개릭 장 루이 페슈. 1770.

른 죄악은 모두 사실이며 증거도 있습니다.

레오나토   전하, 그렇지만……

돈 페드로 더 듣고 싶지 않소.

레오나토 듣고 싶지 않다고요? 이봐 아우, 가세나. 머잖아 듣기 싫어도 듣게 해주고 말겠네.

안토니오 물론이지요. 그렇게 하지 못하면 여기에 있는 어느 한 사람이 목숨을 내놓아야 할 겁니다. (레오나토와 함께 집으로 들어간다)

베네디크 등장.

돈 페드로 아, 우리가 찾고 있던 사람이 마침 오는군.

클라우디오 이봐, 무슨 소식이 있나?

베네디크 강녕하십니까, 전하.

돈 페드로 어서 오게. 하마터면 싸움이 일어날 뻔했는데, 자네가 와서 말려준 셈이 됐네.

클라우디오 하마터면 두 늙은 합죽이에게 코를 물어뜯길 뻔했네.

돈 페드로 레오나토와 그 동생 말이야. 자네는 어떻게 생각하나? 정말로 싸움이 벌어졌다면, 우리는 그분들에게는 너무 젊지 않은가?

베네디크 불공평한 싸움에 진짜 용기는 필요치 않습니다. 저도 두 분을 찾고 있었습니다.

클라우디오 우리도 자네를 찾아다니고 있었어. 우리는 너무나 우울하다네. 자네의 재치로 이 우울증을 좀 몰아내 주지 않겠나?

베네디크 내 재치라면 이 칼집에 들어 있지. 꺼내볼까?

돈 페드로 자네는 재치를 옆에 차고 다니나?

클라우디오 재치를 옆에 차고 다니는 사람은 아무도 없네. 뭐, 정신줄 놓은 작자들은 널렸지만. 자, 음유시인이 바이올린 활을 뽑아 들듯이 꺼내보게. 우리를 좀 즐겁게 해줘.

돈 페드로 이 사람 얼굴이 아주 창백하군. 자네 어디 아픈가, 아니면 화가 났나?

클라우디오 (베네디크에게) 이보게, 기운을 내게. 걱정은 몸에 해롭다고 하네만, 자네는 근심을 죽일 만큼 힘이 넘치는 사람이 아닌가.

배네디크 말장난으로 나를 이기려 들지 말게. 맹렬히 덤비고야 말겠다면 받아는 주겠지만, 다른 걸 찾는 게 좋을 거야.

클라우디오 (돈 페드로에게) 좀 이상한데요. 새 창을 쥐어줘야겠습니다. 방금 휘두른 창은 제대로 찔러보지도 못하고 부러져 버렸으니까요.

돈 페드로 정말 갈수록 더 창백해지는군. 진짜 화가 난 것 같아.

클라우디오 그렇다면 알아서 풀릴 겁니다.

베네디크 자네와 둘이 할 이야기가 있네.

클라우디오 결투 신청이라면 딱 질색이야!

베네디크 (작은 목소리로) 자네는 악당이야. 농담하는 게 아니야. 내가 끝장을 내고야 말겠어. 자네가 바라는 방식으로, 자네가 바라는 무기로, 자네가 바라는 때에 말이야. 받아들이지 않으면 겁쟁이라 부르겠어. 자네는 죄 없는 아가씨를 죽였어. 그 죽음이 자네에게 무겁게 내리닥칠 거야. (큰 소리로) 대답해 보게.

클라우디오 좋아, 받아주지. 아주 즐거운 마음으로.

돈 페드로 뭐야, 잔치 이야기인가?

클라우디오 네, 고맙게도 송아지 대가리와 거세한 수탉 요리를 내오겠답니다. 그걸 제가 우아한 솜씨로 썰어서 먹어치우지 못하면, 제 칼솜씨도 별것 아니라고 소문내겠답니다. (베네디크에게) 내가 가서 멧도요를 구해 올까?

베네디크 자네 재치 한번 요란하군.

돈 페드로 며칠 전에 베아트리체 양이 자네의 재치를 칭찬했다는 점을 말해 주고 싶네. 내가 그녀에게 자네의 재치는 섬세하다고 말했더니 그녀가 "맞는 말이에요. 그런데 섬세하지만 보잘것없어요"라고 말하더군. 그래서 내가 "아니다, 그의 재치는 대단하다"고 말했더니 그녀는 "맞아요. 그런데 대단하지만 역겨워요"라고 대답해서 내가 "아니다, 그의 재치는 훌륭해"라고 말했더니 그녀는 "그래요, 아무도 해치지는 않지요"라고 말하더군. 내가 "아니다, 그 신사는 현명하다"고 말했더니 그녀는 "그래요, 샌님 같은 신사지요"라고 말하기에 내가 "아니다, 그 사람은 여러 나라 말을 자유롭게 할 줄 안다"고 말했더니 그녀는 "그건 저도 믿을 수 있겠네요. 그 사람은 월요일 저녁에는 저에게 맹세를 하더니 화요일 아침에는 자신이 한 맹세를 어기더군요. 말의 앞뒤가 다른 것을 보면 혀가 두 개인 모양이지요"라고 대답하더군. 이렇게 한 시간쯤 자네 장점을 하나하나 비꼬더니 마침내는 한숨을 푹 쉬며, 자네가 이탈리아에서 가장 훌륭한 남자라고 했어.

클라우디오 그러더니 진심으로 눈물을 펑펑 흘리고는, 아무래도 상관없다고 말하더군.

돈 페드로 정말 그랬지. 그 아가씨가 그 사람을 죽도록 미워하지 않았다면 죽도록 사랑했을 거라고, 노인네 딸이 우리에게 모두 이야기해 줬지.

클라우디오 하나도 빠짐없이 모두. 게다가 그 사람이 뜰에 숨어 있었다는 사실을 하느님께서는 다 보고 계셨거든.

돈 페드로 그런데 저 분별력 있는 베네디크의 머리에 사나운 황소 뿔을 달게 되는 것은 언제쯤일까?

클라우디오 그리고 그 아래에다 '유부남이 된 베네디크, 이곳에 살다'라고 대문자로 쓰여진 팻말도 언제쯤이나 보게 될까요?

베네디크 잘 있게나, 애송이. 자네는 이제 내 마음을 잘 알지. 나는 가볼 테니 수다스럽게 남 뒷이야기나 지껄여대도록 하게. 자네가 지껄이는 헛소리는 꼭 무딘 칼 같아. 다행스럽게도 아무 쓸모가 없지. 전하, 그동안 베풀어 주신 많은 성은에 감사드립니다. 이제는 전하 곁을 떠나야겠습니다. 전하의 배다른 아우는 달아났습니다. 당신들 셋이서 착하고 죄 없는 아가씨를 죽게 만들었습니다. 거기 수염도 없는 꼬맹이 신사는 곧 다시 보게 되겠지. 그때까지 안녕히. (퇴장)

돈 페드로 진심인 것 같은데.

클라우디오 정말 진심이 맞습니다. 베아트리체에게 반했기 때문입니다, 틀림없습니다.

돈 페드로 자네에게 결투를 신청하던가?

클라우디오 네, 진심으로 그러더군요.

돈 페드로 인간이란 참 우습군. 바지와 윗도리는 꼭 챙겨 입어도 분별력은 벗어 던져버리니 말이야!

클라우디오 그런 사람은 원숭이보다 몸집은 클지 몰라도, 사실은 원숭이를 선생으로 모셔야 하지요.

돈 페드로 그런데 가만있자. 정신 바짝 차리고 다시 한 번 생각해 봐야겠는걸. 틀림없이 베네디크가 내 동생이 달아났다고 하지 않았나?

도그베리, 버제스, 야간 경비병들, 콘라드와 보라치오를 잡아끌고 등장.

도그베리　자, 이리 와. 정의로써 너희들을 다스리지 못한다면, 정의의 여신은 더는 어떤 죄악도 저울질할 자격이 없지. 그렇고말고. 네놈들은 거짓말을 꾸며대는 위선자들이니까 한시도 눈을 떼지 않고 지켜봐야만 해.

돈 페드로　무슨 일이냐? 내 아우의 부하 두 명이 묶여 있다니! 게다가 한 사람은 보라치오!

클라우디오　무슨 죄를 지었기에 잡혀 있는지 물어보십시오.

돈 페드로　관리들, 저 사람들이 무슨 죄를 지었는가?

도그베리　전하, 이놈들은 거짓말을 퍼뜨렸습니다. 게다가 진실되지 못한 말을 했지요. 둘째로는 모함을 했습니다. 여섯째이자 마지막으로는, 어느 여성에게 억울한 누명을 씌웠지요. 셋째로, 정의롭지 못한 짓을 저질렀습니다. 결론적으로 이자들은 거짓말을 해대는 악당들입니다.

돈 페드로　첫째로, 저들이 무슨 짓을 했는지 묻겠네. 셋째로, 저들의 죄가 무엇인지 묻겠네. 여섯째이자 마지막으로는, 저들이 여기에 끌려온 까닭을 묻겠네. 그리고 결론적으로, 저들의 죄목을 묻겠네.

클라우디오　말씀 한번 잘하십니다. 저 사람에게 꼭 맞는 말씀씨이십니다. 맙소사, 한 가지 말을 그렇게나 여러 가지로 말할 수 있다니요.

돈 페드로　이보게들, 자네들은 무슨 죄를 지었기에 이렇게 끌려왔느냐? 똑똑한 이 경관의 말은 너무나 앞뒤가 잘 맞아서 도저히 알아들을 수 없다. 너희들의 죄목이 뭐냐?

보라치오　영주 전하, 다 말씀드리겠습니다. 저의 고백을 들으신 뒤에 제가 백작님 손에 죽을 수 있도록 해주십시오. 저는 두 분의 눈을 속였습니다. 지혜로우신 두 분조차 속여 넘기고는 그만 저 어수룩한 바보들에게 들통나고 말았습니다. 제가 영주님의 아우분이신 돈 존의 지시로 헤로 아가씨를 모함하고, 두 분을 과수원으로 모셔다가 헤로 아가씨로 변장한 마가레트와 제가 몰래 만나는 광경을 보여드려서, 두 분이 혼례식에서 헤로 아가씨에게 창피를 주겠다고 말씀하신 사실을 여기 콘라드에게 털어놓고 있는 걸 저들이 모조리 들었습니다. 저들이 저의 몹쓸 짓을 다 받아 적었습니다. 저는 부끄러운 이야기를 다시 한 번 늘어놓으니 차라리 죽고 싶은 마음입니다. 저와 제 주인님의 거짓말로 아가씨가 죽고 말았습니다. 저는 이제 마땅한 죗값을 치르게 되기만을 기다릴 뿐입니다.

돈 페드로 심장이 덜컹 내려앉는 것 같지 않나?

클라우디오 독약을 마신 것 같습니다.

돈 페드로 내 아우가 너에게 그런 짓을 시켰다는 거냐?

보라치오 네, 그 대가로 많은 돈까지 받았습니다.

돈 페드로 뼛속까지 배신으로 가득 차 있는 녀석, 악행이 드러날까봐 달아났구나.

클라우디오 아, 가엾은 헤로, 지금 다시 떠오르는 당신 모습은 내가 처음 당신을 사랑하게 되었던 그때의 어여쁜 모습 그대로이군.

도그베리 자, 원고(피고)들을 끌어내라. 지금쯤 교회지기가 레오나토 각하에게 모든 교정(보고)을 끝마쳤을 거다. 그리고 야간 경비병들, 내가 멍텅구리라는 것을 적당한 때와 장소를 봐서 잊지 말고 밝혀줘야 한다.

버제스 마침 레오나토 각하가 오시는군요. 교회지기도 함께요.

레오나토와 안토니오, 교회지기와 함께 집에서 나온다.

레오나토 그 악당이 어느 놈이냐? 그놈의 눈을 봐두어야겠다. 앞으로 비슷한 놈을 만나게 되면 피해야 하니까. 어느 놈이냐?

보라치오 당신께 죄를 지은 사람을 알고 싶으시다면 저를 보십시오.

레오나토 죄 없는 내 아이를 입으로 죽인 그 노예 자식이 네놈이냐?

보라치오 네, 모두 저 혼자 한 일입니다.

레오나토 아니, 그렇지 않다. 너 혼자 저지른 일이 아니다. 여기 훌륭하신 두 신사와, 달아난 또 다른 신사도 함께 저지른 일이지. 감사합니다, 두 분 덕분에 제 딸이 죽었습니다. 이 일도 위대하고 훌륭한 공적의 하나로 기록해두시지요. 참으로 대단한 공적이라고 생각하신다면 말입니다.

클라우디오 어떻게 용서를 구해야 좋을지 모르겠습니다. 그래도 무슨 말이든 해야 할 것 같습니다. 어떤 방법으로도 좋으니 저에게 원수를 갚으십시오. 생각해 낼 수 있는 어떤 벌이라도 내리십시오. 하지만 제가 저지른 죄는 모두 뜻하지 않았던 일입니다.

돈 페드로   나 또한 마찬가지입니다. 그래도 어르신의 마음을 달랠 수만 있다면 어떤 무거운 벌이라도 달게 받겠소.

레오나토   이제 와서 딸아이를 살려내라고 할 수도 없지 않습니까. 그건 안 될 일이지요. 그러니 두 분은 이 메시나의 모든 사람에게 그 아이는 죄 없이 죽었다고 알려주시기 바랍니다. 그리고 슬픔에 빠진 자네는 사랑을 담아 딸아이에게 바치는 시를 한 편 지어서 그 아이 무덤에 걸어주고, 그 시신에게 낭독해 주게. 오늘 밤 그렇게 해주게. 그리고 아침이 밝으면 내 집으로 오게. 이제 내 사위가 될 수는 없으니 조카라도 되어주게. 내 아우에게 딸이 하나 있는데 헤로와 꼭 닮았어. 이제는 그 아이가 나와 아우의 후계자이기도 하네. 내 딸에게 못다 해준 것들을 그 애 사촌동생에게나마 해준다면 나의 원한도 다 풀릴 것이네.

클라우디오   아, 자비로우신 각하! 분에 넘는 친절에 저도 모르게 눈물이 납니다. 말씀하신 대로 모두 받아들이고, 이 클라우디오의 앞날을 모두 각하 손에 맡기겠습니다.

레오나토   그럼 내일 다시 만나기로 하고 오늘 밤에는 그만 가보겠네. 저 못된 놈을 마가레트와 만나게 해야겠어. 그 아이도 영주님 아우가 주는 대가를 받고 이 일에 함께한 게 틀림없으니까.

보라치오   절대로 그렇지 않습니다. 마가레트는 아무것도 모른 채 저와 이야기를 나누었을 뿐이며, 늘 바르고 착한 여자입니다. 제가 잘 알고 있습니다.

도그베리   각하, 그리고 한 가지, 아직 기록해 두지는 않았습니다만 이 원고(피고), 범인이 저를 멍텅구리라고 불렀습니다. 처벌을 내리실 때 그 점도 꼭 기억해 주시기 바랍니다. 또 야간 경비원들도 들었다고 하는데, 두 놈이 '배배 꼬인' 놈에 대해서 이야기를 했다고 합니다. 그놈은 귀에 열쇠를 걸고, 열쇠 옆에 자물쇠를 달고 있으며, 하느님의 이름으로 돈을 빌려 쓰고 다닌다는데, 그렇게 빌려 쓴 돈을 몇 년이나 갚지 않아서 이제는 모두들 화가 나서 하느님을 위해서는 한 푼도 내주지 않겠다고 한답니다. 그 점도 꼭 신문해 주십시오.

레오나토   아무튼 고맙네. 여러 가지로 수고가 많군.

도그베리   고귀하신 젊은이처럼 친절한 말씀이십니다. 저는 각하를 위해 하느님을 칭송하겠습니다.

레오나토 이건 수고한 값이네.

도그베리 이 기부에 하느님의 축복이 내리기를!

레오나토 자, 죄인을 내주게. 수고가 많았네.

도그베리 그럼 이 더러운 악당을 각하께 맡기겠습니다. 부디 다른 자들의 본보기를 위해 엄중히 처벌해 주십시오. 하느님의 가호가 있으시기를. 각하의 건강이 빨리 회복되시길 빕니다. 삼가 물러갈 것을 허락드리겠습니다…… 그리고 기쁘게 다시 만나뵐 기회를 하느님께서 엄금(허락)해 주시기를…… 자, 저희는 돌아가겠습니다. (버제스와 함께 퇴장)

레오나토 내일 아침 다시 뵙겠습니다.

안토니오 안녕히 계십시오. 내일 아침에 기다리고 있겠습니다.

돈 페드로 틀림없이 가겠소.

클라우디오 오늘 밤에는 헤로를 애도하겠습니다.

레오나토 (경비병들에게) 죄인들을 끌고 와라. 마가레트와 이야기를 해봐야겠다. 어떻게 해서 이런 야비한 놈과 알게 됐는지를. (모두 퇴장)

〔제5막 제2장〕

레오나토의 집 정원.
베네디크와 마가레트 등장.

베네디크 부탁해, 마가레트 양. 사례는 충분히 하겠으니 베아트리체를 제발 만나게 해줘.

마가레트 그럼 제 아름다움을 칭송하는 시를 하나 지어주시겠어요?

베네디크 너무나 아름다워서 그 어떤 남자도 넘보지 못할 시를 지어주지. 사실대로 말하지만, 마가레트 양은 그런 찬사를 들을 만해.

마가레트 어떤 남자도 넘보지 못한다고요? 어머, 그럼 저를 보고 언제까지나 남의 종 노릇만 하라는 건가요?

베네디크 사냥개 입만큼 날쌘 재치를 가졌어. 잽싸게 달려들어 물고 늘어지는 게.

마가레트 당신은 연습용 칼처럼 아둔해서 찔려도 상처가 나지 않지요.

베네디크 남자다운 거야, 마가레트. 여자에게 상처를 낼 수는 없는 일이니까. 베아트리체나 좀 불러줘. 당신에게 두 손 들고 내 방패를 내놓겠으니.

마가레트 차라리 칼을 내놓으시죠. 방패는 여자라면 다 가지고 있으니까요.

베네디크 하지만 마가레트, 그 방패를 쓰려면 쇠못을 박아넣고 조여야 하는 거야. 그건 처녀에게는 위험한 무기라고.

마가레트 좋아요, 베아트리체 아가씨를 불러드리겠어요. 아가씨에게도 다리는 있으니까요. (집으로 들어간다)

베네디크 그러니까 와주겠지. (노래를 부른다)

사랑의 신
하늘에 계시며
다 알고 계시지
이 못난 모습을……

노래 한번 못나게 부르는군. 그렇지만 사랑만큼은 다르지. 헤엄을 잘 치던 레이안드로스, 벗의 도움을 받았던 트로일로스, 그리고 많은 전설 속 바보 같은 사랑 이야기는 얼마든지 책으로 남아 있지만, 그들의 이름은 모두 시의 한 줄마다 부드럽게 어우러지고, 나처럼 사랑의 격정으로 다시 몸부림쳐댄 사람은 하나도 없었다. 아, 나도 운을 맞춰 시를 써낼 수 있다면 좋을 텐데. 노력은 해보았지만 '아가씨'에 운이 맞는 말이라면 '아기씨'밖에는 떠오르지가 않으니 너무나 유치하고, '경멸'에 '파멸'이라고 해서는 사랑 시에는 너무나 딱딱하고, '가르침'에 '뉘우침'이라 하면 너무나 바보 같다. 모두 다 어딘가 내키지 않는 말들이야. 그래, 나는 아무래도 시인이 되어서 현란한 말솜씨로 아가씨들을 유혹하도록 태어나지는 못한 모양이야.

베아트리체 등장.

베네디크 베아트리체 양, 내가 불러서 와준 건가요?

베아트리체 네, 당신이 돌아가라고 하시면 돌아가지요.

베네디크 아, 그럼 돌아가라고 할 때까지 여기 있어줘요.

베아트리체 그럼, 돌아가라고요? 안녕히 계세요. 하지만 돌아가기 전에, 볼일은 보고 가야겠어요. 당신과 클라우디오 사이가 어떻게 됐는지 알고 싶어요.

베네디크 더러운 말을 실컷 해줬습니다. 그러니 당신에게 입을 맞추겠습니다.

베아트리체 더러운 말은 더러운 바람에 지나지 않으니, 더러운 바람은 더러운 입김이지요. 더러운 입김은 구역질이 나요. 그러니 키스는 받지 않고 돌아가겠어요.

베네디크 그대의 영리함은 너무나 무서워서 정신을 쏙 빼놓고 말을 잃게 하는군요. 하지만 똑똑히 말해 두겠는데, 클라우디오는 나의 결투 신청을 받았어요. 곧 그에 대한 답변을 해오든가, 아니면 겁쟁이라는 이름을 달게 되겠지요. 이제 부탁이니 나의 어떤 나쁜 점들 때문에 그대가 나를 사랑하게 되었는지 말해 주시오.

베아트리체 당신의 모든 나쁜 점들이요. 그 나쁜 점들은 다 함께 어우러져서 너무나 절묘한 악을 이루고 있기 때문에, 좋은 점은 하나도 끼어들 자리가 없지요. 당신은 저의 어떤 좋은 점 때문에 사랑에 고통받게 되셨지요?

베네디크 "사랑에 고통받다!" 좋은 말이요. 나는 정말 사랑 때문에 끙끙 앓고 있소. 내 뜻과는 다르게 그대를 사랑하게 됐으니까요.

베아트리체 그럼 마음과는 다르다는 말씀이군요. 아, 당신의 불쌍한 마음, 당신이 저를 위해 당신의 마음을 거스르신 거라면, 저도 당신을 위해 당신의 마음을 거스르겠어요. 친구가 싫어하시는 것을 제가 어떻게 사랑할 수 있겠어요?

베네디크 그대와 나는 너무 영리해서 사랑조차도 조용히 속삭일 수 없군요.

베아트리체 그런 말씀을 하시는 걸 보니 그렇지도 않으신데요. 영리한 사람 스무 명 가운데 한 사람도 스스로를 영리하다고는 하지 않으니까요.

베네디크 베아트리체, 그건 이웃끼리 서로 칭찬하며 지내던 옛날에나 통하던 이야기예요. 요즘 세상에는 죽기 전에 스스로 기념비를 세워놓지 않으면, 저 종소리와 홀로 남은 이의 울음소리가 그치기 무섭게 잊히고 만다오.

베아트리체 그 시간은 얼마나 될까요?

베네디크 좋은 질문이에요. 글쎄, 종이 울리는 시간이 한 시간쯤, 그리고 울음소리가 15분쯤 가겠지요. 그러니까 영리한 남자라면 나처럼 양심이라는 벌레를 거슬리게 하지 않는 한에서 스스로의 잘난 점들을 자랑하고 다녀야 해요. 내가 장담하는데, 나는 꽤나 칭찬받을 만한 사람이니까 자랑하는 겁니다. 그대의 아우는 어떤가요?

베아트리체 몹시 좋지 않아요.

베네디크 그럼 그대는?

베아트리체 저도 몹시 좋지 않아요.

베네디크 하느님을 믿고, 나를 사랑하면 나아질 거예요. 이제 가보겠습니다. 저기 누가 급히 오고 있네요.

우르술라, 급히 등장.

우르술라 아가씨, 큰아버지께 가보세요. 집에서 큰 소동이 났어요. 헤로 아가씨가 억울한 누명을 쓴 게 밝혀졌대요. 영주님과 클라우디오 님도 감쪽같이 속은 거래요. 모두 돈 존 님이 꾸민 짓인데, 그분은 벌써 달아나고 없대요. 어서 가보세요.

베아트리체 당신도 함께 가서 사정을 들어보지 않으시겠어요?

베네디크 나는 그대의 가슴속에 살고, 그대 무릎 위에서 죽고 그대의 눈 속에 묻힐 거예요. 그리고 그대의 큰아버지께도 함께 가겠어요. (모두 퇴장)

〔제5막 제3장〕

교회 무덤.
돈 페드로와 클라우디오, 촛불을 들고 등장. 발타자르와 악사들이 뒤따라 들어온다.

클라우디오 이것이 레오나토 집안의 무덤입니까?

귀족 1 그렇습니다.

클라우디오 (두루마리를 펴서 애도하는 시를 읽는다)

비방하는 말 때문에 목숨을 잃은

헤로가 여기 누워 있도다.
누명을 씻어준 죽음이
불멸의 명예를 선사했노라.
부끄러움 속에서 죽은 목숨은
명예로운 이름 속에 살고 있노라. (두루마리를 만다)

이 시를 무덤에 바치고, (추도의 시를 묘비에 건다) 내가 벙어리가 된 뒤에도
그대를 찬양하겠소. 자, 음악을 연주하오. 그리고 진혼곡을 불러주오.

발타자르 (노래한다)

밤의 여신이여, 용서하오.
밤에 처녀의 생명을 빼앗은 자들은
그 죽음을 애도하고 그녀 무덤 주변을 돌아다니면서
슬픈 노래를 바칩니다.
깊은 밤이여, 우리와 함께
통곡해 다오,
슬프게, 슬프게.
무덤이여, 입을 열어 죽은 자를 일으켜
이 죽음을 온 세상에 알려다오,
슬프게, 슬프게.

클라우디오 그럼 영혼이여, 안녕히. 나는 해마다 이 의식을 치르겠소.

돈 페드로 날이 밝아온다. 촛불을 꺼라. 늑대들도 이제는 잠잠해졌다. 저길
봐, 태양의 수레를 앞세우고 달려오는 저 부드러운 새벽은 동녘 하늘을 잿
빛 얼룩으로 물들이고 있다. 모두 수고했다. 물러가라. 모두 잘 가거라.

클라우디오 그럼 악사 여러분, 모두 돌아가시오. (악사들 퇴장)

돈 페드로 자, 우리도 돌아가자. 옷을 갈아입고, 레오나토 댁으로 가야 하
니까.

클라우디오 결혼의 신 히멘이여, 이제 우리가 비통에 몰아넣었던 이보다는
행복한 결말을 내려주십시오! (모두 퇴장)

5막 3장, 무덤 앞에서 추도시를 읽는 클라우디오 H.C. 셀루스

〔제5막 제4장〕

레오나토의 집 홀.
악사들이 대기하고 있다. 레오나토, 안토니오, 베네디크, 수도사 프란시스 등장. 곧 이어 헤로, 베아트리체, 마가레트가 따라 들어와 한쪽에서 이야기를 하고 있다.

수사 따님은 죄가 없다고 제가 말하지 않았습니까?
레오나토 영주님이나 클라우디오도 죄는 없습니다. 그분들이 그 아이를 의심하게 된 것은 오해 때문이고, 그 이야기는 수사님이 들으신 바와 같습니다. 하지만 마가레트는 조금이나마 죄가 있지요. 비록 그것이 스스로 뜻한 일은 아니었다는 사실이 이제까지의 조사로 밝혀졌지만요.

안토니오 어쨌든 다 잘 됐으니 기쁜 일입니다.

베네디크 저도 그렇습니다. 맹세를 했으니 클라우디오만 탓할 뻔했습니다.

레오나토 (뒤를 향하여) 그럼 헤로, 그리고 여자들은 모두 방으로 물러가 있거라. 내가 부르면 가면을 쓰고 나오너라. (여자들 퇴장) 영주님과 클라우디오가 올 때가 됐어. 아우야, 네가 할 일은 알고 있겠지. 헤로의 아버지가 되어서, 클라우디오에게 넘겨주는 거다.

안토니오 눈 하나 깜짝 않고 해내겠습니다.

베네디크 수사님, 저도 도움을 청할 일이 있습니다.

수사 무슨 일이십니까?

베네디크 저를 묶어주시든가, 풀어주시든가 둘 중 하나입니다. 레오나토 각하, 사실은 조카분이 애정이 담긴 눈으로 저를 보고 있습니다.

레오나토 그 눈은 내 딸이 그 아이에게 빌려준 거라네. 정말이야.

베네디크 저도 사랑이 담긴 눈으로 그녀를 바라보고 있지요.

레오나토 그 눈은 나와 클라우디오, 그리고 영주님한테 받은 눈이지. 그래서 어떻게 할 생각인가?

베네디크 수수께끼 같은 말씀을 하시는군요. 제 생각이라면, 각하의 축복을 받으며 오늘 혼례식을 올리고 싶습니다. 수사님의 도움이 필요한 일이 바로 이 일이지요.

레오나토 나도 자네와 꼭 같은 마음이네.

수사 저도 도와드리겠습니다. 영주님과 클라우디오가 오시는군요.

돈 페드로와 클라우디오, 귀족 두세 명과 함께 등장.

돈 페드로 여러분, 모두 안녕하시오.

레오나토 밤새 안녕하셨습니까, 영주님. 클라우디오도 잘 있었나? 자네를 기다리고 있었네. 오늘 내 조카와 혼인하기로 한 마음에 변함은 없을 테지?

클라우디오 변함없습니다. 그녀가 에티오피아에서 온 피부가 검은 여자라도 결혼하겠습니다.

레오나토 동생, 그 아이를 불러오게. 수사님도 이미 와 계시니까. (안토니오 퇴

연극 〈헛소동〉 5막 4장에서 가면을 벗는 헤로 역의 올리비아 댄리 시어터 로열 공연. 2005.

장)

돈 페드로 잘 있었나, 베네디크. 그런데 무슨 일인가? 얼굴이 꼭 2월의 하늘
처럼 서리와 폭풍과 구름으로 가득 차 있으니 말이야?

클라우디오 아마 사나운 황소 생각을 하고 있나 보지요. (베네디크에게) 뭐, 너
무 걱정 말게. 우리가 자네의 뿔에 황금을 입혀서 예쁘게 꾸며주겠네. 온
유럽이 자네를 보고 기뻐하지 않겠나. 그 옛날 능글맞은 신 큐피드가 황금
소로 변신해서 다가갔을 때 에우로페가 기뻐했듯이 말이야.

베네디크 큐피드가 변신한 황소는 음매 우는 소리에 애교가 넘쳤다고 하더
군. 그런 황소가 자네 아버지의 소들 가운데 하나를 덮쳐서 그 똑같은 소리

를 내는 송아지를 낳았다지. 자네 목소리가 꼭 그 송아지 같군그래.

안토니오, 가면을 쓴 여자들을 데리고 다시 등장.

클라우디오 그 대답은 되돌려주겠네. 먼저 할 일이 마침 나타났으니까. (레오나토에게) 제가 받게 되는 여성은 어느 분인가요?

레오나토 이 아이일세. 자, 데려가게.

클라우디오 그럼 받겠습니다. 아가씨, 이제 얼굴을 보여주시오.

레오나토 아냐, 그것은 안 되네. 먼저 수사님 앞에서 그 아이의 손을 잡고 혼례를 올리겠다고 맹세하게.

클라우디오 그럼 이 신성한 수사님 앞에서 내게 손을 주시오. 당신만 좋다면 나는 그대의 남편이 될 것을 맹세합니다.

헤로 제가 살아 있었을 때 저는 당신의 또 다른 아내였어요. (가면을 벗는다) 당신이 사랑해 주셨을 때 당신은 저의 또 다른 남편이셨어요.

클라우디오 또 하나의 헤로가 있었나!

헤로 그래요. 다른 헤로는 치욕을 당해 죽었어요. 하지만 저는 살아 있어요. 그리고 이렇게 살아 있듯이, 저는 순결한 처녀예요.

돈 페드로 예전의 헤로군! 죽었다던 그 헤로로군!

레오나토 그 헤로는 죽어 있었습니다. 그 아이의 이름을 더럽힌 소문이 살아 있던 동안에는.

수사 모두 놀라시는 것도 이해합니다. 신성한 의식을 끝마치고 나면 아름다운 헤로의 죽음에 대해 제가 낱낱이 말씀드리겠습니다. 그때까지 놀라움은 잠시 접어두고 모두 예배실로 갑시다.

베네디크 잠시만요 수사님, 베아트리체는 어디 있나요?

베아트리체 바로 저예요. (가면을 벗고) 무슨 일이지요?

베네디크 나를 사랑하지요?

베아트리체 어머, 그럴 리가 있나요.

베네디크 그럼 그대의 큰아버님이나 영주님이나 클라우디오는 모두 속았군요. 다들 그렇게 맹세했으니까요.

베아트리체 당신은 저를 사랑하시나요?

5막 4장, 클라우디오와 헤로, 베네디크와 베아트리체, 수사 H.C. 셀루스

베네디크 아니오, 그럴 리가 있나요.

베아트리체 그럼 헤로나 마가레트나 우르술라는 모두 속았군요. 다들 그렇게 맹세했으니 말이에요.

베네디크 나를 너무나 사랑한 나머지 병이 났다고 하던데요.

베아트리체 저를 너무나 사랑한 나머지 죽어간다고 하던데요.

베네디크 그럴 리가 있겠습니까. 그럼 그대는 나를 사랑하지 않는군요?

베아트리체 네, 그래요. 친구로서 좋아하고 있을 뿐이에요.

레오나토 애야, 너는 저 사람을 사랑하고 있단다.

클라우디오 나도 맹세하건대, 저 사람은 아가씨를 사랑하고 있습니다. 여기 저 사람 손으로 쓴 엉터리 소네트가 바로 저 사람의 멍청한 머리에서 나온 거지요. 베아트리체 양에게 바치는 사랑입니다. (소네트 시를 적은 종이를 보여 준다)

헤로 그리고 이것은 사촌 언니 호주머니에 있던 것인데, 언니가 베네디크 경을 향한 자신의 마음을 직접 손으로 쓴 거예요.

베네디크 기적이로군! 두 사람의 손이 마음을 거스르다니. 자, 내가 받아 드리지요. 그러나 이 밝은 빛에 대고 맹세하건대, 불쌍해서 받아주는 겁니다.

베아트리체 저도 싫다고는 안 하겠어요. 하지만 이 기쁜 날에 맹세하건대, 당신이 이렇게 매달리시니 마지못해 넘어가는 거예요. 그리고 당신 목숨을 구하기도 해야겠고요. 저에 대한 사랑으로 죽어가고 있다면서요.

베네디크 조용히 해요! 그 입을 틀어막아 버려야지. (베아트리체에게 키스한다)

돈 페드로 어떤 기분이지, 베네디크?

베네디크 모두 말씀드리지요, 영주 전하. 잘난 척 헛소리나 지껄여대는 멍청이들이 한 무더기 몰려온다고 해도 제 기분을 망치지는 못할 겁니다. 옛날 이야기나 우스갯소리에 제가 눈 하나 깜짝할 것 같습니까? 절대 아니죠. 남들 하는 소리에 귀 기울였다가는, 옷 한 벌도 제대로 못 차려입고 말 겁니다. 어쨌든 저는 혼례를 올릴 생각이고, 세상이 뭐라고 떠들어대든지 관심 없습니다. 그러니 제가 예전에 했던 말들로 놀려대셔도 소용없습니다. 사람은 모두 이랬다저랬다 하기 마련이라는 게 저의 결론입니다. 그리고 클라우디오, 만약 결투를 했다면 내가 자네를 때려눕히고 말았을 텐데, 이제는 우리가 한 가족이 될 테니 봐주도록 하지. 사촌을 많이 사랑해 주게.

클라우디오 나는 자네가 베아트리체를 싫다고 하기를 은근히 바라고 있었다
네. 그래야 내가 자네를 두들겨 패서 바람 피는 남편으로 만들어 줬을 게
아닌가. 물론 사촌이 자네 숨이 턱 막힐 때까지 지켜보지 않는다면, 자네는
그러고도 남지만.

베네디크 자, 그만 화해하지. 혼례를 올리기 전에 우리의 심장과 아내들의 발
걸음을 가볍게 해주기 위해서 한바탕 춤이나 추세나.

레오나토 춤은 혼례가 끝나고 추기로 하지.

베네디크 아니오, 지금 추어야만 합니다! 자, 음악을 연주해 주시오. 영주 전
하, 슬퍼 보이시는군요. 전하도 아내를 맞으십시오. 전하의 품격을 나타내는
데에는 뿔 달린 지팡이보다 더 훌륭한 게 없을 것 같습니다.

전령 등장, 돈 페드로에게 보고한다.

전령 전하, 전하의 아우 존 님이 도망치다 체포되어 무장한 병사들이 그분을
메시나로 호송해 왔습니다.

베네디크 (돈 페드로에게) 그분 일은 내일까지 미루어 두기로 합시다. 그럴듯한
벌을 제가 생각해 내도록 하지요.—악사들이여, 풍악을 울려라! (음악과 춤,
모두 퇴장)

All's Well That Ends Well

끝이 좋으면 다 좋아

[등장인물]

버트람 루시용 백작. 이기적이고 미성숙한 인물

라푀 늙은 귀족

파롤레스 버트람의 친구

리날도 루시용 백작부인의 집사

라바치 루시용 백작부인의 어릿광대

프랑스 귀족 둘 뒤멘 형제, 나중에 피렌체군의 지휘관

신사 프랑스 왕의 점술가

시동

루시용 백작부인 버트람의 어머니

헬레나 죽은 의사 제라드 드 나르봉의 딸. 백작부인의 보호를 받음

프랑스 왕

피렌체 공작

피렌체의 늙은 과부

다이애나 과부의 딸

마리아나 과부의 이웃

그 밖에 귀족들, 시종들, 병사들, 시민들, 전령, 하인들

[장소]

루시용, 파리, 피렌체, 마르세유

끝이 좋으면 다 좋아

〔제1막 제1장〕

루시용. 백작부인 저택의 한 방.
루시용의 젊은 백작 버트람, 그의 어머니인 백작부인, 헬레나, 라푀 경, 모두 검은 상복을 입고 등장.

백작부인 아들이 내 곁을 떠나가니, 남편을 두 번 땅에 묻는 것 같구나.

버트람 어머니, 제가 어머니 곁을 떠나게 되니 아버지를 잃은 슬픔으로 다시 가슴이 북받쳐 옵니다. 그러나 전하의 명령이니 따라야 합니다. 전하께서 저의 후견인이 되셨으니, 더욱더 전하께 충성을 다하지 않으면 안 됩니다.

라푀 백작부인께서는 전하에게서 부군의 모습을, 또 (버트람에게) 백작 그대는 아버지의 모습을 보게 될 겁니다. 전하께서는 늘 온 백성에게 너그러우신 분이라 그대에게도 덕을 베풀어 주실 거요. 덕이 부족한 사람에게도 인자함이 넘치시는 분이니, 당신처럼 훌륭한 젊은이에게는 더욱더 은총을 내려주시겠죠.

백작부인 전하의 병세에는 희망이 보이시는지요?

라푀 전하께서는 의사들을 물리치신다 합니다. 오랫동안 희망을 갖고 그들의 의술에 의지해 오셨으나 조금도 나아지지 않아, 회복하리라는 희망을 잃으신 것 같습니다.

백작부인 (헬레나를 돌아보며) 이 젊은 아가씨의 돌아가신 아버지는—오, '돌아가셨다'고 말씀 드리니, 이 한마디가 너무나 가슴 아프군요. 그분은 성실하신 만큼 의술도 뛰어나셨지요. 그분의 의술이 지금까지 솜씨를 발휘했더라면 인간은 죽지 않게 되고, 죽음의 신은 할일이 없어져 놀고만 있었을 겁니다. 아, 전하를 위해서라도 그분이 살아 계셨더라면 얼마나 좋았을까요! 틀림없이 전하의 병환이 그 끝을 맞이했겠지요.

라푀 부인께서 말씀하시는 그분의 성함이 뭐였지요?

백작부인 그분은 뛰어난 의술로 명성이 높으셨던 제라드 드 나르봉이라고 합니다.

라푀 맞아요, 더할 나위 없는 훌륭한 의사셨지요. 전하께서도 얼마 전 그분을 칭찬하시며 그분의 죽음을 몹시 슬퍼하셨습니다. 만일 인간의 지식이 죽음에 맞설 수만 있다면 그는 여전히 살아남아 훌륭한 의술을 펼치셨겠지요.

버트람 어르신, 전하께서 앓고 계신 병명이 무엇인지요?

라푀 누(瘻)*¹라는 병이오.

버트람 그런 병은 처음 들어보는데요.

라푀 치료 불가능한 악성 상태가 아니길 바랄 뿐이오…… 이 아가씨가 제라드 드 나르봉의 따님인가요?

백작부인 그분의 외동딸인데, 유언을 받들어 제가 돌보고 있지요. 이 아이가 받은 교육이 반드시 이 아이의 훌륭한 덕을 드러내 주리라고 생각합니다. 타고난 성품이 좋으니 교육은 좋은 자질을 더욱 훌륭하게 닦아주겠지요. 덕이 없는 사람이 뛰어난 능력을 갖춘다면 애석하게 생각되겠지만요. 그 재능이 이로울 수도 있고 해로울 수도 있으니까요. 하지만 이 아이의 능력은 때문지 않았으니, 아마도 거짓됨 없이 덕을 몸소 실천하는 여성이 될 겁니다.

라푀 부인의 칭찬을 듣고 아가씨가 눈물을 흘리는군요.

백작부인 이 눈물이야말로 처녀가 칭찬을 소중히 지켜 나가기 위해서 가장 필요한 거지요. 돌아가신 아버지만 떠올리면 저렇게 슬픔에 잠겨서 두 뺨에 생기가 사라지고 만답니다…… 헬레나, 이제 그만 울어. 자, 그만 울라니까. 그렇게 울면 정말 슬퍼서 우는 게 아니라 슬프게 보이려고 꾸며댄다고 사람들은 생각할 거야.

헬레나 슬프게 보이려고도 하지만, 정말 슬프기도 합니다.

라푀 적당한 슬픔은 죽은 자가 누려야 할 권리지만, 지나친 슬픔은 살아 있는 사람들에게는 적이 되지요.

백작부인 살아 있는 사람이 슬픔을 적으로 여긴다면, 지나친 슬픔은 곧 숨을

---

*¹ fistula. 누공(瘻孔) 또는 누관(瘻管). 상처나 질병으로 인해 인체에 생긴 구멍을 일컫는다.

연극 〈끝이 좋으면 다 좋아〉 무대 배경 디자인 킹스맨 셰익스피어 축제. 2009.

죽이게 될 거예요.

라푀 우리가 어찌 그 슬픔을 이해할 수 있겠습니까!

버트람 어머니, 저를 축복해 주세요.

백작부인 아들아, 신의 축복이 함께하길! 그 모습처럼 몸가짐도 아버지를 따르도록 해라. 너의 고귀한 혈통과 미덕이 서로 왕권을 다투게 해라. 나라를 위해 싸우며, 너의 선행으로 가문을 명예롭게 해라. 모든 사람을 사랑하되 사람들의 말을 모두 믿어서는 안 되고, 누구에게도 해를 끼치지 마라. 적에게는 행동에 앞서 너의 능력을 보여주어야 할 것이며, 친구와는 네 생명의 열쇠로 우정을 지켜 나가라. 침묵 때문에 손가락질당하더라도 말실수로 비난받는 일은 없도록 해라…… 하늘이 은총을 내려주시고, 이 어미의 간절한 기도가 이루어져 너에게 행운이 함께하기를…… (버트람 백작, 어머니에게 키스한다) 안녕히 가세요, 라푀 경. (백작부인, 라푀 경을 지나쳐 가다가 다시 돌아보며) 경, 이 아이는 아직 궁중 생활에 경험이 없으니 많은 충고 부탁드립니다.

라푀 아드님이 전하의 사랑을 받을 수 있게, 아낌없는 충고를 하겠습니다.

백작부인 신의 축복이 함께하기를! 잘 가거라, 버트람. (퇴장)

버트람 어머니의 소원이 이루어지시기를 빕니다! (헬레나에게) 당신의 주인이신 나의 어머니를 부디 정성껏 모셔주길 바라오.

라푀 (헬레나에게) 그럼 아가씨, 잘 있어요. 아버님의 명예를 잘 지켜 나가도록 해요. (버트람과 함께 퇴장)

헬레나 아, 그것뿐이라면 얼마나 좋을까! 나는 아버지를 생각하고 있는 게 아니야. 이토록 눈물을 흘리는 건 아버지 때문이 아니라, 그분의 모습이 떠올라서야. 아버지가 어떻게 생기셨지? 잊어버렸는 걸. 내 눈앞에 떠오르는 건 오직 버트람의 모습뿐…… 하지만 나에게 희망은 없어. 버트람은 가고 없으니, 지금 나는 살아도 살아 있는 게 아니야. 그분을 사랑하는 건 하늘의 빛나는 별을 그리워하여 결혼하려는 것과 같아. 그분은 별처럼 높은 곳에 계시니까. 내가 어찌 저 높은 곳에 오를 수 있담. 오직 그 별에서 비추는 저 별빛을 받는 것만으로 위로받을 수밖에 없지…… 분수를 모르는 사랑의 갈망으로 이토록 괴로워해야 하다니. 암사슴이 사자와 맺으려다 그 사랑으로 목숨을 잃는 것처럼 말이야. 하지만 고통스럽기는 해도 늘 그분을 곁에서 지켜보다가 활처럼 동그란 그분의 눈썹과 매처럼 날카로운 눈빛, 곱슬거리는 머리칼을 내 가슴속 도화지 위에 다시 그려보는 건, 정말이지 즐거웠어. 그 멋진 얼굴의 주름살 하나하나도 놓치지 않고 다 그렸지…… 하지만 그분은 가버렸어. 이제 나는 그 추억만을 우상처럼 모시고 살게 되겠지. 저기 누가 오는 걸까?

파롤레스, 한쪽에 등장.

헬레나 (혼잣말로) 그분을 모시고 갈 사람이군. 그 사실만으로도 반갑구나. 하지만 저 사람은 거짓말쟁이로 악평이 난 데다, 아주 어리석고, 게다가 지독한 겁쟁이라지. 이런 뿌리 깊은 악덕이 저 사람에게는 너무나 잘 어울려 보여. 조금도 어색하지 않으니 말야. 올곧고 강직한 마음이 찬바람을 받는 이때에 저 사람은 하늘 무서운 줄 모르고 활개를 치고 다니는구나…… 냉철한 지혜를 가진 사람들이 오히려, 거들먹거리는 바보 앞에서 쩔쩔매며 떠받드는 상황이라고나 할까…….

파롤레스 안녕하세요, 아름다우신 왕비마마!

헬레나 안녕하십니까, 전하!

파롤레스 나는 아닙니다.

헬레나 그럼 저도 아닙니다.

파롤레스 처녀의 순결에 대해 깊이 생각하고 있나요?

헬레나 그래요. 당신은 기사처럼 보이니 한 가지 묻겠어요. 흔히들, 남자는 처녀성을 해치는 존재라고 말하던데요. 어떻게 하면 그 적을 막을 수가 있나요?

파롤레스 그거야 남자를 가까이 오지 못하게 하면 되지요.

헬레나 하지만 공격해 오면요? 우리 처녀들은 단호하기는 해도, 방어에는 아주 약해요. 확실하게 저항할 수 있는 방법을 가르쳐 주세요.

파롤레스 그런 방법은 없어요. 사내란 처녀를 습격만 했다 하면 그대로 폭파시킨다고요.

헬레나 가련한 처녀들을, 습격하고 무너뜨리는 불한당들로부터 지켜주시기를! 그런데 처녀들이 남자들을 보기 좋게 날려버릴 전술은 없나요?

파롤레스 처녀성이 무너질 때, 남자는 더 빨리 무너지고 말죠. 그러니 남성들을 무너뜨리기 위해서는, 처녀 스스로 성문을 열어주어서 그 틈새로 저들을 들어오게 해야 해요. 사실 처녀성을 지킨다는 것은 자연이라는 왕국에서는 지혜로운 정책이 아니죠. 처녀성을 잃는다는 건 오히려 처녀성을 늘게 하는 합리적인 방법이라고요. 어쨌든 처녀성이 깨져야 처녀가 생겨나는 게 아니겠어요? 당신네 처녀들 몸이야말로, 처녀를 만들어 내는 재료라 할 수 있으니까요. 처녀성이란 것은 한 번 잃어버리면 열 번이라도 다시 처녀를 만들어 낼 수 있지 않습니까. 하지만 처녀성을 늘 지키기만 하다 보면 처녀성은 아주 사라져 버리고 말지요. 그런 쌀쌀맞은 상대라면 차라리 떠나버리는 게 낫죠!

헬레나 저는 처녀로 늙어 죽더라도 좀더 지켜봐야겠어요.

파롤레스 그렇다면 나도 할 말이 별로 없군요. 자연법칙에 어긋나는 이야기를 하니까요. 처녀성을 지키는 것은 자기 어머니를 비난하는 일이죠. 그야말로 불효막심한 거라고요. 스스로 목숨을 끊는 행위지요. 처녀성을 끝까지 지키려는 건 자살행위나 다름없으니까요. 자연의 섭리를 철저히 어긴 죄인이니, 신성한 묘지에 묻을 게 아니라 큰길 바닥에나 묻어줘야겠죠. 처녀성에 치즈처럼 구더기가 생기면, 자기 몸 여기저기를 갉아먹다가 나중에는 위장까지도 갉아먹어서 끝내 죽고 맙니다. 게다가 처녀란 까다롭고 콧대 높고 게으르고, 자만심이 이만저만 강한 게 아니랍니다. 그런 건 성경에서 가장 먼저 금기시하는 죄악이지요. 그러니 처녀성은 지킬 생각도 하지 말아요. 지켜봤자 손해볼 뿐이니까요. 그런 건 개나 줘버려요. 그럼 10년 안에 열 배는 돼버리죠. 그 정도면 그리 나쁠 것도 없답니다. 그러니, 그따위 건 멀리하라고요.

헬레나 그걸 자기가 원하는 방법으로 잃으려면 어떻게 해야 할까요?

파롤레스 글쎄요. 음, 하지만 자기를 좋아하지 않는 남자를 좋아하는 건 곤란해요. 처녀란 가만히 눕혀놓으면 빛을 잃게 되고, 오래 놔두면 놔둘수록 값어치가 떨어지는 법이죠. 팔릴 수 있을 때 처녀성을 떼어버려요. 수요가 있을 때 선뜻 응해야죠. 처녀성이란 늙은 벼슬아치가 쓰는 유행 지난 모자 같은 거예요. 그럴듯해 보이지만 전혀 맞지 않으니까요. 지금은 누구 하나 거들떠보지 않는, 브로치나 이쑤시개 같은 거라고요…… 대추야자는 파이나 죽에는 더할 나위 없지만, 당신 뺨이 그 대추야자 꼴이 되면 좋지 않아요. 처녀란 늙어버리면 시들어빠진 우리 프랑스산 배와 같죠. 보기에도 좋지 않고 맛도 떨어진다고요. 한때는 훌륭했을지 몰라도 이제는 다 시들어 쭈글쭈글해진 배 말이에요. 그 배로 당신은 뭘 어떻게 할 수 있다는 거죠?

헬레나 제 처녀성은 아직 시들지 않았어요…… 궁에 가면 당신 주인께서는 수많은 사랑을 맞닥뜨리시겠지요. 어머니라든가 애인, 친구, 불사조, 대장, 적군, 지도자, 여신, 군주, 충고자, 배반자, 연인, 겸손한 야망, 자부심 넘치는 겸손, 귀에 거슬리는 화음, 감미로운 불협화음, 신앙, 달콤한 재난 등 눈먼 큐피드가 자신이 예쁘다고 생각하는 사람에게 산더미처럼 그 많은 별명들을 만들어 줄 테죠. 그렇게 되면 그분은…… 그분이 어떻게 하실지는 제가 알 수 없는 일이겠죠. 신이시여, 그분을 무사히 돌려보내 주소서! 궁은 교양을 쌓는 곳이니, 부디 그분이…….

파롤레스 그분이라니요?

헬레나 제가 행복을 빌어드리는 분이죠. 하지만 슬프게도…….

파롤레스 뭐가 슬프다는 거죠?

헬레나 존 윌리엄 라이트. 1883.

헬레나 아무리 행복을 빌어드린다 해도 그분은 제가 가까이 다가갈 수 있는
존재는 아니니까요. 낮은 별자리에서 태어난 사람은 그 소원을 마음속으로
만 간직하거나, 기껏해야 친구에게 넋두리할 수 있을 뿐이죠. 제 마음속으로

만 하는 것이니, 고맙다는 대답도 결코 기대할 수 없어요.

시동 등장.

시동 파롤레스 씨, 백작님께서 찾으십니다. (퇴장)

파롤레스 헬레나 아가씨, 잘 있어요. 가능하다면 궁에서도 당신을 잊지 않겠어요.

헬레나 파롤레스 씨, 당신은 자비로운 별 아래에서 태어났나 봐요.

파롤레스 군신 마르스 별, 화성 아래 태어났답니다.

헬레나 그러고 보니 정말 그런 것 같아요. 군신의 별 '아래서'라고 하니까요.

파롤레스 어째서 그렇죠?

헬레나 당신은 늘 전쟁터에서 이리저리 바쁘니까요. 그러니 군신의 별 아래서 태어난 게 틀림없어요.

파롤레스 아주 빛날 때 태어났죠.

헬레나 오히려 빛을 잃었을 때가 아닐까요?

파롤레스 왜 그렇게 생각하죠?

헬레나 당신은 싸울 때면 늘 뒷걸음질 치니까요.

파롤레스 그야 전세에서 유리할 때는 그렇게 해야죠.

헬레나 두려울 때는 '걸음아, 날 살려라' 달아나는 게 안전하단 말씀이겠죠. 용기와 공포가 함께 당신에게 멋진 날개를 돋게 해주었군요. 당신에게 아주 잘 어울려요.

파롤레스 지금은 꽤나 바쁜 몸이라 제대로 대답해 줄 수가 없군요. 제대로 갖춘 궁인이 되어 돌아오면 당신에게 궁중 예절을 알려줘서 여자다운 여자가 되도록 도움을 주겠어요. 당신이 내 충고를 새겨들으면 몰라도, 그 고마움도 알지 못하고 죽게 되면 당신의 그 무지 때문에 이 세상을 헛살게 되고 말거요. 그럼 잘 있어요. 틈이 나는 대로 기도하고, 그렇게 하지 못할 때는 친구들을 떠올려 봐요. 좋은 남편을 만나서 그가 당신에게 하듯 당신도 그에게 잘 해주길 바랍니다. 자, 안녕히. (퇴장)

헬레나 인간을 구하는 힘이 하늘에만 있다고 흔히 생각하지만, 실은 우리 인간들 자신에게도 있어. 인간의 운명을 맡은 하늘도 우리 인간에게 그만한 자유의 영역을 주셨지. 그러니 뜻대로 되지 않고 자꾸 뒷걸음질 치게 되는 것도 자신이 지혜롭지 못한 탓일 거야. 나를 사랑으로 몰고 가는 것은 대체 어떤 힘이기에 나의 눈을 이토록 굶주리게 하는 걸까? 아무리 신분의 차이가 있다고 해도, 자연의 위대한 힘은 그 조화 안에서 맺어주고 입맞추게 해줄 거야. 하지만 그 수고로움의 무게를 이리저리 따져보다가 마침내 포기하는 이들에게는, 그러한 시도는 생각조차 할 수 없는 게 되고 말 거야. 사랑의 실패자는, 자기의 참된 가치를 보여주려 노력했다고 스스로 말할 수 있을까? 전하의 병환은, 어쩌면 내 계획이 빗나갈지도 모르지만, 나의 결심이 굳어진 이상 이대로 그만둘 수는 없어. (퇴장)

〔제1막 제2장〕

파리. 왕궁의 어느 방.
군악대 기수가 과장된 몸짓으로 팡파르를 울린다. 병중인 프랑스 왕이 귀족들을 거느리고 시종들의 부축을 받으며 등장. 왕이 옥좌에 앉는다. 그의 앞에는 편지가 놓여 있다.

왕 피렌체와 시에나 사이에 터진 분쟁이 아직 승부가 나지 않고 계속 피비린내 나는 전투를 하고 있다 들었소.

귀족 1 그렇게 보고되어 있습니다.

왕 아니, 아주 믿을 만한 소식이지. 여기 내 사촌인 오스트리아 공으로부터 온 편지에도 쓰여 있소. 틀림없이 피렌체 쪽에서 지원병을 요청해 올 거라고 예측하면서, 그때는 거절하는 게 좋을 거라 했소.

귀족 1 그분의 두터운 우정과 지혜로움을 전하께서 인정하고 계시는 만큼 그 의견을 믿고 따르심이 옳다고 여겨집니다.

왕 그가 답장까지 함께 보내왔소. 그러니 피렌체의 요청은 사신도 보내오기 전에 이미 거절당한 것이나 다름없소. 하지만 우리 젊은이들 가운데 토스카나 전투에 참가하고 싶은 사람이 있다면 어느 쪽이든 뜻대로 하도록 허락하겠소.

귀족 2 그것은 실전에 나아가 공명심을 떨치고 싶어하는 자들에게 훌륭한 기회가 될 것입니다.

버트람, 라푀, 파롤레스 등장.

왕　저기 오는 자가 누구요?

귀족 1　전하, 루시용의 젊은 백작 버트람입니다.

왕　늠름한 젊은이로군. 아버지의 모습을 그대로 빼닮았어. 정직한 자연이 서두르지 않고 공을 들여가며 그대를 만들었나 보구나. 그대 아버지의 덕도 아울러 이어받기를! 파리에 온 걸 환영한다.

버트람　저의 감사와 충절을 전하께 바치나이다.

왕　그대 아버지와 한마음으로 첫 전투에 나아가 솜씨를 겨루었을 때처럼 이 몸이 건강하다면 얼마나 좋겠느냐! 그대의 아버지는 전술에 뛰어난 용사들의 본보기로서 우러름을 받아왔다. 오랫동안 충심으로 나를 보필해 주었지만, 둘 다 마귀 같은 나이가 살금살금 다가와 우리의 힘을 모두 앗아가 버렸구나…… 이렇게 그대 아버지 이야기를 하고 있으니 젊은 원기가 솟아오르는 것만 같다…… 아버지가 젊었을 때는 재치가 대단했지. 요즘 젊은 귀족들도 농담을 잘하는 사람들이 있지만 때로는 지나쳐서 오히려 비웃음거리가 되기도 하는데, 그것은 경솔함을 누를 만한 성품을 갖추지 못했기 때문이야. 그대의 아버지는 훌륭한 신하였어. 자부심 강하고 통찰력이 뛰어났지만 결코 남을 비웃거나 상처주는 일은 없었다. 그런 경우가 있었다면 그건 동료가 무례한 행동으로 그를 화나게 했을 때뿐이었어. 그의 자존심은 상대에게 말해야 할 때를 정확히 판단한 뒤에야 비로소 자신의 혀가 내린 지시대로 따랐으니까. 아랫사람을 대할 때에도 윗사람에게 하듯 소중히 하여 신분이 낮은 이들에게도 고개를 숙일 줄 아는 사람이었으니, 모두들 그의 겸손을 자신의 자랑거리로 삼아 칭찬을 아끼지 않았지…… 그런 인물이야말로 요즘 젊은이들이 본보기로 삼아야 하지. 그를 돌이켜 생각한다면 자기들이 얼마나 미숙한지를 깨닫게 될 것이네.

버트람　아버지의 명성은, 무덤에서보다 전하의 가슴속에서 더욱 빛나고 있습니다. 아버지의 비문에는 전하의 말씀만큼 생생한 증언들은 새겨져 있지 않습니다.

왕　아, 그 사람을 다시 한 번 만날 수 있다면 얼마나 좋겠느냐! 지금도 그의 목소리가 내 귓가에 울리는 것만 같구나. 바른말을 들으면 절대로 흘려버리게 두지 않고, 꽃이 피고 열매를 맺도록 귓가에 심어주었지. "이제 저는 그만 살아야겠습니다"…… 즐거움이 사그라들고 울적해질 때면 그렇게 말하고는 했지. "이제 저는 그만 살아야겠습니다. 불꽃의 기름이 다 타버리는 타다 남은 심지처럼 젊은이들에게 취급당하고 싶지 않습니다. 그들의 불안정한 감각은 새것이 아니면 무시해 버리니까요. 그들은 새로운 옷을 찾아내느라 온갖 머리를 쓰지만 그 유행보다도 더 쉽게 변해 버리고 말거든요"…… 그 사람은 늘 그렇게 되기를 바랐지. 나도 이제는 그와 같은 생각이라네. 밀랍도 꿀도 나를 수 없는 몸이 되었으니, 하루빨리 다른 일꾼들에게 자리를 물려주어야겠네.

귀족 2　모든 이의 사랑을 받으시는 전하, 아무리 충성심이 부족한 신하라 할지라도 전하께서 옥좌에서 물러나시면 가장 먼저 아쉬워할 것입니다.

왕　내가 자리만 차지하고 있다는 것을 아네…… 백작, 그대 아버지의 의사였던 이가 세상을 떠난 지 얼마나 되는가? 꽤 유명한 의사였는데.

버트람　여섯 달쯤 됩니다, 전하.

왕　그 의사가 살아 있다면 좋았을 텐데. (시종에게) 팔 좀 빌려주게…… 다른 의사들이 온갖 의술을 다 써보았으나 내 기운만 빼놓고 말았다네. 이제는 자연이 준 수명과 병마가 서로 싸우도록 내버려 둘 수밖에. 백작, 잘 왔네. 친아들처럼 반갑군.

버트람　황공합니다, 전하. (화려한 나팔 연주와 함께 모두 퇴장)

〔제1막 제3장〕

루시옹. 백작부인 저택의 한 방.
백작부인 등장. 집사 리날도와 어릿광대 라바치가 뒤따른다.

백작부인　자, 말해 보게. 그 아이가 어쨌다는 거지?

집사　(어릿광대를 보며) 제가 그동안 마님의 뜻을 받들어 노고를 아끼지 않았사온데, 그 사실을 마님께서도 저의 행적을 보고 잘 아시리라고 믿습니다.

저희들 스스로 공로를 드러내는 것은 겸손을 버리고, 그 깨끗한 공로를 더럽히는 일이 될 수 있으니까요.

백작부인 (그 말을 이해하며) 이 못된 녀석, 여기서 뭘 하는 거지? (어릿광대에게) 썩 물러가라. 모두 믿을 건 못 되지만 네가 허튼짓을 하고 다닌다는 소문이 돌더구나. 지금이라도 당장 혼내고 싶으나 너그러운 마음으로 참고 있다. 너는 그런 못된 짓을 저지를 만큼 어리석지 않고, 그런 짓을 할 수 있는 머리가 있다는 것도 안다.

어릿광대 마님께서도 아시다시피 저는 가난한 놈입니다.

백작부인 그야 잘 알지.

어릿광대 아닙니다, 마님. 제가 가난뱅이라는 사실은 잘 알아서 좋을 일은 아니지요. 돈 많은 사람도 불행한 경우가 많다고 하지만 제가 마님의 자비로 세상에 나갈 수 있게 되면, 이 댁의 하녀 이스벨과 살림을 차려 잘 살아 보려고 합니다.

백작부인 비렁뱅이처럼 구걸하겠다는 건가?

어릿광대 이번만큼은 마님의 자비를 구하려고 합니다.

백작부인 무슨 말이지?

어릿광대 이스벨과 제가 계획한 일이랍니다. 남의 집 일을 한다는 게 대대로 물려받는 것도 아니니, 저희도 자식을 낳아서 복을 누릴 수 있기를 바랄 뿐입죠. 자식은 하늘이 내려준 축복이라고들 하니까요.

백작부인 결혼하려는 까닭을 말해 보게.

어릿광대 이 가련한 몸뚱이가 요구합니다, 마님. 이 살덩어리가 자꾸만 충동질하거든요. 악마가 충동질하면 하는 수 없이 끌려가게 마련이지요.

백작부인 단지 그뿐이란 말인가?

어릿광대 아닙니다, 마님. 그 말고도 여러 가지 신성한 까닭이 있습니다.

백작부인 그럼, 세상 사람들에게 그 까닭을 들려줄 수 있겠나?

어릿광대 마님, 마님이나 살과 피를 가진 모든 인간들처럼 저도 사악하고 죄 많은 인간입죠. 그러니 회개하기 위해 결혼하겠습니다.

백작부인 너의 악행을 회개하기 전에 결혼한 것을 먼저 후회하게 될걸.

어릿광대 마님, 저는 친구가 없습니다. 그러니 마누라를 위해서라도 친구가 필요합니다.

연극 〈끝이 좋으면 다 좋아〉 제니 디(백작부인 역)·엘리 피어시(헬레나 역) 출연. 셰익스피어 글로 브 시어터. 2011.

백작부인 그런 친구는 너에게는 적이 되는 거야, 이 어리석은 놈아.

어릿광대 마님, 훌륭한 친구에 대해 잘 모르시는 말씀입니다. 제가 지치면, 친 구 놈들이 와서 제 일을 대신 해주지요…… 소나 말 대신 논밭을 갈아주기 도 합니다. 그래도 수확은 몽땅 제 몫이 되지요. 아내가 그놈과 서방질을 하 면, 그놈은 정말 제 일꾼이 되는 거랍니다. 아내를 즐겁게 해주는 놈은 바로 저의 살과 피를 아껴주는 놈이지요. 제 살과 피를 아껴주는 자야말로, 제 살 과 피를 사랑해 주는 거고요. 제 살과 피를 사랑하는 사람은 제 친구인 거 지요. 그러니 아내와 키스하는 자는 바로 제 친구란 뜻이지요…… 남자란 다 그런 거라 생각하면 결혼을 겁낼 까닭은 하나도 없답니다. 고기 잘 먹는 젊 은 청교도나, 생선 잘 먹는 늙은 천주교도나, 신앙은 달라도 머리 꼴은 매한 가지라니까요. 서방질한 남편 꼴로 수사슴들처럼 뿔이 나 있다는 거죠.

백작부인 언제나 그렇게 욕쟁이 입으로 험담을 늘어놓을 텐가?

어릿광대 저야 예언자입죠, 마님. 가장 쉽게 진리를 말씀드리지요. (노래한다)

그 사랑의 노래나 다시 불러보자,
사람들이 진리라 믿는 그 노래를.

결혼이란 운명대로 주어지는 것,
샛서방 두는 것도 자기 팔자라네.

백작부인 물러가게. 나중에 다시 이야기하겠네.

집사 마님, 이자에게 헬레나를 데리고 오라고 하면 어떨까요? 그 여자에 대해 말씀드릴 게 있습니다.

백작부인 이보게, 가서 내 시녀에게 내가 할 말이 있다고 전하게. 헬레나 말이네.

어릿광대 (노래를 부른다)

그녀가 말하네, 이 아름다운 얼굴이
트로이를 멸망시켰다고?
어리석기도 하지.
이것이 프리아모스 왕의 기쁨이었다고?
왕비는 한숨지으며
왕비는 한숨지으며
이런 말을 했다지.

나쁜 사람 아홉 사이에 착한 사람 하나 있다면
나쁜 사람 아홉 사이에 착한 사람 하나 있다면
열 명 가운데 그래도 하나는 착한 사람이라네.

백작부인 뭐라고, 열 명 가운데 하나만 착하다고? 너는 노래를 나쁘게 만들어 부르는구나.

어릿광대 마님, 계집아이가 열 명 가운데 하나만 착하다면 그건 노래를 어여쁘게 고쳐 부른 셈이지요. 하느님이 일 년 내내 이 세상을 그렇게만 해주신다면! 열 명 가운데 하나는 좋다는 것 아닙니까! 제가 교구 신부라 해도, 아가씨 열 명 가운데 하나는 착하다고 말하겠습니다. 혜성이 하나 빛날 때마다, 큰 지진이 온 땅을 뒤흔들 때마다 착한 아가씨가 하나씩 태어난다면 그 제비뽑기에 끗발 잡기가 더 쉬워지겠지요. 사내의 심장을 잡아채기 전에 자기 심장부터 꺼내줄지도 모르니까요.

백작부인 이 나쁜 녀석, 어서 가거라. 내가 시키는 대로나 해!

어릿광대 남자는 여자의 명령에 따라야 하고, 그래도 전혀 해로울 게 없다는 거죠! 정직하다고 청교도인 건 아니니까, 별일은 없을 테죠. 그 오만한 검정 가운 위에는 겸손의 흰 사제복만 걸쳐주면 되는 거예요. 자, 갑니다…… 헬레나에게 이리로 오라고 하겠습니다. (퇴장)

백작부인 (집사에게) 자, 말해 보게.

집사 마님께서 그 시녀를 매우 아끼고 계신 줄은 잘 알고 있습니다.

백작부인 정말 그렇다네. 그 애 아버지의 유언으로 내가 돌보게 된 거야. 다른 이점들 말고 그 아이 자신만으로도 사랑받을 만한 충분한 자격이 있어. 나로서는 그 아이에게 해준 것보다 오히려 몇 배나 더 많은 빚을 지고 있지. 그래서 그 애가 바라는 것보다 더 많이 줄 생각이라네.

집사 마님, 실은 제가 얼마 전에 그 아가씨 곁에 아주 가까이 있었던 적이 있었습니다. 그런데 그 아가씨가 혼자 뭔가를 중얼대고 있었지요. 누군가가 듣고 있으리라고는 생각하지 못한 것 같았습니다. 들어보니, 이 댁 아드님을 사랑하고 있다는 것이었지요. 이렇게 중얼대더군요. "우리 둘 사이에 그런 차이를 만들어 놓은 운명은 여신이 될 수 없어. 신분이 같은 사람에게만 그 힘을 발휘하는 큐피드 또한 신이라 부를 수 없지. 가련한 기사가 불의의 습격을 받아 신음하는데도 구하려 들지 않고, 몸값을 치르려 하지도 않는 디아나도 처녀들의 여왕이 될 수 없어……"라고 처절하게 외쳐대고 있었지요. 처녀가 그토록 애달프게 말하는 건, 세상에 태어나 처음 들었습니다. 그래서 마님께 곧바로 알려드려야 할 것 같아서 이렇게 말씀드립니다. 마님께서 모르시는 사이에 무슨 좋지 않은 일이라도 일어날까 염려됩니다.

백작부인 정직하게 잘 말해 주었네. 자네 혼자만 알고 있게. 얼마쯤 눈치채고 있었지만 확실한 단서를 잡지 못해 이제까지 반신반의했었지…… 그럼 물러가게. 이 일은 자네 가슴속에만 간직해 두게. 이렇게 솔직하게 말해 주어 고맙네. 나중에 다시 이야기하세. (집사 퇴장)

헬레나, 다른 쪽에서 등장.

백작부인 (혼잣말로) 나도 젊었을 때는 그랬지······ 우리는 자연의 산물이니 어쩔 수 없어. 젊음의 장미꽃에는 으레 사랑의 가시가 붙어 있게 마련이야. 우리 몸이 피를 지니고 태어나듯, 그 피는 사랑을 지니고 태어나지. 젊은 가슴에 뜨거운 사랑의 불길이 타오르는 것은 자연의 섭리를 그대로 드러내고 증명해 주는 거야. 지난날을 되돌아보면 그런 잘못은 우리에게도 있었지. 그때는 잘못이라고는 생각조차 못했어. (헬레나에게 가까이 오라고 손짓한다) 저 아이의 눈빛을 보니 틀림없이 사랑 때문에 괴로워하고 있어······ 이제야 알겠구나.

헬레나 마님, 부르셨는지요?

백작부인 헬레나, 너도 알다시피 나는 네 어머니란다.

헬레나 아니에요, 제 주인마님이십니다.

백작부인 아니, 나는 네 어머니다. 어머니라고 부르면 안 될 까닭이라도 있는 거니? 내가 어머니라고 하니, 너는 마치 뱀을 보기라도 한 것처럼 놀라는구나. 어머니란 말에 왜 그리 놀라지? 나는 네 어머니야. 내가 낳은 자식들과 똑같이 너도 그 이름들 속에 있단다. 양자도 친자식과 똑같은 거야. 다른 씨앗들에서 골라 온 씨앗이 자라 본디 씨앗에서 자란 새싹처럼 잘 자라는 것을, 너도 때로 보지 않았느냐. 나는 너로 인해 산고를 겪지는 않았으나 어미로서의 사랑을 너에게 주고 있단다. 애야, 무슨 일이니? 내가 네 어머니라고 하니까 몸의 피가 굳는단 말이냐? 왜 그런 거지? 곧 소나기라도 퍼부을 듯이 일곱 빛깔 무지개가 네 눈가를 촉촉히 감싸고 있구나. 도대체 왜 그러느냐? 네가 내 딸이라고 하는데 말이다.

헬레나 그렇지 않습니다.

백작부인 내가 너의 어머니라니까.

헬레나 마님, 용서하세요. 루시용 백작님이 제 오빠가 될 수는 없습니다. 저는 천한 신분이고, 그분은 귀한 가문의 자손이시지요. 그분은 지체가 높으신 분이지만 저의 부모님은 그렇지 않습니다. 그분은 저의 주인이시며 귀하신 영주님이십니다. 저는 평생토록 그분의 종으로 살고 종으로 죽을 것입니다. 어떻게 그런 분이 저의 오빠가 될 수 있겠습니까?

백작부인 그렇다면 나도 네 어머니가 될 수 없다는 말이냐?

헬레나 마님은 저의 어머니이십니다. 정말 저의 어머니세요. 당신의 아드님이신 백작께서 저의 오빠만 되지 않는다면 마님께서 저의 어머니라는 사실이

연극 〈끝이 좋으면 다 좋아〉 주디 덴치(백작부인 역)·클로디 블레이클리(헬레나 역) 출연. 스트랫퍼드 로열셰익스피어 극단 공연. 2003.

얼마나 기쁠까요? 마님께서 저와 백작님에게 어머니가 되시더라도 제가 그분의 누이동생만 되지 않는다면, 천국이 따로 없겠지요. 그런데 제가 마님의 딸이라면 그분은 저의 오빠가 되어야 하잖아요.

백작부인 아니다. 헬레나, 너는 내 며느리도 될 수 있단다. 애야, 그렇게 되고 싶은 거로구나? 어머니와 딸이라는 말만 나오면 네가 그토록 놀라니 말이야! 저런, 얼굴이 다시 새파래졌구나! 걱정한 대로구나. 네가 왜 그렇게 쓸쓸해하며 눈물을 흘리는지 그 까닭을 알겠다. 틀림없어! 너는 내 아들을 사랑하는 거야! 아니라고 말해도 소용없다. 얼굴에 이미 나타나 있는데, 아니라고 해봐야 소용없단다. 그러니 속마음을 털어놓고 정말 그렇다고 말해 다오. 그것 봐라. 네 뺨들이 서로 고백하고 있잖니. 너의 눈도 네 태도에 나타난 그대로를 보여주고 있는데, 죄의식과 쓸데없는 고집만이 네 혀를 묶고 있어서 진실이 의심을 받게 되는 거란다. 어서 말해 보렴, 그렇다고! 만일 그게 사실이라면 네가 좋은 실타래를 헝클어 놓은 셈이 되었구나. 그게 아니라면 아니라고 맹세해 다오. 어쨌든 진실을 말해 다오. 하늘에 맹세코 너를 위해 애써 주마.

헬레나 (무릎을 꿇고) 용서해 주세요, 마님!

백작부인 내 아들을 사랑하느냐?

헬레나 부디 용서해 주세요, 마님!

백작부인 내 아들을 사랑하지?

헬레나 마님은 그분을 사랑하지 않으시나요?

백작부인 딴청 부리지 마라. 내가 아들을 사랑하는 건 세상 모두가 아는 마땅한 이치가 아니냐. 자, 어서 네 마음을 털어놓아라. 네 열정이 얼굴에 가득 나타나 있다.

헬레나 그럼 이렇게 높으신 하늘과 마님 앞에 무릎을 꿇고 먼저 마님께, 그다음에는 하늘에 고백하겠습니다. 저는 백작님을 사랑해요…… 저의 집안은 가난하지만 정직합니다. 제 사랑도 그렇답니다. 노여워 마세요. 제가 백작님을 사랑한다고 해서 그분에게 해를 끼치지는 않을 거예요. 주제넘게 따라다니지도 않겠어요. 이 몸이 그분에게 걸맞은 자질을 갖춘 사람이 될 때까지는 그분을 넘보지 않겠어요. 어떻게 하면 그런 자질을 갖추게 될지 모르겠습니다만…… 사랑해 봤자 헛되고 가망이 없음을 저도 잘 압니다. 그래도 저는 부어도 부어도 한 방울 남지 않고 새어버리는 얄궂은 체에다 그칠 줄 모르는 제 사랑의 물을 끊임없이 부어넣고 있답니다. 저는 인도인처럼 그릇된 신앙에서 태양을 경배합니다만, 태양은 경배자를 바라만 볼 뿐 조금도 알아주지는 않는답니다…… 마님, 마님께서 사랑하시는 분을 제가 사랑한다고 미워하지는 마세요. 연로하신 마님의 그 훌륭한 부덕으로 미루어 마님이 젊은 시절에도 정숙한 분이었음이 짐작 가고도 남지만, 만일 처녀의 신 디아나와 사랑의 신 베누스를 하나로 뭉친 것 같은 아주 맑으면서도 불꽃처럼 뜨거운 사랑의 경험을 가지고 계시다면, 오! 이루지 못할 사랑인 줄 알면서도 사랑할 수밖에 없는 이 몸을 가엾게 여겨주세요. 찾고 싶은 것을 애써 찾지도 못하고 남몰래 사랑을 안으로만 간직한 채, 수수께끼처럼 살다가 달콤하게 죽어갈 테니까요.

백작부인 숨기지 말고 말해 봐라. 너는 요즘 파리에 갈 생각을 하고 있다고?

헬레나 네, 그랬어요.

백작부인 무엇 때문이지? 정직하게 말해 보렴.

헬레나 사실대로 말씀드릴게요. 하늘에 맹세합니다…… 마님도 아시다시피 저의 아버지는 신통한 비방을 저에게 남겨주시고 세상을 떠나셨지요. 그 비방은 아버지가 독서와 실험을 통해서, 어떠한 병에도 효험이 있는 처방을 모으신 거랍니다. 아버지는 아직 세상에 알려지지 않은 비방이니 소중히 간직하라고 말씀하셨지요. 그 비방 가운데에는 절망적이라고 포기해 온 전하의 난치병을 고칠 수 있는 치료법도 적혀 있습니다.

백작부인 그래서 파리에 가겠다는 거였니? 그랬어?

헬레나 그것도 백작님 때문입니다. 그렇지 않다면 파리도, 약도, 전하도, 그 어떤 것도 생각하지 않았을 것입니다.

백작부인 하지만 헬레나, 네가 고쳐드리겠다고 해도 전하께서 받아들이려고 하실까? 전하와 시의들은 모두 같은 생각이란다. 치료할 수 없다고 시의들도 단념한 상태에서 가련하고 배우지 못한 너를 전하께서 믿어주실까? 모든 의술의 힘을 다 기울이고도 전하를 구할 수 없다고 한 병이니 말이야.

헬레나 세상에서 가장 뛰어나다고 손꼽힌 제 아버지의 의술도 뛰어넘는 힘이 이 비방에는 들어 있어요. 이 비법은 하늘에서 가장 복된 별들의 빛을 받아 저의 유산을 거룩하게 해줄 것입니다. 마님께서 그 효능을 시험해 보러 가도 좋다고 허락해 주신다면, 제 아깝지 않은 목숨을 하루, 아니 한 시간만이라도 전하를 치료해 드리는 데 바치겠습니다.

백작부인 고쳐드릴 수 있다고 믿느냐?

헬레나 예, 마님. 제가 가진 지식으로는 그렇습니다.

백작부인 그럼, 헬레나, 내 기꺼이 허락하마. 어서 가거라. 노잣돈과 수행할 사람들도 마련해 주겠다. 왕궁에 가거든 나의 가까운 친지들에게도 안부 전해라. 나는 여기에 머무르면서, 네가 하는 일이 잘되도록 기도하고 있겠다. 내일 아침에 떠나거라. 내 힘이 닿는 데까지 도울 테니, 그 사실을 잊지 말아라.

(모두 퇴장)

〔제2막 제1장〕

파리. 왕궁의 어느 방.

코넷 연주. 프랑스 왕, 피렌체 전투에 나가려는 몇몇 젊은 귀족들을 거느리고 옥좌에 앉아 있다. 그 가운데 버트람과 파롤레스도 보인다.

왕 (한쪽의 귀족들에게) 젊은 경들, 잘 다녀오오! 방금 이야기한 전쟁의 원칙들을 잊지 마시오. (다른 쪽의 귀족들에게) 경들도 잘 다녀오오! 그 충고를 마음에 새기고 받아들인다면 훨씬 넓게 효용이 미쳐서 양쪽 다 득을 보게 될 것이오.

귀족 1 훌륭한 무공을 세우고 돌아와 건강하신 전하를 다시 뵙게 되기를 빕니다.

왕 아니오, 그렇게는 안 될 것 같소. 물론 내 마음은 이 병이 내 목숨을 위협하리라고는 생각하지 않지만…… 아무튼 잘 다녀오오, 젊은 경들! 내가 살든 죽든, 경들은 훌륭한 프랑스의 아들들이니 부끄럽지 않은 무공을 세워주시오. 고지대의 이탈리아 놈들, 로마제국의 타락을 이어받은 그 무력한 민족들에게, 경들이 명예를 구걸하러 온 게 아니라 명예를 취하러 왔다는 사실을 보여주오. 가장 용맹한 자도 머뭇거리며 뒷걸음질 칠 때가 있으니, 경들은 목표를 세우고 눈부신 공을 세워 명성을 크게 떨치길 바라오…… 자, 모두 잘 다녀오시오.

귀족 2 전하, 부디 건강을 회복하소서!

왕 이탈리아 처녀들을 특히 조심하오. 저들은 우리 프랑스 사람들이 처녀들의 요구를 거절할 줄 모른다고 말한다니, 싸우기도 전에 포로가 되지 않도록 주의하시오.

귀족 1, 2 전하의 뜻을 받들어 명심하겠습니다.

왕 잘 다녀오시오. (시종들에게) 가까이 오너라. (시종들의 부축을 받아 침대의자에 기댄 채, 열린 커튼 사이로 들려 나간다)

귀족 1 (버트람에게) 오, 백작, 백작은 여기 남아 있게 됐군요!

파롤레스 그건 불꽃 같은 젊은 백작님의 잘못이 아니지요.

귀족 2 오, 이건 정말 굉장한 전쟁이오!

파롤레스 (몸을 떨며) 그럴 테지요! 저도 겪어보았습니다.

버트람 내가 뒤에 남게 된 것은 전하의 명령 때문입니다. "너무 어려" "내년에나", "너무 이르지" 하고 귀가 따갑도록 말씀을 하셨거든요.

파롤레스 그렇게 출전하고 싶으면 몰래 용감하게 빠져나가세요.

버트람 이곳에 머물러 있으면 매끄런 궁전 바닥에 구둣소리를 내면서 여자들 심부름이나 하겠지요. 그렇게 할일 없이 지내면서 명예는 돈으로 사고, 칼은 여자들과 춤출 때나 멋으로 차게 될 겁니다! 하늘에 맹세코 몰래 빠져나가겠습니다.

귀족 1 몰래 간다 해도 명예로운 일입니다.

파롤레스 꼭 그렇게 하세요, 백작님.

귀족 2 나도 당신을 도와주겠소. 그럼 안녕히.

버트람 함께 지내온 당신들과 헤어지게 되다니, 가슴이 찢어지는 것 같습니다.

귀족 1 (파롤레스에게) 잘 있으시오, 대장.

귀족 2 잘 있으시오, 친애하는 파롤레스!

파롤레스 고귀하신 영웅 나리들, 저의 칼과 여러분의 칼은 같은 것입니다. 불꽃처럼 빛나는 칼을 가진 용사 여러분, 한 말씀 드리면, 스파이니아이족에게 대장 스푸리오*² 란 자가 있습니다. 그자 왼쪽 뺨 바로 여기에 무공의 흔적이

---

*2 Spurio. 라틴어 spurius(거짓된, 위조의)란 뜻에서 나온 말. 그의 말이 거짓임을 암시한다.

있지요. 그 상처는 바로 이 칼이 낸 것입니다. 그자를 만나시거든 제가 살아 있다고 전해 주시고, 뭐라고 말하는지 한번 들어보십시오.

귀족 1 그리하겠소, 대장.

파롤레스 군신 마르스가 새내기 당신들을 어여삐 여기시기를! (귀족들 퇴장. 버트람에게) 백작님은 어떻게 하실 생각이죠?

이때 커튼이 한쪽으로 열리며 의자에 기대어 있는 왕의 모습이 보인다. 시종들이 왕을 부축하여 앞으로 나온다.

버트람 (손가락으로 입술을 가리며) 쉿, 전하가 오시오!

파롤레스 (버트람을 재촉해 자리를 떠난다) 안 됩니다. 저 귀족들에게는 좀더 예의를 갖추어 인사를 해야 합니다. 형식적인 작별 인사는 너무 차가우니 좀더 감정을 표현해야지요. 시대를 앞서서 이끌어 가는 사람들이거든요. 별처럼 빛나는 유행의 물결 속에서 걸음걸이, 먹는 법, 말씨, 동작, 무엇이든 눈에 띄지요. 비록 악마가 부추긴다 해도 그 무리에 끼어야 합니다. 저들을 뒤쫓아가서 좀더 길게 작별 인사를 합시다.

버트람 그럼, 그렇게 하겠소.

파롤레스 훌륭하신 분들이죠. 또 앞으로 내로라하는 뛰어난 검객이 될 분들이에요. (버트람과 함께 퇴장)

라퓌 등장.

라퓌 (무릎을 꿇고) 전하, 황공하오나 한 가지 소식을 전하고자 합니다.

왕 금화라도 줄 터이니 어서 일어서시오.

라퓌 (일어선다) 일어설 만한 이유가 있어 먼저 일어서니 용서하십시오. 전하께서 제 앞에 무릎 꿇어 청원을 하시고, 제 명령에 따라 벌떡 일어서게 되신다면 얼마나 좋겠습니까?

왕 그리할 수만 있다면 얼마나 좋겠소. 그러면 경의 머리통을 깨주고는 자비를 구할 텐데.

라퓌 운 좋게도 빗나갔습니다. 그런데 전하! 치료는 계속 받으시겠지요?

연극 〈끝이 좋으면 다 좋아〉 존 도브 감독, 심 콕스(왕 역)·엘리 피어시(헬레나 역) 출연. 런던 글로브 시어터. 2011.

왕 그럴 생각은 없소.

라퓌 오, 포도는 잡수시지 않겠다는 말씀이시군요, 여우 같으신 전하? 제가 바치는 훌륭한 포도입니다. 여우 같으신 전하 손에 닿으면 드시게 되겠지요. 돌에도 생명을 불어넣고, 바위도 살려내며, 전하께서 요정처럼 가볍게 카나리아 춤을 추게 할 수 있는 명의를 찾아냈습니다. 그 사람 손이 닿기만 하면 페팽 왕도 무덤에서 일으켜 세우고, 저 샤를마뉴 대제도 펜을 쥐고서 그녀에게 사랑의 시를 쓸 것입니다.

왕 그녀라니, 누구를 말하는 거요?

라퓌 글쎄, 그 명의가 바로 여의사랍니다. 벌써 이곳에 와 있습니다. 만나보시겠는지요? 제가 농담처럼 말씀드렸으나, 실은 믿음과 명예를 걸고 진심으로 말씀드리는 겁니다. 그 의사는 여자답고, 꽃다운 나이에다 말씀씨도 좋고, 지혜가 뛰어나며 지조가 굳은데, 제가 망령이 나서 이런 말씀을 올리는 게 아니라 어느 모로 보아도 흠잡을 데 없이 훌륭했습니다. 전하를 뵙겠다고 청하고 있으니 만나주소서. 만나보신 뒤에 저를 웃음거리로 만드셔도 좋습니다.

왕 그럼 라푀 경, 그 놀라운 인물을 데려와 보시오. 내가 경과 함께 놀라든지,
아니면 경이 놀란 데 대해 내가 놀라서 그 놀라움을 덜어주든지 하겠소.

라푀 그럼 그리 해드리겠습니다. 하루 종일 걸릴 일도 아니니까요. (급히 퇴장)

왕 저 사람은 대수롭지 않은 것도 늘 대단한 것처럼 늘어놓길 좋아하지.

라푀 다시 등장. 헬레나에게 문을 열어 준다.

라푀 어서 들어오시오.

헬레나, 수줍은 얼굴로 등장.

왕 날개가 돋친 듯 빠르기도 하구려.

라푀 아니, 이쪽으로! 이분이 전하시오. 마음속에 담아둔 것을 전하께 아뢰도
록 하오. 당신은 반역자 같은 얼굴을 하고 있군요. 하지만 전하께서는 반역
자 따위를 두려워하지도 않으시지요. 저는 크레시다의 숙부*³처럼 두 분을
만나게 해드렸으니 물러가겠습니다. 그럼 이만. (퇴장)

왕 자, 아름다운 처녀, 그대의 볼일은 나에 관한 것인가?

헬레나 그렇습니다, 전하. 저의 아버지는 제라르 드 나르봉이라 하오며, 이름
이 알려진 의사였습니다.

왕 나도 그 사람을 잘 알고 있다.

헬레나 전하께서도 알고 계시니 아버지에 대한 이야기는 그만하겠습니다……
아버지는 돌아가실 때 저에게 여러 처방들을 알려주셨습니다. 그 가운데서
도 특히 실제 치료를 통해 얻은 가장 소중한 결실로서, 오랜 경험에서 유일
한 연인이 되어준 하나의 비방을 일러주시면서, 제3의 눈으로 보고, 저의 두
눈보다 더 소중히 간직하라 이르셨습니다. 저는 그것을 소중히 간직해 왔습
니다. 전하께서 몹쓸 병환에 걸리셨다는 소식을 듣고 아버지가 남기신 비방
으로 고쳐드릴 수 있을 것 같아 황공하옵게도 이렇게 뵙기를 청했나이다.

왕 처녀의 뜻은 고마우나, 내 병은 그리 쉽게 고칠 수 있는 게 아니네. 박학한

---

*3 셰익스피어의 작품 〈트로일로스와 크레시다〉에서 연인을 이어준 사람.

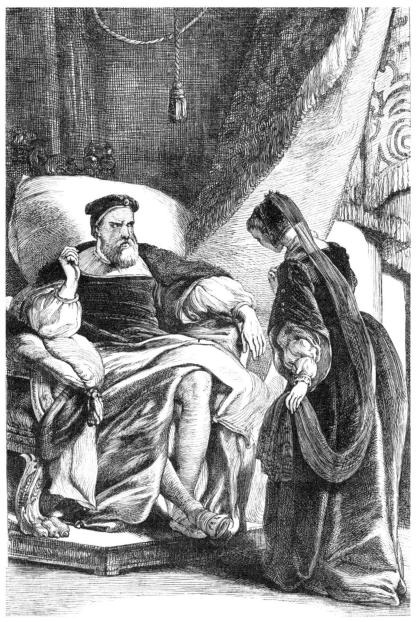

2막 1장, 왕과 헬레나   헨리 코트니 셀루스

시의들도 모두 손을 놓았고, 의학계 명사들이 모여 치료할 수 없는 상태에 빠진 자연을 인간의 기술로는 되돌릴 수가 없다고 이미 결론을 내렸는데, 그대의 요법을 믿으며 내 판단을 욕되게 할 수는 없는 일이지. 치료법이 없는 줄 알면서도 희망을 버리지 못해 쓸데없는 도움을 청하여 왕의 위신을 떨어뜨릴 수는 없네.

헬레나 그러시면 저의 헛된 노력도 전하에 대한 충절이었다 생각하고, 더는 권해 드리지 않겠습니다. 하지만 제 진심어린 소청을 불손한 짓이라고 여기지 말아주시기 바라며 이만 물러가나이다.

왕 그 정도의 청이라면 고마운 마음으로 들어줄 수 있지…… 나를 치료해 주겠다는 성의를 생각하면 죽음에 처한 사람으로서, 오래 살도록 기원해 주는 이들에게 줄 감사를 그대에게 하고도 남으리라. 그러나 나는 내 병이 위중함을 잘 알고 있는데 그대는 조금도 그 사실을 모르고, 나는 내가 위독한 줄 알고 있어도 그대는 의술을 전혀 모르지 않느냐.

헬레나 치료가 불가능하다고 단정하신다면 제가 어떻게 치료를 할 수 있는지 시험삼아 지켜보셔도 해가 되지는 않으리라고 생각합니다. 가장 위대한 일을 이루시는 신께서도 때로는 가장 보잘것없는 것을 사용하실 때가 있다고 합니다. 그래서 성경 말씀에도 재판관들은 어린아이였을 때부터 매우 뛰어난 판단력을 보였다고 하지 않습니까. 또한 대홍수도 작은 샘으로부터 시작되었으며, 훌륭하신 분들이 기적을 부정했어도 큰 바다의 물은 말랐다고 하지 않습니까. 예측하지 못한 일들도 이따금 일어나고는 하지요. 크게 기대했던 일이 실패로 돌아가기도 하고, 가장 절망적으로 보이던 일이 성공에 이르기도 합니다.

왕 더는 듣고 싶지 않구나. 친절한 아가씨, 그만 물러가게. 그대는 헛수고를 하였으니, 그 수고에 대한 값은 그대 자신이 치르고, 받지 않은 선물에 대한 대가로 나는 감사하다는 말만을 해야겠군.

헬레나 (한숨지으며 혼잣말로) 신께서 주신 소중한 능력도 인간의 입김으로 허무하게 무너지고 마는구나. 전지전능하신 조물주께서는 우리 인간처럼 겉모습만 보고 판단하지는 않으시지. 하늘의 도우심을 인간의 힘으로 된 것처럼 생각하는 것은 가장 큰 잘못이야. (왕에게) 전하, 저에게 허락해 주소서. 저의 힘이 아닌, 하늘의 힘을 시험해 보소서. 저는 제 힘에 부치는 것을 할 수 있다고 큰소리치는 허풍쟁이가 아닙니다. 저는 틀림없이 고쳐드릴 수 있습니다. 전하의 병환은 결코 불치병이 아니라는 사실을 알고 있으며, 그렇게 확신하고 있나이다.

왕 그렇게 자신이 있느냐? 나의 병을 고치는 데 얼마나 걸리겠느냐?

헬레나 자비로우신 신께서 은총을 내리시면 태양의 신 아폴로를 태운 마차가 불타는 횃불을 두 번 가져오기 전에, 물기 머금은 개밥바라기가 어스름한 서쪽 하늘에서 졸음 오는 등불을 두 번 끄기 전에, 그리고 뱃사람의 모래시계가 도둑 같은 시간을 소리도 없이 스물네 번 가리키기 전에 전하의 쇠약함은 날아가 버리고, 건강은 되살아나고, 병환은 종말을 맞이하게 될 것입니다.

왕 만일 그대의 확신과 자신감이 빗나가면 어떻게 하지?

헬레나 교만한 여자, 뻔뻔스런 매춘부, 염치없는 망신꾼으로 불리며 비난을 받아도 괜찮습니다. 또는 처녀인 이 몸에 어떤 낙인이 찍히거나 혹독한 고문으로 목숨을 잃는다 해도 좋습니다.

왕 그대 몸속에 어느 축복받은 영혼이 들어와, 그 연약한 악기에서 그토록 힘찬 울림을 내는 것만 같구나. 일반적인 관념으로는 일어날 수 없는 일이라도 달리 생각해 보면 그럴 수도 있다고, 어느새 우리 감각은 다른 편의 손을 들어주기도 하지…… 생명은 소중한 것인데 젊음과 아름다움, 지혜와 용기, 게다가 행복이라 부르는 모든 것을 손에 쥐고 있는, 인생의 절정기를 누리는 젊은이가 이 모든 것을 걸어 위험한 일을 감히 하겠다고 나서니 말이다. 틀림없이 그대의 의술은 놀라우리만치 뛰어날 것이니, 아름다운 의사여, 그대의 치료를 받아보겠다. 하지만 만일 내가 죽게 되면 그대도 목숨을 잃게 되리라.

헬레나 만일 약속한 때를 어기거나, 약속한 대로 낫지 않으시면, 불쌍히 여기지 마시고 사형에 처해 주십시오. 열 번 죽어 마땅합니다. 도움을 드리지 못할 때는 죽음을 대가로 치르겠습니다. 그런데 병환이 낫게 되시면 그때에는 어떤 상을 내려주시려는지요?

왕 그대의 소원을 말해 보아라.

헬레나 저의 소원을 정말 들어주시겠습니까?

왕 물론이다. 이 왕의 홀(笏)과 천국의 희망을 걸고 맹세하겠다.

헬레나 그러면 제가 원하는 분을 전하께서 배우자로 정해 주십시오. 전하께서 하실 수 있는 일입니다. 하오나 프랑스 왕실 가운데서 한 분을 뽑아, 이 천한 신분을 높여 영화를 누려보겠다는 야망은 조금도 없나이다. 제가 부탁드릴 만하고 전하께서도 허락해 주실 만한 전하의 신하 가운데 한 분을 선택하겠나이다.

왕 이 손을 들어 맹세하지. 조건대로 된다면 그대 소원을 들어주겠다. 나는 이미 그대의 치료를 받기로 결심했으니 치료받을 기간은 그대가 정하여라. 그대의 형편에 따르겠다…… 그대가 어디서 왔고, 누구와 함께 있는지 아직 물어보아야 할 것들은 많으나, 알게 된다고 더 믿게 되는 것도 아니니, 묻지 않아도 좋고 의심하지 않는 것도 복이 되리라. 아, 나를 좀 도와다오! 그대 말대로 그토록 뛰어난 의술을 보여준다면, 그에 맞는 보답을 그대에게 하리라. (나팔 연주. 퇴장)

〔제2막 제2장〕

루시용. 백작부인 저택의 한 방.
백작부인과 어릿광대 등장.

백작부인 이리 오너라. 네가 받은 교육에 알맞는 일을 너에게 부탁하겠다.

어릿광대 이 몸이야 훌륭한 음식을 먹어왔어도 제대로 배우지는 못했습니다. 제 일이란 게 기껏해야 궁정에 다녀오라는 심부름으로 알고 있는데요.

백작부인 아니, 기껏해야 궁정이라니! 그럼 너는 어떤 곳을 특별하다고 생각하지? 궁정을 그렇게 못마땅하게 여기다니 말이 되느냐!

어릿광대 사실이 그렇습니다, 마님. 제가 신에게서 예의범절이란 걸 빌렸다면 그걸 궁정에서 써먹기가 쉬웠겠죠. 무릎을 굽힐 줄도, 모자를 벗을 줄도, 손에 입맞추고 입을 다물고 서 있을 줄도 모르는 놈은 다리도, 손도, 입술도, 모자도 없는 놈이죠. 정확히 말해 저 같은 놈은 궁정에는 맞지 않습니다. 하지만 저는 누구에게나 딱 들어맞는 대답을 알고 있답니다.

백작부인 누구에게나 들어맞다니, 참으로 편리한 대답이로구나.

어릿광대 그건 아무 엉덩이에나 들어맞는 이발소 의자 같은 거랍니다. 그러니까 뾰족한 엉덩이, 널따란 엉덩이, 기름진 엉덩이, 어떤 엉덩이라도 다 들어 맞는다고요.

백작부인 그래 어떤 질문에도 척척 대답할 수 있다는 말이지?

어릿광대 그야 물론입니다. 변호사 손바닥에는 10그로트, 호박비단 옷감을 두른 매춘부에게는 매독균이 붙은 금화, 농사꾼 손가락에는 골풀가락지, 참회의 화요일에는 핫케이크, 오월제에는 모리스 춤, 구멍에는 못, 바람난 아내의 남편에게는 뿔, 입씨름꾼 사내에게는 바가지 긁는 여편네, 수도사 입에는 수녀 입술, 순대 껍질에는 꽉 찬 속, 이렇게 척척 받아넘길 수 있죠.

백작부인 무슨 질문에도 그렇게 척척 대답하겠다 이거지?

어릿광대 위로는 공작님부터 아래로는 경관 나리에 이르기까지, 어떤 질문에도 문제없습니다.

백작부인 어떤 질문에도 통하는 대답이라니 대단하구나.

어릿광대 아니 뭐, 다 그렇고 그런 거지요. 학자나 진실을 말하는 거랍니다. 자, 여기 모든 대답들을 가지고 있습니다. 저를 궁인이라 여기고 물어보세요. 배워서 나쁠 건 없으니까요.

백작부인 이런 소일거리로 젊어질 수만 있다면…… 어디 바보가 된 셈치고 한번 물어보자꾸나. 너의 대답을 들으면 현명해질지도 모르지. 그렇다면 신사분, 당신은 궁인이세요?

어릿광대 아, 뭐! 그런 대답이야 아무것도 아니죠. 자, 얼마든지 물어봐요.

백작부인 저는 신분이 천한 여자입니다. 하지만 당신을 사랑해요.

어릿광대 오, 주여! 자꾸자꾸 더 말해요! 사정없이요.

백작부인 이런 형편없는 음식을 어떻게 드실 수 있죠?

어릿광대 오, 주여! 나한테 줘봐요. 내가 장담하죠.

백작부인 듣자 하니 얼마 전에 매를 맞으셨다고요?

어릿광대 오, 주여! 사정없이요.

백작부인 아니, 매를 맞으면서도 "오, 주여!"니 "사정없이요"라는 말을 할 거냐? 하기야 너의 그 "오, 주여!"란 소리는 네가 매 맞을 때에 할 수 있는 멋진 대답이 되겠구나.

어릿광대 "오, 주여!"란 말로 이렇게 낭패본 건 처음이랍니다. 무엇이든 오래 쓰다 보면 쓸모없게 되는 법이죠.

백작부인 참, 나야말로 이렇게 어릿광대와 농담이나 하며 시간을 보내다니.

어릿광대 오, 주여! 그것 보세요. 또다시 써먹게 되나요.

백작부인 자, 이제 그만하고 네 일이나 해. 이 편지를 헬레나에게 전해 주고, 답장을 써달라고 해. 그리고 내 아들과 친척들에게도 안부를 전해라. 그리 대단한 일은 아니지.

어릿광대 그리 대단하지 않게 안부를 전하라고요?

백작부인 너에게는 그리 대단한 심부름이 아니라는 거다. 알겠느냐?

어릿광대 알다 뿐입니까, 다리보다 이 마음이 먼저 가 있습니다.

백작부인 어서 다녀오게. (두 사람, 따로따로 퇴장)

〔제2막 제3장〕

파리. 왕궁의 한 방.
무대 뒤쪽에 의자가 두 개 놓여 있다. 버트람, 라푀, 파롤레스 등장.

라푀 요즘 사람들은 기적이란 것을 그저 옛날이야기겠거니 무시해 버리오. 학자들 말을 들어보면, 원인을 모르는 불가사의한 사건도 평범한 일이 되어 버렸소. 그래서 우리는 알지 못하는 공포에 굴복해야 할 때에도 그럴듯한 지식을 내세워 가볍게 여기곤 하오.

파롤레스 사실 이번 일은 최근에 일어난 것들 가운데 가장 보기 드문 놀라운 사건입니다.

버트람 정말 그래요.

라푀 내로라하는 명의들이 모두 포기했었는데 말이오.

파롤레스 제 말이 그 말입니다.

라푀 갈레노스 학파와 파라셀수스 학파의 의사들 모두…….

파롤레스 제 말이 그 말입니다.

라푀 박식하고 권위 있는 사람들 모두…….

파롤레스 맞아요, 제 말이 그 말입니다.

라푀 불치병이라고 손을 뗐는데…….

파롤레스 글쎄, 제 말이 그 말입니다.

라푀 방법이 없다고들 했는데…….

파롤레스 그래요, 바로 안 된다고 했었죠.

라푀 삶은 불확실하며, 죽음은 확실한 것이라고들 했소.

파롤레스 말씀 잘하셨습니다. 저도 그리 말하려던 참이었어요.

라푀 사실 이 일이야말로 세상에서 가장 기이한 이야기라고 할 수 있지요.

파롤레스 정말 그렇답니다. 그걸 한마디로 표현하면 글쎄, 뭐라고 하지요?

라푀 (허리띠에서 시집을 꺼내) "이 땅 위의 배우인 인간을 통해 하늘의 위대한 힘을 보여주시는 일"이라 할 수 있겠죠.

파롤레스 바로 그겁니다. 저도 그렇게 말하고 싶었습니다.

라푀 세상에, 돌고래도 무색할 정도로 원기를 되찾으셨으니. 사실 내가 말하려는 것은…….

파롤레스 너무나 신기한 일입니다. 신기하다는 말밖에 떠오르지 않는군요. 아주 거짓되고 못된 인간이 아니라면 누구나 다 인정하겠지요. 이 사실을 말이에요.

라푀 하늘이 내리신 바로 그 손…….

파롤레스 그렇지요, 제 말이 그 말입니다.

라푀 가장 연약한…….

파롤레스 연약한 자를 통해 위대한 힘, 초월적인 힘을 보여주셨지요. 그러니까 그 힘은 전하의 회복뿐만이 아니라 우리 모두에게 더 큰 은혜로, 그러니까…….

라푀 다 함께 감사드려야 할 일이 되겠죠.

왕과 헬레나가 시종들과 함께 등장.

파롤레스 저도 그렇게 말씀드리려고 했어요. 말씀 참 잘하셨습니다…… 전하께서 오십니다.

라푀 네덜란드 사람들이 말하듯이 그야말로 루스티히(혈기왕성)하시군! 나도 이 입안에 치아만 남아 있다면 젊은 여자와 연애할 생각이오. 세상에, 전하께서도 저 처녀와 쿠랑트 춤을 추실 수 있겠구려!

파롤레스 오, 이럴 수가(Mort du vinaigre)! 저건 헬레나가 아닌가요?

라퓌　맞아요, 헬레나가 틀림없소.

왕　(시종들에게) 궁정에 있는 귀족들을 모두 이리로 오라고 해라. (시종들 퇴장) 내 생명의 은인, 어서 환자인 내 옆에 앉아라. (헬레나를 옥좌 곁으로 다가오게 한다) 잃어버렸던 감각을 되찾은 이 건강한 손으로 이전에 한 약속을 다시 한 번 보증하노라, 이제 나의 선물을 받아라. 그대가 이름을 말하면 바로 이루어질 것이다. (그들이 앉는다)

서너 명의 귀족들, 등장하여 왕 앞에 선다. 버트람, 그들 곁에 선다.

왕　아름다운 아가씨, 눈길을 돌려 앞쪽을 보아라. 이 젊은 귀족들은 모두 미혼이며 내가 배우자를 선택하게 되어 있다. 나는 이들의 군주·이자 어버이기도 하지. 자, 그대가 원하는 사람을 골라보게. 그대에게는 선택할 권한이 있으나, 이들은 거부할 권한이 없네.

헬레나　(귀족들에게) 사랑의 신께서 여러분에게 아름답고 정숙한 여인을 보내주시길! 그러나 한 분만은 안 됩니다!

라퓌　(좀 떨어진 곳에서) 내가 아끼는 적갈색 말에 마구를 모두 내어주더라도, 나도 저 젊은이들처럼 고삐도 필요없고 턱수염도 없다면 좋겠군.

왕　(헬레나에게) 잘 살펴보아라. 모두가 훌륭한 집안의 자식들이니.

헬레나　(일어서며) 여러분, 하늘은 저를 통하여 전하의 건강을 되찾게 해주셨습니다.

귀족들　잘 알고 있습니다. 아가씨를 보내주신 데 대해 우리는 하늘에 감사드리고 있습니다.

헬레나　저는 그저 평범한 처녀일 뿐입니다. 그러나 이렇게 말씀드릴 수 있어서 더없이 부유한 신분인 듯 여겨집니다…… 전하, 황공하오나 그만두겠습니다. 붉게 물든 제 두 뺨이 저에게 이렇게 속삭이고 있습니다. "선택하고 나면 우리는 붉어지겠지. 그러나 만일 그분에게 거절당하면…… 이 뺨이 죽은 사람처럼 새하얗게 변해서 다시는 붉은빛이 돌아오지 않을 거야"라고요.

왕　선택해 보아라. 누구든지 너의 사랑을 거부하는 것은 나를 거역하는 일이니라.

헬레나　처녀의 신 디아나여, 저는 당신의 거룩한 제단에서 이제 날아가겠습

BBC 드라마 〈끝이 좋으면 다 좋아〉　엘리야 모신스키 감독, 안젤라 다운(헬레나 역)·이안 찰스턴 (버트람 역)·셀리아 존슨(백작부인 역)·도널드 신덴(프랑스 왕) 출연. 1981.

니다. 저는 지고지순한 사랑의 신 베누스에게 마음을 다해 기도드립니다……
(귀족 1에게) 저의 청을 들어주시겠습니까?

귀족 1　마땅히 들어드리겠습니다.

헬레나　(귀족 1에게) 고맙습니다. 더는 여쭈어 보지 않겠습니다. (귀족 1, 절을 한다)

라푀　자기 목숨을 내던지느니 저렇게 선택되는 게 낫지.

헬레나　(잠시 머뭇거리다가 귀족 2에게) 당신의 두 눈에는 불타는 자존심이 제 가 말씀을 드리기도 전에 엄숙하게 대답하시네요. "사랑이여, 그대의 신분을 높여라. 지금 사랑을 바라는 이 처녀의, 이 미천한 여자의 사랑보다 스무 배 이상으로!" 이렇게 말이에요!

귀족 2　아뇨, 당신이 괜찮다면 지금 이 신분도 좋습니다.

헬레나　지금 말씀드린 대로 하세요. 위대한 사랑의 신이 허락하실 겁니다! 그 럼 실례하겠습니다. (지나간다)

라푀　저 젊은이들이 처녀를 거부하는 걸까? 내 자식들이라면 흠뻑 혼을 내주 거나, 터키 왕에게 보내 고자를 만들어 버리겠다.

헬레나　(귀족 3에게) 제 손길이 당신을 선택할까 두려워하지 마세요. 당신에게 해가 될 일은 결코 하지 않을 테니까요. 당신의 맹세에 축복이 있기를! 결혼

하실 때 저보다 더 아름다운 신부를 만나시기를! (지나간다)

라쾨 저 젊은이들은 얼음 인형들인가 보군. 아무도 아내로 삼겠다고 하지 않으니. 틀림없이 잉글랜드 놈의 사생아들이야. 프랑스인의 자식들은 저럴 수 없지.

헬레나 (귀족 4에게) 이 몸에서 자식을 얻기에는 당신은 너무 젊고, 너무 행복하며, 너무 훌륭하십니다.

귀족 4 아가씨, 나는 그렇게 생각하지 않습니다. (헬레나, 지나간다)

라쾨 진짜 포도알이 아직 하나 남아 있군. 네 아버지가 포도주를 마셨나 보구나. 어쨌든 네가 밥통이 아니라면, 나는 열네 살짜리 애송이다. 네 속을 뻔히 알고 있다고.

헬레나 (버트람에게) 감히 당신을 선택하겠다고 말하지는 못합니다. 하지만 제가 살아가는 동안 이 몸과 마음을 바쳐 당신을 따르겠어요…… (왕에게) 바로 이분입니다.

왕 이보게, 버트람, 이 아가씨를 아내로 맞아들이도록 하라.

버트람 전하, 아내로 맞아들이라는 말씀입니까? 이런 일은 제 눈으로 직접 정하도록 허락해 주십시오.

왕 버트람, 이 아가씨가 나를 위해 어떤 일을 했는지 모른단 말이냐?

버트람 알고 있습니다, 전하. 하지만 그렇다고 해서 제가 왜 저 아가씨를 아내로 맞아야 하는지 모르겠습니다.

왕 이 아가씨가 나를 병상에서 일으켜 준 사실을 그대도 잘 알겠지.

버트람 전하를 일으켰다고 해서, 제가 쓰러져야 할 까닭이 있습니까? 저는 이 처녀를 잘 알고 있습니다. 가난한 의사의 딸인데, 제 아버지가 거두셨지요. 그런 아가씨를 아내로 맞이하라니요! (혼잣말로) 차라리 멸시받으며 영원히 파멸하는 편이 낫지!

왕 그대가 저 아가씨를 경멸하는 것은 지위가 낮기 때문이니 내가 그 지위를 만들어 주겠다…… 참으로 이상도 하지. 우리의 피는 서로 그 빛깔도 무게도 온도도 똑같은데, 크게 다른 것처럼 생각하니 말이야…… 이 처녀야말로 너무나 고결하여 미덕 그 자체라 할 수 있네. 그대가 혐오하는 가난한 의사의 딸이란 것만 빼고는 말야. 그렇다면 그대는 지위 때문에 그 미덕을 멸시하는 게 되지. 하지만 그러지 말게. 아무리 지위가 낮다 해도 덕을 베풀면 그 지위

2막 3장, 왕과 버트람, 헬레나 H.C. 셀루스

는 높아지게 마련일세. 아무리 지위가 높다 해도 오만불손하여 덕을 베풀지
않으면 그것은 텅빈 명예일 뿐이라네. 선이란 지위가 없어도 선이며, 악 또한

마찬가지지. 이 둘은 본성대로 나타나는 법, 지위에 따라서 나타나는 것은 아닐세…… 저 처녀는 젊고 지혜로우며 아름다우니, 이 미덕은 그녀가 바로 자연으로부터 받은 거라네. 거기서 참된 명예가 꽃피는 법이야. 아무리 명예로운 가문에서 태어났어도 조상의 덕을 따르지 못하면 오히려 가문의 명예를 욕되게 하는 것이라네. 그러니 조상의 공덕을 입지 않고, 자기 행위로 얻는 명예야말로 참된 명예지. 명예라는 말은 그것만으로는 장식물에 지나지 않아. 온갖 무덤들이 거짓으로 혹은 과장하여 묘비명을 세우니, 참으로 명예로운 백골은 흙과 망각의 무덤 속에 묻혀 침묵하는 경우가 많다네. 자, 어찌하겠나? 그대가 이 아가씨를 한 여자로서 사랑할 수 있다면 그 나머지는 내가 보충해 주지. 그녀의 미덕을 지참금으로 삼고, 그 밖에 명예와 재물은 나한테 받게.

버트람 저는 이 아가씨를 사랑할 수 없습니다. 또한 사랑하려고 애쓰지도 않겠습니다.

왕 그렇게 고집을 부리면 그대 자신에게 좋지 않을 것이다.

헬레나 저는 전하께서 건강을 되찾으신 것만이 오직 기쁠 따름입니다. 저와 관계된 일은 없던 걸로 해주소서.

왕 왕으로서의 명예를 걸고 내 명예를 지키기 위해서 왕권을 사용하겠다. (일어선다) 자, 오만불손한 젊은이여, 이 처녀의 손을 잡아라. 그대는 이토록 귀한 선물을 받을 자격도 없다. 그대는 나의 은총과 저 아가씨의 덕을 경멸하여 불충을 저지르고 있다. 그녀의 부족함에 내 무게가 더해지면 그대는 저 높은 곳까지 닿게 되리라는 것을 모르느냐? 그대의 명예를 어디에 심더라도 내 뜻에 따라 명예로워질 수도, 그렇지 않을 수도 있다. 자, 그대의 마음을 바로잡고 이 처녀와 나의 뜻을 따르도록 하라. 그대의 못된 고집이 통하리라 믿지 마라. 지금 그대의 운명은 내 명령에 복종하고, 신하로서의 의무를 다하는 것이다. 나는 왕으로서 그대에게 명령하겠다. 만일 신하의 도리를 저버린다면 그대가 젊음과 무지로 인해 비틀거리며 나락으로 떨어지더라도 다시는 돌아보지 않겠다. 내 보복과 증오가 국법의 이름으로 그대에게 쏟아질 것이다. 자, 대답해 보아라!

버트람 전하, 용서해 주소서. 전하의 명령 한마디로 높은 지위도, 사소한 명예도 이루어질 것입니다. 조금 전까지도 저는 이 처녀를 미천한 신분이라고 생각했지만 이제부터는 전하의 은총을 입은 신분 높은 아가씨로 알고 맞이하겠습니다.

왕 그 처녀의 손을 잡아라. 그리고 그대의 아내라고 불러라. 그대의 지위에 어울리며 그대보다 높지 않게 그대 아내의 신분을 높여주겠다.

버트람 손을 잡고 맹세하겠습니다.

왕 이 혼약 위에 행운의 여신과 왕의 은총이 함께 미소 짓기를! 그러니 예식은 오늘 태어난 명령에 어울리게 오늘 밤 치러라. 그러나 축하 잔치는 집안 친지가 모인 뒷날 열겠다. 그대의 아내를 사랑하는 것이 곧 나에 대한 충성이니, 그렇게 하지 않으면 큰 잘못을 저지르게 되는 것이다. (라뾔와 파롤레스 둘만 남고 모두 퇴장)

라뾔 이봐요, 선생. 내 말 들리오? (파롤레스에게) 나와 이야기 좀 합시다.

파롤레스 무슨 말씀이십니까?

라뾔 당신 주인 나리가 자신이 한 말을 취소해서 다행이오.

파롤레스 취소라뇨! 그리고 주인이라고! 나리라고요!

라뾔 그렇소. 내가 잘못 말한 거요?

파롤레스 너무 심한 말씀이시죠. 피를 보지 않고서는 그냥 흘려버릴 수 없는 말입니다. 주인이라니!

라뾔 당신은 루시용 백작을 수행하는 사람이 아닌가?

파롤레스 어떤 백작도 저에게는 친구이며, 저는 모든 백작의 친구예요. 적어도 남자라면!

라뾔 백작 하인의 친구겠지. 하지만 나는 백작의 주인인 왕의 친구일세.

파롤레스 당신은 나이가 너무 많아요, 알겠어요? 너무 늙으셨다고요.

라뾔 이보게, 분명히 말해 두지만 나는 당당한 사내라고. 네가 내 나이가 된다면 어림도 없지.

파롤레스 (칼에 손을 얹고) 지금 바로 당신을 혼내주고 싶지만 잘 참고 있는 줄이나 아시오.

라뾔 두 번 식사를 함께하면서 그래도 네가 꽤 지혜로운 사람이라고 생각했지. 여행담도 들을 만했고. 전쟁에 참가한 기념 리본이라든가, 짐을 잔뜩 실은 함선처럼 작은 깃발들을 온몸 여기저기 달고 있기에 굉장한 인물인 줄 알았지. 하지만 이제 너의 정체가 드러나고 말았어. 그러니 너 같은 건 놓쳐도 눈 하나 까딱하지 않는다 이 말이다. 길에서 주운 천 조각밖에는 안 되는 인간이니까. 아니, 주울 가치도 없지.

파롤레스 나이 든 게 다행인 줄 아시오.

라푀 그렇게 버럭 화를 낼 게 뭐 있지? 정체가 드러날 텐데. 정체라 해봤자지. 암탉처럼 잔뜩 겁이나 집어먹지 않길 비네! 격자 창문 같은 신사 잘 있게. 그대의 창문이야 일부러 열 필요도 없지. 속이 훤히 들여다보이니…… 악수나 하고 헤어지자고.

파롤레스 (손을 잡는다) 어르신은 저에게 지독한 모욕을 주시는군요.

라푀 (손을 잡는다) 진실을 말해 주지. 너는 모욕을 받아도 마땅해.

파롤레스 저는 모욕을 받을 만한 일을 한 적이 없습니다.

라푀 있네, 있고말고. 나는 조금도 깎지 않고 사실대로 말한 거야.

파롤레스 저도 더 현명해져야겠군요.

라푀 그렇게 쉽게는 안 될걸. 그 반대쪽이 팽팽히 맞서고 있으니. 너는 꽁꽁 묶여 흠씬 두들겨 맞아야 해. 감히 종의 신분으로 거들먹거리다니. 앞으로 너와 알고 지내는 게 좋겠다. 아니, 아주 잘 알고 싶네. 그래야 엉뚱한 일이 생기면 "나도 그놈을 알고 있소"라고 말할 수 있으니까.

파롤레스 어르신은 저를 너무 화나게 하시는군요.

라푀 글쎄, 이것이 너에게 지옥의 고통이 되어 영원히 이어졌으면 좋겠는데, 어디 그렇게 되겠나…… 내 나이가 가라는 대로 이렇게 자네 곁을 지나가지.

(파롤레스 곁을 재빨리 지나면서 퇴장)

파롤레스 흥! 이 모욕을 당신 아들놈에게도 겪게 해주지. 이 더럽고 늙어빠진, 추잡하고 비열한 귀족! 어디 두고 보자. 아냐, 참아야 해, 권세에는 족쇄가 없으니. 하지만 기회만 오면 죽을힘을 다해 패주겠다. 신분이 지금보다 몇 배 더 높은 귀족이 되어 있다고 해도 그냥 두지 않겠어. 나이 먹었다고 봐주진 않겠다. 다시 만나기만 해봐라. 한바탕 혼을 내줘야지.

라푀 다시 등장.

라푀 이봐, 네 주인 나리가 결혼하셨네. 놀라운 소식이지? 이젠 새 주인마님이 생겼군.

파롤레스 제발 더는 저를 모욕하지 마세요. 그분은 저에게 잘해 주는 귀족일 뿐입니다. 제가 우러러 섬기는 분이야말로 저의 주인이라고요.

라푀 누구? 하느님 말인가?

파롤레스 아, 그렇지요.

라푀 아니, 너의 주인은 바로 그 악마 놈이다. 왜 그렇게 두 팔에 대님을 감고 있지? 양쪽 소맷자락이 무슨 바짓가랑이라도 되는가? 다른 하인들도 그렇게 하나? 네 사타구니 사이에 달려 있는 것을 코끝에 매달아 놓으면 딱 알맞겠구나. 내가 두 시간만 더 젊었어도 너에게 몽둥이 찜질을 해주었을 텐데. 누구나 너를 보면 거부감을 느끼고는 한 대 올려붙이고 싶을걸. 내 생각에는 너야말로 사람들의 화풀이 대상으로 태어난 것 같구나.

파롤레스 어르신, 그건 너무 심하고 부당한 말씀인 듯합니다.

라푀 에이, 이보게! 너는 이탈리아에서 석류알을 훔친 죄로 두들겨 맞지 않았나. 너는 떠돌이에 불과하지, 여행가라고 할 수도 없어. 귀족이나 지체 있는 분에게 건방지게 말상대나 하며 자기 신분이나 품성에 맞지 않게 굴고 있단 말이다. 더는 한마디도 말할 가치가 없다. 있다면 "이 정직하지 못한 악당아" 하는 말이지. 나는 가겠다. (퇴장)

파롤레스 그래, 좋다, 좋아. 그럼 그렇게 해야지. 그래, 좋다, 좋아. 그러니 잠시 감추고 있자.

버트람 다시 등장.

버트람 이젠 다 끝이야. 평생 기막힌 신세가 되고 말았으니!

파롤레스 무슨 일이에요, 다정하신 분?

버트람 신부님 앞에서 엄숙하게 서약은 했지만, 그 여자와는 절대로 동침은 하지 않겠소.

파롤레스 뭐, 뭐라고요?

버트람 오, 파롤레스, 나는 강제 결혼을 당했소! 토스카나 전쟁터로 바로 가겠소. 그 여자와는 절대로 잠자리를 하지 않을 거요.

파롤레스 이 프랑스는 개구멍 같은 곳이죠. 사나이가 발을 디딜 만한 땅은 못 됩니다. 자, 전쟁터로 갑시다!

버트람 어머니로부터 편지가 왔는데 무슨 내용인지 아직 읽지 못했소.

파롤레스 그야 나중에 읽어보면 알 수 있겠죠…… 백작님, 어쨌든 전쟁터로 갑시다. 전쟁터로! 집구석에 남아서 여편네나 껴안고 있다면 대장부답지 못해요. 군신 마르스의 날뛰는 군마를 이겨내는 사나이의 괴력을 여편네 품안에서 낭비한다는 건 옳지 않습니다. 그건 대장부의 명예를 궤짝 속에 넣어두는 것과 같다고요…… 자, 다른 곳으로 떠나요! 프랑스는 마구간이오. 여기서 살다간 늙은 말이 되어버리겠죠. 그러니 전쟁터로 갑시다!

버트람 그렇게 합시다. 그 여자는 고향집으로 보내고, 어머니께 내가 그녀를 싫어한다는 것과, 전쟁터로 떠난다는 사실을 알려야겠소. 전하께는 직접 말씀드리기 어려우니 글로 아뢰야겠군요. 조금 전에 받은 하사금으로 떠날 채비를 한 뒤에 동료 귀족들이 싸우고 있는 이탈리아 전쟁터로 가야겠소. 어두침침한 방이나, 보기 싫은 아내에 비하면 전쟁터는 고생이라 할 것도 없죠.

파롤레스 틀림없이 그렇게 할 건가요? 혹시 마음이 변하는 건 아니겠죠?

버트람 내 방에 가서 이야기합시다. 곧바로 그 여자를 보낼 거요. 그 여자 혼자 울든지 말든지, 나는 내일 전쟁터로 떠나겠소.

파롤레스 이야말로 피리를 부니 장구 소리가 난다는 격이군요. 젊은 나이에 결혼을 해서 헤어지지도 못할 늪에 빠져버렸으니, 여자를 버리고 용감하게 떠납시다. 전하께서 잘못하셨지. 하지만, 쉿! 다 그런 겁니다. (모두 퇴장)

〔제2막 제4장〕

파리. 왕궁의 다른 방.
헬레나와 어릿광대 등장.

헬레나 어머니께서 다정하게도 편지를 보내셨구나. 어머니는 잘 지내시니?

어릿광대 잘 지내시지 않지요. 건강하시며 즐겁게 지내시지만, 잘 지내신다고 할 수는 없죠. 다행히 별일 없으시고, 더 바랄 것도 없지만 그렇다고 잘 지내시는 건 아니니까요.

헬레나 별일 없으시고, 더 바랄 것도 없는데 잘 지내시지 않다니, 어디 아프시기라도 하느냐?

어릿광대 사실 무척 잘 지내시지요. 딱 두 가지 일 말고는요.

헬레나 딱 두 가지?

어릿광대 하나는 아직 천국에 가시지 못한 거지요. 하느님, 마님을 빨리 그곳에 보내주십시오! 또 하나는 아직도 이 땅에 계신 거지요. 하느님, 마님이 이곳을 빨리 떠나게 해주십시오!

파롤레스 등장.

파롤레스 숙녀분에게 행운이 함께하시기를 기원합니다!

헬레나 그렇게 기원해 주시다니, 친절에 감사드립니다.

파롤레스 늘 행운이 함께하시기를 기원해 왔죠. 행운이 함께하시고 또 행운이 계속 이어지시기를 언제나 빌어왔습니다. 오, 자네로군, 연로하신 마님께서는 안녕하신가?

어릿광대 마님의 주름살은 나리가 얻어가고, 나는 마님의 재물을 물려받아서 당신 말대로 되면 좋겠군요.

파롤레스 왜 그러지, 나는 아무 말 안 했는데.

어릿광대 아무럼요. 당신은 영악한 사람이니까요. 하인들은 대개 자기 주인이 일찍 죽어버렸으면 좋겠다고 혀를 놀리죠. 그런데 당신은, 아무 말도 안 하고, 아무 짓도 안 하고, 아무것도 모르고, 아무것도 가진 게 없다는 게 가장 큰 재산이죠. 말하자면 아무것도 아니라는 말과 같다 이 말이죠.

파롤레스 비켜라, 이 못된 놈아.

어릿광대 "못된 놈 앞의 못된 놈"이라고 해야죠. 다시 말하면 '정말 못된 놈'이란 거죠. 그래야 말이 되는 거죠.

파롤레스 너는 입방정깨나 떠는 광대로구나. 이제 알겠다.

어릿광대 스스로 알았나요? 아니면 제가 가르쳐 줘서 알았나요?

파롤레스 스스로 깨달았다.

어릿광대 어쨌든 알았으니 잘됐군요. 자신이 바보란 걸 스스로 알게 됐으니, 온 세상이 기뻐하고 웃을 일이 더 많아졌습니다.

파롤레스 꼴 사납군. 잘 배운 것도 없이 배불리 잘도 처먹었어. 부인, 백작님은 오늘밤 이곳을 떠나시게 됐습니다. 매우 긴급한 일이라서요. 부인께서 누리셔야 할 사랑의 특권으로서 결혼식을 올리는 게 마땅하다고 백작님도 인정하시지만, 강요된 인내심으로 말미암아 하는 수 없이 미루게 됐습니다. 그러나 예식을 올리지 못하고 미루는 동안에도 달콤한 향기가 나는 꽃잎을 모아 충분한 시간 동안 증류해 놓고, 다가올 날에는 기쁨의 향수로 철철 넘치도록 그 잔의 가장자리까지 가득 채우겠다 하십니다.

헬레나 다른 말씀은 없었나요?

파롤레스 부인께서는 전하로부터 곧 휴가를 얻어 떠나시도록, 그것도 그럴듯한 핑계를 대며 서두르지 않으면 안 되는 것처럼 하시는 게 부인 자신을 위해서도 좋을 거라 말씀하셨죠.

헬레나 그 밖에 다른 분부는요?

파롤레스 전하의 허락을 받으시는 즉시 백작의 다음 지시를 기다리시라고 합니다.

헬레나 모든 일을 그분이 시키신 대로 하겠어요.

파롤레스 그렇게 전하겠습니다. (퇴장)

헬레나 (어릿광대에게) 얘야, 가자. (모두 퇴장)

〔제2막 제5장〕

파리. 왕궁의 다른 방.
라푀와 버트람 등장.

라푀 그 사람을 군인이라고 생각하진 않는 게 좋을 거라오.

버트람 군인입니다. 아주 용감한 사나이지요.

라푀 그 사람 자신이 하는 말을 들었겠지요.

버트람 그 밖에 다른 사람의 증언도 있습니다.

라푀 그렇다면 내 나침반이 잘못됐나 보군요. 종달새를 멧새로 알았으니.

버트람 그는 학식이 풍부하고 그에 걸맞게 용감합니다.

라푀 그럼, 나는 그 사람의 경험과 용기를 잘못 알고 멸시한 죄를 저지른 건가요? 그런데도 아직 내 안에서는 회개할 마음이 일어나지 않으니.

2막 5장, 버트람과 헬레나   H.C. 셀루스

파롤레스 등장.

라퓌   아, 저기 오는군. 친구로 지낼 수 있게 화해시켜 주시오.

파롤레스   (버트람에게) 모든 일이 잘될 겁니다.

라퓌   실례지만 선생, 백작의 재단사는 누구죠?

파롤레스   선생?

라퓌   그 사람이라면 나도 잘 알지요, 선생. 아주 솜씨가 좋은 훌륭한 재단사
   지요.

버트람   (파롤레스에게만 들리게) 그 여자는 전하께 갔나요?

파롤레스   그렇습니다.

버트람   그 여자는 오늘 저녁에 떠나겠죠?

파롤레스 전하께서 명령만 하신다면요.

버트람 편지도 써놓고, 귀중품도 꾸리고, 말도 다 준비해 놓았소. 오늘 밤이 신부를 맞이해야 할 첫날밤인데 시작도 하기 전에 끝나겠군요.

라푀 (혼잣말처럼) 여행가란 만찬이 끝날 무렵에 자신의 이야기를 들려주는 게 즐거운 법이지요. 하지만 그 이야기의 3분의 2는 거짓말에다 누구나 뻔히 아는 사실 하나를 수천 가지로 늘려 허풍을 떠는 놈이니, 한 번 이야기할 때마다 세 번씩은 두들겨 주어야지요…… (파롤레스를 돌아다보고) 아, 대장, 안녕하시오?

버트람 파롤레스 씨, 이분과 당신 사이에 무슨 불편한 일이라도 있소?

파롤레스 제가 왜 저분의 불쾌감을 사게 됐는지 모르겠습니다.

라푀 산 게 아니라 뛰어들어온 거요. 커스터드 파이를 보고 뛰어드는 어릿광대처럼 장화에다 박차까지 달고 말일세. 왜 뛰어들었느냐고 내가 물어보기도 전에 바로 줄행랑쳐야 할 처지가 아니오?

버트람 경께서 저 사람을 오해하신 게 아닌지요?

라푀 저 사람이 기도 드리는 걸 보더라도 내 생각에는 변함이 없을 거요. 자, 잘 다녀오시오. 그리고 내 말을 잘 새겨들어요. 저렇게 가벼운 호두 속에는 알맹이가 없다는 것을. 저 사람의 영혼은 저 옷이라요. 중요한 일에는 절대로 저 사람을 믿으면 안 되오. 나도 저런 자를 길러봐서 그 본성을 잘 알아요…… 그럼 잘 가요. (파롤레스에게) 선생, 내가 손을 봐야 하겠지만, 당신 이야기는 분수에 넘칠 만큼 잘 해주었소. 사람이란 악을 선으로 바로잡아야 하는 거니까. (퇴장)

파롤레스 정말 할 일 없는 어른이시네요.

버트람 (주저하며) 글쎄, 그런 것도 같군요.

파롤레스 어떤 사람인지 잘 모르세요?

버트람 아니, 잘 알고 있소. 훌륭한 분이라는 평판을 받고 있는 분이죠. 저기 골칫덩어리가 오고 있소.

헬레나 등장.

헬레나 분부하신 대로 전하께 아뢰어 곧 떠나도 좋다는 허락을 받았어요. 전하께서는 당신께 하실 말씀이 있으시답니다.

버트람 그 분부를 따르리다. 헬레나, 이번에 신랑의 마땅한 도리를 다하지 못하게 되었으나, 내 행동을 이상하게 여기지 말아주오. 나도 일이 이렇게 되리라고는 미처 생각지 못했소. 어떻게 하면 좋을지 몹시 괴로웠소…… 그래서 당신에게 부탁하는데, 곧 집으로 돌아가 주오. 내가 왜 이러는지 부디 까닭은 묻지 말고 혼자 깊이 생각해 보기를 바라오. 얼핏 보기보다는 훨씬 중요한 까닭이 있소. 당신이 모르는 중대한 일이오…… (편지를 건네며) 어머니께 드리는 편지요. 이틀 뒤에는 나를 만나게 될 거요. 그러니 이해해 주길 바라오.

헬레나 아무 말도 하지 않겠습니다. 오직 당신 뜻대로 하겠어요.

버트람 자, 자, 이제 그런 이야기는 그만합시다.

헬레나 미천하게 태어난 운명의 별은 이 엄청난 행운을 얻을 만한 자격을 갖추지 못하였으니 성심을 다하여 그 부족함을 채워 나가겠습니다.

버트람 그 이야기는 그만해요. 나는 너무나 급하오. 그럼 잘 있어요. 어서 집으로 돌아가오.

헬레나 저, 죄송하지만.

버트람 그래, 무슨 할 말이라도 있소?

헬레나 저는 제가 얻은 이 부귀를 받아들일 자격이 없는 여자이니, 제 것이라고 감히 주장하지 않겠어요…… 그래도 제 것은 제 것이니 나라 법이 허락한 만큼 겁 많은 도둑처럼 그것을 가장 기쁘게 훔치고 싶어요.

버트람 그게, 뭐란 말이오?

헬레나 대단한 건 아니에요. 사실 아무것도 아니지요. 제 입으로 말하고 싶진 않지만, 그래도 해야겠어요…… 그런데 낯선 사람이나 원수들끼리는 헤어질 때 키스를 하지 않는다죠.

버트람 제발 어서 말에 오르시오.

헬레나 네, 말씀대로 하겠어요, 백작님.

버트람 다른 하인들은 다 어디 갔죠, 파롤레스? 잘 가오. (헬레나 퇴장) 집으로나 가라고. 나는 칼을 휘두르고 북소리를 들을 수 있는 한 집으로는 돌아가지 않겠소…… 자, 출발합시다.

파롤레스 자, 용기있게 앞으로! (모두 퇴장)

피렌체. 공작의 저택 앞.

나팔 연주. 피렌체 공작과 두 프랑스 귀족, 1개 부대 병사들 등장.

공작 나는 당신들에게 이번 전쟁의 근본 취지를 낱낱이 들려주었소. 그 중대
한 결정으로 이미 많은 피를 흘렸으나, 앞으로도 엄청난 피를 뿌리게 될 것
이오.

귀족 1 공작 각하의 편에서 볼 때 이 싸움은 신성하고, 적은 음흉하며 두려
움에 싸여 있습니다.

공작 이 정의로운 전쟁을 위해 우리가 청한 지원병에 대해 프랑스 왕이 마음
을 닫고 있으니 놀라울 뿐이오.

귀족 2 각하, 국정에 직접 참여하지 않은 문외한으로서는 나라 정책이 추구
하는 참뜻을 알 수 없으니 이 사람은 감히 혼자 추측할 수밖에 없습니다. 그
러하니 어찌 제 개인의 생각을 말씀드릴 수 있겠습니까. 본디 추측이란 종종
빗나가는 법이니까요.

공작 그건 왕의 뜻일 거요.

귀족 1 그렇더라도 저희들 같은 늠름한 젊은이들은 안락한 생활에 지치고 역
겨워져서, 신체 단련을 위해서라도 날마다 이곳에 몰려올 것입니다.

공작 그런 사람들을 환영하오. 우리가 줄 수 있는 모든 명예를 그들에게 내
리겠소…… 두 사람은 자기가 할 일을 잘 알고 있을 것이니, 더 좋은 자리가
생기면 그 자리는 마땅히 두 사람 몫이 될 것이오. 내일은 싸움터로 갑시다!

(나팔 연주. 모두 퇴장)

루시용. 백작부인 저택의 한 방.

백작부인이 손에 편지를 들고 어릿광대와 함께 등장.

백작부인 모두가 내 뜻대로 됐구나, 아들이 며느리와 함께 오지 않은 것 말

3막 2장, 백작부인과 어릿광대 H.C. 셀루스

고는.

어릿광대 제가 보기에는 맹세코, 도련님은 심한 우울증에 걸리신 것 같습니다.

백작부인 뭘 보고 그러느냐?

어릿광대 글쎄, 구두를 보시다가도, 구두 장식을 고치시다가도 노래를 부르시고, 뭔가를 물어보시고도 노래를 하시죠. 심지어는 이를 쑤시면서도 노래를 하신다니까요. 제가 알기로는, 이런 우울 증세를 보이다가 노래 악보를 듣기 위해 멋진 영지를 팔아버리는 사람도 있다던데요?

백작부인 아들이 뭐라고 써 보냈는지 읽어봐야겠다. 그럼 언제 돌아오는지도 알 수 있겠지. (편지를 펼친다)

어릿광대 궁에 갔다 온 뒤부터는 이스벨이 보기 싫어졌어요. 이곳 계집애들이

나 이스벨은, 궁에 있는 계집애들이나 다른 이스벨하고는 비교도 안 된다고
요. 제 큐피드는 대가리가 깨져 버려서, 사랑을 한다 해도 늙은이가 돈 좋아
하는 것과 같으니 말이죠.

백작부인 아니, 이게 뭐지?

어릿광대 마님이 들고 계신 거죠. (퇴장)

백작부인 (읽는다)

어머니께 며느리를 보냅니다. 그 여자는 전하의 병환은 고쳤지만 저를 파멸
시켰습니다. 저는 그 여자와 결혼은 했지만 함께 밤을 보내지 않았고, 또 영
원히 하지 않기로 맹세합니다. 이 편지가 도착하기 전에, 어머니께서는 제가
떠난 사실을 듣게 되시겠지요. 세상은 넓은 곳이니 저는 멀리 떨어져 살겠습
니다. 하지만 어머니에 대한 저의 사랑은 언제나 변함없습니다.

불효자 버트람 올림.

좋지 않은 일이구나. 이런 경솔하고 오만한 놈! 그토록 인자하신 전하의 은
총을 저버리고 그분의 노여움을 스스로 불러들이는구나. 덕이 높은 처녀를
업신여겨 전하를 능멸하다니.

어릿광대 다시 등장.

어릿광대 아이고 마님, 저기 군인 둘과 젊은 마님이 오는데 슬픈 소식을 가져
왔다고 합니다.

백작부인 무슨 소식이지?

어릿광대 그래도 좀 위로가 되는 소식도 있습니다. 백작님이 제가 생각한 것
처럼 그렇게 빨리 죽진 않으시겠어요.

백작부인 왜 내 아들이 죽는다는 거지?

어릿광대 그렇다니까요, 마님. 들리는 소문대로 백작님이 달아나시면 죽지 않
을 거라는 뜻이지요. 마님, 백작님이 그렇게 고집만 부리시다가는 목숨이 위
험하지요. 자손들은 생긴다 해도 사내들은 죽게 되는 거죠. 자, 저 사람들이
오고 있으니 자세한 이야기를 들어보세요. 저는 백작님이 달아나셨다는 소

리만 들었어요. (퇴장)

헬레나와 두 신사 등장.

신사 1 안녕하십니까, 백작부인.

헬레나 어머님, 그이가 떠났어요. 다시는 돌아오지 않을 거래요. (흐느껴 운다)

신사 2 그럴 리가 없습니다.

백작부인 (헬레나를 두 팔로 안으며) 애야, 진정해라. 여보세요, 두 신사분, 나는 이제까지 살아오면서 기쁨과 슬픔을 많이 겪어왔어요. 그래서 이젠 어떤 일을 당해도 여느 아낙네들처럼 처음부터 넋을 잃게 되는 일은 없어요…… 내 아들은 어디 있나요?

신사 2 백작부인, 피렌체 공작을 도우려고 그의 진영으로 갔습니다. 그리로 가고 있는 아드님을 만났지요. 저희들은 거기서 오는 길이었고요. 궁에서 볼 일을 마치는 대로 그곳으로 다시 돌아가야 합니다.

헬레나 어머님, 그이가 쓴 편지를 보세요. 이건 제 통행증이에요. (읽는다)

내 손가락에서 절대로 빠지지 않는 반지를 당신이 가져가고, 나를 아버지라고 부를 아이를 당신 몸에 잉태하게 되면, '그때'는 나를 남편이라고 불러도 좋소. 하지만 그런 때는 '결코' 오지 않을 거요.

아, 이건 너무 무서운 선고예요.

백작부인 (두 신사에게) 두 분이 이 편지를 가지고 오셨나요?

신사 1 예, 그렇습니다. 그런 사연인 줄도 모르고 받아왔으니, 그저 죄송스러울 따름입니다.

백작부인 (헬레나에게) 애야, 너무 슬퍼하지 말아라. 너 홀로 이 슬픔을 차지해 버린다면 내 몫을 빼앗는 것이니라…… 그 아이는 내 아들이었으나 이제부터는 내 핏속에서 그 아이의 이름을 씻어버리고 너만을 내 자식으로 받아들이겠다…… (두 신사에게) 그래, 내 아들이 피렌체로 갔다고요?

신사 2 네, 그렇습니다.

백작부인 군인으로 말이죠?

신사 2 그런 훌륭하신 뜻을 가지고 있습니다. 피렌체 공작께서는 틀림없이 적
  절한 명예를 내려주실 겁니다.

백작부인 당신들도 그곳으로 돌아가신다고요?

신사 1 예, 백작부인, 되도록 서둘러 돌아갈까 합니다.

헬레나 (편지를 읽는다)

아내 없는 몸이 되기 전에는 프랑스에서는 아무것도 하지 않겠소.

이토록 심한 말씀을 하시다니.

백작부인 그렇게 썼느냐?

헬레나 네, 어머님.

신사 1 그분의 손이 글을 써내려가던 도중에 아마도 잠시 객기를 부려 저지
  른 일이겠지요. 진심은 그렇지 않을 것입니다.

백작부인 아내 없는 몸이 되기 전에는 프랑스에서는 아무것도 하지 않겠다
  고! 자기 아내를 빼고 여기에 그 애한테 과분한 건 아무것도 없는데 말야. 며
  느리는 그런 못난 놈들이 스무 명이나 시중드는 분의 아내가 되어 마님이라
  불려야 할 아이야. 누가 함께 있었나요?

신사 1 하인 한 사람뿐이고, 전에 조금 알고 지내던 신사 한 분이 동행했습
  니다.

백작부인 혹시 파롤레스란 사람이 아닌가요?

신사 1 네, 맞습니다. 바로 그 사람입니다.

백작부인 세상 때가 잔뜩 묻은 아주 사악한 놈이죠. 내 아들의 타고난 성품
  도 그놈의 농간으로 더럽혀지고 있어요.

신사 1 정말 그렇습니다, 백작부인. 사람들을 살살 꾀여내 자기 이익만 잔뜩
  취하는 그런 놈입니다.

백작부인 이렇게 와주셔서 두 분께 정말 감사드립니다. 내 아들을 만나시거든,
  아무리 무공을 세워도 자신이 놓친 명예를 회복할 수는 없다고 말씀해 주세
  요. 그 밖의 것은 편지에 쓰겠으니 전해 주시기 바랍니다.

신사 2 백작부인의 훌륭하신 모든 일들을 기꺼이 도와드리겠습니다.

백작부인 그러면 안에 들어가 좀더 대화를 나누실까요? (두 신사와 함께 퇴장.

어릿광대도 뒤따라 퇴장)

헬레나 "아내가 없는 몸이 되기 전에는 프랑스에서는 아무것도 하지 않겠소." 아내가 있는 한 당신은 프랑스에서 아무것도 할 일이 없다고요! 루시용, 그렇다면 프랑스에서 모두 하게 해드리죠…… 가엾은 분! 당신을 조국에서 내쫓고, 연약한 몸을 용서 없는 싸움터에 내몬 사람이 바로 나란 말인가요? 즐거운 왕궁에서 아름다운 눈길을 한 몸에 받던 당신을 내쫓아, 화약 연기 내뿜는 총알의 과녁이 되게 한 것도 바로 나란 말이지요? 맹렬한 속도로 불길을 날아가는 총탄의 사자들이여, 제발 표적을 빗나가 다오. 날카로운 소리로 정적을 꿰뚫고 날아간다 해도 노래를 부르며 천상으로 돌아가는 공기이려니, 내 님만은 다치지 않게 해다오! 누가 총을 쏘더라도 그이를 표적으로 만든 건 바로 나. 누가 그이의 가슴을 찌르더라도 칼 앞에 서게 한 못난 자는 바로 나다. 내가 직접 죽이지 않아도 그분을 죽음으로 이끈 건 바로 나니까. 아, 차라리 그가 굶주림에 울부짖는 사자가 되고, 내가 그분의 밥이 되는 편이 낫겠어. 차라리 그 모든 불행을 다 내가 짊어지는 편이 낫겠어. 루시용, 거기 계시면 안 돼요. 집으로 돌아오세요. 전쟁터에서 위험을 무릅쓰고 얻는 명예란 고작해야 부상당한 상처뿐, 자칫하면 목숨까지 잃게 돼요…… 차라리 내가 이곳을 떠나겠어요. 나 때문에 당신이 떠나신 거니까요. 그러니 어찌 내가 여기에 머물러 있겠어요? 아니, 안 되지요, 이 집안에 천국의 꽃바람이 불어오고, 천사들이 모든 일을 돌봐준다 해도 말이에요. 나는 떠나겠어요. 내가 사라졌다는 가련한 소문이 당신 귀에 들려와 위로받게 해드릴 수 있다면 얼마나 좋을까요. 아, 밤이여, 어서 오너라! 낮이여, 어서 가다오! 처량한 도둑처럼 어둠에 휩싸여 빠져나갈 테니. (퇴장)

〔제3막 제3장〕

피렌체. 공작의 저택 앞.
나팔 연주. 피렌체 공작, 버트람, 파롤레스, 병사들, 고수, 나팔수 등장.

공작 그대는 우리 기병대의 사령관이오. 나는 큰 기대를 걸고 최고의 우정과 믿음을 그대의 행운에 맡기겠소.

버트람 보잘것없는 저에게는 무거운 직책이지만, 각하를 위해서라면 어떤 위험이라도 무릅쓰겠습니다.

공작 그럼 나아가시오. 행운의 여신이 그대의 승리 투구 위에 내려오시기를.

버트람 위대한 군신 마르스여, 오늘부터 당신의 대열에 참가할 것을 맹세하노니, 이 몸이 뜻한 대로 이루게 해주소서. 이제부터 북소리의 연인이 되고, 사랑의 적이 되겠습니다. (모두 퇴장)

〔제3막 제4장〕

루시옹. 백작부인 저택의 한 방.
백작부인과 집사 등장.

백작부인 뭐라고! 그래, 아무 생각도 없이 이 편지를 받았단 말인가? 이런 일을 하려고 내게 편지까지 보낸 사실을 짐작조차 못했나? 한 번 더 읽어보게.

집사 (읽는다)

저는 성 자크가 계신 곳으로 순례를 떠납니다. 신분에도 맞지 않는 사랑을 구한 큰 잘못을 속죄하기 위해 차가운 땅을 맨발로 밟으며 가기로 맹세했습니다. 제발 저의 소중한 남편이며 어머님의 사랑스러운 아들인 그이에게 편지를 보내시어, 피비린내 나는 전쟁터에서 돌아와 집에서 편히 지내시라고 해주십시오. 저는 멀리서 그의 이름을 부르며 간절히 기도하겠습니다. 그를 고통에 빠트린 저의 죄를 용서해 달라고 말씀 전해 주세요. 저는 그이를 궁정 친구들로부터 떼어놓고, 적과 야영하게 하며, 늘 죽음과 위험이 뒤따르는 전쟁터로 보낸 가증스런 여신 유노입니다. 죽음에게도 저에게도 그이는 그토록 훌륭한 분입니다. 죽음은 제가 끌어안고, 그는 이제 자유의 몸입니다.

백작부인 아, 부드러운 말 속에 아픈 가시가 있구나! 리날도, 사려 깊은 자네가 그 아이를 이렇게 보내다니. 내가 만나서 이야기할 수만 있었다면 그 애 마음을 돌려놓았을 텐데. 이젠 엎질러진 물이구나.

집사 죄송합니다, 마님. 간밤에 마님께 이 편지를 보여드렸더라면 붙들 수 있었을 겁니다. 뒤따라와도 소용없다고 여기에 쓰여 있긴 하지만 말입니다.

백작부인 이런 몹쓸 남편을 위해 그처럼 축원을 하다니, 얼마나 천사 같은지! 그 아이의 기도 없이는 내 아들은 절대로 무사할 수 없지. 그 애가 올리는 기도라면 하늘도 기꺼이 들으시고, 크신 분의 노여움을 풀어주실 거야…… 리날도, 어서 편지를 써라, 아내에게 부덕한 이 남편에게 말이다. 아들이 자기 아내를 업신여기고 있으니 그 아이의 가치를 절실히 느낄 수 있도록 써주어라. 아들은 내 슬픔을 알 리 없지만 그래도 뼈아프게 쓰도록 해라. 가장 잘할 수 있는 전령을 골라 서둘러서 보내라. 제 아내가 없어졌단 소리를 들으면 아들은 꼭 돌아올 거야. 그리고 며느리도 소문을 들으면 순수한 사랑에 이끌려 되돌아올지도 몰라. 둘 다 내게는 소중한 자식들이다. 어느 쪽이 더 소중한지 가늠할 수가 없구나…… 편지를 가지고 갈 사람을 빨리 찾아라…… 가슴은 무겁고, 늙은 몸에는 힘이 없다. 무거운 가슴은 눈물을 자아내고, 슬픔이 이야기를 건네려는구나. (모두 퇴장)

〔제3막 제5장〕

피렌체. 성벽의 밖.
피렌체의 늙은 과부와 그녀의 딸 다이애나, 마리아나, 그 밖의 시민 여럿 등장. 멀리서 나팔 소리.

과부 자, 어서들 가세요. 군대가 우리 성 쪽으로 너무 가까이 오면 모든 구경거리들을 놓치게 된다고요.

다이애나 그 프랑스 백작님이 가장 명예로운 공적을 세웠다면서요.

과부 그분이 적의 최고 지휘관을 사로잡았다고 하던데. 게다가 자기 손으로 직접 공작 동생의 목을 쳤다는 말이 있어…… (나팔 소리) 헛수고를 했군. 군인들이 반대편 길로 갔어. 들어봐라! 나팔 소리로 알 수 있단다.

마리아나 자, 그만 돌아갑시다. 소식을 듣는 것으로 충분해요. (돌아서서) 이봐, 다이애나, 그 프랑스 백작을 조심해야 해. 처녀의 명예는 누가 뭐래도 순결에 있어. 그보다 더 소중한 보물은 없단다.

과부 네가 그 백작의 친구라는 신사로부터 고백받았다는 이야기를 내가 이

윗 사람들에게 했다.

마리아나 나도 그 파렴치한을 아는데, 교수형이나 당했으면 좋겠군요! 파롤레스라고, 그 젊은 프랑스 백작에게 그런 짓을 시키는 더러운 뚜쟁이라니까요. 다이애나, 그런 자들을 조심해야 해. 그들이 내거는 약속, 유혹, 맹세, 정표와 같은 온갖 수작들이 장난이 아니라더구나. 그 술수에 넘어간 처녀들이 한둘이 아니래. 결국 수많은 여자들이 거기에 넘어가 정조를 빼앗긴 일들이 허다한데, 아직도 속아 넘어가는 여자들이 끊이지 않으니 정말 답답할 노릇이라고. 다이애나에게는 더 이상 충고할 것도 없겠지. 너의 품위가 언제나 자신이 있는 곳을 지켜줄 테니, 정조를 잃을 위험에 빠지지 않게 충분히 경계하고 있겠지.

다이애나 걱정하지 마세요.

순례자로 가장한 헬레나 등장.

과부 나도 네가 조심하길 바란다…… 저기 순례자가 오는구나. 아마 우리집에서 머물게 되겠지, 그쪽에서는 순례자들을 서로 우리집에 보내려고 하니까. 어디 물어봐야지. 안녕하세요, 순례자님! 어디로 가시는 길이죠?

헬레나 성 자크 르 그랑 님께 가는 길입니다. 순례자들이 어느 여관에 머무르는지 아시나요?

과부 항구 옆에 있는 성 프란시스 여관이랍니다.

헬레나 이 길로 가면 되나요?

과부 네, 그렇답니다…… (멀리서 행군 소리) 저 소리는! 어머나, 이리로 오고 있네. 순례자님, 병사들이 지나갈 때까지 잠깐만 기다려 주시겠어요? 그러면 머무르실 여관까지 모셔다드릴게요. 그 집 안주인을 저 자신만큼이나 잘 아니까요.

헬레나 그럼, 바로 당신이 안주인이신가요?

과부 저희 집에 머물러 주신다면 그렇게 되겠죠, 순례자님.

헬레나 고마워요. 그럼 기다리겠어요.

과부 프랑스에서 오셨죠?

헬레나 그렇습니다.

3막 5장, 순례자로 가장한 헬레나, 다이애나·마리아나·과부   H.C. 셀루스

과부 당신의 나라에서 큰 무공을 세우신 분을 곧 보시게 될 거예요.

헬레나 그분 이름이 뭐죠?

다이애나 루시용 백작이에요. 혹시 그분을 아시나요?

헬레나 이름만 들어서 알고 있어요, 매우 훌륭하신 분이란 평판이 나 있죠.

다이애나 어떤 분인지는 몰라도, 여기서는 누구나 우러러보는 분이랍니다. 소문에는 왕이 그가 원치 않는 여자와 강제 결혼을 시키려고 해서 프랑스에서 도망쳐 왔다지 뭐예요. 그게 사실인가요?

헬레나 네, 모두 사실이에요. 저는 그분 부인을 잘 알고 있거든요.

다이애나 백작님을 모시는 신사가 부인 험담을 하지 뭐예요.

헬레나 그분 이름이 뭔데요?

다이애나 파롤레스 씨예요.

헬레나 아, 그렇군요. 백작님을 칭찬하는 일이면 그분 말이 옳아요. 그 훌륭한 백작님에 비하면 그 부인은 너무나 미천하답니다. 이름마저 입에 담기 곤란해요. 그저 그녀에게서 본받을 점이 하나 있다면, 절개가 굳다는 것뿐이겠죠. 그 부인이 의심받았다는 소문은 이제까지 들어본 적이 없으니까요.

다이애나 아, 가엾기도 해라! 자기를 싫어하는 남자의 아내가 된다는 건 괴로운 속박이랍니다.

과부 그 부인이 누군지는 모르지만 몹시 설움을 겪을 게 분명해요. 저희집 딸아이가 마음만 먹으면 부인의 속을 태울 수도 있답니다.

헬레나 무슨 뜻이죠? 혹시 백작이 애욕을 품고 따님에게 다가간다는 건가요?

과부 그래요, 처녀의 순결을 더럽히려고 온갖 방법으로 유혹하지 않겠어요? 하지만 제 딸 아이는 매우 경계하면서, 어떤 유혹도 뿌리치며 순결을 지키고 있어요.

마리아나 신께서 지켜주시기를!

과부 아, 그들이 오는군요…….

고수와 기수를 앞세우고 피렌체군 등장. 버트람, 파롤레스가 보인다.

과부 저분이 공작님의 맏아드님인 안토니오 님이고, 저분은 에스칼루스 님이에요.

헬레나   어느 분이 프랑스 백작님이시죠?

다이애나   저기, 모자에 새털을 꽂은 저분이에요. 아주 멋쟁이시죠. 아내를 사랑한다면 얼마나 좋겠어요. 좀더 행동을 바르게 하시면 더 훌륭하실 텐데요. 정말 잘생긴 신사가 아닌가요?

헬레나   아주 멋진 분이시군요.

다이애나   품행이 단정하지 못하신 게 흠이죠. (파롤레스를 보고) 저자가 그분을 몹쓸 곳에 드나들게 하는 놈이에요. 제가 그분 아내라면 저런 놈에게는 독약을 먹어버리겠어요.

헬레나   누구 말이죠?

다이애나   저기 스카프를 두른 건방진 원숭이 놈이요. 그런데 왜 힘이 없어 보이지?

헬레나   전쟁에서 다친 게 아닐까요?

파롤레스   (투덜댄다) 아, 북을 빼앗기다니! 어떻게 이런 일이!

마리아나   몹시 화가 난 모양이에요. 어머, 우리를 보는데요! (파롤레스, 모자를 벗고 인사한다)

과부   아이고, 교수형에 처할 놈!

마리아나   저 중매쟁이 놈, 알랑거리는 꼴이라니! (병사들 퇴장)

과부   병사들이 지나갔어요⋯⋯ 자, 순례자님, 숙소로 안내해 드리죠. 성 자크 성지로 참회 가시는 분이, 이미 너댓 분 머무르고 계신답니다.

헬레나   고맙습니다. 부인과 아가씨만 좋으시다면 제가 오늘 밤 식사를 대접하고 싶은데요. 감사의 뜻으로 돈은 제가 내겠습니다. 좀더 부탁드리면, 아가씨에게 몇 가지 일러드릴 말도 있어요.

과부, 마리아나   고맙습니다. 그렇게 하겠어요. (모두 퇴장)

〔제3막 제6장〕

피렌체 군막 앞의 진영.
버트람과 두 프랑스 귀족 등장.

귀족 2   아닙니다, 백작. 그 사람이 어떻게 하는지 어디 한번 두고 보시지요.

귀족 1 그렇게 해서 그자가 비열한 인간이라는 게 드러나지 않으면, 다음부터는 내 말을 무시해도 좋습니다.

귀족 2 내 목을 걸고 말하는데, 그자는 순전히 허풍쟁이입니다.

버트람 지금까지 내가 그자에게 속고 있었단 말입니까?

귀족 2 내 말을 믿어주시오. 내가 직접 알게 된 사실을 집안일처럼 생각하여 악의 없이 그대로 말하는 겁니다. 그자는 참으로 비열한 인간이며, 터무니없는 거짓말쟁이입니다. 거기다가 약속을 밥 먹듯이 어기는 자라고요. 백작의 신임을 받을 만한 구석이라고는 어디에도 없는 인간이지요.

귀족 1 그자의 본성을 꿰뚫어 봐야 합니다. 그자에게 있지도 않은 미덕을 지나치게 믿었다가는, 중대한 일이 있을 때 큰 낭패를 보게 될 겁니다.

버트람 그럼 어떤 일로 그 사람을 시험해 볼 수 있을까요?

귀족 1 빼앗긴 북을 도로 찾아오라고 하는 게 좋겠습니다. 자기가 해낼 수 있다고 큰소리를 치고 있으니까요.

귀족 2 내가 피렌체 병사들을 이끌고 그자를 습격하겠습니다. 그자가 적군인지 우군인지 잘 알아보기 어려운 병사들만 골라서 하겠습니다. 꼼짝 못하게 잡아매서 눈을 가린 다음에 우리 막사로 데려오면, 자신이 적진에 끌려온 줄 알겠지요…… 백작은 그자를 심문할 때 곁에서 지켜보기만 하면 됩니다. 비열한 놈이니 목숨만 살려주겠다고 하면, 두려움 때문에 백작을 저버린 채 우군에 불리한 정보들을 모두 털어놓을 겁니다. 신하로서 영혼을 걸고 한 맹세 같은 건 아랑곳하지 않겠지요. 만일 내 판단이 빗나간다면 앞으로는 내가 무슨 말을 해도 믿지 마십시오.

귀족 1 장난 삼아 그자에게 북을 찾아오라고 해보시지요. 자기에게 묘책이 있다고 우쭐거리니 말입니다. 그자가 어떻게 일을 처리하는지 그 밑바닥까지 낱낱이 보게 되면, 지금까지 보물로 보였던 것이 가짜 금덩어리임을 깨닫게 될 겁니다. 그런 자는 북처럼 잔뜩 두드려 주지 않으면, 백작의 잘못된 편애가 결코 사라지지 않을 겁니다. 저기 그자가 오는군요.

파롤레스, 침울한 표정으로 등장.

귀족 2 (파롤레스가 듣지 못하게) 장난으로라도 그자가 명예를 걸고 하겠다는 말을 막지 마시고, 어떻게든 북을 찾아오라고 하세요.

버트람 (파롤레스에게) 왜 그러죠, 선생! 북 때문에 몹시 마음이 불편한가 보군요.

귀족 1 (파롤레스를 보며) 그냥 내버려 두시오. 기껏해야 북 하나이니.

파롤레스 북 하나라고요? 기껏해야 북 하나란 말씀인가요? 그렇게 북을 잃다니! 정말 훌륭한 명령이었는데…… 그놈들이 기마대를 끌고 우리 측 양쪽 날개로 처들어와 군사들을 흩어지게 했으니 말이오!

귀족 1 전투를 이끄는 과정에서 그런 건 비난할 수도 없지요. 전쟁에서 흔히 볼 수 있는 불상사라오. 카이사르 자신이 지휘를 했어도 미리 피할 수는 없었을 거요.

버트람 글쎄, 그 결과를 비난해 봐야 무슨 소용이 있겠소. 북을 잃었다는 거야 좀 불명예스럽긴 해도 지금 도로 찾아올 묘책도 없고요.

파롤레스 찾아올 수 있었지요.

버트람 그렇다 하더라도 이제 와서는 불가능한 일이오.

파롤레스 찾아올 수 있고말고요. 무공의 영예가 실제로 공적을 세운 장본인에게 주어지기란 드문 일이지만, 그렇게 되기만 한다면 그 북이든 다른 북이든 제가 빼앗아 오고야 말겠어요. 만일 해내지 못한다면 '히크 야켓(여기에 잠들다)' 꼴이 되겠지요.

버트람 그럴 용기가 있다면 어디 해보시오, 선생. 그대의 능숙한 전략으로 그 명예로운 북을 찾아와 제자리에 다시 갖다 놓을 자신이 있다면, 부디 용기를 내보시오. 나는 빛나는 공로를 세우겠다는 그대의 결의를 높이 기리겠소. 성공하게 되면 공작님께서도 매우 칭찬하시고 그 공로를 귀히 여기셔서 마땅한 보상을 해주실 거요.

파롤레스 이 군인의 손으로 맹세코 해낼 수 있습니다.

버트람 잠시도 머뭇거려선 안 되오.

파롤레스 바로 오늘 밤 해내겠습니다. 이 어려운 문제를 해결할 묘안들을 찾아내서 확신을 가지고 용감하게, 기꺼이 죽음을 무릅쓰고 해내겠습니다. 자정 무렵에는 소식을 듣게 해드리지요.

버트람 공작님께 당신이 이 일을 하러 갔다고 알려드려도 되겠소?

파롤레스 백작님, 결과는 저 자신도 알 수 없지만 맹세코 해보겠습니다.

버트람 그대의 용맹함은 잘 알고 있으니 군인으로서 본분을 다하리라 믿소…… 그럼, 잘 다녀오시오.

파롤레스 저는 말만 늘어놓는 것은 좋아하지 않습니다. (퇴장)

귀족 2 물고기가 물을 좋아하지 않는다면야 그렇겠죠. 참으로 이상한 놈이군요. 못 해낼 줄 알면서도 하겠다고 큰소리치며 일을 떠맡다니 말입니다. 할 마음도 없으면서 하지 못하면 지옥에 떨어져도 좋다고 하니, 실은 하는 것보다는 차라리 지옥에 떨어지는 게 낫다는 뜻이지요.

귀족 1 백작, 당신은 그자에 대해 우리만큼은 모르십니다. 틀림없이 그놈은 사람 마음을 사탕발림으로 얻은 다음 한 주일쯤은 슬슬 피해 다니겠지요. 하지만 본성이 드러나게 되면 누구라도 다시는 속아 넘어가지 않을 겁니다.

버트람 아니, 그렇게 큰소리를 치고 나서 꽁무니를 뺀다니요?

귀족 2 절대로 할 리가 없습니다. 어떤 핑계를 가지고 돌아와 두세 가지 그럴듯한 거짓말을 늘어놓겠지요. 하지만 그놈은 이제 그물 안에 든 물고기입니다. 오늘 밤에는 그자의 실체를 보시게 될 겁니다. 어쨌든 백작이 믿을 만한 인물은 못 되지요.

귀족 1 그 여우 탈을 벗기기 전에 그놈을 좀 놀려주자고요. 놈의 정체를 맨 처음 알아낸 분은 바로 라퓌 경이었습니다. 그 가면이 벗겨지면 놈이 얼마나 하찮은 피라미인지 보시게 되겠지요. 바로 오늘 밤에요.

귀족 2 긴 몽둥이를 가지러 가야겠습니다. 놈을 꼭 잡게 될 겁니다.

버트람 당신의 형님은 내가 모셔가겠소.

귀족 2 그렇게 하시지요. 그럼 먼저 가겠습니다. (퇴장)

버트람 이제 당신을 그 집에 안내하겠소. 이전에 말했던 그 아가씨를 보여드리지요.

귀족 1 아주 정숙한 처녀라고 하셨지요.

버트람 바로 그게 문제란 말이죠. 한번 말을 걸어봤는데 어찌나 차가운지요. 아까 그 허풍쟁이를 보내서 선물과 편지도 주었지만 모두 되돌아왔답니다. 내가 한 일은 여기까지라오…… 아름다운 처녀인데, 한번 보시겠소?

귀족 1 네, 기꺼이 가보겠습니다. (모두 퇴장)

연극 〈끝이 좋으면 다 좋아〉 안젤라 배델리(과부 역)·조 콜드웰(헬레나 역) 출연. 스트랫퍼드 공연.
1959.
버트람의 사랑을 얻기 위해 과부에게 도움을 구하는 헬레나

〔제3막 제7장〕

피렌체. 과부의 집.
헬레나와 과부 등장.

헬레나 제가 그 여자가 아니라고 당신이 의심하신다면, 제가 그분 앞에서 이
름을 밝히고 스스로 계획한 것을 물거품으로 만들지 않는 한, 저로서는 더
증명할 방법이 없습니다.

과부 저도 오늘 이렇게 몰락해 있지만 본디 그렇게 미천한 사람은 아닙니다.
이런 일은 해본 적도 없고요. 그래서 남에게 손가락질당할 일은 하고 싶지
않습니다.

헬레나 저도 그런 것을 바라지 않습니다. 첫째, 백작님이 제 남편임을 믿어주

세요. 그리고 제가 드린 말씀은 모두 사실입니다. 제가 부탁드린 대로 도와주신다고 해서 해가 될 일은 조금도 없을 겁니다.

과부 그럼 당신을 믿겠습니다. 제 눈에 당신은 신분이 높은 분처럼 보이니까요.

헬레나 자, 이 돈주머니를 받아주세요. 친절한 도움을 이렇게라도 살 수 있게 해주세요. 그리고 모든 도움을 받고 나면 이보다 몇 배 더 사례하겠습니다…… (돈을 건네며) 백작님은 지금 온갖 사탕발림으로 따님을 꾀내려 하고 있어요. 그러니 따님이 백작님의 청을 받아들이게 해주세요. 그다음 일은 우리가 알려주면 되니까요. 그분은 지금 욕정에 불타서 따님이 요구하는 것은 무엇이든 들어줄 거예요. 백작님이 끼고 있는 반지는 집안에서 사오 대째 내려오는 가보입니다. 그분은 그 반지를 매우 소중히 여기시지만 지금은 애욕에 눈이 어두워져서 자신의 욕정을 채우기 위해서라면 아무렇지 않게 내놓으실 거예요. 나중에 후회하게 되더라도 말이지요.

과부 이제 당신의 속마음을 알겠어요.

헬레나 그렇다면 이 일이 정당하다는 것도 알아주세요. 따님은 그분 말을 들어주는 것처럼 그 반지를 받고 나서 다음에 만날 약속을 하면 됩니다. 그리고 그분의 아내인 제가 그 시간에 대신 가게 되면 따님은 순결하게 몸을 지킬 수 있어요. 이 일이 성공하기만 하면 이제까지 드린 돈 말고, 따님 결혼 비용으로 3천 크라운을 더 드리겠어요.

과부 그렇게 하지요. 그럼 제 딸에게 언제 어디서 어떻게 이 정당한 속임수를 사용해야 할지 알려주세요. 그분은 밤마다 이곳에 온갖 종류의 악기를 가진 악사들을 데리고 와서는, 그분과 신분이 어울리지도 않는 제 딸을 위해 노래를 부르게 한답니다. 저희집 처마 밑에 오지 말라고 아무리 잔소리를 퍼부어도 소용없습니다. 마치 목숨이라도 걸려 있는 것처럼 끈질기다니까요.

헬레나 그럼, 오늘 밤 우리 계획을 실행하기로 해요. 이 일이 순조롭게 진행되면 법적인 행위 안에 사심이 감추어져 있고, 그 사심 안에는 법적인 뜻이 있는 거죠. 둘 다 죄가 아니면서, 또한 죄스럽게 느껴지는 것도 사실이에요. 하지만 해보기로 해요. (모두 퇴장)

피렌체의 군막 가까운 들판.
프랑스 귀족 2가 병사 대여섯 명과 함께 잠복해 있다. 한 병사는 북을 들고 있다.

귀족 2 이 산울타리 모퉁이 말고는 길이 없다…… 그자를 덮칠 때는 무슨 말이든 큰소리로 떠들고 외쳐라. 너희가 모르는 소리라도 상관없다. 통역 한 사람만 빼고 모두들 그의 말을 이해하지 못하는 체해야 한다.

병사 1 대장님, 제가 통역을 하겠습니다.

귀족 2 그자와 아는 사이가 아닌가? 그자가 자네 목소리를 알아듣지 않을까?

병사 1 그렇지 않을 겁니다. 염려하지 마십시오.

귀족 2 그래, 우리 쪽에 대답할 때는 어떤 엉터리말로 꾸며댈 거지?

병사 1 대장님이 지시하시는 만큼은 할 수 있습니다.

귀족 2 우리를 적이 고용한 외인부대인 것처럼 짐작하게 해야 한다. 놈은 이 근처 나라의 말들을 조금씩 알고 있으니 우리는 저마다 멋대로 엉터리 말로 떠들어대는 거다. 서로 알아듣지 못해도 상관없다. 그저 알아듣는 체만 하면 계획은 성공한 거니까. 까마귀 떼가 지껄이듯 떠들어대기만 하면 돼. 통역인 자네는 아주 조심스럽게 해야 하네. 자, 숨어라! 놈이 온다. 놈은 두 시간 동안 늘어지게 자고 난 다음 돌아와서 거짓 맹세를 꾸며대겠지.

파롤레스, 산울타리를 따라서 등장.

파롤레스 10시다. 세 시간 남았으니 슬슬 움직여 볼까. 그런데 무슨 일을 했다고 하지? 아주 그럴듯한 말로 일을 꾸며야 해. 놈들이 나를 의심하고 있으니까. 그래서 그런지 요즘은 창피스런 일이 자꾸 내 문을 두드린단 말이야…… 내 혓바닥은 큰소리치지만, 내 심장은 군신 마르스와 그 패거리들에게 잔뜩 겁을 집어먹고 있어. 혓바닥이 떠들어댄 것을 감히 실행할 용기는 눈꼽만큼도 없다고.

귀족 2 (혼잣말로) 이제야 네놈의 혓바닥이 죄지은 것을 털어놓는구나.

파롤레스 도대체 어느 악마에게 부추김을 받았기에 이렇게 북을 되찾으러 간다고 한 거지? 안 될 줄 뻔히 알고, 해볼 생각도 없으면서 말야. 그렇다면 내 몸에 몇 군데 상처를 내서 싸우다 다쳤다고 말하는 거야⋯⋯ 하지만 작은 상처로는 먹혀들지 않을 거야. "겨우 그까짓 상처로 발뺌하는 거냐?" 이렇게 핀잔만 듣게 될 게 뻔하다고. 그렇다고 큰 상처를 입는 건 딱 질색이야. 그럼 뭐라 말하고 어떤 증거를 내놓아야 하지? 혓바닥아, 너를 빼내어 버터 장사 계집의 입에 처넣고 싶구나. 그 대신 혀 없는 바자제 노새나 한 마리 사야겠다. 네놈이 지껄여서 나를 이런 고뇌에 빠뜨렸으니 말야.

귀족 2 (혼잣말로) 자기 꼴이 어떤지 저렇게 잘 알면서도 그 꼴로 살아간단 말인가?

파롤레스 내 옷을 찢든가, 스페인 칼을 부러뜨려서 말발이 선다면 좋겠는데.

귀족 2 (혼잣말로) 그렇게는 안 되지.

파롤레스 아니면 턱수염을 싹 밀어버린 뒤에, 작전상 그렇게 한 거라고 말할까?

귀족 2 (혼잣말로) 누가 그렇게 쉽게 넘어갈 줄 알아?

파롤레스 아니면 옷을 물속에 처넣어 버리고는, 붙잡혀서 발가벗겨졌다고 할까?

귀족 2 (혼잣말로) 그래도 소용없어.

파롤레스 성채 창문 밖으로 뛰어내렸다고 맹세하면?

귀족 2 (혼잣말로) 물 깊이가 얼마나 되지?

파롤레스 서른 길.

귀족 2 (혼잣말로) 굉장한 맹세를 세 번 한들 믿어줄까 보냐.

파롤레스 적의 북이라면 뭐라도 좋아⋯⋯ 그럼 내가 빼앗은 거라고 큰소리칠 수 있을 텐데.

귀족 2 (혼잣말로) 적의 북소리를 곧 들려주지.

파롤레스 적의 북소리다. (적으로 꾸민 병사들이 북을 치며 달려든다)

귀족 2 트로카 모부수스, 카르고, 카르고, 카르고.

병사들 카르고, 카르고, 카르고, 빌리안도 파르 코르보, 카르고. (파롤레스를 붙잡아 눈을 가린다)

파롤레스 오! 몸값을 주리다, 몸값을! 눈을 가리지 마시오.

병사 1 보스코스 트로물도 보스코스.

파롤레스 당신들은 무스코스 부대 용사들이군. 말이 통하지 않으니 까딱하면 목숨을 잃을지도 몰라. 독일이나 덴마크, 저지대 네덜란드, 이탈리아, 프랑스 출신이 있으면 말해 보시오. 피렌체 쪽을 쳐부술 수 있는 비밀을 가르쳐 주리다.

병사 1 보스코스 바우바도. 네 말 알아듣는다. 네 나라 말도 할 줄 안다. 케렐리 본토, 이봐, 기도하게. 단검 열일곱 자루가 네 가슴 쪽을 겨누고 있다.

파롤레스 오!

병사 1 이봐, 기도하게, 기도, 기도를! 만카 레바니아 둘체.

귀족 2 오스코르비둘코스 볼리보르코.

병사 1 장군께서 아직 너를 살려두겠다고 하신다. 네 눈을 가린 채 데리고 가서 네가 가진 정보를 캐내라고 하신다. 정보 내용에 따라서 네 목숨을 구할 수 있을지도 모른다.

파롤레스 아이코, 목숨만 살려주십시오! 우리의 비밀이란 비밀은 몽땅 말씀드리지요. 병력도 작전도 빠짐없이요. 여러분이 아시면 깜짝 놀랄 만한 것도 말씀드리겠습니다.

병사 1 거짓을 말하는 건 아니겠지?

파롤레스 거짓을 말하거든 이 목을 치십시오.

병사 1 아코르도 린타. 자, 가자. 잠시 너를 살려두겠다. (파롤레스, 병사들에게 이끌려 퇴장. 안에서 북소리)

귀족 2 (병사 2에게) 가서 루시용 백작님과 내 형님에게 전해라. 그 누런 도요새를 잡았는데, 눈을 가려둔 채로 지시를 기다리고 있겠다고.

병사 2 그렇게 하겠습니다.

귀족 2 그자가 우리의 비밀을 모두 누설해서 우리를 배반하고 말 거라고 해라…… 이쪽을 적으로 생각하고 말야.

병사 2 그렇게 전하겠습니다.

귀족 2 그자를 어두운 곳에 잘 가두어 놓아라. (모두 퇴장)

피렌체. 과부의 집.
버트람과 다이애나 등장.

버트람   당신의 이름이 폰티벨이라 들었소.

다이애나   아닙니다, 백작님. 다이애나입니다.

버트람   여신의 이름이군요! 당신은 그렇게 불릴 만한 가치가 있어요. 아니, 그 이름도 부족하오. 하지만 그렇게 아름다운 당신이 사랑을 모르나요? 당신 가슴속에 젊음의 불길이 타오르지 않는다면, 당신은 처녀가 아니라 하나의 조각상에 지나지 않지요. 어차피 죽게 되면 지금의 당신과 다름없이 될 텐데요. 그토록 차갑고 엄숙하게 말이죠. 당신 어머니가 사랑스런 당신을 갖게 되었을 때처럼 나에게 해주오.

다이애나   그때 어머니는 정숙했다고 들었습니다.

버트람   당신도 그래요.

다이애나   어머니는 자신의 의무를 다했을 뿐입니다. 백작님이 아내분에게 해야 할 의무와 같은 거지요.

버트람   그 이야기는 이제 그만해요. 부디 나의 맹세를 깨뜨리지 않게 해주오. 나는 강제로 결혼당한 몸이오. 하지만 당신은 사랑할 수밖에 없기 때문에 사랑하는 거요. 당신을 위한 일이라면 언제까지나 변함없이 무엇이든지 하게 해주오.

다이애나   그러시겠지요, 저희가 필요할 때까지는 말이에요. 그러나 장미꽃을 꺾은 뒤에는 저희 자신들을 찌를 가시만 남겨 놓은 채, 헐벗은 저희들을 비웃기만 하시겠지요.

버트람   내가 그토록 맹세하지 않았던가요!

다이애나   진실한 사랑은 수많은 맹세보다 순수한 맹세 한 번으로 충분하지요. 거룩하지 않은 것에는 맹세할 필요가 없어요. 하늘의 높으신 분을 걸고 말씀해 보세요. 만일 제가 백작님을 진심으로 사랑한다고 맹세하고 어긋난 행동을 한다 해도 저의 맹세를 믿으시겠어요? 그렇지는 않겠지요. 아무리 신의 이름으로 맹세하더라도 겉과 속이 다르다면 어떻게 믿겠어요? 백작님의 맹세는 말씀과 초라한 조건들뿐이에요. 적어도 제가 보기에는 도장 찍히지 않은 증서와 같습니다.

버트람 그런 생각을 바꿔야 하오. 그렇게 거룩한 척하며 잔인하게 굴지 말아요. 사랑은 거룩한 것이고 나는 진실하오. 당신이 말하는 사내들의 꾐수를 나는 조금도 모르오. 그렇게 떨어져 서 있지 말고, 당신 때문에 죽어가는 내 사랑을 제발 받아주오. 그럼 나는 다시 살아날 겁니다. 내 것이 되어주겠다고 말해 주오. 내 사랑은 언제나 처음처럼 변치 않을 것이오.

다이애나 (혼잣말로) 사내들이란 여자를 낚아채기 위해 먼저 미끼를 던져놓는다지. (버트람에게) 그러시다면 제게 그 반지를 주세요.

버트람 당신에게 빌려주겠소. 이 반지를 다른 이에게 줄 권리가 나에게는 없으니.

다이애나 못 주신다는 말씀이군요?

버트람 이건 조상 대대로 전해 내려오는 가보라오. 내가 이 반지를 잃어버리게 되면 그보다 불명예스런 일은 없을 것이오.

다이애나 저의 순결도 그 반지와 같습니다. 저의 순결은 조상 대대로 집안에서 전해 내려오는 보석이랍니다. 제가 그걸 잃게 되면 저에게 그보다 더 불명예스러운 일은 없지요. 이렇게 백작님 자신이 한 말씀이 저의 명예를 지켜주는 기사가 되는군요. 그러니 그렇게 공격해 오셔도 소용없답니다.

버트람 자, 내 반지를 가져가시오. 내 가문도, 명예도, 아니 목숨마저도 이제는 당신 거요. 당신이 하라는 대로 하겠소. (그녀에게 반지를 준다)

다이애나 자정이 되면 제 침실 창문을 두드리세요. 어머니에게 들키지 않게 해두겠어요. 하지만 꼭 한 가지 지켜주셔야 할 게 있어요. 저의 처녀성을 꺾게 되면 꼭 한 시간만 있다가 가세요. 그리고 아무 말씀도 하시면 안 됩니다. 여기에는 아주 중요한 뜻이 담겨 있어요. 그 까닭은 이 반지를 돌려드릴 때 아시게 될 거예요. 오늘 밤 백작님 손가락에 다른 반지를 끼워드리겠어요. 언제까지나 우리 사랑의 징표로서 두고두고 기념할 수 있도록요. 그럼 그때까지 안녕히 계세요. 이 약속을 꼭 지키셔야 합니다. 백작님은 아내를 얻게 되시지만 저의 희망은 끝나버리겠지요.

버트람 당신을 얻게 된 나는 이 땅에서 천국을 누리게 되는 거요. (퇴장)

다이애나 그럼, 오래오래 살면서 하늘과 나에게 고마워하길! 결국은 그렇게 될 거야. 그가 어떻게 구애해 올지를 어머니가 가르쳐 주셨지. 그 사람 마음 속에 들어갔다 나오시기라도 한 것처럼 말이야. 사내들이란 모두 똑같은 맹세를 한다고 하셨어. 그는 아내가 세상을 떠나면 나와 결혼하겠다고 맹세했으니, 나는 죽어서 땅에 묻혀야 그와 함께 누울 테지. 프랑스 사람은 말을 그럴듯하게 잘하니까, 결혼을 약속해도 나는 처녀로 살다 죽게 되겠지. 부정하게 얻으려는 사람을 속인다고 죄가 되지는 않아. (퇴장)

〔제4막 제3장〕

피렌체 진영의 군막.
프랑스 귀족 두 사람과 병사 두세 명 등장.

귀족 1 백작에게 그의 어머니 편지를 아직 전하지 않았나?

귀족 2 한 시간 전에 전했지요. 그의 마음을 찌르는 사연이 무언가 있는 것 같습니다. 편지를 읽고 나서 사람이 완전히 달라졌으니 까요.

귀족 1 그렇게 덕이 있고 사랑스런 아내를 팽개쳤으니 비난받아 마땅하지.

귀족 2 무엇보다도 전하를 불쾌하게 한 것이 큰일이에요. 전하께서는 백작이 행복을 누리도록 큰 배려까지 해주셨는데 말이죠. 내가 한 가지 사실을 알려드릴 테니 절대로 입 밖에 내서는 안 됩니다.

귀족 1 말을 마치면 죽은 듯이 입 다물고 있겠네.

귀족 2 백작은 피렌체에서도 정숙하기로 소문난 젊은 처녀를 유혹했는데, 오늘 밤 그 처녀의 순결을 범하여 욕정을 채우기로 했나 봅니다. 집안 대대로 내려오는 반지까지 주고 음란한 약속을 받아내 신이 났더군요.

귀족 1 하느님, 그런 반란이 저희들 마음속에는 일어나지 않도록 지켜주소서! 당신의 가호가 없으면 저희 꼴이 어떻게 될지 알 수 없으니까요!

귀족 2 우리가 저지르는 모든 반역은 결국 자기 자신에 대한 반역이 되는 것이지요. 모든 배반자들처럼 마침내 본모습이 드러나 좋지 못한 결과를 얻게 될 테니까요. 백작도 스스로 행동을 조심하지 않으면 끝내는 자신의 명예가 땅에 떨어지는 것을 보게 되겠지요.

귀족 1 자기의 부정한 속내를 당당하게 떠들어대는 것은 지옥에나 떨어질 일이 아니겠나? 그러면 오늘 밤에는 백작이 오지 않겠군.

귀족 2 자정이 지나기까지는요. 약속에 얽매어 있을 테니까요.

귀족 1 곧 자정이 된다. 함께 어울려 다니는 자의 참모습을 백작 앞에서 제대로 보여주고 싶군. 그런 가짜를 귀한 보석으로 여겨 온 자신의 분별력을 돌아보게 말이야.

귀족 2 백작이 올 때까지 놈을 내버려 둡시다. 백작이 나타나기만 해도 놈에게는 몽둥이 부러지는 일이 될 테니까요.

귀족 1 그건 그렇고, 전쟁에 대해서는 무슨 소식 들었나?

귀족 2 평화 회담이 진행되고 있다는군요.

귀족 1 아니, 이미 협정이 이뤄졌다고 하네.

귀족 2 그럼, 루시용 백작은 어떻게 될까요? 더 멀리 떠나게 될까요, 아니면 프랑스로 돌아갈까요?

귀족 1 그렇게 묻는 걸 보니, 그의 상담자가 되어주지는 않는 것 같군.

귀족 2 그런 건 알고 싶지도 않아요. 그가 하는 짓을 알아서 뭘 하겠습니까?

귀족 1 실은 그의 아내가 두 달 전쯤 집을 떠났다고 한다. 성 자크 르 그랑 교회를 순례한다는 핑계로. 이 거룩한 일을 매우 엄숙히 마친 뒤 그곳에 머물러 있었는데, 타고난 성격이 부드럽고 마음이 연약한 여인인지라 그만 슬픔을 못 이기고 숨을 거두었다고 하네. 아마 지금쯤 천국에서 찬송가를 부르고 있겠군.

귀족 2 그걸 어떻게 증명할 수 있지요?

귀족 1 그녀가 쓴 편지에 의해 죽기 직전까지 대부분 확인되었다고 한다. 죽었다는 소식이야 본인이 말할 수 없는 거지만, 그 고장 교구 사제가 성실하게 확인했다더군.

귀족 2 그 소식을 백작이 알고 있을까요?

귀족 1 물론이지. 하나하나 믿을 만한 확증들까지 모두 얻고 있는걸. 충분히 사실일 거라고 믿는 것 같았네.

귀족 2 그 소식을 듣고 기뻐하리라고 생각하니 슬퍼지는군요.

귀족 1 인간이란 자기의 손실을 오히려 기뻐하는 수가 있다니!

귀족 2 또 어느 때는 자기의 이득을 눈물 속에 파묻는 수도 많지요! 그의 무공이 이곳에서 얻게 된 큰 명예도, 본국으로 돌아가면 그에 맞먹는 치욕으로 되돌아오겠지요.

귀족 1 우리 인간의 삶은 선과 악으로 엇갈리며 짜여지는 것이지. 우리의 선은 우리의 악이 때리지 않으면 마음속에 자만심이 가득 차게 되고, 우리의 죄를 선이 보듬어주지 않으면 인간은 절망에 빠질 거야.

전령 등장.

귀족 1 웬일이지? 네 주인은 어디 계시느냐?

하인 나리께서는 거리에서 공작님을 만나서 작별 인사를 드리셨습니다. 내일 아침 프랑스로 떠나신다고 합니다. 전하께 올릴 공로장도 공작님으로부터 받았습니다.

귀족 2 아무리 공로를 늘어놓아도 별 소용이 없을 겁니다.

귀족 1 그 공로장이 아무리 달콤해도 전하의 날카로운 질책을 피할 수는 없을 거야.

버트람 등장.

귀족 1 오, 백작! 자정이 넘은 시각에 무슨 일이십니까?

버트람 한 달 걸릴 만한 일을 오늘 밤에 한꺼번에 열여섯 가지나 해치워 버렸지요. 내가 한 일들을 챙겨보면, 공작님과 그 측근들에게 작별 인사를 드리고, 죽은 아내도 매장하여 애도를 표하고, 어머니에게는 귀국을 알리는 편지를 썼지요. 짐꾼도 구해 놓고, 이런 큰일들 말고 이것저것 사소한 일도 많이 처리했습니다. 맨 마지막에 할 일이 가장 중요한데, 그건 아직 끝내지 못했지요.

귀족 2 만일 그게 어려운 일이라면, 아침 일찍 이곳을 떠나야 하니 서두르셔야겠군요.

버트람 그 일이라면 나중에 들을 일이 생길 것 같아서, 아직 끝나지 않았다고 할 수 있죠. 그런데 그 어릿광대와 병사 사이의 문답을 어디 들어봅시다. 자, 그 엉터리 같은 자를 이리 끌고 오라고 하시오. 코에 걸면 코걸이, 귀에 걸면 귀걸이 식으로 모호하게 지껄이는 점쟁이같이 나를 속여 왔어요.

귀족 2 (병사에게) 그자를 끌고 오너라. (병사 퇴장) 밤새 족쇄를 채워 놓았지요. 꽤나 엉뚱한 녀석이라서요.

버트람 괜찮소, 고생 좀 해봐야죠. 오랫동안 그럴 수도 없는 놈이 이것저것 서둘러 속여 왔으니 말이오. 지금은 어떻게 하고 있습니까?

귀족 2 말씀드린 대로 족쇄를 채워 놓았지요. 좀더 이해하기 쉽게 말하자면, 그놈은 우유통을 엎지른 계집아이처럼 울더군요. 병졸 모건을 신부로 알고 고해성사까지 했답니다. 철들기 시작해서부터 족쇄를 차게 된 지금에 이르기까지 모두 뱉어놓았답니다. 뭐라고 고백했는지 아십니까?

버트람 내 말은 하지 않았나요?

귀족 2 놈의 고백이 모두 기록되어 있으니 그놈 앞에서 읽겠습니다. 백작에 대한 이야기가 틀림없이 있으리라 생각되니, 꾹 참고 들어주셔야 합니다.

파롤레스, 눈을 가린 채 병사들에 이끌려 한쪽 구석에 등장.

버트람 나쁜 녀석! 눈까지 가렸군! 나에 대해 무슨 할 말이 있으려나?

귀족 1 장님놀이의 술래가 오고 있소! 포르토타르타로사.

병사 1 (파롤레스에게) 고문을 하라신다. 고문하지 않아도 말할 거지?

파롤레스 아는 건 빠짐없이 모두요. 이렇게 제 온몸을 꼭꼭 죄면 아파서 말을 할 수 없습니다.

병사 1 보스코 치무르초.

귀족 1 보블리빈도 치르무르코.

병사 1 장군님은 인자하십니다. 이봐, 장군님께서 묻는 말에 대답하라고 하신다. 내가 적어놓은 걸 보면서 너에게 묻겠다.

파롤레스 있는 그대로 말씀드리지요. 살려만 주십시오.

병사 1 (읽는다)

첫째, 공작이 지휘하는 기병대의 병력을 물어보라.

너의 답은 뭐지?

파롤레스 오륙 천쯤 됩니다만 아주 무력하고 쓸모없지요. 병력은 여기저기 흩어져 버렸고, 장교들도 별 볼 일 없는 자들뿐입니다. 제 명예와 신용을 걸고 말씀드립니다. 살려만 주십시오.

병사 1 너의 대답을 그대로 적어도 괜찮겠나?

파롤레스 괜찮고말고요. 맹세하겠습니다. 알아서 마음대로 적으십시오. (병사 1, 기록한다)

버트람 저런, 그래도 입은 살아 있군. 비열한 놈 같으니!

귀족 1 백작, 자칭 천하의 전략가 파롤레스 선생이라고 하는 저자가 말하기를 어깨띠 매듭에 병법의 모든 이론이 담겨 있고, 단검 끝 물림쇠에 그 실천의 증거가 남겨져 있다고 하는군요.

귀족 2 앞으로는 칼을 깨끗이 간수한다고 해서 그 사람을 믿지도, 차림새가 말쑥하다고 해서 무엇이든 해낼 수 있는 사내라고 믿어서도 안 되겠습니다.

병사 1 (고개를 쳐든다) 음, 그대로 기록했다.

파롤레스 말이 오륙천 마리라고 말씀드렸지만, 정확하게 대략 그 정도라고 적어주십시오. 진실만을 말해야 하니까요.

귀족 1 그러면 거의 사실이겠군요.

버트람 그러나 고맙다고는 할 수 없군요. 이야기가 이야기니만큼.

파롤레스 별 볼 일 없는 놈들이란 말도 그대로 적으셨나요?

병사 1 물론, 그대로 적었지.

파롤레스 고맙습니다. 사실은 사실이니까요. 그야말로 별 볼 일 없는 쓰레기들이죠.

병사 1 (읽는다)

동원된 병력이 얼마나 되는지 물어보라.

네 대답은 뭐지?

파롤레스 당장 목이 떨어진다고 해도 사실대로 말씀드리지요. 음, 스푸리오가 백오십 명, 세바스티앙과 코랑뷔스와 자크도 그 정도 되고, 길티앙, 코스모, 로도윅, 그라티아이는 각각 이백오십 명, 제가 속한 중대와 치토퍼, 보몽, 벤티아이도 각각 이백오십 명. 그러니까 병든 놈들과 멀쩡한 놈들을 통틀어도 만 오천이 넘지는 않습니다. 그 가운데 절반은 외투 자락에 붙은 눈을 털

연극 〈끝이 좋으면 다 좋아〉 4막 3장   유타 셰익스피어 페스티벌. 2005.

기도 무서워하는 놈들이죠. 몸뚱이가 부서질까봐 두렵다나요.

버트람 (귀족 1, 2에게) 저놈을 어찌하면 좋을까요?

귀족 1 별것 있겠습니까. 수고했다고 하면 되죠. (병사 1에게) 그놈에게 나에
대해 물어봐라. 내가 공작님께 얼마나 신뢰받고 있는지 말야.

병사 1 여기 적어놓았습니다. (읽는다)

그에게 프랑스인 뒤멘 대장이 진영에 있는지 없는지 물어보아라. 그 사람에
대한 공작의 신뢰가 어느 정도이며, 그가 얼마나 용감하고 정직하며 병술에
능한지, 그리고 꽤 많은 금화로 그를 매수하면 그가 반란을 일으킬 수 있는
지도.

아는 대로 말해 봐라. 뭘 알고 있지?

파롤레스 한 가지씩 답하게 해주십시오. 한 가지씩만 물어봐 주세요.

병사 1 뒤멘 대장이란 자를 아는가?

파롤레스 알고말고요. 파리에서 구두나 옷 수선하는 집의 수습공으로 일했는데, 그 가게에서 쫓겨났죠. 그건 말이에요, 돈 한 푼 없는 천치 벙어리 여자를 임신시켰기 때문에 잔뜩 두들겨 맞고서 내쫓긴 거랍니다. (뒤멘이 파롤레스를 때리려 한다)

버트람 안 됩니다, 그래도 손찌검은 하지 마세요. 하긴 그 사람 머리통은 다음 기왓장이 떨어져 박살나고 말 겁니다.

병사 1 그런데 그 대장은 지금 피렌체 공작의 진영에 있는가?

파롤레스 제가 아는 한 틀림없습니다. 야비한 녀석이죠.

귀족 1 (버트람에게) 아니, 나를 그런 눈빛으로 보시다니요. 곧 백작 차례가 될 텐데요.

병사 1 공작은 그 사람을 어떻게 생각하지?

파롤레스 공작은 그자를 저의 부하로밖에는 생각하지 않습니다. 며칠 전에도 저에게 그자를 내쫓으라는 연락이 왔었습니다. 아마 그 편지는 제 주머니에 들어 있을 겁니다.

병사 1 그렇다면 찾아봐야겠다. (파롤레스의 호주머니를 뒤진다)

파롤레스 아쉽게도 알쏭달쏭합니다. 주머니 속에 들어 있는지, 공작의 다른 편지들과 함께 제 군막 안 서류철에 꽂아놓았는지요.

병사 1 여기 있군, 여기 편지가 있다. 이걸 읽어줄까?

파롤레스 그건 다른 편지인지도 모릅니다.

버트람 통역 솜씨가 아주 뛰어나군요.

귀족 1 대단한 솜씨입니다.

병사 1 (편지를 읽는다)

다이애나, 그 백작은 바보에다 돈이 많아요.

파롤레스 그건 공작님의 편지가 아닙니다. 피렌체에 사는 다이애나란 훌륭한 처녀에게 보내는 충고의 편지입니다. 루시용 백작이라는 어리석은 놈의 꾐에 넘어가지 않게 주의하라는 거죠. 그 사람은 색욕에 빠져서 정신을 못 차리고 있거든요. 제발 그 편지를 돌려주십시오.

병사 1 아니, 내가 먼저 읽어보겠다.

파롤레스 솔직히 그 편지는 그 처녀를 위해 쓴 겁니다. 그 젊은 백작은 아주 위험하고 음탕한 사람이죠. 처녀들에게 그는 고래와 같지요. 작은 물고기들이 눈에 띄기만 하면 모두 게걸스레 삼켜버리니까요.

버트람 저런 끔찍한 이중인격자라니!

병사 1 (읽는다)

그가 맹세를 하거든 금화를 던지게 해서 받아두오. 그자는 남에게 주겠다고 약속한 뒤에는 절대로 주지 않으니까. 잘 맺은 언약은 절반은 이루어진 셈이니, 언약을 잘하시오. 그자는 결코 갚지 않으니 먼저 받아두어야 해요. 다이애나, 어떤 군인이 그대에게 이렇게 말하는 것을 귀담아들어요. 어른들과는 어울려도 괜찮지만, 철들지 않은 사내아이들과 입 맞추어서는 안 되오. 한 번 더 말하는데 그 백작은 멍청이인 데다가, 내가 알기로는 미리 주기는 해도 자신이 빚진 것은 하늘이 무너져도 갚지 않는 자라오. 그가 그대 귀에 맹세한 대로 그대의 것이 되기를.   파롤레스로부터.

버트람 그 시를 그놈 이마에 붙여 군막 안을 끌고 다니면서 채찍을 맞게 하겠소.

귀족 2 이자는 바로 백작의 신뢰받는 친구이며, 여러 나라 말을 하는 언어학자에다, 병법에도 능한 군인이지요.

버트람 나는 고양이만 빼고는 뭐든지 참고 지냈는데, 이제 내게는 저놈이 바로 그 고양이요.

병사 1 (파롤레스에게) 이봐, 장군님의 표정을 보니 너는 교수형감이로구나.

파롤레스 제발, 무슨 일이 있어도 목숨만은 살려주십시오! 제 목숨이 아까워서가 아닙니다. 지은 죄가 하도 많아, 남은 삶을 참회하며 보내고 싶어서입니다. 지하 감옥에 처넣든, 족쇄를 채우든, 어디라도 좋으니 제발 목숨만 살려주십시오.

병사 1 숨김없이 모두 자백한다면 혹시 살아날 방법이 있을지도 모르지. 그럼 다시 한 번 뒤멘 대장에 관해 묻겠다. 공작이 그의 명성이나 용기에 대해서 어떻게 평가하는지는 이미 대답했으니 됐고, 그의 정직성은 어떠한가?

파롤레스 수도원에서도 달걀을 훔쳐낼 위인이죠. 강간과 겁탈 솜씨는 반인반마 네소스 뺨치는 작자입니다. 맹세 따위는 지키지 않겠노라 큰소리치며 거들먹거리는데, 그 맹세를 깨는 힘이 헤라클레스를 뛰어넘지요. 거짓말도 얼마나 그럴듯하게 잘하는지, 진실을 말하는 것이 오히려 바보짓처럼 여겨질 정도입니다. 그자의 으뜸가는 미덕이란 술에 취하는 거죠. 돼지처럼 마셔대다 곯아떨어지니 별로 해는 끼치지 않지만 이부자리를 더럽히는 게 탈입니다. 모두들 그 버릇을 알고 있기 때문에 지푸라기 위에 패대기쳐서 재운답니다. 그자의 정직성에 대해서는 더 할 말이 없습니다. 정직한 사람이 가져선 안 될 점은 몽땅 갖고 있으되, 정직한 사람이 마땅히 가져야 할 점은 하나도 갖고 있지 않으니까요.

귀족 1 저 이야기를 들으니, 저놈이 슬슬 좋아지기 시작하는군요.

버트람 당신의 정직성에 대한 설명 때문인가요? 염병할 놈! 내게는 저놈이 점점 더 고양이 같기만 하오.

병사 1 전쟁에서 그의 병법은 어떤가?

파롤레스 기껏해야 잉글랜드 극단의 선두에 서서 북이나 치던 인간입니다. 저는 본디 거짓말을 하기 싫어합니다. 군인으로서의 행적에 대해서는 더 깊이 모르지만, 잉글랜드에서 장교가 되어 마일엔드라는 시민병 훈련장에서 "이열종대로 서라!" 이렇게 지시하는 영예를 얻은 적이 있었다 합니다. 그자의 명예를 더 드러내 주고 싶어도 이런 것뿐이라 어쩔 수 없군요.

귀족 1 저자는 그 누구보다도 거짓말을 잘한다는 점에서는, 그 희소성 때문에 살려두어야 할 것 같습니다.

버트람 망할 놈, 아무리 봐도 고양이 같은 놈이오.

병사 1 그렇게 값싼 사나이라니, 돈으로 매수한다면 물어볼 것도 없이 모반이라도 일으킬 수 있겠군.

파롤레스 돈 몇 푼에 영혼을 구제할 밑천이고 상속권이고 뭐고 죄다 팔아버릴 것이니, 자손대대로 영원히 돈 한 푼 상속받지 못하게 해야 할 자입니다.

병사 1 그 사람의 동생인 또 다른 뒤멘 대장은 어떠한가?

귀족 2 왜 나에 대해 묻는 거지?

병사 1 그자는 어떤 사람이지?

파롤레스 한 둥지에서 나온 까마귀라는 거죠. 좋은 일에는 형보다 못하고,

나쁜 일에서는 훨씬 뛰어나죠. 겁쟁이로도 형을 뛰어넘습니다. 겁 많기로는 그 형도 가장 이름이 난 사람이지만요. 글쎄 후퇴할 때는 어떤 심부름꾼보다 재빨리 뛰어가고, 진격한다고 하면 발에 쥐가 난다고 하니까요.

병사 1 네 목숨을 살려주면 피렌체의 공작을 배반할 건가?

파롤레스 물론이죠, 뿐만 아니라 기마대장인 루시용 백작도 배반할 생각입니다.

병사 1 우리 장군님에게 귓속말로 여쭈어서 그분 뜻을 알아보겠다.

파롤레스 (혼잣말로) 다시는 북을 치나 봐라. 북이란 북은 다 썩어 없어져라! 남들 눈에 잘 보이려고, 저 색욕에 빠져버린 눈먼 젊은 백작을 속이려다 이런 위험에 빠졌단 말이지. 하지만 내가 붙잡힌 곳에 복병이 있을 줄을 누가 꿈엔들 알았을까?

병사 1 어쩔 도리가 없으니, 너는 죽어줘야겠다. 장군님 말씀이 너는 자기 군대의 비밀을 누설한 반역자이며, 존귀하다고 알려진 분들을 그토록 험하게 말했으니 살려둔들 아무짝에도 쓸모없다고 하신다. 그러니 너는 죽어 마땅해. 망나니, 이리 와서 이놈의 목을 쳐라!

파롤레스 오, 하느님, 제발 살려주십시오. 아니면 제 눈으로 제가 죽는 모습이라도 보게 해주소서!

귀족 1 그래, 보게 해주지. 친구들에게 작별 인사나 해라…… (파롤레스의 눈가리개를 떼며) 자, 주위를 살펴봐라. 그래, 아는 사람이 있나?

버트람 고귀한 대장 나리, 안녕하시오?

귀족 2 (조롱하는 말투로) 안녕하시오, 파롤레스 대장.

귀족 1 아, 귀하신 대장 나리, 반갑습니다.

귀족 2 대장, 라푀 경에게 전할 말씀요? 나는 이제 프랑스로 돌아가게 됐답니다.

귀족 1 대장, 루시용 백작을 대신해서 다이애나에게 써 보낸 소네트 사본을 내게도 한 장 주시지 않겠소? 내가 겁쟁이만 아니라면 당신한테 강제로 빼앗을 수도 있겠지만 말이오. 어쨌든 잘 있어요. (파롤레스와 병사 1만 남고 모두 퇴장)

병사 1 결국 당하셨군요, 대장. 그래도 그 스카프는 무사하고, 아직 그 매듭도 그냥 있답니다.

파롤레스 책략에 말려들면 누군들 망신을 당하지 않겠나?

병사 1 여자들만 그런 창피를 당하는 나라를 찾아보죠. 그곳에 가서 부끄러움을 모르는 나라를 세우면 그 나라의 왕이 될 수 있을 겁니다. 그럼 잘해봐요. 나도 프랑스로 갑니다. 거기서 당신 이야기나 하렵니다. (퇴장)

파롤레스 그래도 고마운 일이야. 내게 염치가 있었다면 심장이 터져 버렸을 테니까…… 이젠 대장이고 뭐고 집어치우겠어. 그저 잘 먹고 마시고, 대장처럼 편안히 잠자는 거야. 생긴 대로 살아가면 되는 거지. 자신을 허풍쟁이로 생각하는 자는 조심해야 해. 제아무리 허풍을 잘 떨어도 언젠가는 꼭 들통이 나서 바보가 될 테니 말야. 칼이여, 녹슬어라! 붉어진 뺨이여, 식어라! 파롤레스는 치욕 속에서도 편히 살리라! 바보 꼴이 되었으니 바보답게 번창하리라! 누구나 살 곳과 살아갈 수단은 있는 거다. 저분들 뒤를 따라가자. (퇴장)

〔제4막 제4장〕

피렌체. 과부의 집.
헬레나, 과부, 다이애나 등장.

헬레나 두 분에게 어떤 해도 끼치지 않을 거예요. 이 기독교 세계에서 가장 위대하신 분이 저를 보증한답니다. 제 소원을 이루려면 아무래도 그분의 옥좌 앞에 무릎을 꿇어야 해요. 그분의 뜻을 받들어 생명처럼 중대한 일을 살펴드린 적이 있었어요. 타타르인의 돌 같은 가슴속에서도 감사의 인사가 나올 만한 일을 해드렸지요. 전하께서는 지금 마르세유에 머무르고 계신다는 소식을 들었어요. 거기로 가는 좋은 배편이 생겼다고 합니다. 저는 이미 죽은 걸로 되어 있어요. 군대가 흩어지면 제 남편은 곧바로 고향으로 가실 거예요. 하늘의 도우심과 인자하신 전하의 허락을 얻어 그분보다 우리가 먼저 집에 가 있어야 해요.

과부 착하신 부인, 저와 제 딸은 어느 하인 못지않게, 기꺼이 당신의 뜻을 따르겠어요.

헬레나 저도 그래요. 어느 친구 못지않게 제 모든 힘을 다해 부인이 제게 베풀어 주신 친절에 보답하겠어요. 하늘의 뜻으로 제가 따님의 결혼 지참금을 마련해 드리게 되고, 제가 따님의 도움을 받아 남편을 되찾게 된 것 말이에요. 남자란 참 이상해요. 그토록 미워하던 사람을 그렇게 사랑스럽게 대해줄 수 있다니요. 칠흑같이 어두운 밤에 속아, 암흑도 부끄러워 고개를 들 수 없을 만큼 욕정의 불꽃을 태우다니! 색욕이란 그런 건가 보죠. 사람이 바뀐 줄도 모르고, 역겨워하던 사람을 그렇게도 좋아하다니. 이 이야기는 나중에 다시 하기로 해요. 그리고 다이애나 아가씨, 미안하지만 부족한 저를 위해 좀더 애를 써주세요.

다이애나 부인이 시키시는 일이라면, 그리고 제 정조를 지킬 수만 있다면 기꺼이 하겠어요.

헬레나 그럼, 좀더 부탁드려요. 이렇게 말하는 사이에도 여름은 오고 있어요. 들장미에는 잎과 더불어 가시도 있으니, 그 가시에 찔려 따끔거려도 꽃은 향기롭지요…… 자, 이제 출발해요. 마차도 준비됐어요. 시간이 지나면 모두 활기를 되찾을 거예요. 끝이 좋으면 다 좋아요. 그 끝이 늘 중요하죠. 과정이 어떻든지 모든 것은 끝에 달렸어요. (모두 퇴장)

〔제4막 제5장〕

루시옹. 백작부인 저택의 한 방.
백작부인, 라푀, 어릿광대 등장.

라푀 아니, 아니, 아닙니다. 바로 그 촉새 같은 놈이 아드님을 꾀어낸 거죠. 그놈의 독기가 이 나라의 설익은 풋내기 젊은이를 샛노랗게 물들이고 있으니까요. 그놈만 없었다면 지금쯤 며느님은 살아 있었을 것이고, 아드님은 그 뒤영벌 같은 녀석과 함께 있지 않고, 전하의 더없는 총애를 받고 있었을 거예요.

백작부인 그런 자를 몰랐다면 얼마나 좋았을까요. 이 세상이 그 조화로움을 자랑할 만큼 훌륭한 여자를 그자 때문에 그만 잃고 말았지요. 그 아이가 나의 살을 나누어 산고(産苦)의 아픔을 안겨주었다 해도 이렇게까지 깊은 사랑을 느낄 수는 없었을 거예요.

라푀 참 착하고 훌륭한 여인이었어요. 그런 약초를 다시 찾아내려면 천 가지 나물을 다시 뜯어 살펴봐야 할 거예요.

어릿광대 맞아요, 나리. 그 부인은 나물로 치면 달콤한 마저럼이었지요. 아니, 차라리 은혜의 약초인 운향이라고 할까요.

라푀 이 멍청아, 그건 나물이 아니라 향초(香草)라고.

어릿광대 저는 네부카드네자르 대왕*⁴은 아닙니다. 풀에 대해서는 까막눈이죠.

라푀 너의 본업은 뭐지, 불한당이냐 아니면 바보짓 하는 광대냐?

어릿광대 여자한테는 광대요, 남자들한테는 불한당이죠.

라푀 그렇게 두 가지로 구별하는 까닭은 뭐지?

어릿광대 남자들한테는, 그 남편을 대신하여 여편네들에게 슬며시 시중드는 거죠.

라푀 그러고 보니 정말 너는 하인들 가운데 불한당이구나.

어릿광대 여자한테는, 어릿광대의 몽둥이를 드려서 시중드는 것이고요.

라푀 참으로 너는 불한당에다 고약한 광대로구나.

어릿광대 나리께도 시중들까요?

라푀 됐다, 됐으니, 그만둬라.

어릿광대 나리께 시중들지 못하면 나리 못지않은 대단한 분에게 시중을 들수 있지요.

라푀 그게 누구지? 프랑스인인가?

어릿광대 아닙니다, 잉글랜드 사람 이름이에요. 하지만 외모는 프랑스 쪽에 훨씬 가깝죠.

라푀 도대체 어느 왕족이지?

어릿광대 흑태자(黑太子)요. 별명은 어둠의 왕 또는 악마라고 하던데요.

라푀 여기, 이 지갑을 받아라. 이 돈을 주는 건, 네가 지금 말하는 주인에게서 너를 데려오기 위한 건 아니야. 언제나 잘 모시고 있으라는 거지.

---

*4 신(新)바빌로니아의 제2대 왕(재위 B.C. 604~B.C. 562) 왕비 아미티스를 위하여 바빌론의 공중정원을 만들었다. 계단식 발코니 위에 식물을 심어놓은 모습이 공중에 매달려 있는 것처럼 보였기 때문에 그런 이름이 붙여졌다. 여기에는 다양한 식물들이 심어져 있었고, 그 식물들을 관리하기 위해 유프라테스강에서 물을 끌어왔다.

어릿광대 저는 시골에서 자란 몸이라 활활 타오르는 큰불이 좋은데…… 제가 말씀드린 주인 나리는 언제나 좋은 불을 피우신다니까요. 정말 그분은 세상에 속한 왕이랍니다. 그 궁정에는 귀족들이 머무르지요. 저야 좁은 문이 있는 집이 알맞지요. 거기는 너무 좁아서 귀족들은 들어가지 못합니다. 허리를 굽혀 자신을 낮추면 들어갈 수 있겠지만요. 하기는 많은 사람들이 춥고 견디기 어려워 환락의 꽃이 핀 길을 따라서 불이 활활 타오르는 넓은 문으로 들어가는 거지요.

라쾨 자, 가보아라. 네 이야기가 점점 싫어지는구나. 미리 말해 두지만 너와 더는 입씨름하고 싶지 않다. 자, 마음대로 하렴. 장난치지 말고, 내 말들이나 잘 돌봐주어라.

어릿광대 제가 말들에게 장난치면, 그 말들의 엉덩이에 뿔이 날 텐데, 그야 저들의 천성이니 어쩔 수 없죠. (퇴장)

라쾨 가시 있는 말솜씨가 어쩐지 즐겁지 않군.

백작부인 정말 그래요. 돌아가신 주인은 저 사람의 익살을 매우 즐기셨어요. 그분 덕으로 여기 머물러 있게 됐는데, 그걸 특권으로 알고 제 맘대로 마구 지껄여댄다니까요.

라쾨 그 녀석이 마음에 드는군요. 나쁘진 않습니다. 제가 말씀드리려고 한 것은, 며느님이 세상을 떠났고, 아드님이 돌아온다는 소문을 듣고 전하께 제 딸을 위해 말씀해 주실 것을 간청 올렸습니다. 그건 두 사람이 아직 어릴 때 전하께서 먼저 말씀하신 일이지요. 둘을 맺어주는 게 좋겠다 제안하시고 그렇게 해주시겠다며 약속하셨지요. 그렇게 하는 것이 아드님에 대한 전하의 불쾌한 감정을 푸는 좋은 기회가 아닐까 싶은데요. 부인 생각은 어떠신지요?

백작부인 듣던 중 반가운 말씀입니다. 제발 그렇게 되면 좋겠군요.

라쾨 전하께서는 마르세유에서 말을 타고 달려오시는 중입니다. 삼십 대처럼 건강해지신 몸으로요. 내일 아침이면 이곳에 도착하실 겁니다. 그렇지 않으면 저에게 소식을 전하는 데 좀처럼 실수하지 않는 그자에게 속은 것이 되죠.

백작부인 죽기 전에 전하를 뵐 수 있다니 얼마나 기쁜 일인지요. 오늘 저녁 아들이 이곳에 닿는다는 편지를 받았습니다. 경께서도 아들이 전하를 만나

뵐 때까지 여기 머물러 주십시오.

라푀 저도 어떻게 하면 이곳에 머물 수 있을까 고심하던 중이었습니다.

백작부인 귀족의 특권을 말씀하시면 되실 텐데요.

라푀 백작부인, 사실 그 특권을 지나치게 사용해 왔답니다. 고맙게도 그 특권이 지금도 통하는군요.

어릿광대 다시 등장.

어릿광대 아, 마님, 저쪽에 주인 나리께서 오셨습니다. 얼굴에 벨벳 조각을 붙이고요. 그 조각 밑에 흉터가 있는지 없는지는 그 벨벳만이 알겠지만, 어쨌든 아주 훌륭한 조각이에요. 왼쪽 뺨은 그 천 조각이 두 필 반이나 되는 데 비해, 오른쪽 뺨은 그대로 말쑥하십니다.

라푀 그것은 고귀한 상처, 고귀한 일을 하다가 생긴 상처이니 명예로운 제복이지. 그와 같은 거라네.

어릿광대 칼집 낸 구이용 고기처럼 보이던데요.

라푀 자, 부인, 아드님을 만나 봅시다. 고귀한 젊은 군인과 어서 이야기를 나누고 싶군요.

어릿광대 그런 사람이라면 열두 명이나 와 있어요. 아주 멋진 모자에다 보기 좋은 새털을 꽂고, 만나는 사람들마다 고개를 숙여 인사를 올리고 있습니다. (모두 퇴장)

[제5막 제1장]

마르세유. 어느 거리.
헬레나, 과부, 다이애나, 하인 두 명 등장.

헬레나 이렇게 밤낮으로 달려오셨으니 얼마나 피곤하실까요. 어쩔 수 없는 일이었지만요. 저를 위해 밤낮으로 지칠 때까지 달려오신 이 은혜는 결코 잊지 않겠습니다. 좋은 날이 오면······.

신사 한 사람 등장.

헬레나   이분에게 부탁하면 전하께 제 이야기를 전해 드릴 수 있을 거예요. 안녕하세요?

신사   안녕하십니까?

헬레나   프랑스 궁정에서 뵌 적이 있습니다.

신사   네, 그곳에 머무른 적이 있습니다만.

헬레나   인자하신 분이란 소문을 듣고 이렇게 실례를 무릅쓰고 저의 딱한 사정을 전하려 하니, 가엾이 여기시고 도와주신다면 그 은혜는 평생 잊지 않겠습니다.

신사   무슨 부탁이신지요?

헬레나   이 청원서를 전하께 올려주시어 전하를 뵐 수 있도록 도움을 주셨으면 합니다. (청원서를 내민다)

신사   전하께서는 이곳에 계시지 않습니다.

헬레나   어머, 안 계시다고요!

신사   그렇습니다. 어젯밤에 떠나셨지요. 여느 때보다 몹시 서두르시면서요.

과부   아이코, 헛수고를 했군요!

헬레나   그렇지 않아요. 끝이 좋으면 다 좋아요. 오늘은 일이 뒤얽혀 잘 풀리지 않지만요. 전하께서는 어디로 가셨나요?

신사   실은 루시용으로 가셨지요. 나도 거기로 가는 길입니다.

헬레나   그럼, 나리께서 저보다 먼저 전하를 뵙게 될 테니, 이 청원서를 꼭 좀 전해 주십시오. 그렇게 하셨다고 화를 내시는 않을 거예요. 오히려 매우 기뻐하시며 칭찬하실 겁니다. 저희도 힘닿는 데까지 서둘러 곧 뒤따라가겠습니다.

신사   숙녀분의 부탁을 기꺼이 들어드리지요.

헬레나   정말 고맙습니다. 무슨 일이 있어도 반드시 보답하겠어요. 저희는 말에 올라타야겠어요. 자, 어서 떠날 준비를 합시다. (모두 퇴장)

루시용. 백작부인의 저택 앞.
어릿광대와 파롤레스 등장.

파롤레스 라바치 씨, 이 편지를 라푀 경에게 전해 주시오. 옛날에 우리는 친숙한 사이였잖소. 내가 늘 훌륭한 새옷을 입고 다니던 때 말이오. 하지만 지금은 변덕스런 운명의 여신의 비위를 건드려 신세가 엉망이 되는 바람에, 아직도 그 지독한 미움과 분노의 악취에서 벗어나지 못하고 있지 뭐요.

어릿광대 정말이지, 운명의 여신이 뿜어내는 분노는 당신 말대로 냄새가 지독한 모양이군. 이제부터 그 여신이 버터를 발라놓은 생선은 먹지 말아야겠어. 이봐, 바람 부는 곳에 서 있지 말라고.

파롤레스 아니, 그렇게 코를 틀어막을 것까지는 없소. 그저 비유적으로 말했을 뿐이니까요.

어릿광대 아무리 비유라도 냄새가 코를 찌르면 콧구멍을 틀어막을 수밖에. 누가 비유했든 간에 더 멀리 떨어져 있으라고.

파롤레스 제발 이 편지를 전해 주오.

어릿광대 흥! 가까이 오지 말라니까. 운명의 변기 종이를 귀족 나리한테 전해 달라고? 마침 저기 본인이 오시는군.

라푀 등장.

어릿광대 (라푀에게) 여기 운명의 여신의 고양이가—하지만 냄새를 뿜어내는 사향고양이는 아닙니다—가르랑거리며 이렇게 말하고 있습니다. 운명의 여신이 뿜어낸, 분노라는 더러운 늪에 빠져 진흙투성이가 됐다고요. 이 잉어를 잘 보살펴 주세요. 보아하니 처량하고 몰골사납고, 꾀 많고 멍청한 녀석이에요. 제가 전하는 위로의 미소를 보고 힘들어하는 그 불쌍한 녀석에게 나리께서 한 말씀 해주시기를 부탁드립니다. (퇴장)

파롤레스 라푀 경, 저는 잔인한 운명의 여신에게 할퀴어 만신창이가 되었습니다.

라푀 그래, 나더러 어떻게 하라는 거지? 이제 와서 손톱을 깎는다 해도 이미 늦었지. 자네가 운명의 여신에게 몹쓸 짓을 보였으니 할퀸 게 아니겠나. 운명의 여신은 선한 분이시니, 악당을 오래도록 잘 살라고 내버려 두실 리가 없네. 자, 카데퀴*⁵ 한 잎 받게. (은전 한 잎을 준다) 판사님들에게 운명의 여신과 화해를 하게 해달라고 부탁해 보게나. 나는 따로 볼일이 있어 가봐야겠네. (파롤레스를 지나쳐 가려고 한다)

파롤레스 제발 한 마디만 더 들어주십시오.

라푀 (돌아보며) 은전 한 푼 더 달란 말이군. 자, 받게나. 그리고 이제부터는 말을 아껴서 하게. (은전 한 잎을 더 준다)

파롤레스 라푀 경, 저는 파롤레스입니다.

라푀 아니, 말 한 마디 더 한다더니, 이게 누군가! 어디 손이나 잡아보세. 그래, 북은 어떻게 되었지?

파롤레스 오, 라푀 경, 저의 정체를 맨 처음 알아보신 분이 당신이었지요.

라푀 그랬던가? 그렇다면 맨 먼저 자네를 버린 것도 나였겠군.

파롤레스 저를 이 꼴로 만드신 분이 당신이었으니 제게 은혜를 베풀어 주실 분도 당신입니다.

라푀 닥쳐라, 이 못된 놈! 나에게 신과 악마의 역할을 둘 다 하라는 거냐? 한 분은 너에게 은혜를 베풀고, 한 분은 너의 정체를 폭로했단 뜻이로구나. (나팔 소리) 전하께서 오신다. 저 나팔 소리로 알 수 있지. 이봐, 지난밤에도 자네 이야기를 했네. 멍청이에다 악당이라도 밥은 먹여주겠네. 자, 따라오게.

파롤레스 고맙습니다. (모두 퇴장)

〔제5막 제3장〕

루시용. 백작의 저택.
나팔 연주. 왕, 백작부인, 라푀, 프랑스 귀족 둘, 호위병들 등장.

왕 우리는 보석처럼 빛나는 여성을 잃고, 한없이 가난해지고 말았소. 부인의

---

*5 Quart d'Écu. 16~17세기 프랑스에서 쓴 은화인 에퀴(écu)의 4분의 1에 해당하는 가치를 지닌 동전.

아들은 분별없이 어리석은 짓을 저질렀소. 그 여성의 가치를 제대로 깨닫지 못했던 거요.

백작부인 이미 어떻게 손을 쓸 수 없게 되어버렸으니, 안타깝기 그지없습니다. 젊음의 뜨거운 불길 속에 저지른, 어쩔 수 없는 자연의 반역이라고 너그러이 여겨주시기만을 간절히 바랄 뿐이옵니다. 타오르는 불길에 기름마저 부어지니, 이성의 힘만으로는 도저히 그 불길을 잡을 수 없게 되어버린 것입니다.

왕 백작부인, 이젠 다 용서했고 잊어버렸소. 한때는 괘씸한 생각에 엄히 처벌할 기회가 오기를 기다리기도 했었소.

라푀 제가 한 말씀 올리겠습니다. 먼저 말씀드리는 걸 용서해 주소서. 그 젊은 백작은 전하께도, 그의 어머니에게도, 아내에게도 큰 죄를 지었습니다. 그러나 무엇보다도 자기 자신에게 가장 큰 잘못을 저질렀습니다. 그 부인의 아름다움은 가장 경험 많은 심미안들도 놀라게 했고, 그 입으로부터 나오는 말들은 모든 이의 귀를 감동시켰습니다. 뿐만 아니라 그 고귀한 성품으로 아무리 불손한 사람이라도 고개 숙이게 하는, 그런 어질고 덕이 드높은 부인을 잃고 말았습니다.

왕 잃어버린 것을 찬미하는 건, 추억을 달콤하게 하는구려. 자, 나의 노여움을 풀었으니, 그를 이 자리에 부르시오. 한번 보기만 하면 지난 일들은 깨끗이 잊어버리게 될 것을. 용서를 빌지 않아도 좋소. 그의 큰 죄도 숨을 거두고 말았으니. 나는 그 유해를 망각보다 더 깊은 곳에 묻어버렸소. 그를 죄인이 아닌 낯선 사람으로 내 가까이 오게 하오. 이것이 내 뜻이라 일러주오.

신사 분부대로 하겠습니다. (퇴장)

왕 (라푀에게) 경의 딸에 대해서는 그가 뭐라고 하오? 말을 건네봤소?

라푀 모든 것을 전하의 명령에 따르겠다 합니다.

왕 그럼, 두 사람을 맺어주기로 합시다. 그의 명성을 드높이게 해줄 편지도 여기 와 있소.

버트람 등장. 문가에 서서 왕의 부름을 기다리고 있다.

라푀 이것으로 이 사람의 체면도 세워줄 것입니다.

왕 (버트람에게) 나의 마음은 어느 계절의 하루처럼 늘 같지는 않다. 햇빛이 비추는 동안에도 우박이 쏟아져 내리고는 하지. 그러나 밝은 햇살이 비치면 구름은 흩어져 버리는 법. 자, 앞으로 나오너라. 이제는 맑게 개었구나.

버트람 (왕 앞에 무릎 꿇고) 전하, 저의 잘못을 깊이 뉘우치고 있습니다. 부디 용서해 주옵소서.

왕 모두 끝났다. 지나간 일을 들추어 시간을 낭비하는 일은 없도록 하라. 이 기회를 놓치지 말고 먼저 해야 할 일들을 실행하라. 나는 이제 나이가 들었으니, 아무리 서둘러 명령을 내려도 그것이 이루어지기도 전에 시간이 소리 없이 몰래 찾아들지 모르는 일이다. 그대는 라퓌 경의 딸을 기억하는가?

버트람 아주 훌륭한 여성입니다, 전하. 첫눈에 그 여성을 마음속에 담아두었으니, 그때는 제 마음을 감히 털어놓을 용기가 없었나이다. 처음 그 처녀를 보았을 때 제 눈이 받은 인상은 너무도 깊이 제 마음속에 아로새겨졌나이다. 그다음부터는 어떤 여성의 얼굴도 찌그러진 것으로 보이게 하여, 아무리 아름다운 용모라도 훔쳐다 붙인 아름다움이라고 비웃게 되었으며, 완벽한 비율을 갖춘 얼굴도 끔찍한 대상으로만 보였나이다. 그래서 모든 이가 그토록 칭찬을 아끼지 않는 여성, 제가 그 존재를 잃고 나서야 비로소 사랑하게 된 헬레나마저도 눈에 박힌 티끌처럼 여겨졌나이다.

왕 아주 멋진 변명이로다. 그 여성을 사랑했다는 한마디로 마지막 심판 때 수십 가지 죄가 지워지리라. 그러나 뒤늦게 깨달은 사랑은 뒤늦게 전달된 특명과도 같아서 "선한 이가 세상을 떠났노라" 탄식하며 후회하게 되리라. 인간은 경솔하여 손에 쥔 보물을 줄곧 소홀히 여기다가 그것을 무덤에 묻고 나서야 비로소 그 참된 가치를 깨닫는 법이다. 또는 부당한 증오심에 사로잡혀 친구들을 죽게 한 뒤에야, 그 무덤에 눈물을 흩뿌리는 일들이 얼마나 많은가. 사랑이 있는 곳에서는 잘못을 깨닫고 슬퍼하지만, 증오심은 염치없게도 마냥 잠에 묻혀 헤어나기 어렵게 하지. 이 가르침을 가련한 헬레나에 대한 애도의 조종 소리로 삼고, 이제는 그녀를 잊도록 하라. 그리고 그대 사랑의 선물을 어여쁜 모들린에게 보내도록 하라. 모두가 합의를 했으니, 이제는 젊은 백작의 재혼 날을 기다리겠노라.

백작부인 오, 하늘이여, 첫 결혼보다 행복하게 해주십시오! 그렇지 못하다면 오, 자연의 여신이여, 그들이 만나기 전에 이 숨을 멎게 해주소서!

라퓌 자, 이제 나의 집안에 이름을 올리게 된 나의 사위, 딸의 마음속에 생기를 불어넣어 줄 사랑의 선물을 주게. 그 아이가 소식을 듣고 단숨에 달려올 수 있게 말야. (버트람, 손가락에서 반지를 빼어 라푀에게 준다) 이 늙은이의 수염과 머리카락 한 올 한 올을 걸어 맹세하노니, 죽은 헬레나는 정말 덕이 높은 여인이었네. 궁을 떠나던 마지막 날, 그녀가 이런 반지를 끼고 있는 걸 보았던 것 같군.

버트람 그러나 이건 그녀의 반지가 아닙니다.

왕 어디 좀 보겠네. 나도 줄곧 그대의 이야기를 들으면서 그 반지에 눈길을 주고 있었지. (라푀에게서 반지를 받아 손가락에 끼어본다) 이 반지는 본디 내 것이었다. 내가 헬레나에게 주면서, 불운으로 도움받을 일이 생길 때 이걸 증거로 내보이면 꼭 도와주겠노라 약속했었지. 그녀에게 가장 소중한 이 반지를 그대가 빼앗아 가진 것은 아닌가?

버트람 황공하오나, 전하께서 어떻게 생각하실지 몰라도 이 반지는 절대로 그녀의 것이 아닙니다.

백작부인 아들아, 이 어미도 그 아이가 이 반지를 끼고 있는 걸 보았다. 자기 목숨보다도 이 반지를 더 소중히 여겼었지.

라푀 저도 그녀가 이 반지를 끼고 있는 것을 틀림없이 보았습니다.

버트람 (라푀에게) 잘못 보셨겠지요. 어머니도 보셨을 리가 없습니다. 그 반지는 피렌체의 창문에서 어느 여성이 자신의 이름을 적은 종이에 싸서 제게 던져준 것입니다. 그 여자는 명문 집안의 딸인데 저를 독신으로 생각했지요. 그래서 제가 아내가 있음을 밝히고 명예를 위해서도 절대로 그녀의 뜻을 따를 수 없노라 다짐을 하였더니, 그녀는 슬프게 돌아서면서도 이 반지만은 되돌려 받지 않겠다고 했나이다.

왕 흔한 금속을 금덩이로 만들 수 있는, 저 자연의 법에 정통한 재물의 신 플루토스보다도 나는 이 반지를 잘 알고 있다. 이 반지는 내 것이었고, 헬레나의 것이었다. 누가 그대에게 주었든지 그대는 스스로 한 짓을 잘 알고 있겠지? 이것이 그녀의 것이었음을 자백하고, 어떤 방법으로 이 반지를 그녀에게서 빼앗았는지 바른대로 말해라. 그녀는 여러 성자들의 이름을 걸고, 첫날밤 그 반지를 그대에게 주기 전에는 절대로 반지를 빼어놓지 않겠노라 맹세했다. 그대는 신방에 들어가지도 않았고, 그녀는 위급할 때 이 반지를 나에게 보내기로 맹세했었다.

버트람 그녀는 이 반지를 본 적도 없습니다.

왕 그대는 지금 거짓말을 하고 있다. 내가 거짓말을 할 리는 없지 않느냐. 생각하고 싶지 않지만 무서운 억측들이 떠오르는구나. 아마도 그대가 못된 마음을 품고 몸서리치는 짓을 저질렀다고밖에는 생각되지 않는다. 그럴 리야 없겠지만…… 그래도 알 수 없는 일. 그대는 그녀를 몹시 싫어했지. 그리고 그녀는 죽고 말았다. 이 반지를 보면 내 손으로 그녀의 눈을 감겨준 것처럼 그 죽음이 확실하다. 이자를 끌어내라. (호위병들이 버트람을 붙잡는다) 앞으로 어떻게 밝혀지든 이렇게 증거가 있으니 나의 추측이 허황된 것만은 아닐 것이다. 내가 그대를 너무 믿었던 것 같구나. 이자를 끌고 가라. 내가 나중에 엄히 묻겠다.

버트람 이 반지가 그녀의 것이라면, 제가 피렌체에서 그녀와 잠자리를 같이했다는 뜻이 됩니다. 하지만 그녀는 피렌체에 오지 않았습니다. (호위병에게 이끌려 퇴장)

왕 자꾸 불길한 생각이 떠오르는구려.

신사 한 사람 등장.

신사 전하, 저에게 꾸지람을 하실지 모르오나, 여기 한 여인의 탄원서를 가지고 왔나이다. 본디 본인이 직접 올려야 하오나 저보다 네다섯 역 정도 뒤처져 오고 있기 때문입니다. 그 부인의 모습이나 말솜씨로 미루어 훌륭한 집안 출신으로 보였기에, 그 간청을 거절하지 못하고 이렇게 가지고 왔나이다. 아마 지금쯤 이곳에 도착했을 것입니다. 그 여인의 얼굴에서 아주 중요한 일이라는 것을 짐작할 수 있었습니다. 전하와 그녀 자신에게 관련된 일이라고도 말했나이다. (편지를 왕에게 바친다)

왕 (읽는다)

부인이 세상을 떠나면 결혼해 주겠노라 여러 번 맹세하시기에, 아뢰기 부끄럽지만 소녀는 그분에게 몸을 허락했나이다. 그러나 홀몸이 된 루시용 백작은 맹세를 지키지 않으니, 제 순결만을 짓밟아 놓았지요. 작별 인사도 없이 그분은 피렌체를 떠나버렸습니다. 그래서 저는 정의로운 재판을 받기 위해 그분의 나라에까지 뒤쫓아왔습니다. 오, 전하! 정의를 베풀어 주시옵소서. 모든 일은 전하의 손안에 있나이다. 이대로 두면 유혹하는 자는 언제나 승리하고, 불쌍한 처녀에게는 파멸만이 있게 됩니다. 다이애나 카필렛 올림.

라퓌 저 사람을 시장에 내다 팔고, 대신 다른 사윗감을 사오겠습니다. 저런 사람은 안되겠나이다.

왕 라퓌 경, 하늘이 그대를 도왔구려. 이렇게 사실이 밝혀졌으니 말이오. 탄원자들을 데리고 오너라…… (신사 퇴장) 어서 백작도 데리고 오너라. (시종들 퇴장) (백작부인에게) 백작부인, 헬레나는 어쩌면 살해됐을지도 모르오.

백작부인 그런 짓을 저지른 놈은 엄벌에 처하소서!

버트람, 호위병들에게 둘러싸여 다시 등장.

왕 알다가도 모를 일이로다. 그대는 아내들을 괴물처럼 여기고는, 남편이 되어주겠다 맹세하고도 달아나 버리지 않았느냐. 그러고서도 다시 장가들기를 바라다니.

과부와 다이애나를 데리고 신사 다시 등장.

왕 저 여인은 누구지?

다이애나 전하, 저는 피렌체에 살고 있는 가련한 여인이온데, 카필렛이라는 유서 깊은 집안의 후손입니다. 저의 탄원은 전하께서 이미 아실 줄 믿나이다. 바라옵건대 저를 불쌍히 여기시고 억울한 사정을 들어주소서.

과부 저는 이 아이의 어미이옵니다. 이번 사건으로 제 나이와 자존심이 이만저만 고통스러운 것이 아니옵니다. 전하의 도우심이 없다면, 목숨과 명예가 한꺼번에 사라지게 될 것입니다.

왕 이리 다가오게, 백작, 그대는 이 여인들을 아는가?

버트람 전하, 알고 있을 뿐만 아니라, 어찌 모른다 아뢰겠나이까. 그런데 저에 대한 고소가 아직 더 있습니까?

다이애나 (버트람에게) 당신은 아내를 보고도 그렇게 모른 체하실 건가요?

버트람 전하, 이 여자는 결코 제 아내가 아닙니다.

다이애나 당신이 결혼해 주신다면 이 손을 내어드리겠지만, 본디 그 손은 제 것이지요. 하늘에 두고도 맹세하시겠지만, 그 맹세 또한 제 것이 됩니다. 그리고 당신 몸을 내주어야 하는데, 그 몸 또한 제 것이지요. 백년가약을 하면서 저와 당신은 한 몸이 되었으니까요. 그러니 당신과 결혼하는 여인은 바로 이 몸과 결혼해야 하지요. 어쨌든 우리 두 사람과 결혼하든지, 아주 안 하든지 두 가지 가운데 하나를 선택하세요.

라쾨 (버트람에게) 자네 사정이 이러하니, 어찌 자네와 내 딸아이를 맺어줄 수 있겠나. 자네는 그 애의 남편이 될 수 없네.

버트람 전하, 이 여자는 제가 단지 웃음거리로 여겨왔던, 부끄러움도 없이 남자를 밝히는 여자입니다. 전하께서는 제가 이런 천박한 여자에게 빠져서 명예를 더럽히고 있다고 여기지 말아주소서.

왕 그대에게 잘못이 없다는 것을 행동으로 증명하기 전에는, 그대의 편이 되어줄 수 없다. 내가 생각하는 것 이상으로 그대가 더 명예로운 인간임을 증명해 보여라.

다이애나 전하, 저의 순결을 빼앗은 일이 없다고 맹세할 수 있는지도 물어봐 주십시오.

왕 백작, 이 여인의 물음에 대답해라.

버트람 전하, 저 여자는 부끄러움도 모르고 막사에 드나드는 창녀였습니다.

다이애나 전하, 억울하옵니다. 만일 제가 그런 여인이라면, 제 살값을 싸게 치렀겠지요. 거짓말이오니 믿지 마소서. 그리고 이 반지를 보아 주소서. 이렇게 귀한 것은 세상에 둘도 없나이다. 그런데 이걸 막사에 드나드는 여자에게 주었다는 건가요? 만일 제가 그런 천한 여자라면 말입니다.

백작부인 아들의 얼굴이 붉어지는 걸 보니, 맞는 말입니다! 저 반지는 육대 조상으로부터 유언을 받들어 전해 온 가보입니다. 저 여인이 제 아들의 아내임이 틀림없습니다. 저 반지야말로 가장 확실한 증거입니다.

왕 (다이애나에게) 그대는 이 궁 안에 증인이 되어줄 사람이 있다고 했지?

다이애나 네, 전하. 그토록 못된 인간을 증인으로 내세우고 싶지는 않지만, 파롤레스란 자입니다.

라쾨 그자라면 오늘 만났습니다. 제가 본 남자가 그 자라면 말이지요.

왕 (라푀에게) 그자를 찾아서 이리 데려오오. (라푀 퇴장)

버트람 그자를 왜 찾으시나이까? 그자는 세상의 악덕이란 악덕은 모두 갖추었다고 비난받는 천하제일의 거짓말쟁이입니다. 진실을 입에 담기만 해도 속이 메스껍다는 자입니다. 아무렇게나 떠들어대는 그놈의 말에 따라 저를 판단하시렵니까?

왕 저 여인은 그대의 반지를 지니고 있다.

버트람 그렇습니다. 젊은이의 욕정으로 저 여자를 좋아하여 장난 좀 치려 했던 건 사실입니다. 저 여자는 저를 유혹하기 위해 일부러 쌀쌀맞게 굴면서 저의 열정을 들끓게 했나이다. 방해를 받으면 욕정은 더욱 활활 타오르니까요. 그녀는 좀 괜찮은 용모로 잔꾀를 부려 저를 속였고, 결국 저는 그 요구대로 값을 치르고 저 여자를 사게 되었나이다. 그렇게 그녀는 제 반지를 갖게 되었지요. 누구라도 싼값으로 살 수 있는 것을, 저만은 속아서 비싼 대가를 치르게 된 것입니다.

다이애나 참고 있을 수밖에 없군요. 그토록 훌륭하신 첫 부인을 거절하셨으니, 저를 멸시하는 건 마땅하겠지요. 하지만 부탁이 하나 있어요. 부덕한 당신을 남편으로 섬기지는 않겠어요. 그러니 당신 반지를 도로 가져가세요. 그리고 제 반지를 돌려주세요.

버트람 가지고 있지 않소.

왕 그대의 반지는 어떤 것이지?

다이애나 전하께서 끼고 계신 것과 같은 것이옵니다.

왕 이 반지를 알겠는가? 조금 전까지 저 사람이 끼고 있었다.

다이애나 제가 잠자리에서 저분에게 드린 것이옵니다.

왕 창문에서 던졌다는 이야기는 거짓이로군!

다이애나 저는 사실만을 아뢰었나이다.

라푀가 파롤레스를 데리고 다시 등장.

버트람 (왕에게) 전하, 그 반지는 저 여자 것임을 고백합니다.

왕 교묘하게 물러나는군. 깃털 하나만 움직여도 놀라는 것 같다. 저 사람이 아까 말하던 그자인가?

연극 〈끝이 좋으면 다 좋아〉 헬렌 미렌(다이애나 역)·엘리자베스 스프리그스(과부 역)·이안 리처드슨(버트람 역)·세바스찬 쇼(왕 역) 출연. 로열셰익스피어 컴퍼니. 1981.

다이애나 그렇하옵니다, 전하.

왕 (파롤레스에게) 여봐라, 내 명령에 사실대로 고하라. 네 주인의 노여움을 두려워하지 말라. 사실대로 말하면 내가 막아주겠다. 여기 두 사람에 대해서 네가 아는 대로 말해 보아라.

파롤레스 황공하옵니다, 전하. 제 주인 나리는 점잖은 신사입니다. 그래서 신사들이 갖고 있는 장난기도 품고 있었지요.

왕 여봐라, 요점만 말해라. 네 주인이 이 여인을 사랑했느냐?

파롤레스 예, 예. 주인은 이 여인을 사랑했습니다. 그런데 어떻게 했냐고요?

왕 그래, 어떻게 사랑했느냐?

파롤레스 신사가 여자를 사랑하듯이 사랑했습니다.

왕 어떻게 말이냐?

파롤레스 말하자면, 사랑하면서도 사랑하지 않았습니다.

왕 네가 못된 놈이면서 못된 놈이 아닌 것처럼 말이냐. 참 알듯 말 듯 말을 둘러대는 자로다!

파롤레스 저는 미천한 신분이오니 전하의 명령을 따르겠나이다.

라푀 전하, 저자는 소리가 잘 나는 북이지만, 못된 말쟁이에 지나지 않습니다.

다이애나 저분이 저에게 결혼을 약속하신 사실을 당신은 알죠?

파롤레스 알고말고요. 제 입으로는 말할 수 없는 일까지도 알고 있으니까요.

왕 그럼 알고 있는 사실을 모두 말해 줄 수 없다는 뜻이냐?

파롤레스 아닙니다. 전하께서 원하신다면 아뢰겠습니다. 이미 말씀드렸듯이 저는 두 분 사이를 오가며 중매쟁이 역할을 했습니다. 하지만 주인은 그 이상으로 저 여자를 사랑했습니다. 정말 미치도록 사랑했습니다. 사탄이니, 연옥이니, 복수의 여신이니 하시며, 제가 이해하기 어려운 말들을 마구 쏟아내시고는 했지요. 그때는 두 분의 신뢰를 잃지 않았던 터라 잠자리한 일이며, 결혼을 약속한 일 등 더 많이 알고 있습니다. 하지만 더 말씀드리면 제 처지가 매우 어려워지기 때문에 여기까지만 말씀드리겠습니다.

왕 결혼했다는 말만 하지 않았지, 너는 벌써 모두 말해 버리지 않았느냐. 너의 증언은 너무나 확실하다. 그러니 비켜 서 있거라. 이 반지가 처녀의 것이라고 했지?

다이애나 네, 그러하옵니다.

왕 어디서 이걸 샀느냐? 그렇지 않으면 누구에게서 얻었느냐?

다이애나 누가 준 것도, 제가 산 것도 아닙니다.

왕 누구에게서 빌렸단 말이냐?

다이애나 빌린 것도 아닙니다.

왕 그럼, 어디서 주웠느냐?

다이애나 주운 것도 아닙니다.

왕 이것도 저것도 아니라면, 어떻게 그 반지를 백작에게 줄 수 있었지?

다이애나 저는 주지 않았습니다.

라푀 전하, 이 여자는 마치 헐렁한 장갑 같습니다. 자기 마음대로 끼었다 벗었다 하니까요.

왕 이 반지는 본디 내 것인데, 저 백작의 첫째 부인에게 준 것이다.

다이애나 전하의 것이거나, 저분의 첫째 부인 것이거나 하겠군요.

왕 이 계집을 내보내라. 이젠 꼴도 보기 싫다. 감옥에 가두어라. 저기 저자도 함께 가두어라. 어디서 이 반지를 손에 넣었는지 말하지 않으면 한 시간 안에 교수형에 처할 것이다.

연극 〈끝이 좋으면 다 좋아〉 5막 3장 프랜시스 휘틀리 그림, 파시우스 판화. 셰익스피어 갤러리 폴리오. 1796.

다이애나 그건 죽어도 말씀드릴 수 없나이다.

왕 계집을 끌고 가라.

다이애나 전하, 보증인이 있나이다.

왕 그러고 보니 너는 흔한 창녀로구나.

다이애나 결코 그렇지 않나이다. 제가 남자를 알았다면 그건 전하일 것입니다.

왕 너는 왜 저 사람을 고발했느냐?

다이애나 저분에게 죄가 있기도 하고 없기도 하니까요. 저분은 제가 처녀가 아니라고 맹세하실 겁니다. 그러나 저는 맹세코 처녀이옵니다. 하지만 저분은 그 까닭을 모르고 있나이다. 전하, 저는 결코 창녀가 아니옵니다. 맹세코 저는 처녀이옵니다. 제가 저 노신사의 아내가 아니듯이 말입니다.

왕 내 귀를 어지럽히는구나! 감옥에 가둬라!

다이애나 어머니, 보증인을 데리고 오세요. (과부 퇴장) 전하, 잠깐만 기다려 주십시오. 그 반지를 가졌던 보석상을 불러오겠나이다. 그분이 제 보증인이 되어줄 것입니다. 하지만 백작님은 스스로 아시듯 저를 모욕했으나 아직 해를 끼친 것은 아니니, 저분을 용서해 주소서. 그 자신이 알듯이 백작님은 저의 잠자리를 더럽히면서 자신의 아내에게 아이를 갖게 했나이다. 부인은 돌아 가셨으나, 또한 그분 배 속에는 아기가 뛰놀고 있나이다. 여기에 저의 수수께 끼가 있습니다. 돌아가신 분이 살아 계시니까요. 이제 곧 그 뜻을 알게 되시 옵니다.

과부가 헬레나와 함께 다시 등장.

왕   아니, 이게 어찌 된 일이지? 어느 심령술사가 나타나 눈속임을 하는 것이 냐? 지금 보고 있는 게 사실인가?

헬레나   (버트람에게) 백작님, 당신이 보고 있는 건 아내의 그림자일 뿐, 이름뿐 이고 실체는 없답니다.

버트람   (무릎을 꿇는다) 아니오, 이름도 있고 실체도 있소. 오, 부디 나를 용서 해 주오!

헬레나   오, 제가 이 처녀처럼 옷을 입고 나타났을 때, 저에게 어쩌면 그리도 다정하셨는지요. 그것은 당신의 반지예요. 그리고 이것은 당신의 편지랍니다. '내 손가락에서 이 반지를 가져가고, 내 아이를 잉태하게 되면……' 이렇게 쓰 여 있죠. 이제 다 이루어졌어요. 두 가지 다 말씀대로 됐으니, 이제 당신은 저의 남편이 되어주시겠는지요?

버트람   전하, 어떻게 된 일인지 모두 설명해 주시면, 제 아내를 진심으로 그리 고 영원히, 언제까지나 사랑하겠습니다.

헬레나   이 일이 밝혀지지 못하고 거짓으로 증명된다면 저는 당신과의 인연을 끊어버려도 좋습니다. 오, 어머님, 그동안 안녕하셨는지요?

라푀   양파 냄새가 눈에 들어갔나 보다. 눈물이 쏟아질 것만 같구나. (파롤레스 에게) 이봐, 북치기 선생, 손수건 좀 빌려주게. 그래, 고맙네. 집에서 내 시중을 들게. 자네와 재미나는 놀이나 해야겠네. 절은 그만하게. 그렇게 구부리면 먼 지가 나니까.

왕   자, 어떻게 된 일인지 하나도 빠뜨리지 말고 평범한 이야기까지 유쾌하게 들려다오. 진실한 이야기가 즐거운 흐름 속에 펼쳐졌으면 좋겠구나. (다이애나에게) 처녀가 아직 꺾이지 않은 순결한 꽃봉오리라면 신랑감을 고르도록 하오. 내가 결혼 비용을 모두 치르겠네. 처녀의 정직한 도움으로 한 남자의 아내가 자기 자리를 찾게 되었고, 처녀 자신도 순결을 간직할 수 있었소. 앞으로 모든 것이 하나하나 밝혀지겠지. 어쨌든 모든 일이 끝이 좋으면 다 좋게 되는 법, 이 얼마나 좋은 일인지. 힘들었던 일들은 다 지나갔으니, 앞으로는 달콤한 일들이 미소 지으며 찾아오리라. (나팔 연주)

〔제5막 막이 내리는말〕

왕 연극이 끝났으니, 이제 왕은 빈털터리로 돌아갑니다. 여러분을 즐겁게 해드리고 싶은 바람이 이루어졌다면 모두가 잘된 거지요. 앞으로 더욱 노력하는 모습을 보여드리겠습니다. 여러분이 따뜻한 눈길로 지켜봐 주신다면, 그 마음이 저희들 가슴에 와닿아 저희 배우들의 연기는 신바람을 타고 더욱 물이 오를 것입니다. 큰 박수와 격려를 부탁드립니다. 여러분, 감사합니다. (모두 퇴장)

셰익스피어의 희극 세계

《실수 연발》

이 작품은 1592~93년에 처음 쓰인 것으로 추정한다. 셰익스피어로서는 첫 번째 희곡 작품이 되는 셈이다. 《실수 연발》이 무대에 처음 오른 해는 1594년이며, 처음으로 출판된 것은 1623년 셰익스피어의 첫 전집 퍼스트 폴리오(제1 이절판)이다.

《실수 연발》은 로마 시인 티투스 플라우투스(Titus Maccius Plautus B.C.254?~B.C.184)의 《메나에크무스 형제 *The Menaechmi*》의 번안 작품으로 보이는데, 《메나에크무스 형제》에서는 쌍둥이가 한 쌍인 데 비해, 《실수 연발》에서는 쌍둥이 형제가 저마다 다른 쌍둥이 형제를 하인으로 삼아서 착각에 따른 사건의 갈등을 더욱 복잡하게 만들고 있다. 또한 《실수 연발》의 제3막 제2장은 플라우투스의 《암피트루오 *Amphitruo*》와도 비슷하다. 《메나에크무스 형제》는 일찍이 영어로 옮겨져 1576년 무렵부터 여러 곳에서 공연되었다는 기록이 전한다.

셰익스피어의 공연은 흔히 《햄릿》과 《오셀로》 등 4대 비극을 중심으로 무대에 올리는 경우가 대부분이며, 희극을 다루더라도 《실수 연발》은 거의 상연되지 않는다. 그 까닭은 다음 두 가지 때문이리라. 첫째로는 그의 습작기 첫 작품인 《실수 연발》이 대사(시)는 물론이고 등장인물 성격 등에서 그의 후기 작품에 비해 문학적 가치가 떨어지고, 둘째로는 두 쌍둥이, 즉 네 명을 무대에 올려야 하는 제작상의 어려움이다.

《실수 연발》이 비록 서툰 작품이긴 하지만, 무대 공연의 재미 면에서 보면 이 극을 뛰어넘을 만한 작품은 거의 없다. 그리고 나중에 나온 셰익스피어의 작품을 이해하기 위해서도 이 작품은 꼭 읽어보아야 한다. 《실수 연발》은 처음부터 끝까지 관중을 완전히 압도한다. 똑같은 쌍둥이 두 쌍이 반드시 필요하지도 않다. 이 작품은 웃음극(익살극)이기에 누가 나오든 같은 옷만 입고 있

연극 〈실수 연발〉 재클린 호프만 연출. 셰익스피어 태번 플레이하우스 공연. 미국 애틀랜타. 2017.

다면, 관객은 그와 같은 사실만으로 쌍둥이라는 것을 인정하기 마련이다.

이 작품은 하나의 사건에 같은 장소, 또한 하루 사이에 모든 일이 끝난다. 작품 내용도 아주 간단하다. 시라쿠사의 상인 에게온과 그의 아내 에밀리아가 쌍둥이 아들과, 자신들의 아들과 같은 시간에 같은 여관에서 태어난 다른 쌍둥이를 배에 태우고 떠난다. 다른 쌍둥이는 앞으로 자기 아이들의 하인으로 기를 생각이었다. 그러나 배가 난파하여 모두 뿔뿔이 흩어진다. 그렇게 시간이 지나 열여덟 살이 된 동생은 아버지를 남겨둔 채 자신의 하인을 데리고 어머니와 형을 찾기 위해 길을 떠난다.

그리하여 우연히 자기도 모르게 형이 살고 있는 에페수스에 오지만, 형의 하인을 자신의 하인과 혼동하게 되면서 갖가지 코미디를 벌인다. 그러면서 주인과 하인이 마구 바뀐다. 형수가 시동생을 남편으로 착각하고, 주인이 자기 하인이 아닌 다른 하인과 어울려 다니면서 시끌벅적한 웃음을 자아낸다. 마침내 수녀원 원장을 만나면서 그녀의 도움으로 서로의 정체를 알게 되는데, 수녀원 원장은 바로 쌍둥이 형제의 친어머니이고 또한 그곳에서 사형장으로 끌려가던 아버지를 만나게 된다. 아버지는 공작에게 사면을 받는다.

헤어졌던 부모 형제가 고난을 겪은 끝에 다시 만나는 이야기는 셰익스피어 낭만극의 작품 형식과도 닮았다. 이 작품은 한낱 웃음극에 지나지 않기에 거기에는 물론 인물 성격 창조가 있을 리 없겠으나, 터무니없고 거칠며 서툰 웃

음극 치고는 뒷날 셰익스피어의 여러 문제들을 담고 있다.

셰익스피어는 인간 예찬론자이다. 그의 인간 예찬은 햄릿의 입을 통해 인간을 만물의 영장이자 신에 버금가는 존재라고까지 말하고 있다. "인간이란 얼마나 조화로운 걸작인가. 고상한 이성, 무한한 능력, 그 명백하고 감탄할 만한 형상과 자태와 천사 같은 행동을 보게. 신의 지혜를 지닌 인간은 세상의 꽃이요, 만물의 영장이 아닌가!"《햄릿》 제2막 제2장) 이처럼 인간 예찬의 메시지

4막 4장 장면   토머스 스토타드

를 《실수 연발》에서도 엿볼 수 있다. 셰익스피어 작품에서는 주제, 이미지, 기교, 그 밖의 모든 것이 이 인간예찬론으로 되풀이되며 발전한다. 이 극에서 이산가족 상봉이라는 주제만 하더라도 그러하다. 유쾌한 웃음극임에도 작품 앞부분에서는 에게온이 사형 선고를 받는다. 이는 비극에서 광대를 등장시켜 그의 익살로써 긴장감을 풀어주는 것과 좋은 대조를 이룬다. 이와 같이 셰익스피어는 희극 안에도 비극을 담고, 비극 안에도 희극을 담는 이중성과 극적 기교를 보여준다.

《실수 연발》에서는 사건이 인물들을 꼼짝 못하게 하며, 논리를 넘어선 흥미진진한 일들이 잇달아 벌어진다. 인물들은 셰익스피어의 후기 작품에 나오는 주옥같은 성격과는 달리 아주 투박하고 단조롭다. 습작기의 한계가 그 원인이겠으나 이 작품에서 인물들, 특히 쌍둥이들의 성격에 개성이 없는 것은 서로 인물을 헛갈리게 만들기 위한 지은이의 어쩔 수 없는 선택에 따른 기법으로

5막 1장 장면   J.F. 리가우드. 1800.

볼 수 있다. 서로 성격이 비슷하므로 주변 사람들이 신분이나 존재를 착각해도 관객은 마땅한 일로 받아들일 것이기 때문이다. 극의 대사에도 아름다움을 거의 느낄 수 없다.

　그러나 수없이 펼쳐지는 간결한 대사, 재치 있는 풍자는 이 작품을 읽거나보는 사람들에게 색다른 감동을 준다. 무엇보다도 사건의 빠른 전개는 오늘날 극작가들에게 큰 영향을 끼쳤다. 사건이 한없이 복잡하게 얽혔다가도, 문제를 풀어 나갈 때는 거리낌 없이 논리를 뛰어넘어 쉽게 결론을 내린다. 논리를 뛰어넘는 것은 희극의 특별한 기법으로, 셰익스피어는 여기서 이 기법을 마음껏 쓰고 있다.

　자, 당신 옷소매에 이렇게 매달리겠어요. 남편인 당신은 느릅나무이고, 나는 덩굴입니다. 나처럼 연약한 사람도 강한 당신과 결혼하여 당신의 힘이 나에게로 통하니, 나로부터 이렇게 소중한 당신을 빼앗아 가려는 무리가 있다면, 그건 쓰레기 같은 인간들이죠. (제2막 제2장)

이처럼 작품 곳곳에서 아드리아나의 입을 통해 인생의 한 단면을 말하고는 있지만 셰익스피어는 이 작품에서 어떤 철학을 내세우지는 않았다. 《실수 연발》은 어디까지나 사건 자체에 중점을 둔 웃음극이라는 위치를 지키고 있다.

《사랑의 헛수고》

셰익스피어의 작품 대부분이 예부터 전해 내려오는 이야기, 정확한 역사적 사실 및 인물, 다른 작가들의 책 등에 근거하고 있으므로 그 출전이 뚜렷한 데 비해서 《사랑의 헛수고》는 예외적으로 그가 독창적으로 만들어 낸 작품이다. 그 원전이라고 생각되는 것이 아직 발견되지 않았다. 이 극이 그 무렵 많은 사회적 사건들을 다루거나 풍자하고 있는 것으로 볼 때 풍속희극(풍습희극)이라 정의할 수 있다. 풍속희극은 상류사회의 풍습, 즉 궁정 문화나 귀족들의 행동 방식을 생생하게 그려냄으로써 귀족사회 젊은 남녀들의 연애관, 윤리의식, 위선, 언행 불일치 등을 보여준다. 그들의 위선과 허위를 조롱하는 풍자적이고 재치 있는 대사가 특징이다.

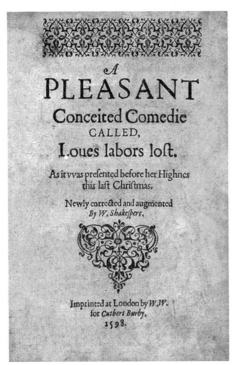

《사랑의 헛수고》(1598) 첫 사절판 속표지

나바르의 젊은 왕 페르디난드는 비론, 롱거빌, 뒤멘이라는 세 귀족 청년과 뜻을 모아서 앞으로 3년 동안 여성을 멀리하고 학문에만 전념하기로 맹세한다. 그런데 마침 프랑스 공주가 세 명의 아가씨 로잘린, 마리아, 카트린과 함께 프랑스 왕의 사절로서 나바르 왕국을 방문하게 되자 네 남자의 맹세는 한낱 물거품이 되어버리고, 이들은 저마다 사랑의 탄식을 내뱉는다. 그러나 공주 일행은 프랑스 왕이 죽었다는 소식을 듣고는 서둘러 돌아가기로 결정하고, 네 젊은이에게 1년 뒤에 다시 만날 것을 약속한다. 이처럼 이 작품은 다른 낭만희극들과는 달리 사랑하는 남녀의 결혼이 아닌, 1년 뒤의 결혼 약속으로 막을 내리는 것이 독특하다.

이 극의 집필 연도는 1598년 사절판 표지에 그 단서가 남아 있는데, 이에 따르면 "지난해(1597년) 크리스마스 때 여왕 전하 앞에서 상연되었고, 윌리엄 셰익스피어가 내용을 고치고 보탰다"라고 되어 있다. 이 사절판은 《사랑의 헛수고》가 상연 직전에 쓰인 듯한 인상을 주고 있지만 정확한 연대에 대해서는 전문가들도 의견이 일치하지 않는다. 대체로 1594~96년 사이에 씌어졌으리라 짐작할 뿐이다. 그

연극 〈사랑의 헛수고〉 아우구스틴 달리 연출. 존 드류(나바르 왕 역) 출연. 1891.

러나 문체나 내용, 시 짓기 기법으로 미루어 볼 때 지은이가 습작기 처음에 지은 작품임이 틀림없다. 이 극은 1596년 무렵의 나쁜 사절판이 첫 인쇄판이며, 1598년 사절판은 이른바 좋은 사절판으로 보고 있다.

셰익스피어 전문가인 조지 해리슨(George Bagshawe Harrison 1894~1991)의 말처럼, 《사랑의 헛수고》에서 《햄릿》과 《리어 왕》에 나오는 매우 철학적이거나 문학적인 가치를 기대한다면 실망하리라. 여기에는 인생을 예리한 눈으로 꿰뚫어 본 내용도 없고, 인간존재가 겪는 고통을 안타까워하는 시선도 담기지 않았다. 따라서 희극에 대한 일반적 기준으로 이 작품을 판단해서는 안 된다. 이 작품은 앞에서 말한 사절판 표지에 적혀 있듯이 크리스마스 축제의 놀이로, 그 시대 신분 높은 몇몇 사람만이 즐길 수 있도록 귀족의 저택이나 여왕

연극 〈사랑의 헛수고〉 2003년 공연 무대 의상　셰익스피어 글로 브 극장. 서더크

의 궁정 홀에서 상연되었 다. 그러므로 대중연극이 라기보다는 음악극이나 시 사풍자극이라 하겠다. 다 시 말하면 이 작품의 가치 는 연극적 요소에 있는 게 아니라 시문학적 요소에 있다. 셰익스피어는 이 극 에서 소네트를 비롯한 여 러 시(詩) 형태를 시도했다. 특히 작품의 끝부분 '봄과 겨울'의 노래는 널리 알려 졌다.

이 극에서는 학문과 헛 치레, 연애, 자연의 중요도 를 따지고 있는데, 체험에 서 우러나오는 웃음이 헛 치레의 거짓됨을 날카롭 게 고발하며 풍자한다. 한 편으로는 젊은이들의 어리

석음에 대한 풍자이고, 다른 한편으로는 지은이의 문체 연습이다. 작가는 교 묘한 줄거리를 피하고 문체의 모방과 개작을 통해서 굉장한 말잔치를 벌인다. 흔히 셰익스피어가 습작기 때 선배 작가들을 본떴다고 하지만, 그만의 독특하 고도 해학적인 개작을 통해서 익살스러우면서도 품위 있는 문체를 만들어 낸 것으로 보인다. 이 무렵은 존 릴리(John Lyly 1554~1606)의 《유퓨즈 Euphues》 문 체가 아름답기로 손꼽혔는데, 셰익스피어는 이 극에서 릴리의 문체를 익살스 럽게 모방하며 고쳐 쓴다.

사랑은 스스럼없는 악마다. 사람에게 붙어 다니는 타락한 천사는 사랑 말고는 없어. 그렇지만 저 천하장사 삼손도 사랑에 농락당하지 않았던가.

또 두뇌가 명철한 솔로몬조차도 사랑에 빠져 넋을 잃지 않았던가. 큐피드가 쏜 사랑의 화살에는 헤라클레스의 몽둥이도 맥을 추지 못했지 뭔가. (제1막 제2장 아르마도의 대사)

작품의 주제는 남녀 간의 사랑이다. 여색을 물리치고 학문 연구에만 힘을 쏟겠다는, 젊은 왕을 비롯한 청년 귀족들의 맹세에 대한 사랑의 신 큐피드의 복수이다. 셰익스피어는 젊은 남녀 네 쌍을 저마다 마주 세워 놓고, "참된 사랑 없이는 참된 학문도 있을 수 없다"는 이야기를 한다. 이는 르네상스기 궁정에서는 아주 인기 있는 주제였다. 왜냐하면 이 가운데서 귀족사회의 남녀 관계, 교육의 이상, 궁정 문화의 가치관이 다루어지기 때문이다.

또한 여기에는 프랑스와 이탈리아 희극에서 곧잘 볼 수 있는 허풍선이 신사, 시골 신부, 학식을 뽐내는 교사, 유식한 라틴어를 쓰는 시동, 어리석은 경찰관, 시골 처녀 등 사실적인 인물들이 나오는 풍자극이 끼어들었다. 이 두 가지 구성을 펼쳐 나가면서 말장난이 끝없이 이어지는데, 우리와 같은 다른 나라 독자들에게는 연극이라기보다는 차라리 만담을 듣는 듯한 느낌을 준다. 그러나 이 가운데서도 나중에 셰익스피어가 표현하고자 했던 인물 유형의 새싹이 엿보인다. 그것은 바로 다음과 같이 맹세의 거짓됨을 신랄하게 비판하는 귀족 비론이다.

여자의 눈에는 프로메테우스의 불길이 언제나 타고 있으며, 여자의 눈은 교과서이자 학문이고 학교이며, 온 세상 사람들에게 삶을 보여주고 함축하여 삶에 자양분을 더해 줍니다. 이것 말고 이 세상에 훌륭한 것이 또 어디 있겠습니까? 그러니 여자를 멀리하겠다고 맹세한 여러분은 바보였습니다. 그 맹세를 지키려고 하면 더욱더 바보가 되고 맙니다. (제4막 제3장)

《윈저의 즐거운 아낙네들》

셰익스피어는 낭만희극으로부터 비극기로 접어들 무렵 그의 희극 전체를 통해 가장 성격이 다른 희극 한 편을 내놓았는데, 그것은 어두운 희극과 낭만희극 사이의 간주곡이라고도 할 수 있는 《윈저의 즐거운 아낙네들》이다.

이 극이 쓰인 시기는 대체로 1600~01년으로 추정한다. 그리고 제작과 관련

1막 1장, 〈앤 페이지와 슬렌더〉 리처드 보닝턴. 1826.

하여 18세기 이래 다음과 같은 이야기가 전한다. 《헨리 4세》에 등장한 폴스타프에게 감명을 받은 엘리자베스 여왕이 사랑에 빠진 폴스타프를 보고 싶다고 요청하여, 셰익스피어는 2주일쯤 걸려 이 작품을 끝냈다는 것이다. 이러한 사실들을 미루어 보아 이 극 또한 같은 해에 윈저의 궁정 엘리자베스 여왕 앞에서 처음 상연된 듯하다.

《윈저의 즐거운 아낙네들》의 첫 번째 사절판은 1602년에 나왔으며, 두 번째 사절판은 1619년에 나왔는데 이는 첫 번째 사절판을 다시 펴낸 것이었다. 이 두 사절판은 출연 배우가 기억을 더듬어 구술한 내용을 뜯어 맞춘 것이어서 아주 조잡한 인쇄본이다. 이와 달리 첫 번째 이절판은 믿을 만한 원고를 출판했으며, 부분적으로 손을 댄 흔적이 있으나 셰익스피어가 쓴 정확한 극본으로 알려진다.

셰익스피어 극으로는 드물게도 이렇다 할 출전이 없고, 거의 다 창작이다. 그리고 등장인물들 대부분이 그 무렵 영국의 중류층 시민들이며, 장소 또한 친근한 윈저이고, 대사는 주로 산문 형식이다. 그렇다고는 해도 사실극은 아니고 웃음극에 가까운 하나의 풍속희극이다.

존 폴스타프 경은 셰익스피어가 만들어 낸 인물로서 종횡무진하고 변화무쌍한 해학과 호언장담 속에 인간이 지닐 수 있는 다양한 모습을 갖추고 있다. 이 극에서 폴스타프는 완전히 놀림감이 되어 버리고 망신살이 뻗히지만, 《헨리 4세》에서와는 다르게 거짓말쟁이에다 비겁한 인물로 나온다. 폴스타프는 포드 부인과 페이지 부인에게 똑같은 내용의 연애편지를 보내며 동시에 수작

을 걸지만, 두 부인이 편
지 내용을 비교해 보는 바
람에 들통이 나고 만다. 두
부인은 폴스타프에게 앙갚
음할 계획을 세운 뒤, 포드
부인이 그와 만날 약속을
한다. 이 사실을 알게 된
그녀의 남편 포드는 장난
으로 여기지 않고 질투심
을 느낀다.

내가 왜 그대를 사랑
하는지 그 이유는 묻지
말아주십시오. 사랑이
란 이성에게 충고를 구
하기는 해도 귀담아듣지
는 않는 법. 그대의 젊은
시절 이미 지나갔고, 나

3막 3장, 〈포드 부인에게 구애하는 폴스타프〉 존 메이시 라이
트. 19세기

또한 그러하니, 우리는 서로 통하는 데가 있지 않겠습니까? (제2막 제1장 페
이지 부인이 읽은 '폴스타프의 편지')

　제3막에서 두 부인은 남편 포드가 집으로 돌아온다는 핑계로 폴스타프를
커다란 빨래 바구니 속에 숨게 하여, 하인들을 시켜서 내다 버릴 계획을 세운
다. 약속대로 폴스타프가 포드 부인 집으로 찾아온다. 그리고 의심과 질투심
에 불타는 포드가 정말 집으로 돌아오면서 일이 심각해지자 폴스타프를 바구
니에 감춘다. 계획대로 하인들은 바구니를 들고 나가서 강물에 던져 버린다.
여기서 만족하지 않고 두 부인은 한 번 더 폴스타프를 초대하면서 일을 꾸
민다.
　제4막에서 폴스타프는 다시 포드 부인을 찾아온다. 부인들은 이번에는 그
를 빨래 바구니에 숨기는 대신 할머니처럼 보이도록 꾸며서 도망치게 한다.

3막 3장, 〈빨래 바구니 속의 폴스타프〉 헨리 퓨젤리. 1792.

이 과정에서 폴스타프는 포드에게 몽둥이로 얻어맞는다. 마침내 두 부인은 남편들에게 비밀을 털어놓고, 짓궂은 폴스타프를 골려줄 계획이었음을 밝힌다. 이에 남편들도 뜻을 함께하여 마지막 복수로 윈저 숲에서 폴스타프를 단단히 혼내줄 작전을 짠다.

제5막에서 폴스타프는 사냥꾼 헌으로 변장하여 머리에 수사슴 뿔을 달고 숲으로 온다. 그리고 요정처럼 꾸민 사람들에게 에워싸여 혼쭐이 난다. 두 부부는 폴스타프의 정체를 폭로하고 그동안의 행실을 나무랐으나 따로 벌은 주지 않고 그를 놓아준다. 한편 이 극에서는 페이지 부인의 딸 앤의 결혼 이야기가 곁딸린 줄거리(subplot)로 나온다. 앤은 아름다울 뿐만 아니라 많은 유산을 상속받게 되어 있어서 여러 사람이 그녀에게 청혼을 해왔다. 그런데 아버지와 어머니, 그리고 앤이 저마다 마음에 두고 있는 남자가 모두 달랐다. 그러자 앤은 이날 밤의 가면극을 이용하여 자신이 사랑하는 펜튼과 결혼한다.

욕정은 오로지 피로 물든 불길처럼

더러운 욕망을 태우네.

가슴속 타오르는 불길이여, 치솟아 오르는구나.

머릿속 더러운 상념이 더해져 높이높이. (제5막 제5장 요정들의 노래)

《헨리 4세》에서 뚱뚱보, 사기꾼, 호색가로 활약하는 폴스타프는 본디 로마 희극에서 허풍쟁이 군인이 전형적인 광대 역할로 성장한 인물이다. 이 전형적인 희극 인물이 셰익스피어의 손을 거치면서 생기 있는 근대적 인물로 다시 태어난 것이다. 그러나 《윈저의 즐거운 아낙네들》에 등장하는 폴스타프에게서는 지난날과 같은 생기를 찾아볼 수 없다. 이 극에서는 폴스타프보다 오히려 여러 단역들이 활기에 넘친다. 이는 앞에서 말했듯이, 엘리자베스 여왕의 명령에 따라 급하게 쓰인 작품이므로 꼼꼼하게 짜임새를 갖출 시간적 여유가 없었기 때문이리라. 폴스타프를 우스갯거리로 만드는 데 치중하다 보니 내용이 빈약한 데다, 내세울 정서도 빠져 있다. 하지만 엘리자베스 시대의 중류 사회 모습을 잘 그려냈으며, 부담 없는 마음으로 즐길 수 있는 유쾌한 작품이다.

《헛소동》

《헛소동》은 셰익스피어가 1598~99년에 쓴 것으로 보이며, 1600년에 나온 사절판이 첫 출판본이고 비교적 정리가 잘된 책으로 알려진다. 오늘날 쓰이는 원전은 주로 이 사절판을 기초로 삼는다. 언제 처음으로 무대에 올랐는지는 그 기록이 확실하지 않다. 이 극은 헤로와 클라우디오의 중심 사건(본줄거리)과 베네디크와 베아트리체의 작은 사건(곁딸린 줄거리)이 서로 얽혀 있는 것이 특징이다. 이 두 사건이 이리저리 엇갈리며 음모라는 하나의 공통 주제로 전개되는 낭만희극이다.

메시나 총독 레오나토에게는 얌전한 딸 헤로와 말괄량이 조카딸 베아트리체가 있었다. 어느 날 전쟁터에서 공을 세우고 고향으로 돌아가던 아라곤 영주와 귀족들이 메시나에 들러 레오나토를 방문한다. 피렌체의 젊은 귀족 클라우디오는 참하고 품위 있는 헤로의 아름다운 모습에 반한다. 아라곤 영주 돈 페드로의 도움으로 곧 두 사람의 혼인날이 잡히고, 그날을 기다리며 지루함을 달래던 이들은 즐거운 장난을 꾸민다. 바로 서로 티격태격하는 베네디크와

〈베아트리체〉 프랭크 딕시. 1896. 셰익스피어 히로인 그래픽 겔러리

베아트리체를 속여 둘이 사랑하게 만들자는 것이었다.

이 젊은 남녀는 둘 다 결혼을 업신여기고 독신을 내세우며, 말싸움에서 상대를 이기기 위해 만나기만 하면 으르렁거린다. 레오나토, 돈 페드로, 클라우디오, 헤로가 서로 힘을 모아 베아트리체에게는 베네디크가 그녀를 열렬히 사랑한다고 믿게 만들고, 베네디크에게는 베아트리체가 그를 무척 사랑한다고 믿게 한다. 다른 사람들에게서 상대의 뛰어난 미덕과 자신을 사랑하는 마음을 전해 듣게 된 둘은 이제까지와는 다른 눈으로 상대를 바라보게 되고, 자신들도 모르게 서로에 대한 관심과 애정이 싹트게 된다.

돈 페드로에게는 배다른 동생 돈 존이 있었다. 돈 존은 사악하고 냉소적이며 음흉한 인물이다. 형에게 나쁜 마음을 품고 있던 그는 시종 보라치오와 함께 돈 페드로와 클라우디오를 불행에 빠뜨릴 음모를 꾸민다. 헤로가 잠든 사이 시녀 마가레트에게 헤로의 옷을 입혀 침실 창문에서 보라치오와 이야기를 하도록 만들고는, 그곳으로 형과 클라우디오를 데리고 가서 헤로가 단정하지 못한 여자라고 믿게 만든 것이다. 어리석게도 두 사람은 돈 존의 음모에 걸려들고 만다.

아, 헤로. 그대의 마음이 아름다운 겉모습을 반만이라도 닮았더라면, 그대는 옛이야기 속 아가씨 헤로만큼이나 완벽한 여인이 될 수 있었을 텐데! 이제는 안녕, 아름다운 죄인이여. 더러우리만치 깨끗하고, 깨끗하리만치 더러운 여인이여. 그대 때문에 나는 이제 사랑과는 담을 쌓고, 눈에는 의심이

드리워져서 더는 아름다움을 보아도 속아 넘어가지 않을 거요. (제4막 제1장 클라우디오의 대사)

결혼식장에서 클라우디오는 신부에게 더러운 여자라고 욕을 하며, 돈 페드로도 소중한 친구에게 천한 여자를 소개해 준 꼴이 되었다고 화를 낸다. 헤로는 그 자리에서 정신을 잃고 쓰러진다. 베네디크와 베아트리체, 그리고 수사만이 그녀의 순결을 믿는다. 아버지 레오나토조차 기절한 딸에게 "죽어라,

3막 1장, 〈헤로와 우르술라, 엿듣는 베아트리체〉 존 서트클리프. 1904. 폴저 셰익스피어 도서관

헤로. 눈을 뜨지 마라" 외치며 분노한다. 그러나 수사의 설득으로 의심을 풀고, 잠시 뒤 헤로가 정신을 차리자 수사의 충고대로 딸이 죽은 것처럼 거짓 장례를 치른다. 그사이 보라치오가 경찰에게 체포되어 모든 진실을 털어놓는다. 클라우디오는 레오나토에게 순결한 헤로를 의심한 잘못을 빌며 어떤 벌이라도 달게 받겠다 말하고, 레오나토는 헤로를 닮은 그녀의 사촌과 결혼을 하라고 요구한다. 혼인날 그 사촌이 바로 헤로임이 밝혀지고 고난을 겪은 남녀는 행복하게 맺어진다. 베네디크와 베아트리체도 결혼식을 올린다.

이 극의 중심 사건과 비슷한 소재는 이탈리아 소설가 마테오 반델로(Matteo Bandello 1485~1562)의 《단편소설집 Novelle》(4권, 1554~73)에서 찾을 수 있으며, 또한 존 해링턴 (John Harington 1561~1612) 경이 번역한 이탈리아 시인 루도비코 아리오스토(Ludovico Ariosto 1474~1533)의 서사시 《미친 오를란도 Orlando Furioso》에도 나온다. 《헛소동》에서 헤로의 시녀인 마가레트가 나쁜 꾐에 빠

져 헤로의 옷을 입는 장면과 클라우디오가 레오나토, 안토니오, 베네디크 세 사람의 도전을 받게 되는 대목은 아리오스토의 서사시에서 따왔으리라 짐작된다.

베네디크와 베아트리체의 흥미로운 말다툼과 경찰관 도그베리와 그의 보좌관 버제스의 익살맞은 장면은 순전히 셰익스피어의 창작이다. 이들은 관객을 웃기는 데에도 큰 역할을 하지만 제때에 잡아야 할 사람들을 잡음으로써, 하마터면 비극이 될 뻔한 작품을 행복하게 끝나게

4막 1장, 〈클라우디오를 죽여라〉 허버트 비어봄 트리(베네딕트 역)·위니프레드 에머리(베아트리체 역). 맥스 카우퍼. 1905. 폴저 셰익스피어 도서관

해 주는 공을 세운다.

이 작품의 전형적인 악당은 돈 존이다. 그는 타고난 성격이 우울한 데다 모든 일에 불평을 늘어놓는 인물로, 형에게 맞섰다가 화해하여 용서를 받았으나 그의 불만은 아직 사그라지지 않았다. 돈 페드로의 오른팔 노릇을 하는 클라우디오 또한 터무니없이 시샘하는데, 실제로는 흉측한 계략을 꾸미거나 그 실행 모두 보라치오에게 끌려다니는 모습을 보여줄 뿐이다.

클라우디오라는 인물은 오늘날 비평가들에게 많은 비판을 받는다. 그를 일컬어 앨저넌 스윈번(Algernon Charles Swinburne 1837~1909)은 '불쌍한 녀석'이라 했고, 앤드루 랭 (Andrew Lang 1844~1912)은 '밉살스러운 풋내기', 그레이스 트레너리(Grace R. Trenery)는 '허영심과 감상에 찬 젊은이'라 말했다. 그 까닭은 클라우디오가 경솔하게 헤로의 죄를 믿었다기보다는 결혼식장에서 자신의 여자를 욕보인 방법이 야비하다는 데 있다. 그렇지만 여기에는 돈 페드로도

가담했고, 아버지 레오나토 또한 헤로의 실신이 그녀가 저지른 죄의 증거라고 생각한다.

처음에는 하나의 덧붙은 사건처럼 보이던 베네디크와 베아트리체의 말싸움은 차츰 극 전체의 구상에서 떼어낼 수 없는 중요한 역할을 하게 되는데, 그것이 오히려 헤로와 클라우디오 중심의 주요 사건 윤곽을 흐리게 만드는 느낌을 준다. 이렇듯 《헛소동》은 셰익스피어가 쓰기 시작했을 때 가졌던 구상을 중간에 바꾼 듯이 보이는 점이 없지 않음에도 무대 위에 올리면 가장 성공할 수 있는 작품 가운데 하나이다.

《끝이 좋으면 다 좋아》

《끝이 좋으면 다 좋아》는 줄거리가 간단하고 뚜렷한 반면, 그 내용은 《트로일로스와 크레시다》와 같이 쉽게 풀리지 않는 희극이다. 셰익스피어가 낭만희극 시기를 거치며 갑자기 이처럼 신랄한 풍자극을 쓰게 된 데 대해서는 여러 가지 개인적·사회적 원인이 이야기되고 있으나, 삶을 꿰뚫어 보는 그의 시선이 더욱 깊어져 《햄릿》과 《오셀로》 등 대작들을 쓰던 무렵이었으므로 이 작품 또한 그의 비극적 전망에서 나온 것으로 보인다.

이 극의 주요 구성을 이루는 이야기는 셰익스피어 초기 문체의 특징을 나타낸다. 압운(押韻)의 대구, 소네트 형식 편지, 서정시 형태 대화, 말장난, 기이한 발상 등의 사용이 그것이다. 여기에 후기 문체의 특징인 사상과 일치하는 자유

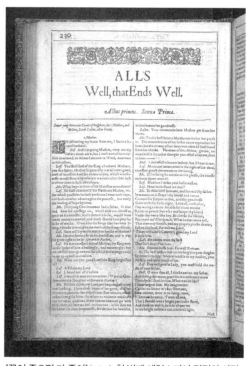

《끝이 좋으면 다 좋아》(1623) 첫 번째 셰익스피어 전집의 시작 페이지

3막 5장, 〈순례자로 가장한 헬레나〉 헨리 번버리 그림, 존 채프먼의 동판화. 18세기 후반

롭고 풍부한 무운시(無韻詩)가 뒤섞여 있다. 그러므로 전문가들 사이에서도 집
필 연도에 대한 의견이 분분하다. 넓게 잡아서 주로 1601~06년으로 추측한다.
작품이 지닌 사상적 경향과 감정, 문체 등으로 볼 때 《햄릿》이나 《말은 말로
되는 되로》에 가까운 점이 있어서 지은 때를 이렇게 추정한다.

　《끝이 좋으면 다 좋아》가 처음 출판된 것은 1623년 제1이절판 전집을 통해
서이다. 무대에 언제 처음으로 올랐는지는 정확한 기록이 없다. 작품 소재는
이탈리아 작가 보카치오(Giovanni Boccaccio 1313~1375)의 《데카메론 *Decameron*》
가운데 세 번째 날 제9화 〈나르보나의 길레타 이야기〉에서 얻은 듯한데, 셰익
스피어는 윌리엄 페인터(William Painter 1540?~1594)가 그 일부를 번역한 《쾌락
의 궁전 *The Palace of Pleasure*》과 프랑스 번역서들을 참고한 것으로 여겨진다. 사
랑을 이루기 위해 연인들이 어려운 장해물을 이겨낸다는 것이 이야기의 뼈대
이다.

　이 극은 제목이 뜻하는 바와 같이 희극처럼 행복한 결말로 끝난다. 하지만
극의 내용이 어둡고 무거우며 날카로운 풍자를 담고 있다. 작은 사건인 허풍

선이 파롤레스만이 희극적 인물이고, 주인공들인 버트람과 헬레나의 중심 사건은 도리어 비극적이다.

아름답고 영리한 헬레나는 이루지 못할 사랑에 고민한다. 신분 차이로 상대가 그녀에게는 관심조차 없기 때문이다. 그녀는 돌아가신 아버지에게 물려받은 비법으로 왕의 난치병을 치료해 줌으로써 젊은 루시용 백작 버트람과의 결혼을 왕으로부터 허락받는다. 그러나 버트람은 이 결혼을 달갑지 않게 여기고, 그녀와 잠자리를 같

4막 3장, 〈기습당해 눈이 가려진 파롤레스〉 프랜시스 휘틀리. 1792.

이하기를 거부한 채 이탈리아 전쟁터로 떠난다. 왕은 버트람에게 명예란 자연에서 오는 것이지 신분이나 이름에서 생기는 게 아님을 충고하지만, 버트람은 그러한 근대적 사랑을 이해하고 받아들일 만큼 성숙한 인물이 못 되었다. 헬레나는 자신을 업신여기고 멀리하는 남편을 포기하지 않고 버트람이 관심을 보이던 여자인 다이애나와 잠자리를 바꿔치기하는 계략으로 하룻밤을 이룬다. 재치와 기지를 발휘하여 애쓴 끝에 헬레나는 소원을 이루지만, 그녀가 그토록 애를 써서 손에 넣은 남편 버트람은 사실 보잘것없는 인간에 지나지 않는다.

어쨌든 모든 일이 끝이 좋으면 다 좋게 되는 법, 이 얼마나 좋은 일인지. 힘들었던 일들은 다 지나갔으니, 앞으로는 달콤한 일들이 미소 지으며 찾아오리라. (제5막 제3장 왕의 대사)

셰익스피어는 이 희극에서 잠자리 바꿔치기 계략을 사용했다. 이 방법은 《말은 말로 되는 되로》에서도 나온다. 이 극의 가치에 대해서는 찬반양론이 있다. 대체로 남자 주인공 버트람의 이기적인 성격과, 남편을 얻기 위해서는 수단과 방법을 가리지 않는 여자 주인공 헬레나의 행동이 끼치는 비도덕적 영향 때문에 이 극이 발표된 뒤로 비평가들 사이에서 인기가 없었다. 특히 이러한 견해는 새뮤얼 존슨(Samuel Johnson 1709~1784) 같은 학자가 대표적이다. 이와 달리 새뮤얼 콜리지(Samuel Taylor Coleridge 1772~1834)는 헬레나를 셰익스피어가 만들어 낸 여성 중에서 가장 사랑스러운 여인이라고 크게 칭찬한다.

오늘날 셰익스피어 연구가인 영국의 조지 해리슨과 미국의 하딘 크레이그 (Hardin Craig 1875~1968) 등은 엘리자베스 여왕 시대 영국, 특히 런던 관객의 도덕관이라는 역사적 관점에서 이 작품의 도덕 문제는 관객들 비위에 조금도 거슬리는 데가 없을 뿐 아니라, 모든 어려움을 이겨내고 목적을 이룬 헬레나의 행동을 오히려 아름다운 덕행으로 받아들였다고 주장한다. 그뿐만 아니라 이런 종류의 이야기는 중세 이래 연애 사건 줄거리로서 흔하며, 신분이 낮은 처녀가 신분이 높은 남편을 얻는 것은 그즈음 관객들에게는 아주 즐거운 주제라고 말한다. 또한 보카치오의 원작 이야기를 조금 고쳐서 버트람에게 마지막에 이르러 자신의 잘못을 진심으로 뉘우치게 하고, 이 젊은 귀족을 잘못된 길로 이끈 책임은 비열한 인간인 파롤레스에게 있다는 변명도 아울러 하고 있다고 지적한다. 더욱이 원작에는 나오지 않는 인물들, 즉 인자한 루시용 백작부인(버트람의 어머니), 지혜로운 라푀 경, 신랄한 어릿광대 라바치, 허풍선이 파롤레스 등을 창조했고, 특히 파롤레스를 중심으로 하는 작은 사건(곁딸린 이야기)은 매우 훌륭한 극적 가치가 있다고 평가한다. 결국 셰익스피어는 이 이야기를, 관객들이 두 시간 동안 즐길 수 있는 웃음극 이상으로 심각하게 다루지 않았다는 뜻이다.

헬레나는 셰익스피어가 빚어낸 대표적 여인상의 하나로서 널리 찬양받고 있으며, 루시용 백작부인을 비롯한 모든 등장인물은 서투르게 얽어 놓은 이 작품의 여러 결함들을 메워 주고도 남을 만큼 절실하면서도 진실한 느낌으로 독자들 곁으로 다가온다. 이 점이 바로 이 작품이 지닌 문학적 가치이리라.

신상웅(辛相雄)

일본 교토에서 태어나 경북 의성에서 성장했으며, 중앙대 영문학과를 졸업 대학원에서 문학박사 학위를 받았다. 1968년 〈세대〉지 신인문학상에 중편 「히포크라테스 흉상」이 당선되어 작품활동을 시작한 뒤, 진중한 역사의식과 날카로운 현실인식이 돋보이는 중량감 있는 작품들을 발표하여 한국현대문학을 대표하는 작가의 한 사람으로 자리잡았다. 시대의 모순과 개인적 갈등을 밀도 있게 조명한 그의 소설들은 시대를 뛰어넘어 강한 흡인력을 행사하고 있다. 장편 「심야의 정담(鼎談)」으로 제6회 한국일보문학상을 수상하였다. 중앙대 교수와 예술대학원장 역임, 현재 명예교수이다. 주요 작품 「히포크라테스 흉상」, 「분노의 일기」, 「쓰지 않은 이야기」, 「돌아온 우리의 친구」, 장편 「배회」, 「일어서는 빛」, 「바람난 도시」, 「심야의 정담」 등이 있다. 셰익스피어30년 연구와 열정을 바친 신상웅 옮김 「셰익스피어전집(총8권)」으로 '춘원문학상'을 수상했다.

World Book 287

셰익스피어전집6 [희극Ⅱ]

William Shakespeare

THE COMEDY OF ERRORS/LOVE'S LABOUR'S LOST
THE MERRY WIVES OF WINDSOR
MUCH ADO ABOUT NOTHING/ALL'S WELL THAT ENDS WELL

실수 연발/사랑의 헛수고/윈저의 즐거운 아낙네들
헛소동/끝이 좋으면 다 좋아

셰익스피어/신상웅 옮김

1판 1쇄 발행/2019. 11. 1
발행인 고정일
발행처 동서문화사
창업 1956. 12. 12. 등록 16-3799
서울 중구 다산로 12길6(신당동 4층)
☎ 02-546-0331~6 Fax. 545-0331
www.dongsuhbook.com

사업자등록번호 211-87-75330

ISBN 978-89-497-1731-9 04080
ISBN 978-89-497-0382-4 (세트)